弘道系列丛书

战略性人力资源管理与组织竞争优势——理论与实践

JISHUXING RENLI ZIYUAN GUANLI
XITONG SHEJI JI SHIWU CAOZUO

技术性人力资源管理：系统设计及实务操作

（第二版）

石 磊／著

西南财经大学出版社

图书在版编目(CIP)数据

技术性人力资源管理:系统设计及实务操作/石磊著．—2版．—成都:西南财经大学出版社,2012.8

ISBN 978-7-5504-0793-0

Ⅰ.①技…　Ⅱ.①石…　Ⅲ.①人力资源管理　Ⅳ.①F241

中国版本图书馆CIP数据核字(2012)第191432号

技术性人力资源管理:系统设计及实务操作(第二版)

石　磊　著

责任编辑:李特军

助理编辑:文康林

封面设计:墨创文化

责任印制:封俊川

出版发行	西南财经大学出版社(四川省成都市光华村街55号)
网　　址	http://www.bookcj.com
电子邮件	bookcj@foxmail.com
邮政编码	610074
电　　话	028-87353785　87352368
照　　排	四川胜翔数码印务设计有限公司
印　　刷	郫县犀浦印刷厂
成品尺寸	185mm×260mm
印　　张	21
字　　数	450千字
版　　次	2012年8月第2版
印　　次	2012年8月第1次印刷
印　　数	1—3000册
书　　号	ISBN 978-7-5504-0793-0
定　　价	39.80元

总序

ZONGXU

“弘道系列丛书”《战略性人力资源管理与组织竞争优势——理论与实践》是一套全面系统阐述战略性人力资源管理的内涵、框架、结构、体系建设与组织竞争优势之间关系的系列丛书，包括《战略性人力资源管理：系统思考及观念创新》、《技术性人力资源管理：系统设计及实务操作》、《中国人职业生涯规划必修课：组织政治、人际关系、职场规则》三部。特别要指出的是，这不是一套单纯的理论专著，而是以理论为指导，全面阐述战略性人力资源管理的系统安排和操作实践的丛书，特别强调人力资源管理对组织战略的支持。因为这既是管理的本质所在，同时也与人力资源管理这一专业所体现出的很强的实践性密切有关。因此，本书的主要读者是具有工作经验的人群，包括人力资源管理专业人士、工商管理硕士（MBA）学生、各类工商管理硕士（MBA）课程班和研修班学员，以及在企业、公司和其他类型的组织中对这门学科感兴趣的人们。

随着现代商业社会竞争的加剧，人们越来越重视人力资源管理的战略性要求在组织实践中的地位和作用。这种趋势源于社会环境的变化和组织竞争优势的重新定义。要回答这个问题，首先要回顾管理职能的历史演进。人们在总结管理的职能时常常会有一个问题在脑海中萦绕：为什么历史演进了这么多年，而我们似乎还在原地踏步。自100多年法国工业家亨利·法约尔提出了管理者在履行计划、组织、指挥、协调、控制五项职能以来，管理的职能逐渐为人们所认同。20世纪50年代后，美国加州大学洛杉矶分校的哈罗德·孔茨分别与西里尔·奥唐奈和海因茨·韦里克合著的《管理学》则采用计划、组织、人事、领导、控制五项职能。20世纪80年代后，斯蒂芬·罗宾斯博士的《管理学》采用的是计划、组织、领导、控制四项职能，其中，将人事的职能纳入组织和领导的职能之中。从其历史演进看，管理的职能都没有发生实质性的变化。其中的人事管理的职能也大致相同。究其原因，并不是我们的认知能力出了问题，而是我们遇到的管理问题与我们的前辈并没有实质性的区别。美国管理史学者丹尼尔·雷恩为我们提供了认识这一问题的思路。他在《管理思想的演变》一书中指出：“同我们现在一样，他们曾试图解决如何管理大批人力和物力资源所涉及的各种问题；曾致力于研究有关人的行为和动机的哲学思想和理论；他们是推动变革的力量；他们努力要解决的是如何利用有限的资源满足社会各组织机构以及人们的目标和期望这样一个古老的问题。我们今天碰到的基本上也是这样的一些问题，只不过由于我们知道的东西比以前多，用以研究分析情况的工具更先进，以及精神文明准则的变化，因而我们提出的解决办法也有所不同罢了。"[1]2。对于前辈留下的遗产，我们不应当忽视，更不应反对。昨天解决问题的办法对解决明天的问题仍然具有价值。前辈们的智慧为我们解决今天遇到的实际问题提供了重要的原则和方法。

"人力资源管理"这个术语是在20世纪50年代后半期开始流行以来的。[1]540半个多世纪以来，组织所面临的环境发生了很大的变化，但人力资源管理开发的主要任务并没有发生实质性的改变，组织设计与工作分析、培训与开发、激励与约束、规范与人际关系仍然是其重要的组成部分。但时代和环境的变迁也给人力资源管理注入了许多新的内容，当我们由"短缺经济"过渡到"过剩经济"，从计划经济过渡到市场经济，从面对一个较稳定的经营环境过渡到一个竞争激烈的"十倍速"时代，人力资源管理也就被赋予了更多新的时代特征，如单一的职业通道向双重或多种职业通道职业发展，单纯的组织忠诚被职业化精神忠诚取代，关注高绩效员工，注重知识管理，员工凝聚力与组织文化，这些与原有的人力资源管理职能共同构成了现代人力资源管理开发的主要内容。正如丹尼尔·雷恩指出的："现代所流行的'人力资源管理'的术语表明了对人事管理更具战略性的观点。将来的职工队伍将更具多样性、更富裕、闲暇时间更多、受教育程度更高。随着经济政治环境的变化，未来人力资源管理的大部分问题将在社会价值和政治需要方面。现代存在许多有关职工健康和安全、同工同酬、公平雇佣机会、赞成的行动计划、职工退休收入保障和其他一些人事问题。将会有更多的社会压力和法律条令影响到人力资源管理"。[2]其中特别强调了由于环境变化带来的人力资源管理将面临的挑战。

从另外一个角度讲，组织竞争优势的基础和源泉也在发生变化。如果说20世纪企业可以凭借对技术的占有和垄断为自身带来持久的竞争优势，那么在21世纪的今天，随着技术的日新月异，技术优势的差距在不断缩短，企业之间的差别和竞争优势越来越体现在员工的技能、敬业精神和知识的创造与贡献等方面。任何组织和个人都难以依靠对某种技术的掌握为自身带来持久的竞争优势，组织的核心竞争优势正在逐渐地由技术等"硬件"因素向非技术性的"软件"因素转变。这一趋势直接导致了组织的工作重心由"技术要素"向"人的能力"的转变。就像托马斯·G.格特里奇等指出的那样：人的能力开发正前所未有地与企业或公司的战略性商业需求紧密结合在一起。无论是组织和个人，要想获得成功，只有通过建立人力资源方面的优势来获得。因为当一切都自动化以后，就不再有人拥有成功地利用自动化带来的优势的技巧和经验。工作场所的胜任度越来越取决于有效率的沟通技巧、团队协作、判断思维、对变化的反应能力等与技术无关的技巧，而这一切都只能来自得到充分开发的劳动力。[3]越来越多的理论和实践都证明了人是组织竞争优势的源泉。因此，人是竞争中最重要的武器，人是组织最重要的宝贵资源，这一理念已成为组织构建竞争优势的重要思想基础和源泉。而战略性人力资源管理所强调的人力资源战略对组织战略的支持、对员工利益的长远关注，正是建立和保持这种竞争优势的关键所在。

人的作用与组织的战略性商业需求紧密结合在一起，表明了战略性人力资源管理已经成为组织获取竞争优势的重要法宝。对于组织来讲，需要从以下三个方面正确认识和理解战略性人力资源管理的地位和作用。首先，战略性人力资源管理是对组织成员价值创造能力的管理。如同组织总是在最能够发挥自己优势的产业或行业中去寻求和把握发展的机会一样，在人力资源管理开发中，组织同样要考虑其重点和策略。而这种重点和策略是建立在组织掌握的资源和未来组织劳动力组成形式趋势基础之上的。这两个方面的因素不仅决定了组织人力资源管理的主要对象，同时也为组织中的员工指明了工作的目标和奋斗的方向。其次，战略性人力资源管理是对价值链的管理，即人力资源管理各职能之间在有机整合的基础上所形成的效率和效能。它强调人力资源各职能之间的相互协调和配合，形成了完善的人力资源管理各职能的价值链体系，能够最大限度地发挥组织人力资源政策、制度的功能和作用。最后，战略性人力资源管理强调对组织战略的贡献，即通过对组织战略的系统思考，重点考虑战略层面的需求。首先明确组织战略所包含的人力资源胜任力及其他影响组织效益的能力要求，然后在此基础上通过分解，将组织战略所要求的胜任能力与人力资源管理的基础职能有机地结合，形成战略性人力资源管理系统以支持组织战略目标的实现。

本丛书的主要特点

与其他人力资源管理专业书籍相比，本丛书具有以下七个方面的显著特点：

系统地论述并通过具体的案例探讨了战略性人力资源管理与组织竞争优势之间的关系，这是本丛书有别于其他人力资源管理书籍的一个显著特点。要理解战略性人力资源管理与组织竞争优势之间的关系，首先必须明确战略性人力资源管理的内涵。所谓战略性人力资源管理，是指按照组织经营战略的要求，将战略所包含和要求的人力资源要素进行分析、整合、配置，在此基础上建立起与竞争对手相比较的人力资源竞争优势的一整套管理思想、方法、制度的集合。这一内涵包含了两个基本命题：第一，人力资源管理各职能之间应该有机地融合在一起，形成一个系统的人力资源管理战略；第二，这个系统的人力资源战略要能够支持组织的经营战略和经营目标。第一个命题强调的是人力资源管理各职能系统的能力要求，没有这个系统性的要求，任何单个职能作用的发挥都会受到影响，从而降低其效果。现实生活中，一些公司和企业在进行劳动人事制度改革时，往往只对其某一方面的职能进行设计，而忽略与其他人力资源管理职能之间的关系，如绩效和薪酬系统设计不结合工作分析的结果等，这样必然会使其效果大打折扣。第二个命题强调的是人力资源管理职能对组织战略的服从。在战略管理的层次当中，大致可以分为公司层战略、子公司层战略（从事多元化经营的公司）和职能层战略三个层次。其中，公司层战略是最高层次的战略，子公司战略是公司战略的分解，而计划、财务、人事、销售、研发等部门的战略则属于职能层战略，职能层战略应当而且必须支持公司的战略。在传统的人事管理中，两者之间的关系是"由下而上"，劳动人事部门在制定相关的政策时很少考虑甚至不考虑组织战略的要求，表现为组织劳动人事政策与组织目标的脱节。而在战略性人力资源管理当中，两者之间的关系是"由上而下"，即根据组织目标逐项落实相关的人力资源政策。在本书中，每章均设计有若干专栏和案例，对战略性人力资源管理如何推动公司战略的落实做了详尽的论述和说明。

本丛书的第二个特点体现在人力资源管理观念的创新。这也是本套丛书与其他人力资源管理专业书籍不同的地方。我们认为，不同的观念，相同的方法，得到的结果可能大相径庭。西方的管理理论并不见得都适合中国的国情；在强调科学性的同时，还必须注意适应性。科学性还要与适配性相结合。因此，观念带有指导性和全局性的特点。人力资源管理这门专业学科的实践性很强，这种实践性具体表现为人力资源政策与组织的使命、文化、战略之间紧密的关系。从这个意义上讲，不存在一个适合所有组织的人力资源管理的方法或标准，也没有哪个组织的人力资源管理开发系统能够"放之四海而皆准"。组织的任务是根据自己的使命、文化和战略要求，制定最适合自身的人力资源管理政策。按照环境学派的观点，组织都必须适应环境的要求，而不同的组织面对的环境既有同一性，又有差异性。托马斯·B.威尔逊在其《薪酬框架》一书中对39家美国一流企业的薪酬战略体系评价时曾经指出：组织都得适应变化的市场环境。其中有一些企业具有非常连贯的经营策略，而另外一些企业采取的措施更加具有综合性。有一些公司使用了一套明确的绩效考核方法，其他的公司却把他们的战略和公司的价值观转化成各种行动计划。一些公司的领导们在积极地支持和推动变革，而其他公司却没有这样的领导。但是，这些企业共同的地方是，他们设计和实施了一套能够把对生意和员工的管理整合到一起的整体性的薪酬计划。[4]同样，组织的人力资源管理政策也会表现出完全不同的特点，每个成功组织的人力资源管理都有其独特性。独特性需要创新，创新意味着不要墨守成规，不要一味追求时髦。书中在论述薪酬战略支持组织经营目标时曾指出，要使薪酬政策能够支持组织经营目标，既可以通过采取薪酬决策向关键岗位和关键员工倾斜的方式来达到，也可以通过平等的工资结构来完成。在一些着眼于创造和谐、分享共同愿景和员工合作的组织中，虽然其支付的薪酬低于其他的组织，但仍然能够支持组织目标的实现。在这个事例中，观念的创新就体现在：不是盲目的相信“平等主义”一定不好，差别的工资结构就一定好。而是从自身的实际出发，建立适合自身特点的制度和准则。

观念创新和独特性可以体现在很多方面。比如，“公开、公平、公正”好不好？“民主管理”好不好？答案是：好。但任何事物都是相对的。“公开、公平、公正”与“民主管理”也同样如此。有的企业采用这种方式获得了成功，而一些采用“权威管理”的企业同样也获得了成功，关键还是企业的基础和文化在起作用。首先，我们认为，任何方法的使用都要适可而止，不可盲从。对于我国企业来讲，在“民主管理”与“权威管理”的问题上，需要注意三个问题：一是两者之间的关系，二是社会原则与组织原则的差别，三是“公平”的标准。在企业的经营管理中，“权威管理”是非常必要的。它是“民主管理”的基础，没有“权威管理”，就没有“民主管理”。只有通过规范化的管理，使组织成员认识和了解组织期望的正确的行为准则和绩效标准，才能够上升到“民主管理”。尤其是中国的民营企业正处于由“游击队”向“正规军”转变的过程中，更需要权威和规范化的管理。其次，社会原则并不总适用于组织，不能够把社会公平原则原封不动地套用到组织中，因为“那些公正、公平和公开的原则，那些支持大众信念的原则并不总是适用于组织行为。”[5]最后，现实的工作和生活经验告诉我们，每一个人都是根据自己所看到、听到或掌握的信息来判断自己是否受到了公平的待遇。因此，管理者需要认识到，员工主要是根据知觉而不是客观现实做出反应。[6]由于个人在组织中地位、权利、工作性质和范围等方面的不同，决定了每个人所看到、听到或掌握的信息，可能只是某一事件的一个部分。因此，这种判断的标准在很大程度上受到个人主观因素的影响。每一个人都有自己的关于公平的理解和要求，而企业的性质决定了企业的稳妥运行是建立在统一有序而非个人要求基础上的。企业要面对的是一个“相关利益群体”的利益，而不是某一个群体的利益；在企业内部，是对企业中的所有员工负责，而不是对某一个员工负责。这就决定了企业的决策和相关的制度规范要求必须考虑“权威性”。

本丛书的第三个特点是要认识和掌握企业管理和人力资源管理的规律。管理学作为一门科学，本身就有自身的规律，人力资源管理也同样如此。因此，无论是组织的人力资源管理专业人员，还是组织的各级管理人员，都要善于发现和总结这种规律，以有效地服务组织。比如，制度管理与人本管理的关系、公平和民主在社会组织与企业组织中的差异、企业的用人标准、人力资源管理的阶段划分、人力资源管理实践如何支持组织的经营目标、不同的组织结构的人力资源管理模式、公司政治和人际关系对组织人事决策的影响，等等，在这些问题上，都能够发现其中具有规律性的答案。在一次课堂上，一位来自民营企业的管理者向我提出了这样一个问题：中小民营企业应当如何做企业管理和人力资源管理？这个问题提得非常好，也非常重要。我对这个问题的回答就是基于对规律性的认识，从企业的发展阶段的特征以及“无为”和“有为”的角度，通过观察企业的生命周期来把握它们之间的关系及其规律性。比如，在创业阶段，管理和规范的主要特点是“无为”或“无序”，甚至可以说是“创业阶段无管理”。因为这时创业者们首先考虑和关心的是企业的生存而不是规范。他们主要的精力、时间、资源都用于融资、开拓市场、销售产品、回收资金、归还贷款等方面。在这一阶段，企业的创业者们没有时间和精力去抓组织结构的设计、人员的分工与激励等人力资源管理开发一系列的规范问题。这时企业经营管理的特点就是“无为”，表现形式就是没有完善的管理体系和规章制度。当企业进入成长阶段后，企业管理开始从“无为”向“有为”转变。组织结构、工作分析、招聘、选择、培训、开发、绩效、薪酬等一系列的制度规范成为企业管理的重要工作，制度的硬性约束成为企业成长阶段的重要工作。在成熟阶段，由于有了较为规范的管理基础，企业从刚开始创业时主要依靠个别人的个人智慧开始向依靠团队智慧转变，文化的软性约束帮助企业达到“无为”的管理境界。而当进入衰退阶段后，一方面意味着企业破产消亡，同时也可能是某种产品或服务的市场份额逐渐减少，需要从新开始，这时企业便又开始了新一轮的轮回。将这种“无为”与“有为”的关系运用于分析企业管理和人力资源管理，可以反映人力资源管理的指导思想和基本原则在不同阶段的要求和特点，从而达到通过掌握规律以高效达成工作目标。

本丛书的第四个特点是详细论述了有组织的员工职业规划设计对于提升组织竞争优势的意义和作用，同时强调，认识和了解企业不同发展阶段的规律性有利于于员工职业生涯的成功。比如，如果选择到一个创业期的企业工作，或自己与他人共同创业，最重要的一点就是需要具备艰苦奋斗、同甘共苦以及奉献精神。而如果在一家正处于成长阶段的公司，那么个人的目标也要由主要关注企业外部向内部转移，规制、组织、协调、沟通以及领导能力是这一阶段中企业最需要和最重要的素质和能力，包括适应变化，展示自身的管理才能，解决组织或部门遇到的一两个重要问题。如果在一个处于成熟期的企业工作，要使自己的职业有一个好的发展，那么就应当具备创新的观念、变革的思维和可持续发展的能力，随时对僵化守旧的观念进行斗争，因为这是处于成熟期的企业对人的素质和能力最重要的要求。

本丛书的第五个特点是要关于组织的政治行为和人情、面子、关系对组织及其成员职业发展和绩效水平的影响。本丛书的第三部主要就是研究这个方面的内容。目前在有关的人力资源管理书籍和教科书中，这方面的论述可以说非常少见。影响一个人职业生涯成功的主要因素是什么？只要具备专业技术能力是否就可以成功？

对于这类问题并非每个职场人士都有清楚的认识。约翰·科特认为，职业生涯的成功单凭技术的优势是不够的，还必须具备一种“老练的社会技能”。他在研究了若干成功人士的经验后指出：“没有个人出色的表现就没有企业卓越的业绩，而个人要想在专业和管理工作中有出色的表现，不光需要具备技术能力，还需要一种老练的社会技能：一种能够调动人们克服重重困难实现重要目标的领导技能；一种力排种种分裂势力，将人们紧紧团结在一起，为了实现远大的目标而共同奋斗的能力；一种保持我们的重要的公司和社会公共机构的纯洁性，使之避免染上官僚主义的钩心斗角、本位主义和恶性的权利斗争等习气的能力。”[7]这种“老练的社会技能”，是当前很多的职业人士还没有意识到，或虽然意识到但却不知道应该如何应对的难题。

虽然关于公司政治或办公室政治这一类的文章在不同的书籍和杂志中出现的频率越来越高，但关于公司政治的系统的理论研究仍然远远落后于实践的需要，大多数的职业人士在自己职业生涯的初期尚未真正意识到它的影响。美国一项针对工商管理硕士（MBA）学生的跟踪调查表明，这些参加工作多年的学生们抱怨最多的是，当他们在组织的中层管理工作中需要运用权谋和遇到难题时，深感当年没有为此做好准备。许多人讲，学校当时应该强迫他们学习更多的组织行为学课程，尽管如此，在实际管理工作中所需的权谋与商学院的理论相去甚远，这种权谋需要将社会知识、个人风格和公司文化巧妙地结合起来。[8]这一方面说明了问题的真实性，另一方面也道出了公司政治对职业成功的影响。

其次是人际关系的问题。所谓人际关系，是指组织中的人们建立在非正式关系基础之上的彼此互相依赖、帮助和交往，并以此获得安全感、所需资源或权利的一种社会关系。在中国，人际关系大多和人情联系在一起。人情就是一种社会关系。在一个人的一生中，这种社会关系是一种非常重要的资源和事业成功的保障，建立并保持一个广泛而良好的人际关系网络对职业生涯的成功具有非常重要的意义，同时也是一种最有价值的投资。在一个人的一生中，可能会多次变换所从事的工作，但对于那些精明的人来讲，不论在什么地方，都会精心维护伴随着自己成长的社会关系和人际关系网络。工作的变化意味着又接触和认识了更多的人，这又加强和扩展了人际关系网络的力量和范围。因此，如果你能够对你建立起来的这一网络进行精心的呵护，将会让你终身受益。特别是在重视人情和人际关系的中国社会，一个人所拥有的社会关系往往是决定一个人社会地位的重要因素。在这种以社会关系为价值导向的社会中，人们不仅根据个人本身的属性和他能支配的资源来判断其权利的大小，而且还会进一步考虑他所拥有的关系网络。[9]一个人的社会关系越广，就意味着他的影响越大，他成功的概率也就越大。

本丛书的第六个特点是强调通过战略性人力资源管理，提升组织员工的知识创造和知识管理的水平，其中重点突出了解决知识传播障碍的系统设计和制度安排等问题。随着竞争的加剧和企业传统盈利能力的减弱，知识管理正在开始成为一种新的生存方式和盈利模式。通过知识管理提高竞争力，也日益得到各类组织的重视。决定企业是否具有竞争力的并不是有形资产或可控制资源的数量，而是建立在此基础上对其合理配置和利用的能力以及组织的整体学习能力和智能水平。企业所依赖的战略性资源已从组织外部的、具体的物质资源逐渐转变为组织内部的、内化于每个员工头脑中的智能资源。企业的成功越来越依靠企业所具有的整体智能水平和系统思考能力，而这正是人力资源开发的主要任务。因此，知识管理和知识创新不再只是传统意义上属于技术研发、营销、工程设计、生产制造等专业职能部门的专利，它是组织战略性人力资源管理的主要工作。当今人力资源管理所面临的这些挑战，充分说明了知识管理与人力资源管理开发之间存在非常密切的关系。正确理解和处理这种关系，对于企业通过知识管理提高企业竞争能力具有极其重要的意义。根据美国《财富》杂志的调查，全球500强中至少将有一半的企业正通过系统实施知识管理，以提高决策与经营的质量。在未来1~2年内，这个数字将提升到80%。这表明通过有效的知识管理提高组织的竞争力已成为企业努力的目标。正如野中郁次郎（Nonaka，1991）指出的，在一个“不确定”是唯一可确定之因素的经济环境中，知识无疑是企业获得持续竞争优势的源泉。当原有的市场开始衰落、新技术突飞猛进、竞争对手成倍增加、产品淘汰速度很快的时候，只有那些持续创造新知识，将新知识迅速传遍整个组织，并迅速开发出新技术和新产品的企业才能成功。这种企业就是知识创新型企业，这种企业的核心任务就是持续创新。[10]

本丛书第七个特点是研究组织结构设计对于组织竞争优势的影响。在一些人力资源管理教科书中，关于组织结构设计与人力资源管理实践之间关系的论述较少，没有反映组织结构设计对组织管理模式和资源配置方式的影响。其实，在组织战略、组织结构与组织的人力资源管理之间，存在一种十分密切的关系。一般来讲，组织的战略决定其结构，而组织结构决定管理的模式和资源配置的方式。工作分析是人力资源管理的一项基础职能，这一点现在都得到了大家的认同。但工作分析又是建立在组织结构设计基础上的，也就是说，工作分析的实践是在特定的组织结构下发挥作用的。在不同的组织结构下，人们的角色和完成工作的方式是存在差异的。在实践中，劳动人事制度改革往往也从组织结构开始。此外，还有一个重要的问题与组织结构有关，即执行力。有了好的战略，好的执行力，还远远不够，还必须要有与之匹配的组织设计。企业的员工经常有一种感觉：公司的战略很好，大家努力工作的意愿很高，执行力很强，但就是感觉有力无处使。部门和部门之间，岗位和岗位之间，彼此之间缺乏沟通协作，相互扯皮，或是推脱。久而久之，大家的热情就逐渐消退了。其原因就在于组织设计有问题。因此，组织结构设计在企业管理和人力资源管理中具有重要地位和作用。组织的领导者和管理以及从事人力资源管理的专业人士，应当了解和掌握组织结构设计的思想和原则，以便为人力资源管理决策提供依据。

为了便于读者的学习，本丛书在每一章都安排了专栏和案例，以配合有关内容的讲解，增强可读性。由于各部专著出版时间不同，因此个别内容、专栏、案例均有共享。需要解释的一个问题是，本书的一些基本概念采用了模糊的表达方式，如“人情”与“人际关系”，“公司政治”和“组织政治”等，两者之间既有相同之处，也存在一些差异，但由于本质并无大的区别，本书做了模糊处理，彼此可以替代使用。本书中大多时用了“组织”一词，但也频繁采用了“公司”、“企业”等表达方式，其意义都大致相同，特此说明。

石　磊

2012 年 6 月于四川 成都 雅典社区

注释：

［1］丹尼尔·雷恩. 管理思想的演变［M］. 孙耀君，李柱流，王永逊，译. 北京：中国社会科学出版社，1986.

［2］丹尼尔·雷恩. 管理思想的演变［M］. 赵睿，肖聿，等，译. 北京：中国社会科学出版社，2000：557.

［3］托马斯 G 格特里奇，赞迪 B 莱博维茨，简 E 肖尔. 有组织的职业生涯开发［M］. 李元明，吕峰，译. 天津：南开大学出版社，2001：2.

［4］托马斯 B 威尔逊. 薪酬框架［M］. 陈红斌，刘震，严宏，译. 北京：华夏出版社，2001：3.

［5］理查德·瑞提，史蒂夫·利维. 公司政治［M］. 6 版. 侯东灼，等，译. 北京：中信出版社，2003：8.

［6］史蒂芬 P 罗宾斯. 管理学［M］. 4 版. 黄卫伟，等，译. 北京：中国人民大学出版社，1997：361.

［7］约翰·科特. 权利与影响［M］. 北京：华夏出版社，1997：11.

［8］珍妮弗·梅里特，凯特·哈兹尔伍德. 攻读 MBA 的真正价值是什么？［J］. 商业周刊，2003（10）.

［9］黄光国. 人情与面子：中国人的权利游戏［M］. 北京：中国人民大学出版社，2004：20.

［10］IKUJIRO NONAKA. The Knowledge Creating Company［J］. Harvard Business Review，1991，69（11/12）：96－104.

前言

QIANYAN

《技术性人力资源管理：系统设计及实务操作》是《战略性人力资源管理与组织竞争优势》系列丛书的第二部，本丛书的第一部《战略性人力资源管理：系统思考及观念创新》主要论述的是人力资源管理的方向性问题以及战略性人力资源管理要义等战略层次的内容，本书则主要讨论人力资源管理各职能如何支持和体现战略性人力资源管理的要义以及在实践中的运用，强调的是技术层面的设计和执行。为此，每章均安排有相应的专栏和案例，以加深读者的印象，并便于读者理解和掌握。

本书共分为十章，各章基本内容简要介绍如下：

第一章是组织结构设计，主要内容包括组织结构设计的特征和原则、影响组织设计的思想，管理者关注组织结构的理由和原因，重点分析和论述了不同的组织结构对人力资源管理的影响。在现今大多数人力资源管理的专著和教科书中，都没有安排组织结构的内容。本书之所以将其作为内容之一，主要有两个方面的原因：一是组织结构设计并非单指专业分工，更重要的是它反映了资源和权力不同的配置和使用方式；二是对于不同的组织结构，人力资源管理实践和制度安排是有差异的。第二章是工作分析，主要内容包括工作分析的作用、流程，并通过专栏和案例重点论述了工作分析与实现组织竞争优势之间的关系。从本章开始，均安排有“管理实践—业务部门经理和人力资源部门的定位”一节，在分析人力资源部和各业务部门优、劣势的基础上，详细讲解了人力资源管理有关职能的具体运用和实施主体。第三章是人力资源规划，介绍了规划的流程、方法、企业裁员的原因和后果、人力资源部和业务部门经理在人力资源规划方面的作用及技能等内容，重点论述了人力资源规划的制定和实施步骤。第四章是人力资源招聘和选择，介绍了影响招聘的内部和外部因素、人员招聘和选择的方法、人才的选择标准以及招聘、选择与组织竞争优势之间的关系。其中，人员的选择标准是本章的重点，强调企业的招聘和选择要注重对一个人在职业道德、职业操守和职业信誉等方面的评价。第五章是培训和开发，论述了企业不同发展阶段培训的特点、培训和开发系统设计的步骤、影响培训的因素和人力资源开发的步骤、方法，介绍了我国企业在培训开发方面的情况。第六章讨论组织绩效管理系统的设计原则和步骤，主要内容包括：介绍了绩效考核和绩效管理的区别、绩效管理的要素和目的以及企业发展不同阶段的业绩衡量导向；以专栏和案例的形式对绩效管理的功能和原则做了详细的说明，阐明了绩效管理与组织竞争优势之间的关系；论述了影响绩效管理的因素以及绩效管理系统的设计步骤；不同绩效水平员工的识别和管理等。第七章主要介绍有关的绩效评价管理的方法和手段，包括比较法、360度绩效等一般评估方法、目标管理和关键业绩指标等综合评价方法，本章重点对平衡计分卡及其使用做了详细的介绍，最后对不同方法的选择和使用做了说明。第八章是薪酬体系设计的原理，主要内容包括：薪酬的基本概念和内涵、影响薪酬的因素、薪酬设计的指导思想和原则、薪酬战略与企业战略的匹配以及与组织竞争力之间的关系等。第九章是薪酬结构及薪酬系统设计，主要内容包括：对职位评价及有关方法的使用做了详细的介绍，提出了薪酬结构的设计思路、战略性选择及其组合问题，重点论述了以职位为基础的薪酬结构和以人为基础的薪酬结构的设计流程。第十章主要介绍职工福利计划，包括福利的概念和作用、福利的构成、福利的功能和福利项目的管理等内容。

本书是第二版，相对于第一版来讲，除增加了平衡计分卡的内容外，其他内容没有大的变动，只是个别地方和文字做了简单的调整。和第一版一样，本书与其他人力资源管理专著和教材的一个显著的不同点在于，对于那些比较重要而又难以掌握的人力资源职能实践，如人力资源规划的制定、绩效管理系统的设计、薪酬系统的设计等，本书都以案例和其他形式，给出了具体的操作思路和内容，读者可以根据自己的具体情况，举一反三，灵活运用。

为了便于读者的学习，本书在每一章都安排了专栏和案例，以配合有关内容的讲解，增强可读性。需要解释的一个问题是，本书的一些基本概念采用了多种表达方式，如“组织”一词，代表的是多种组织形式。书中大多是用的“组织”一词，但也频繁采用了“公司”、“企业”等表达方式，其意义都大致相同，特此说明。

石　磊

2012年6月于成都雅典社区

目录

MULU

第一篇 组织结构与工作分析

第二篇 人力资源规划、招聘和选择

第一篇 组织结构与工作分析

组织结构是保证企业经营战略实施落实的组织保障。当企业的经营环境发生变化，组织的结构必然会随之进行调整，结构的变化又会影响原有岗位的功能和职责的发挥，从而使原有的人力资源管理职能失去了应有的作用。因此，这首先要求企业必须建立起一套能够适应企业经营战略要求的新的结构体系，并在这个新的体系结构上重新设计人力资源管理的职能。其次，组织结构设计不仅仅涉及专业分工，它还反映一个组织资源配置的方式和权利配置的方式。不同的组织结构，资源配置的方式、管理者的角色以及员工的工作方式也都是不同的。因此，组织结构和工作分析是人力资源管理最重要和最基础的职能，企业的领导者和管理者必须对此予以高度的关注。

第1章 组织结构设计与竞争优势

组织结构是一个组织最基础的部分，设计组织结构的目的是要建立一种能够使人们为实现组织目标而在一起最佳地工作并履行职责的正规体制。其中包含了三个方面的含义：第一，组织结构与组织目标之间的关系，即结构是服从目标的，目标发生了变化，组织结构也要随之调整。这是一个最基本的原则。第二，组织结构要能够保证组织内的人们和谐有效地工作，并对那些努力工作并取得优良绩效的员工进行奖励，对经过帮助但仍然不能完成任务的低绩效员工进行帮助、约束和惩戒。第三，组织结构是一种资源的配置方式。不同的结构，资源（包括人力资源）配置的方式也是不尽相同的。这三个方面都与人力资源管理的职能密切相关，而且企业的劳动人事制度改革，大多都是从组织结构设计开始的。但在传统的人事管理中，组织结构设计的功能和作用并未得到应有的重视，在现在的一些人力资源管理的教科书中，也没有组织结构设计的内容。本章将通过对有关内容的介绍，引起企业的领导者和管理者对组织结构的关注。

本章将对组织结构设计与工作流程进行系统阐述，并讨论影响组织结构设计的思想，最后研究不同的组织结构对人力资源管理的影响。通过本章的学习，应了解和掌握以下几个方面的内容：

1. 了解掌握组织结构的内涵和影响组织结构设计的思想。
2. 把握组织结构的基本特征和设计的基本原则。
3. 不同的组织结构对人力资源管理有什么影响。
4. 职能制和事业部制各自的优点和不足。
5. 了解掌握环境、组织战略和组织结构之间的关系。

专栏1-1：用友软件的组织结构变化

2003年年底，用友软件宣布对原有组织结构进行重大调整，2001年年底开始实行的事业部制“功成身退”。

在这个变动里，除去把U8、NC事业部合成一个产品部门之外，2002年6月成立、2003年7月撤销的大客户部也重新成立。原有的4个大区被细分成华北、东北、西南、西北、中南、华东6个大区。和以往的调整不同，用友的这次动作酝酿时间长，准备足。用友总裁何经华说，他们在“2003年10月11日就开始开会讨论”，整整用了3个月时间。准备充分则给本次调整加了分，在外部没有引起关于人事更迭的传闻。用友向“职能式组织架构”的转变，在把产品事业部变成了产品部门时，“拿掉了‘事业’两个字”。

早在2001年用友软件上市之前，以王文京为首的董事会就提出用友要“全面升级，扩张发展”，成为一个管理软件和应用服务提供商。在当时，这意味着用友不但要在财务软件的基础上推出管理软件产品，还需要一种新的组织架构来支撑。2002年用友开始变阵。随着NC问世，围绕NC、U8和CRM等核心产品，他们建立了相关事业部，组建了4个大区。事业部可以比较独立地发展业务，自行负责产品研发和市场开拓，并实行独立考核。用友掌门人王文京说，如果不实行事业部的管理架构，我们的业务方向不但很可能长时间停留于研发，而且也容易被忽视。

对当时的用友来说，NC是新产品，U8市场份额要不断扩大，它的当务之急是要加大产品对市场的影响，因此整个战略由产品驱动。这里面最能说明问题的就是市场活动：各个事业部主导自己的市场活动，用产品驱动销售，力求快速地影响用户，把饼做大。2003年，用友的U8事业部市场费用过千万，NC紧随其后，双方各自在全国范围内组织研讨会和市场活动，灵活机动，齐头并进。

这个模式在用友的产品为人们熟知后逐渐暴露出自己的问题，首先就是不适合资源共享。两个产品中都包含财务模块，却是两套人马在做研发——NC和U8之间的研发由于割裂而框架太明确，对产品之间的整合没有好处。而市场的需求却一天天要求更加“共享”：用户用财务软件，很少单纯地用U8财务，或者NC集团财务。因为一个大的集团公司，需要高度集中，所有财务凭证实时汇总，用NC比较好，但它下面的一些二级或者三级公司，往往就采用分散集中，只需要周报月报，这样就可以用U8。如果还坚持U8和NC单独作战，各自的考核指标横在那里，不可能指望员工有太多的协同意识。

用友原总裁何经华曾经不止一次地向外界表示，公司最大的优势在于品牌。而蕴含在品牌背后的，就是强大的内部资源。而按照老式的事业部制，各做各的，恰恰缩小了这一优势。因此到了2003年，事业部制完成了历史任务，“功成身退”，让位于整合后的新组织架构。用友的变阵得到了王文京的支持。

新架构

“以后你会发现，U8和NC的名字会越来越少被提及，”何经华说，“提及最多的会是用友产品解决方案。”他其实描绘的是一个“大ERP”的前景。

事业部各自为政的局面结束后，原先在事业部制下表现为强势的产品驱动销售原则将掉转过来，变成由市场，也就是用户需求来驱动产品研发。用户要什么，一线的销售最清楚。他们可以把相应的要求告诉产品市场人员，产品市场人员通过从销售和市场活动里收集足够多的信息，进行归纳总结，反馈给产品经理。产品经理根据市场反馈、对竞争对手产品的理解和最新软件技术的发展趋势这三点来设计产品。在这里面，产品市场人员是介于产品专家和销售之间的桥梁。举例来说，他们会把收集到的5000条产品信息，系统地归纳为200条，交给产品经理；也会帮助产品经理通过培训把产品的特征推给销售，或者通过营销活动推给用户。

在统一平台下，何经华认为公司的理想状态是：中低端应用产品是高端应用产品裁剪后的子集，裁剪的工作交由产品经理来做。所有的产品经理组成一个独立团队，他们负责写应用架构，交给同一个开发团队，按照不同的技术底层做出来。用友是一个管理团队，一个市场体系，一个产品体系，以便最大限度地集中优势资源。

"集中优势资源"其实也是"有效运用有限的资源"。最明显的例子是在销售上：用友现在大力推广方案营销，也就是顾问营销。一个本来很小、卖财务软件的单子，如果能够从方案和解决用户问题入手，往往可以变大，因此他们培养了一批顾问支持销售来做售前工作。但是因为顾问是稀缺资源，全放在总部，很难对一线公司形成支援，不符合经济效益。但全都放一线分公司也不可能，所以放在大区。更为稀缺的资源，例如行业专家，就要放在总部的大客户部了。经过这次调整，用友建立了矩阵式的销售体系。

矩阵与管理

对于用友的调整，迄今为止，内部人员的反应都不错。主要的原因是，他们认为这个调整把过去很多管理上的不合理的设置给排除了。

最明显的例子是大客户部的问题。大客户部之前的故事里有过曲折：这个部门2002年6月成立，2003年7月撤销，其中一半人员并入NC事业部，另一半去了U8。当时的大客户部被更多定义在为事业部和分公司提供售前支持上，不直接参与销售，却背了指标。这个定位让大客户部的人很为难，"人家一线分公司打单要你去，你讲了一通以后不能控制销售，最后又要根据单子的成功与否来计算你的业务指标。"最后大客户部被撤销的原因有一半要"归功"于此——单子没打下来，但是由此产生的费用却不少。

新的调整彻底把类似的含混问题解决掉了，大客户部被确立为销售部门，并且在统一的销售平台上建立了一套行之有效的制度。何经华强调说，2004年用友的转型，有一半是结构调整，还有一半是流程的优化和确立。

何经华一向是流程优化和规范的推动者：他卖ERP时对用户说管理就是对流程的确立和优化；之前，他2002年上任开讲的第一句就是用友的业绩评估要从"结果导向"转向"结果导向"加上"行为导向"。何举例说，只要这个员工工作流程规范，不管这个过程有没有产生结果，我们都认可。这也是何此前考核部下的一贯原则。

流程的确立对这个新架构的成败具有决定性作用。现在的组织架构按照市场、销售等职能来划分，跨所有产品线。如果要说快速响应，当然不如按产品线划分的时候快。"当时U8一个部门里，有产品经理，也有销售和市场，做不做这件事情我马上可以告诉你。”

垂直划分后，职能部门之间的沟通和互动如何最有效率，成本最低成了何的最大挑战。“两个部门究竟怎么沟通？”何经华说，“不是说两个部门的人要常吃饭常开会，而是要有规范的流程来规定。”

“过去有人做的事情现在不能没有人做。”这是设计流程遵循的前提，而谁来做怎么做，把这些都规定下来，这就是流程。举例来说，产品市场人员把市场需求交给产品经理的时候要走流程：我把系统的需求提供给你，你要在规定的时间里按照规定的格式给我答复。你可以决定做或者不做，“但是就是不能石沉大海，说没收到”。这些流程确立后，显然也要有奖惩制度来保证实施。

这些和流程有关的规定花了用友3个月的时间。何经华回忆起来，觉得自己“整个第4季度都在开会”。从2003年10月开始，用友全面陷入“会海”——总部主管总裁、一线人员在一起先按照业务线，再按产品线开了“无数次会议”。业务流程的改变其实就是“原来这个事情该他做，现在变化后，弄清楚现在该谁做”，每个不清楚的地方都要有明确答案。

“作为管理者，你不能完全期待员工境界的迅速提升。”熟读武侠小说的何经华在现实管理中从不相信会出现主人公功力在一夜之间数倍增长的奇迹——用友的未来取决于完善销售信息化与规范化，管理得当，流程合理，这样才能“有效地运用有限的资源”。

用友在组织结构上的转变是适应环境变化而进行的调整。从2003年年底到2004年1月，国际和国内的知名企业都在大调整。先是国际商业机器公司（IBM）对其价值131亿美元的软件部门进行重组。然后是用友宣布对原有的组织结构进行重大调整，2001年年底开始实行的事业部制“功成身退”。IBM的变法是把原先按照5大产品划分业务部门的组织结构打散，重新按照跨行业解决方案组成12个团队，这些解决方案横跨IBM所有的软件产品。用友的改变则是把按照产品U8、NC划分事业部的组织架构重新整合，变为“只有一个管理团队，一个市场体系，一个产品体系和一个销售体系”的全新组织结构。如果以IBM的改变为参照系，就能够看出来用友在紧随国际软件企业“解决方案”趋势。

“首先要明确一点。”IBM软件的一位销售人员在评论这些变化的时候说，“不是我们要变，而是用户的需求确实已经发生了变化，他们不再为了购买而购买。”对于这些一线的销售来说，最明显的迹象是，以往购买产品决策多在企业的IT部门，在2002年之后，业务部门开始越来越多地参与进来。

因此，尽管2002年IBM软件的营销收入达到140亿美元，但是按照产品来布阵的方法显然已经落后了。原先的IBM软件部门是按照5大产品WebSphere、Lotus、Tivoli、DB2以及Rational划分业务部门，每个部门有自己独立的销售、技术支持、服务、市场人员和合作伙伴。“换句话说，这5个业务部门随时可以变成5个独立的软件公司。”这些部门的销售人员熟悉自己的产品，有自己的业绩考核体系，但是实际上，用户的需求几乎都不是单纯的，这些需求“往往牵扯许多产品”。这使得IBM软件不得不打破产品布阵，围绕用户需求来重新架构自己的各个部门——实际上，这新成立的12个团队，每个团队旨在解决一类用户所面临的问题，在它们背后，IBM的五大软件品牌WebSphere、Lotus、Tivoli、DB2以及Rational将针对不同方案进行捆绑销售。

对这个问题，何经华的话很中肯：用户到这里来要买什么，我们的“菜单”上都应该有，否则用户就不来光顾你了。同理，“一个上市公司，如果你只能卖给他一套U8，那是你浪费了这个机会”。

用友内部正在实行称为“井田制”的新管理方法。何经华主抓销售，因此在这个问题上费心费力最多。销售分成了区域销售和大客户销售。成立的大客户部已经成为销售单位，并且又分成中央大客户部和行业大客户部。在烟草、电力、传媒、房地产、金融五大行业和6大区域，先挑出重点客户，直接由大客户部来“照料”，“跟丢了是要负责的”。一位大客户部的员工说，这就是“井田制”中最高级的一层；“井田制”中的第二层是各个大区之中除去被大客户部挑走后的重要企业，这些企业交由大区直控；最后一层的客户分配给一线分公司，大部分单子由他们自己解决，如果需要支援可以向大区申请。

这个分成三层的销售体系又有垂直管理，在用友内部，这个垂直管理的工具被称为“销售漏斗”。一个销售机会，无论出现在哪个层面上，都要进入漏斗，被管理者所监控。拿烟草行业来举例，全国只要有一个烟草的机会出来，就会进入销售漏斗。如果分公司能力有限，这个机会有可能被转到大区或者大客户部。而要不要批准申请支援，如何调配咨询顾问，也是由销售漏斗的监控来决定的。

有横向的区域分层，又有纵向管理，“井田制”实际上就是矩阵管理。一位曾经就职于国际软件公司的用友员工说，用友目前的销售体系与国际大公司已经十分类似。

资料来源：汪若菡，何经华．“300把小火”烧灭事业部　用友变阵“井田制”［N］．21世纪经济报道，2004-02-04．文字有调整。

1.1 组织结构的特征及设计原则

1.1.1 管理者为什么要关注组织的结构

如前所述，组织结构是保证企业经营战略实施落实的组织保障，企业的经营环境发生变化，组织的结构、岗位的职责和功能、人力资源管理的职能等也会发生相应的变化。企业必须建立起一套能够适应企业经营战略要求的新的结构体系，并在这个新的体系结构上重新设计人力资源管理的职能。因此，组织结构和工作分析是人力资源管理最重要和最基础的职能，企业的各级管理者必须对此予以高度的关注。原因有：

第一是环境的要求。在影响企业的众多环境要素中，市场和顾客的需求是最重要的要素之一。作为管理者的首要任务就是要随时准确地识别这种变化，并在分析市场和顾客需求的基础上进行决策。正如专栏 1－1 中那位 IBM 软件的销售人员说的："首先要明确一点，不是我们要变，而是用户的需求确实已经发生了变化，他们不再为了购买而购买。"用友软件组织结构的调整也是为了适应这种变化。

第二是战略的需要。组织战略是在环境分析基础上制定的，当战略制定后，需要按照战略的要求考虑采用不同的组织形式，以便将战略进行分解并落实到相关的责任主体，为绩效考评和完成绩效目标提供依据。管理者要对企业发展不同阶段、企业产品的特点以及客户需求的不同随时调整自身的组织形态。因此，每当遇到环境变化和组织战略进行调整后，管理者首先就要审视现有组织结构是否能够支持和保证组织战略的实现。

第三是管理的需要。管理者面对着众多的管理对象，而组织中的各个部分和个体在实现组织目标过程中的权利、责任、目标是不一样的，要使这些不同的部分发挥合力，就必须通过某种形式或采用某种方法将其有机地组织起来。

第四是授权的需要。管理者受自身知识、能力、技能、时间和精力的限制，不可能也没有必要对组织中的每一件事情都亲自去控制和管理。通过结构设计，将特定的权利下放给结构中的特定部分和特定个体，企业能够有效地延伸管理和控制的范围，提高组织的效率。

第五是专业化分工协作的需要。不论是职能制、事业部制还是矩阵结构，专业化分工都是重要的组成部分。通过组织结构和与之相关的流程的设计，企业能够实现专业化分工优势与企业价值链的完美结合，使整体的优势大于各个个体的优势。

第六是个人职业生涯发展的需要。对于管理者来讲，要在组织结构设计的基础上，将组织的战略目标量化和细分到每个具体的岗位上去，然后根据岗位要求制定人员招聘、培训和开发方案，让员工能够发挥自己的优势，为员工的职业发展奠定基础。作为员工来讲，则可以根据组织结构所具有的基本特征和自身特点选择适合自己的工作单位。

第七是组织结构与执行力有关。这也是领导者和管理者关注组织结构的一个非常重要的原因。前些年人们热衷于这样的一种说法：一流的战略，二流的执行，三流的结果；又或是：二流的战略，一流的执行，一流的结果。于是人们开始重视执行力的建设，有的取得了一定的成效，有的却成效甚微，甚至出现"一流的战略，一流的执行，三流的结果”的局面。为什么？原因有很多。其中，组织结构与战略不配套，影响战略的实施和落实，是一个重要的因素。因此，了解组织设计的原理和方法，对于战略的落实和执行力的培养，同样具有重要意义。

1.1.2 什么是组织结构

对于组织及组织结构，专家和学者们进行了大量的研究，并取得了大量的成果，为指导我们今天的工作提供了可供遵循的一整套原则和方法。孔茨和韦里克认为：组织就意味着一个正式的有意形成的职务结构或职位结构。建立组织结构的目的是要建立一种能使人们为实现组织目标而在一起最佳地工作并履行职责的正规体制。组织结构应该明确谁去做什么，谁要对什么结果负责，并且消除由于分工不明造成的工作中的障碍，还要提供能反映和支持企业目标的决策和沟通网络。[1]158-159 理查德·达夫特和多萝西·马西克认为，组织就是配置组织资源以实现战略目标。组织过程导致了组织结构的建立，它详细说明了任务如何分组、资源如何配置以及部门之间如何协调等问题。[2]143 斯蒂芬·P. 罗宾斯认为，组织是对完成特定使命的人们的系统性安排，它具有三个共同的特征：第一，每个组织都有一个明确的目的；第二，每个组织都是由人组成的；第三，每个组织都发育出一种系统的结构，用以规范和限制成员的行为。[3]4

从以上我们可以看出，组织及其结构是一种反映组织内部各部分之间关系的一种模式或框架体系，而这种模式或框架体系是由组织面临的环境、组织的目标、任务等因素决定的。总体来看，组织及其结构包含了以下几个方面的内容：第一，组织都有一个明确的目标，任何组织都是为了某种目标而存在的。有了目标，管理的职能才能发挥应有的作用。第二，组织内部必须实行分工，通过组织结构设计，一方面形成组织内部各组成部分之间明确的工作范围和界限；另一方面按照分工协作关系，规定组织中各组成部分工作的承继性和连续性。第三，组织是通过一系列正式的职务或职位结构来进行管理和运作的，这种结构反映管理者的权限和一般员工的工作范围，体现组织内特定的人的工作任务和工作目标，以及组织决策、指挥、控制、信息交流和执行系统的工作程序和行事原则。

1.2 组织结构的基本特征和设计的原则

1.2.1 组织结构的基本特征

对于组织来讲，一般都具有三个基本特征，[3]229 这些特征规定了组织的运作方式和行为规则，为组织的规范管理提供指导方针。

（1）复杂性

复杂性主要反映组织劳动分工的程度。一般来讲，可以从组织生命周期和产品及服务的范围两方面来界定组织的复杂性程度。比如，刚开始创业的企业、在一个较集中的地理范围内生产一种产品或提供一种服务的企业，分工还不明显，管理的层次也较少，则复杂性较低，组织内部的协调比较容易。随着组织的成长和规模的扩大，市场份额不断增加，则分工越来越细，纵向管理的层次越来越多，地理分布也越来越广，复杂性不断增强。在具有强复杂性的组织内部，协调和沟通就越困难。

（2）规范化

规范化主要反映组织通过规章制度规范和管理员工行为的程度。首先，规范化与复杂性有着密切的关系。一般来讲，小型组织复杂性较低，规范化程度也较低。组织的规模越大，则复杂性越强，这时规范化的程度也越高。其次，规范化程度与组织的发展阶段有关，处于创业阶段的企业一般都不具备规范化的特征，当企业进入成长期后，规范化管理才逐渐得到重视。最后，规范化还与组织成员的整体综合素质有关。如果一个企业大部分的成员都未经过相关产业或行业的训练，规范化往往成为“行为导向”的主要内容。

（3）集权化

集权化主要反映组织决策权利的集中程度，包括集权和授权两种形式。有的组织决策权利高度集中，集权明显；有的组织则将一定的决策权利下放给下级管理人员，呈现出分权化管理的特征。组织是否集权和授权与组织的规模和复杂性程度似乎没有必然的联系。一些小企业和大企业可能会高度集权。因为小企业往往是所有者和管理者合二为一，由于其规模小，因而管理者有足够的时间、精力去管理企业，我国的小型民营企业尤其如此。大型企业则由于高度的复杂性和正规化，在较多的时候需要集权化的管理模式。当然也不排除一些大企业也可能会适度的分权，具体情况视组织的实际需要而定。除此之外，组织的集权和分权化程度还与组织领导的类型和性格有很大关系，比如，一个强势的领导人就可能会崇尚高度的集权管理模式。

分权和授权需要引起组织领导者和管理者的高度重视，虽然其已成为提高组织灵活性和效率的重要内容，但一旦组织需要进行分权或授权，一定要考虑组织自身的实际情况，建立并遵守一些基本和重要的原则，包括：①根据组织的业务需要和人员构成状况进行分权或授权，需要强调的是，不是任何组织都是适合这种管理模式的，也不是任何一个人都能准确理解和适应这种管理的。分权或授权涉及的是组织权利的分配和使用，因此一定要慎重，特别是被授权人自身的素质和能力的高低对授权是否成功起着重要的作用。②对分权或授权的范围、时间以及应达到的绩效目标或标准做出明确的界定，并根据需要制定有关的奖惩措施。③分权和授权并不是自由放任，授权者应随时与被授权的单位或个人保持畅通的信息交流，了解事件的进展情况，建立分权或授权事项完成过程的信息登记和记录等制度，以达到有效控制的目的。④为了保证组织的正常运行，重大事项的权力一般需要高度集中，不能轻易放权。孔茨和韦里克认为，如果要避免组织涣散，必须在事关重大政策的某些领域中实行有选择的权利集中，以便缓和分权。集权和分权平衡妥善的公司可能是在最高主管部门对下述事务实行集中决策的：财务、总的利润目标及预算、重大设备及其他资本支出、重要新产品方案、主要的销售战略、基本的人事政策以及管理人员的培养和报偿等方面。[1]201

高复杂性、高正规化、高集权化与组织效率的关系分析。了解组织的基本特征对组织发展和个人发展都具有重要的意义。首先，从组织的角度讲，它可以帮助设计符合组织特点的结构和管理模式。比如，如果组织具有高复杂性的特点，那么就要考虑组织的高正规化和高集权化的管理模式。现实中我们可以看到，凡是大型和特大型的各类组织，普遍都具有“三高”的特征，行政事业单位和大型企业集团表现得更为明显。我国的很多大公司，下属的子公司大多都是分公司，而不是子公司，分公司在人、财、物等方面的权利都受到很大的限制。尽管由于“三高”可能会导致某种程度的效率损失，但这种损失能够通过实施严格的管理所带来的组织安全、稳定和可持续发展以及规模经济的优势来弥补。其次，对于个人来讲，可以根据组织的特点选择适合自己性格的工作场所。比如，一个喜欢自由、不拘一格和追求冒险的人，显然就不适合在具有三高特征的组织里工作。

1.2.2 组织结构设计的基本原则

专家和学者们对组织结构设计进行了大量卓有成效的研究，提出了许多具有重要意义的原则和方法，总结起来大致可以归纳为以下几个方面：

（1）专业化分工原则

专业化分工又称为劳动分工，它指的是将工作或任务按照其性质划分为若干独立的步骤或部分，组织的各组成单位或个体分别完成其中的某一个或几个部分或步骤的工作。例如服装厂成衣的生产过程就可以分为设计、裁减、缝纫、锁扣、熨烫、包装等环节，在每个环节，安排不同技能的员工从事他们最擅长的工作，当员工从事某一个环节的工作时间达到一定的熟练程度，便能够取得由于专业化分工带来的技术熟练优势和效率优势，现代企业大规模的生产或装配生产线在某种程度上就是这种专业化优势的体现。

尽管专业化分工具有效率和规模经济等方面的优势，但与之同时可能产生其他的问题，如长期从事单调重复的工作可能使员工失去工作的积极性和新鲜感，同时也容易形成技能的过度集中，导致组织不稳定、缺乏灵活性以及非经济性超过经济性等情况。

专业化分工所具有的优势和不足在不同的国家有不同的表现，各国对这些优势和不足也有不同的看法。在经济发展水平较高的国家，由于人口出生率的下降、新工作的不断涌现、充分的社会福利保障以及人们需求层次的提升，人性化管理已成为一种非常流行的观点，工作成为了人们一种享受生活的方式。在这种情况下，员工可能会因为这种单调乏味的工作而失去对工作的兴趣，从而造成组织的不稳定。因此组织可能会更多地考虑如何提高工作满意度等方面的问题。而在大多数发展中国家，由于高出生率和就业的巨大压力、社会保障的不足以及较低的需求层次，大多数的人还把工作当作是一种谋生的手段。在这样的情况下，员工可能并没有多大的选择余地，人性化的管理也不可能从根本上解决问题。这并不是说组织就可以不关心这些问题，而是说在特定的情况下，组织所采取的对策并不一定就是以工作的满意度为最高标准的。

对由专业化分工带来的不足，企业可以在一定程度上通过轮岗或换岗的方式来解决，通过这种新的工作方式来调整人们长期从事单调工作的情绪。当然轮岗的作用还不仅在于此。关于轮岗和换岗的问题，将在后面的有关章节做详细的探讨。

（2）统一指挥原则

统一指挥原则主要反映组织的权利等级结构或指挥链系统，说明组织的结构必须和组织内相应的职位和职权之间相对应的关系。这一原则主要关心的是以下方面的问题：明确员工的工作目标和工作责任；在分工基础上达成良好的协作关系，消除职责不明造成的工作障碍；建立反映和支持企业目标的决策和沟通系统。

统一指挥原则在大多数情况下都是适用的，当组织相对简单或规模较小时尤其如此。随着环境的变化和组织灵活性的要求，统一指挥原则的内容也在发生变化，如矩阵结构的出现就导致了双重指挥链的产生，过去员工只听命或服从于一个管理者，在双重指挥链下，员工要同时服从两个甚至更多的管理者的指挥。如果不对这种变化作出令员工满意的解释，就可能导致组织指挥系统的混乱。因此，在采用这种结构之前，应将矩阵结构的指挥系统向员工做出准确的解释，如员工同时向项目经理（新工作团队）和职能经理（原工作部门）负责，项目经理的权利主要体现在向项目成员行使完成项目规定目标的权利，并将该员工的表现或业绩水平传递给职能经理；该员工的薪酬福利、绩效评价、晋升提拔等仍然由职能经理掌握。

专栏1-2：ABB公司的双重指挥链系统

ABB公司是世界著名的大型设备制造商，年销售额290亿美元，规模超过西屋公司，在高速火车、机器人和环境控制方面都是世界领先者。21万名员工在100多个国家和地区工作。

由于公司业务方面的要求，需要经常将业务从一个国家转移到另外一个国家，而又不影响各项业务共享公司的技术和产品。为了解决这一问题，在组织结构上实行了双重指挥链的管理模式，使所有员工同时接受所在国经理和所属业务群经理的双重领导。ABB公司大约有100个国家的经理，在其董事会领导下开展工作。另外公司配备65名全球经理（项目经理），将他们配置到运输、过程自动化与工程、环境装置、金融服务、电子设备、发电、输电、配电8个集团。所有员工同时接受所在国经理和所属业务群经理的双重领导，并能够利用其他国家的技术。比如，一个领导ABB美国业务和自动化集团事业的德国人，使用ABB瑞士公司开发的技术服务于美国公司的汽轮机制造，或者使用ABB欧洲地区的技术将美国密歇根州的核反应堆转换为沼气发电厂。

改编自：斯蒂芬P罗宾斯. 管理学［M］. 4版. 黄卫伟，等，译. 北京：中国人民大学出版社，1997：253.

（3）职权、职责、责任和权利

所谓职权，是指管理者基于由组织正式授予的、能够下达命令和希望命令被接受和执行的权力。在组织中的职位越高，职权也就越大。职权是维系组织权利系统最重要的部分，因此职权不仅正式、规范，而且带有强制性。通常讲的“民主基础上的集中”中的“集中”，就是讲的这种强制性。职权是更广义权力中的一种，它主要是针对职位而不是针对个人，处于某一职位才有某种职权。今天你在这个职位上，你就拥有基于该职位的职权。以后你不在这一职位上了，也就失去了该职位所拥有的职权。

所谓职责，是指对职权使用的结果负责。任何权利的使用都应该有约束和限制，职责的作用就在于此。你可以使用组织赋予你的权力，但必须对使用权力的结果负责。

组织中不仅管理者有职责，每个员工也同样有职责，这种职责可以用责任来表示，以与管理者的职责相区分。按照学者们的观点，责任就是员工完成被分派的任务或者工作的义务。[2]144权力是指一个人影响决策的能力。[3]233权力是一个很宽泛的范畴，传统的观点认为，职权是组织中影响力的唯一源泉，职位越高，影响力就越大。但随着社会的发展，人们逐渐发现组织中有的人并无正式的职权，但却拥有一定程度的影响力。这类人大致可以分为两类：一类是领导人的秘书、司机，他们一般没有或处于较低的职权层次，但拥有的权力或影响力却超乎常人；另一类人则可能是因为专业、性格、爱好、谈吐、信息或资源等方面占有优势，因而在一部分人中具有某种程度的影响力，大家都愿意与之相处。因此，职权只是更为广泛的权力系列中的一个要素。与职权和职位有关不同，权力可以与职位无关，不是管理者同样具有某种权力。了解权力的这种概念对于组织的管理具有重要的意义。管理者一方面可以利用正式组织的正式职权结构进行管理，同时也可以通过对非正式组织中那些具有特殊影响力的“民间精神领袖”的激励，以加强组织的管理。这样，组织的管理就有了两个方面的保障。

（4）管理跨度原则

管理跨度是指组织中管理者能够有效的指挥和管理下属的数量。管理跨度是与组织的层次和管理人员的数目联系在一起的。一般来讲，跨度越宽，组织的层级就越少，效率也可能越高。扁平化组织就是典型的宽跨度结构。如果跨度窄，则层级就多，效率就可能会受影响。但也不是绝对的。对于不同的管理层次，跨度也是不同的。一些研究发现，高层管理人员的管理跨度一般是4～8人，较低层管理人员则为8～15人。另有人认为，一位管理人员可以管理多到15～30个下属。在美国管理协会对100家大公司的调查中，向总裁汇报工作的人数从1人到24人不等，只有26位总裁拥有6人或不到6人的下属，中间人数为9人。在被调查的41家小公司中，25位总裁有7个以上的下属，最常见的是8人。孔茨和韦里克认为，已有的一些关于跨度的数量统计调查和研究结果并不能真实地反映出实际的管理跨度。因为这些研究只是按企业的最高层或接近最高层来衡量的。特别是因为每一位组织者也都经历过向最高层管理人员汇报工作等职能的压力。这种在整个企业中可能实行的管理跨度，并不是典型的做法。最高管理层以下的跨度可能会小得多。事实上，对100多家各种规模公司的调研表明中层管理层的管理跨度比最高层窄得多。更重要的是一位管理人员能够有效地管理下属的数量并不是固定不变的，这一数量取决于多个因素，包括要求下属所受训练的程度、明确地授权、计划的明确性、客观标准的使用、发生变化的速度、沟通方式的有效性、所需要的个人接触量以及组织中的层次等。[1]169总的来讲，组织扁平化和灵活性的要求可能会导致管理跨度出现更宽和更大的趋势，这一观点也得到了一些最新研究的证实。如许多的精益组织（Lean Organization）的管理跨度高达三四十人甚至更多。在Consolidated Diesel公司基于团队的引擎装配厂，管理跨度为100人。达夫特和马西克认为，当管理者必须专注于员工时，管理跨度应该小；当管理者很少需要介入员工的工作时，管理跨度就可以大。在以下情况下，管理跨度可以较大：下属从事的工作是稳定的、下属完成相似的工作任务、下属都集中在一个地方、下属训练有素而能够不需要指导就完成任务、详细说明任务活动的规则和程序是现成的、管理者可以利用支持系统和人员、几乎不需要花费时间从事非管理活动、管理者的个人偏好与工作方式喜欢大跨度等。[2]146

（5）部门化

所谓部门化，是指将组织的工作或活动通过专业化分工而组合到部门中，使其在管理者的领导下工作，同时促进专业化分工的协调。目前比较流行的部门化主要有以下几种形式：[3]229

职能部门化：在劳动分工的基础上，按照所履行的职能和要从事的工作将人们组织在一起，建立起相应的部门，如人力资源部、财务部等。按职能划分部门化广泛存在于组织的结构中，并成为其他部门化的基础。职能部门化也称为职能制结构，是目前应用最为广泛的一种组织形式。

产品部门化：按产品或服务的生产过程划分部门。这种结构多为生产多种产品或提供多种服务的大中型企业所采纳，大多数的事业部制就是按照产品或服务的过程来建立的。在这类企业中，大多以产品为主线，各个产品线以下仍然按照专业化的要求，建立起相应的职能部门。因此，产品部门化或事业部制是一种按职能和按产品建立部门的综合形式。与职能制结构一样，这种以产品为导向的事业部制结构也是目前比较流行的组织形式。

顾客部门化：按顾客或服务对象划分部门。近年来，“二八原理”、“顾客并不都是上帝”等观念得到越来越多企业的重视，使按顾客划分部门的方法得到了较大程度的普及。“顾客并不都是上帝”主要是基于以下三个方面的原因：第一，企业不可能满足所有顾客的需求，有时要满足顾客某一方面的需求要耗费大量的资源，而企业是一个要讲求投入产出关系和经济利益的实体，不但要考虑顾客的需求，还要考虑股东、员工等相关利益群体的要求，这之间存在一种平衡比例关系，越过这一比例关系企业是承受不了的。第二，企业要根据自己的优势、专长和资源条件，为特定的顾客提供特定的产品和服务。第三，不同的顾客对企业价值的贡献度是不一样的，企业有必要根据顾客的价值贡献，为其提供不同的产品和服务。这就是在市场细分基础上的顾客细分，细分的结果就是很多企业设立了“大客户事业部”这一部门化形式。目前，按照特定顾客群的特点提供与之相适应的服务已成为企业部门化的重要指导思想。

地区部门化：按地理位置划分部门。这种划分形式适合在较大地理范围内销售产品和服务的公司，而且多为其销售团队采用。

过程部门化：按照生产或工作流程划分部门。制造类企业大多都采用这种形式。

在以上五种部门化形式中，职能部门化应用范围非常广泛，不论是政府行政事业单位，社会法人、宗教团体，还是企业，按职能划分部门已经成为一种重要的指导思想。这反映了组织结构的设计者们对专业化分工优势和效率的考虑和看重。此外，事业部制形式也非常流行，世界500强的很多企业就采用了这种形式。很多企业都按照产品、地区和顾客部门化的形式来建立和完善自己的事业部制组织结构。

1.3 影响组织结构设计的思想

1.3.1 影响组织结构设计的思想

汤姆·伯恩斯和G. M. 斯托克在调查了20家英格兰公司和苏格兰公司的主要领导后，提出了两种不同系统的管理实践为内容的组织结构设计思想，[1]218-219第一种是机械式组织结构，其基本特征是：①适用于稳定的组织环境；②强调统一指挥，严密的等级制结构和垂直的上下级；③较窄的管理跨度和金字塔型的组织架构；④非人格化的管理特征，严格的工作规范，以标准、规则和条例达到效率；⑤具有高复杂性、高正规化和高集权化的特点。第二种是有机式组织结构，其基本特征是：①适用于变化和不稳定的环境；②强调灵活性和松散的结构形式；③劳动分工并不是建立在标准化基础之上，员工具有多种技能，能处理多种问题；④大量的横向交流和协调，不需要过多的规则和条例。

英国不列颠大学的伍德沃德对100家英国公司的研究成果表明，技术类型和组织机构设计有一种内在的关系。他按技术复杂程度的递增将企业分为三类：①小批量和单位生产（如定制产品）；②大批量和大量生产（如生产电冰箱和汽车）；③连续生产（如炼油厂的过程或流水作业）。研究结构发现，在大批量和大规模生产的那组企业中，成功企业大多是按照机械式结构组织的；在单件生产和连续生产的组织企业中，成功的企业大多采用有机式的结构。[3]244-245

罗宾斯认为，机械式组织是综合使用传统设计原则的自然产物。其特征表现为统一的指挥链、狭窄的管理跨度，最后形成高耸的、非人格化的结构，随着跨度的增加，高层管理者通常采用增加规则条例来保证对组织的控制，具有高复杂性、高正规化和高度集权化特征。而有机式组织是一种松散、灵活的具有高度适应性的形式，不具有标准化的工作和规则条例。由于主要是依靠员工的职业化精神和经过训练的熟练的技巧完成工作和任务，因此低复杂性、低正规化和分权化是其基本特征。[3]241-242

明茨伯格提出了五种组织类型，即简单的组织结构、机械式的官僚组织结构、专业化的官僚组织结构、分部型组织结构和灵活的组织结构。其中第一种和第五种是有机的和新型的组织结构，第二、三、四种为机械的官僚组织结构。简单的结构多适用于企业家直接作为管理者的企业；机械式的官僚组织结构适用于具有若干特定部门的企业，如钢铁企业、工程制造以及小汽车制造业；专业化的官僚组织结构则适用于公共服务部门，如城市服务、教育以及医院等部门；分部型组织结构适合于具有一个总部以及由若干个公司组成的分部的企业，在任何一个产业或经营部门均存在这种形式；而灵活性的结构一般指创新型企业，如研究与开发企业、设计部门、计划项目部门以及咨询部门等。[4]其中，明茨伯格对机械式的官僚组织结构和灵活性的组织结构的评价与上述学者的观点大致一致，即机械式的官僚组织结构强调程序和控制，带来冲突和抵制变化，从而降低企业的竞争力，并缺乏对企业家的驱动。灵活性的组织结构则是一种高度有机性的组织结构，主要依赖专家工作之间的协调，并按照矩阵式的结构进行组织。复杂性、标准化、层级制等让位于管理者的协调、分权和窄跨度。

1.3.2 对科层制组织结构的评价

目前大多数的企业都实行的都是科层制的组织结构。科层制是传统组织理论的基础，它强调组织效率的基础是权力，只有在一定的权力结构安排下，才能够为管理者提供控制企业活动决策及运作的秩序问题，其主要目的是企图解决组织内部的协调和效率问题。

自科层组织诞生以来，对于其功能和作用就一直处于争论之中。持评判意见的人认为，既要指望人们只做到服从命令，同时又希望他们承担应承担的一定责任是非常困难的。[5]他们认为，由于受到组织中各部门之间的目标冲突和管理者个人的局限等方面的原因，造成组织更多的是表现为一个竞争性和多种相互冲突利益的联合体，因此科层制并不是理性的组织类型。[6]法国著名社会学家米歇尔・克罗兹耶在实证调查分析的基础上指出，科层制组织中的每个管理者都面临着集权和放权的两难困境：在集权的情况下，管理者由于无法掌握大量的第一手信息而做出最优决策；反之，在授权的情况下，由于难以保证被管理者会把组织目标最大化作为决策的标准，同样也难以做出最优决策。其结果必然是：要么管理者失去对下属的控制权力，只能够对其进行监督；要么下级因受制于规则而失去与对上一级管理者谈判的权力。这也就是我们经常谈论的：决策的人并不直接了解他真正应该要解决的问题，知道应该如何解决问题的人又没有决策的权利。因此科层制是一种低效率的组织形式。[7]美国哈佛大学经济学家哈维・莱本斯坦认为，科层制组织会导致组织的非X效率。[8]所谓非X效率，是指组织因错过利用现有资源的机会而造成的某种类型的低效率。造成这一现象的原因是由于完全或部分地缺乏力所能及地和有效地利用各种经济机会的能力。他把企业组织内部的人力资源要素称为影响企业经营的X要因和X效率（X-Efficiency），与其他的物质要素相比，具有很高不确定性。他指出，组织员工的工作努力水平（X要因）由其勤劳意愿所决定，由于各种因素的制约，员工不一定能够发挥出最大限度的努力，其发挥作用的最大努力与现实的差距就是非X效率。科层制组织中员工在组织认同感、信任、工作动机、协调、信息和目标等方面的分化以及由此形成的不同的利益团体和关系网，是非X效率的产生的主要原因。非X效率可能来自企业组织内各种惯例的束缚、作业团队内同事的牵制、科层制组织结构对信息的扭曲和反应迟缓等多个方面，从而使企业组织无法达到理论上的效率。[9]美国著名组织行为理论家沃伦・G. 本尼斯反对科层制组织的态度可以说达到了顶峰。他指出，科层制组织是在稳定和可预见的环境中发展起来的，而现在的环境变化常常无法预期。环境的变化给科层制组织带来的问题混不可逾越的和无法避免的，这预示着它的末日来临了。[10]他认为，科层制组织根本不能适应专业人员力量的增长、参与式管理的发展和快速的组织变迁，并预测："在未来的

25～50年间，我们将加入为科层制组织送葬的行列。”[11]

尽管如此，仍然有不少人表示支持科层制组织结构。美国社会学家罗伯特·K.默顿虽然认为科层制组织存在着组织内部各部门的自我保护行为，可能表现为组织整体可能出现低效率，但科层制组织结构一般有助于管理效率的提升。他指出：科层制组织强调纪律就是效率，社会结构的效率最终依赖的，是带着合适的态度和情感并受到鼓舞的团体参与者……这些情感常常比技术要求更令人紧张。因为模式化的职责对科层人员来说就是情感压力，而这样的压力是有安全线的；而且将导致情感从组织的目标转移到组织所要求的细节。规则原本是手段，现在却变成了终极目标。在此情况下，纪律（或规则）不被看成是针对具体目的的手段，而是变成了科层制人员的直接价值观。[12]美国社会学家麦尔文·科恩也发现，科层制原则严格组织的员工，比未形成科层制度组织的员工头脑灵活、思想开明、自觉性强。科恩发现，这种科层制原则严格的组织对员工教育背景要求较高，同时也提供了更多的工作保障、较高的工资以及复杂的工作。[13]这说明，工作条件与人们的心理活动是相互影响的。对员工个人来说，在科层制组织中工作，并不一定都是令人窒息的，而往往意味着富有挑战性的工作和晋升的机会。[14]

综上所述，尽管学者和专家们对科层制组织结构有各种各样的观点，但在实践中，科层制组织结构得到广泛应用却是一个不争的事实。我们认为，组织结构的设计不仅要考虑结构本身的效率和合理性，还要考虑组织的复杂性以及组织成员的综合素质。也就是说，任何一种组织结构的效率不仅取决于于结构本身，还取决于组织成员的状况。因此，组织结构设计必须考虑结构与“人”的和谐搭配。

1.3.3 21世纪的组织形态

为了提高组织的灵活性和反应程度，从20世纪开始，出现了许多新的工作形式，包括矩阵结构、工作团队形式和网络组织等。鉴于矩阵结构和工作团队形式已经非常流行，这里只对网络组织形式做较为深入的讨论。

所谓网络组织结构，主要是指企业或公司将自己的部分业务或职能分包给其他独立的公司，并从总部组织协调这种公司的活动。有学者将网络结构划分为三种形式，即内部的网络结构、稳定的网络结构和动态的网络结构。[15]内部的网络结构是指其企业具有与特定业务相关的大量资源，并按照市场价格运行，通过不断创新来改善个体业绩和整体绩效。这种结构常见于由个别的战略经营单位（SBU）组成的大型跨国公司或者以各个不同的组织职能单位为利润中心的企业。稳定的网络结构主要适用于领导企业或母公司，其业务所需的要素主要从外部获取。其优点在于资产是由各个分公司所有，这样就可以分散风险，同时还可以增加灵活性。不足之处在于当企业面临危急时，所属企业往往需要来自“母公司”的保护。另外，按照规划进行密切合作以及确定质量标准往往会减弱企业的灵活性。动态的网络结构涉及更广泛的外部来源。在网络中，往往有一家领导企业作为网络的经纪人，这家企业可以根据任何一项交易，在任何时候确定哪家合作企业可以进入网络，哪家企业必须退出网络。这样就能够确保网络协作的流动性，并使网络始终具有动态性。不论是哪种形式，网络结构都是与知识经济、工作和业务的外包紧密联系在一起的。由英国经济学家情报社、安达信咨询公司所做的“展望 21 世纪：设计未来的组织”研究报告，通过对 350 位来自总部设在世界各地的全球性、跨国性和国际性公司的董事级别的人员和高级管理人员的问卷调查和个别采访，提出了未来的组织形式的发展趋势的调查结论。[16]4-55 在这项调查中，所有接受调查的经理们预言，到 2010 年，变革的节奏将加快，因此只有那些最有弹性的组织才能经受这种压力。这一报告的结论包括：第一，企业正在准备迎接更多变革，这种变革将是迅速的和富有挑战性的。第二，公司正准备应对更多的竞争以及更多变化形式的竞争压力。第三，变革将由公司内部和外部的多重因素推动。第四，所有公司正在它们的核心竞争力之外寻找竞争优势的新资源，而最重要的新资源包括更有弹性的组织结构和最大限度地利用技术。第五，经理们将使用一系列范围广泛的组织模型和管理方法来应对变革。其中，外包、合资企业和战略性联盟将呈现出显著的增长。《展望 21 世纪》调查要求经理们揭示哪种管理结构与成功完成其商业战略最为相关，尽管只有 18% 的调查对象认为，外包是公司目前商业活动中非常重要或重要的组成部分，但认为到 2010 年时外包极其重要或重要的经理人数增加到 52%，为调查时的 3 倍。报告指出，外包具有一种强烈的战略性指向，使得首席执行官们可以全神贯注于竞争的关键问题。由于被认为是达到专注于核心竞争力的最短途径，外包越来越被当成获得战术性收益（以更低成本的形式）和公司地位战略性提高的有力工具。

由于经济的不确定性、迅速的变革以及企业间不断增长的相互依赖性，远离孤立的、庞大的组织形态，将趋向更平展的、更富有弹性的结构形态。因此保持最小的企业规模及更多地依靠外部合作者，对企业的发展具有重大的战略意义。一个公司必须通过与其他公司联合起来，以利用其现有力量适应特定的市场，成为企业间联盟、外包和虚拟化趋势的重要原因。1/4 的被调查者预测，到 2010 年，他们的公司将成为“由战略联盟和一套共有的商业价值观联系在一起的一个大的网络组织”的成员。与之形成对比的是，1/3 的被调查者将他们的公司描述为“权利与战略集中于公司总部而由公司部门与子公司具体实施执行”的公司。

外包正在快速发展，根据位于美国纽约的外包研究所（Outsourcing Insititute）的研究，1996 年的美国外包合同总价值达到了创纪录的 1000 亿美元。美国公司比欧洲公司更倾向于在除制造业之外的一切领域实行外包，而在亚洲和地中海国家，外包则与企业的家族文化相违背。

业务和工作外包之所以能够得到如此大范围的应用和利益，自然有其原因。占被调查人数的68%的人认为是能够降低成本，以下分别是：能够全面提高经营效益（62%）、更集中于核心业务（57%）、获得外部专业知识和技能（53%）、提高外包工序质量和效率（52%）、获得竞争优势（44%）、创造新的收益来源（18%）。但成本并非是公司实行外包的最重要的原因，还有其他方面的因素。①技术的缺乏。对那些既无特定技能也无人力资源优势的公司来讲，通过外包能够弥补其不足。②专注于核心业务的考虑。由于公司之间的相互依赖度越来越高，公司的经理们不得不在竞争力与增长之间取得平衡，因此将一部分能安全地交给其他公司处理的业务外包出去的吸引力越来越强。③注入新思想的需要。该报告研究发现，外包是克服内部变革阻力的一种方法，并能够激励员工产生新思想，“外包就像在墙上捅了个洞，保证了空气的流通”。④业绩增长的压力。对于小公司来讲，通过外包不仅能够节省开支，而且还能使经理们免除企业创立时建设基础设施的巨大压力而集中精力创业。⑤缺乏技能。随着知识经济的发展，对具有特定知识和技能的专家的需求将会越来越大，而每一个公司都不可能也没有必要保持一批这样的专家。通过外包，企业将自己的部分业务交给专家处理，就能够获得专业化的技术优势而专注于自己最擅长的业务。⑥提高最佳服务的压力。当公司付出了服务成本而又未能取得与之适应的收益，包括顾客的满意度和公司财务两方面，最恰当的做法可能就是通过外包解决。⑦透明度和灵活性。不同的公司有不同的资源优势和对市场的信息反映渠道，通过外包能够及时地吸收市场变化信息。外包还是一种利益和风险分担的机制，即通过合同的形式将双方的责任和绩效标准进行严格的规范。而在公司内部则难以做到这一点。即使有规范，但一旦造成损失，往往公司承担全部责任。当然，外包也有不利的一面，比如可能丧失控制权、互相冲突的目标与文化以及可能丧失发展机会等。

1.4 不同的组织结构对人力资源管理的影响

不同的结构和部门化形式各有利弊，在现实中并不存在一种“理想”的模式或标准。不同经济发展水平、企业不同的发展阶段、不同的顾客需求以及组织的资源条件等都是决定采用具体的组织形式的制约因素。

1.4.1 我国企业组织结构的一般特征

在发达国家，其经济形态正在从制造业向以知识为基础的工业和服务业转移，由于制造业的基本产品如钢铁、化工等产品需要大量固定资产投资，而且一旦这些固定资产建成后就难以改变和移动。由于经济环境的波动，原料资源没有保障，也没有卡特尔能支配资源，因此控制整个价值链是至关重要的。在这种情况下，越来越多的公司开始投入新的力量，寻找其他具有竞争优势的资源，以评价和发展并更有效地利用其巨额的知识资产。与这种经济形态相对应的，就是其组织结构开始向有机的和更加灵活的方向转变。有人预言，在20年内，“未来的公司”将由一个从单个办公室开始经营业务的小组组成，这个小组将建立和运用其关于市场需求与客户要求、潜在供应商与合作者的知识，并通过复杂的电子联系将这些知识融合在一起，以迅速地、无痛苦地对时尚和经济环境的变化做出反映。价值创造过程将从所有不必要的活动中解放出来，并因此而更加有效率。[16]16－18我国的经济形态还远未达到发达国家的阶段，因此其组织结构可能更多的具有机械、官僚式结构的特征。特别是在制造业等基础性产业中尤其如此。在高科技行业中，由于分工的关系，也有相当部分处于这种组织形态。

研究组织结构和部门化形式的特点，在于为人力资源管理提供决策依据。正如上述研究报告指出的：当前企业面临着包括从国际竞争对手到知识丰富的、以因特网为基础的对手的竞争，因此，客户对更高质量和服务的需求、吸引和留住最好人才的能力、国际竞争、新的和不断变化的技术，将成为公司商业战略驱动的四种主要力量。这些力量之间的对比和变化，对组织战略的要求、组织结构以及在此基础之上的人力资源管理实践具有决定性的意义。

如前所述，组织战略、结构与人力资源管理之间存在一种十分密切的关系。不同的战略要求不同的结构，不同的结构又使管理者和员工行为、完成工作的方式以及其他人力资源管理实践活动表现出不同的特点。尽管组织的形式和结构多种多样，但最基本的形式仍然主要是职能制和事业部制这两种。职能制结构的主要特点在于具有专业化优势，不足则是缺乏灵活性，它比较适合稳定和可预测的环境以及以低成本竞争为目标的企业。事业部制具有灵活性和创新性，但由于各事业部又拥有职能部门，特别是以产品为导向的事业部制形式，往往会造成资源的浪费，因此效率方面可能会受到一定影响。(参见专栏1－1用友公司的案例)我们下面就以成本领先、差异化以及外包等组织形式为基础来讨论不同战略、结构下的人力资源管理实践活动。

1.4.2 成本领先战略和职能制结构

成本领先战略可能最适合职能制组织结构，因为成本领先战略一般是与环境的稳定性和变化较少相对应的，而职能制组织结构就最适合稳定的和可预测的环境。[17]143职能制结构的特征主要有以下方面：①追求规模经济和生产的高效率，对产品数量、成本和财务、管理、销售三大费用给予高度关注，尽可能地减少研发、服务、推销、广告等方面的成本开支。②绩效目标方面，一般比较注重短期成效，尽可能地规避风险。③员工专业技能要求较为单一，但熟练程度要求较高，员工具有独立完成本职工作的能力。④中层管理者以下基本没有决策的权利，对自己与其他人员之间的合作也不承担什么责任。⑤大多数的职能制结构都具有较窄的跨度、垂直严格的等级以及高复杂性、高正规化和集权的特征。

职能制结构的人力资源管理实践。①职能制结构强调专业化分工的优势和效率，反映在人力资源管理实践上，由于强调员工独立完成工作的能力，因此特别强调严格的工作分析、职位描述和任职资格非常详细；同时工作（岗位）的界定一般比较狭窄，对岗位和任职者有明确的技能和专业化程度要求。②在招聘选择方面，往往会采用多种方法，严格按照岗位要求和任职资格进行人员的选拔。③培训开发上，员工技能和效率的提高大多依赖不脱产的在岗技能培训，特别是同一职能块或部门岗位内部经验的交流和积累，包括“以老带新”的模式。对管理人员逐步开始进行包括沟通、协调、处理冲突等基本管理技能方面的培训和开发，以提高管理人员在新形势下的工作效率和管理水平。④绩效考评方面，主要依赖以员工行为为基础的绩效管理系统，这种系统一般强调行为与结果之间的关系。但对要求技巧的管理性岗位和要求技术水平的研发性岗位，则有不同的特点。⑤薪酬体系方面，绩效工资的比重较大。由于是成本领先，因此比较强调内部一致性；由于强调专业化，因此工作都尽可能进行分解，在制造业和劳动密集型等生产型企业中，大多分解为由较低的工资和不需太高技能的员工来完成的细微和简单的工作要素，而且报酬的大部分与绩效挂钩。但在专业岗位上，则强调专业化、效率、绩效、报酬之间的正相关关系。⑥在组织接班人计划方面，晋升通道比较狭窄，而且主要实行内部晋升。

以上只是在成本领先战略下的职能制结构对人力资源管理实践的一般要求，并不是在所有的情况下都是如此。职能制结构的适应性是比较宽泛的，而且职能制结构本身也在变化，以适应不断发展的环境。有很多按照职能制架构建立起来的组织，可能并不具有上述特点。其实这并不奇怪，这个世界上本来流行的就是相对而非绝对的东西。

1.4.3 差异性战略和事业部制结构

事业部制结构最适合不稳定和具有不可预见性的环境，这种类型的组织结构对于那些依靠差异性或者创新进行竞争的企业来讲尤为重要。[17]143 事业部制的特点包括：①企业的产品、技术水平、服务水平、品牌与竞争对手有差异性，表现为“人无我有”或“人有我更精”。这种差异性不仅对产品有保护作用，而且不会产生价格敏感性。②与成本领先不同，对产品数量只是适度关注，主要着眼于企业的长远发展。③在绩效目标上，强调短期和长期目标的结合，鼓励适度冒险，员工的创新观点和能力得到鼓励和提倡，同时强调过程和结果的统一与平衡。④有大量的横向交流和协调，不需要过多的规则和条例，因此强调高度的创造性和协作精神，喜欢冒险并愿意成为风险承担者的员工往往受到组织的鼓励。⑤对市场的反应灵敏，一般不具有高复杂性、高正规化和高集权化的特征。

事业部制结构的人力资源管理实践。①事业部制的组织结构特别强调对市场和客户的反应，主张员工的冒险和创新精神，以适应不断变化的环境。因此对工作说明书和任职资格的要求比较宽泛，不太注重专业职能的限制，员工具有多种技能，能处理多种问题。②招聘选择着重不拘一格的思维方式、创新精神和合作态度。③培训开发是尤其注重强化员工间的沟通合作关系，对员工协作和对团队精神的培训投入了大量精力。④绩效管理方面，主要以结果为基础，兼顾对过程的考虑。为了维护创新和冒险精神，可能更倾向于对部门和公司整体绩效的评价，以鼓励各个人敢于承担风险。⑤为了支持和鼓励创新，需要不断招募具有新思想、新观念的人进入企业，因此薪酬系统更倾向于外部的公平性或具有竞争性的薪酬水平。⑥在职业通道方面，通过建立具有相对独立的支持系统和决策权利的跨职能工作小组，完成超职能范围的工作任务并提供较为宽广的职业通道。

1.4.4 网络化组织结构对人力资源管理实践的要求

网络化组织主要是以工作和业务的外包为基础的。从目前的情况看，业务和工作的外包还主要是从发达国家向发展中国家转移，这种转移虽然给发展中国家带来了资金、技术以及大量的工作机会，但同时也引发了跨国公司与本国企业在人力资源方面的竞争。我国还是一个发展中国家，有着巨大的市场机会和发展空间，一直就是跨国公司竞争的重要市场。对我国的企业来讲，一方面要适应发达国家工作外包带来的挑战，另一方面要采取正确的措施应对这种挑战。所谓适应是指要了解这种变化是一种趋势，由于我国企业目前还难以在高薪酬方面与跨国公司竞争，因此人员的流动是不可避免的，重要的是采取正确的措施来应对。特别是随着外包这种形式对企业的核心竞争力的构建越来越重要，我国企业业务的外包也将得到普及，因此了解和掌握外包对人力资源管理实践的影响，对我国企业来讲具有十分重要的意义。网络化结构对人力资源管理实践主要包括以下方面：①企业的管理者要随时掌握员工对企业的贡献，在此基础上确定人力资源管理开发的重点，根据环境变化和企业发展要求制定有效的人力资源规划。规划的核心既包括现有人员的状况，更重要的是未来企业发展对人力资源的需求，核心是做好对核心岗位和核心员工的识别和管理。即做到两个“识别”，一是对高绩效员工的识别，二是核心竞争力的识别。②根据不同情况制定不同的人力资源战略。有学者在对“防御者”、“探索者”和“分析者”等战略行为的分析中，对企业战略与人力资源政策的整合问题进行了例证分析。[18]其中，防御者倾向于在一个稳定的产品市场环境下经营，其人力资源管理政策主要是如何选择与开发员工，即淘汰业绩差的员工，同时培养有潜力的员工，其核心是“建设”人力资源。探索者则不断招聘新员工，将工作重点集中在“收购”优秀人才上，不愿意花时间和精力去培养和开发人才，核心是“猎取”人力资源。分析者倾向于在一个多样化的产品市场中经营，其人力资源政策的核心则主要是“配置”人力资源。其实不论是“建设”、“猎取”还是“配置”，这些不同类型的人力资源政策都很难单独的实施，例如，“建设”型人力资源的方法也是探索者和分析者要重点考虑的问题。因为对于任何企业来讲，根据岗位要求对员工进行严格筛选，根据企业发展要求对员工进行培训和开发，淘汰低绩效员工，培养有潜力的员工，重点激励高绩效员工永远都是一个重要的任务；探索者虽然可以“收购”所需人员，但重点收购的可能是高级管理人员，而不太可能收购企业所需的所有人才；同样，防御者和分析者对高层管理人员也可能采取收购的方式。③根据公司的性质、具体业务、资金状况等做好人力资源管理的外包规划工作。外包固然有利用专业优势和提高效率等优点，但也存在问题，比如控制的问题、成本的问题以及人力资源政策的沟通等。因此，企业人力资源管理职能的外包一定要考虑自身实际和需求。一是要考虑企业的承受能力，因为外包通常意味着较高的费用，而大企业和小企业、初创企业和成熟企业的承受能力是不一样的，在考虑外包时一定要研究是否有足够的资金支持。二是要考虑外包的范围，不同的企业对外包的范围有不同的要求。如绩效管理的问题，绩效管理涉及长时间的沟通、反馈以及在此基础上的绩效改善问题，需要企业和员工之间进行经常性的沟通和反馈，企业的人力资源部门和人员在这种沟通和反馈中往往起着十分重要的作用。这部分业务如果外包给专业咨询公司，则有可能在人力资源政策方面产生沟通不畅和信息滞后的问题，人力资源专业人员作为企业和员工之间桥梁的作用就会大大减弱。而且咨询公司的人员不太可能长期留在公司，即使可以留，也会带来费用的问题。此外，咨询公司不太熟悉公司的业务流程，如果全部外包，也有可能带来专业化与实际业务要求不相匹配的问题。再比如薪酬，对于很多企业来讲，保持一种具竞争力的薪酬水平是企业竞争力的重要内容，由于薪酬的这种重要性，大多数企业对薪酬都是持保密的态度，我国企业的薪资水平尤其如此。在这样的情况下如果外包，对薪酬的控制力就会大大减弱，可能对企业的竞争力产生不利的影响。④网络组织结构人员招聘方面。⑤培训和开发方面，注重对员工多种技能的培养，

注释：

[1] 哈罗德·孔茨，海因茨·韦里克. 管理学 [M]. 10版. 张晓君，等，译. 北京：经济科学出版社，1998.

[2] 理查德·达夫特，多萝西·马西克. 管理学原理 [M]. 4版. 高增安，等，译. 北京：机械工业出版社，2005.

[3] 斯蒂芬 P 罗宾斯. 管理学 [M]. 4版. 黄卫伟，等，译. 北京：中国人民大学出版社，1997.

[4] MINTZBERG H. Structure in Fives: Designing Effective Organizations [M]. Englewood

Cliffs, New Jersey: Prentice - Hall, 1983.

[5] FOLLETT, MARY PARKER. Dynamic Administration: The Collected Papers of Mary Parker Follett [M]. Edited by Henry C. Metcalf and Lindall F. Urwick. New York: Harper & Row, 1940, 50 -70.

[6] CYERT, RICHARD M, JAMES G MARCH. Behavioral Theory in the Firm [M]. Englewood Cliffs, New Jersey: Prentice - Hall, 1963.

[7] CROZIER, MICHEL. Le Phénomène Bureaucratique [M]. Paris, Seuil, 1963.

[8] LEIBENSTEIN, HARVEY. Aspects of the X - Efficiency Theory of the Firm [J]. Bell Journal of Economics, Vol. 6, 1975 (2): 580 -606.

[9] LEIBENSTEIN, HARVEY. Inside the Firm: The Inefficiencies of Hierarchy [M]. Cambridge, Massachusetts: Harvard University Press, 1987: 1 -25, 177 -242.

[10] BENNIS, WARREN G. Changing Organizations [M]. New York: McGraw - Hill, 1966.

[11] BENNIS, WARREN G. Organizational Developments and the Fate of Bureaucracy [M]. New York: McGraw - Hill, 1970.

[12] MERTON, ROBERT K. "Foreword," Citation Indexing - Its Theory and Application in Science, Technology, and Humanities [M]. Philadelphia: ISI Press, 1979.

[13] COHN, MELVIN. Bureaucratic Man: A Portrait and Interpretation [J]. American Sociological Review, Vol. 36, 1971 (6): 461 -474.

[14] COHN, MELVIN, CARMI SCHOOLER. The Reciprocal Effects of Substantive Complexity of Work and Intellectual Flexibility: A Longitudinal Assessment [J]. American Journal of Sociology, Vol. 84, 1978 (1): 24 -52.

[15] Snow C S, Miles R E, Coleman H J. Managing 21st Century Network Organization [J]. Organization Dynamics, 1992 (20): 5 - 16.

[16] 经济学家情报社（EIU），安达信咨询公司，IBM 咨询公司. 未来组织设计 [M]. 王小波，等，译. 北京：新华出版社，2000.

[17] 雷蒙德·诺依，等. 人力资源管理：赢得竞争优势 [M]. 3 版. 刘昕，译. 北京：中国人民大学出版社，2001.

[18] 伊丽莎白·切尔. 企业家精神：全球化、创新与发展 [M]. 李欲晓，赵琛徽，译. 北京：中信出版社，2004：370.

本章案例：中银香港人事制度改革

2004 年 9 月，上市前夜的中国银行将在进行一场其历史上最大规模的人力资源重组，而首发站就是连续遭遇高层人事震荡的中银香港。

2004 年 8 月中旬，中银香港的员工纷纷收到了来自董事会的定岗定薪通知，中银香港的岗位重组亦尘埃落定。

中银香港新闻发言人叶丽丽表示，传闻中的大裁员并没有发生，中银香港13万员工中，仅10多人没有得到岗位。与中下层职员岗位重组同样吸引眼球的是中行紧锣密鼓中的全球高管招聘。最新的进展是，中银香港已委任颇具声望的利丰公司主席冯国经为招聘小组主席，同时委托国际猎头公司史宾沙公司甄选候选人，招聘两个副总裁级职位，一个负责企业银行业务，另一个专职风险总监。

自上而下，中银香港进行着一场全面整编。作为中行国际形象的窗口，其举动不仅意在投资者心目中重塑信誉，也预示着母公司中行更大规模的人力资源变革所可能出现的转变。

1.3万员工21个职级

2004年上半年，中银香港净利润同比上涨85.29%，股东股息劲升64.1%。骄人的中期业绩抵消了高管丑闻的影响，也给了总裁和广北推进岗位重组的勇气。

在重振投资者信心的同时，中银香港和盘托出了岗位重组计划。新的定岗定薪方案中，中银香港全行职位被分为21级，级别越高，薪酬和福利就越高。每一个职级的薪酬差距幅度很大，最高上限与底线相差达一倍。

中银香港财务部副总经理杜志荣解释："每个岗位都有一个薪酬范围，如果你被定岗后的薪酬超过岗位上限，则需要做出配对安排。"

事实上，与2001年裁员400人的大动作相比，中银香港此次的岗位置组显得极为温和。

"没有获得职位分配的仅10多人，被评定为薪酬高于标准的（薪酬高于岗位价值）大约就100来人，而且也不会立即减薪，目前的薪酬会维持到2005年底不变。"中银香港人士向记者表示。

为了稳定军心，和广北进一步表示，岗位重组中一不减薪；二不裁员；三不减福利待遇。这一表态，与中行行长助理朱民"决不大裁员"的承诺如出一辙，似乎预示着中行人力资源重组也将平稳"落地"。

中银营运总监李永鸿则表示，定岗计划"并非加薪或减薪的行动"，旨在加强该行的资源管理机制，以便日后该行的奖励机制按员工的表现及业绩来厘定。

某外资银行人士分析，受内地国有企业文化限制以及近期高层人事震荡影响，中银香港没有大刀阔斧地进行岗位重组是意料之中的事。但比起裁员或加薪，定岗行动的制度意义更为明显，因为这有助于明确岗位职责，建立起更为有效的奖惩机制，为员工今后的升迁、加薪以至裁员，建立起了系统化机制。

全球招聘高管

比起酝酿了一年之久的员工岗位重组，因高层丑闻而出台的全球高管招聘计划显得十分仓促，但却促成了中银香港自上而下的全面整编。

尽管连续的"丑闻"引发了缩小中银香港高级人员薪酬与同业差距的呼声，但对比各家在港上市银行的去年年报可以发现，中银香港总裁和广北的年薪在250万至300万港币之间。但恒生银行和东亚银行最高行政人员的收入则各自在750万港币和1650万港币以上。

“事实上，这也只不过是名义工资，和广北真实的实际收入也就100万港币左右。”中银香港人士透露。

在新的岗位重组中，总裁级别被归为21～23级，和广北属最高等级23级，但薪酬未被提高。

对此，有国内金融界人士向记者表示，作为国有银行控股的企业，管理者不过是代国家行使管理权，因此，收入上理应要比香港私有化银行管理者的低。

国际舆论的质疑令中银香港迅速做出姿态，宣布在全球招聘企业银行业务和风险总监两个副总裁级职位，不再从内地指派高管，并表示将在薪酬上与市场价看齐。

为了增强公信度，8月31日中银香港又宣布，任命颇具威望的香港利丰有限公司主席冯国经为中银香港招聘小组主席，同时委托国际猎头公司史宾沙公司现选候选人。

对此，中国银行新闻发言人王兆文表示：“希望借全球招聘解决以往用人制度难以解决的问题。”

“能否解决问题并不取决于人，关键问题是治理机制。”国内某银行人力资源部人士向记者评论道，“要让任何一个管理者到你这儿任职后都按照股东意志履行职责，不愿、不敢、不能犯错。高薪还是全球招聘都不是最主要的问题。”

描摹中行人事新框架

中银香港的人事问题是母公司中行的一个缩影。由于身处境外，当前的人事改革方案具有独立性。但对于中行来说，即将开始的人力资源重组无疑将与其所指向同一个方向——“市场为导向，客户为中心。”

王兆文向记者表示，由国际知名的人力资源咨询公司汉威特公司为中行度身定做的人事改革方案将在9月正式启动。

记者从知情人士处了解到，这套方案将彻底打破中行旧有的“官本”体制，以岗位为核心的多层职级体系取代以往“员工—干部”的行政级别划分。“很多内容、原则都与中银香港的定岗重组方案相类似。”

“表面上现存的处长、科长等行政级别将被取消，背后真正的变化是银行内部的管理将不再跟着行政级别走，而是围绕着岗位进行。”这位人士表示，也就是说通过定岗将全行的职责岗位化，这包括按需设岗、定出岗位职责、明确岗位价值并且在上岗前对员工进行培训等。

相关的业绩考核、薪酬、福利待遇也将围绕岗位进行。中行也将采取类似中银香港的岗位级别划分。如此一来，“岗位评估后，一个普通员工的薪酬也许会高于另一个部门的领导。”

“要成功实现上述人力资源体制的转轨，组织架构的调整是前提。”上述人士指出，当前条块分割的总行—分行—支行的管理架构，将按照客户服务和风险控制的需求，重新遵循业务、客户、产品、职能等领域，进行自上而下的垂直划分。“这就好比，以往要听省长的，如今要听部长的。”最终是形成大总行—小分行—大部门的管理体系。

但中行不可能一步到位，这位人士形容其改造过程“任重而道远”。

按照《中国银行股份有限公司挂牌前后对内宣传教育指引》所列时间表，“总行本部将率先进行改革，计划从2004年8月开始，争取年底前基本完成。境内分行人力资源管理改革分两个阶段推进：2004年7～11月，选择14家分行进行试点；2004年12月～2005年6月，各分行在总行的统一指导下，按照试点分行的样板，全面实施人力资源改革。”

资料来源：经济观察报，2004－09－06（11）.

案例讨论：

1. 组织结构设计在战略实施中的地位和作用是什么？
2. 为什么组织结构调整是人事制度改革和人力资源管理的基础？
3. 工作分析和岗位评价在中银香港的劳动人事制度改革中发挥了什么作用。
4. 为什么经过岗位评估后，一个普通员工的薪酬会高于另一个部门的领导？它主要想解决什么问题？

第 2 章 工作分析与组织竞争优势

在人力资源管理的相关职能中，工作分析是最基础、最核心的职能之一，其他相关的人力资源管理职能大多都是在这一职能基础上建立并发挥作用的。比如，当员工抱怨不知道应该干什么，或对工作的内容产生冲突和误解，或出现同一部门或不同部门的职责重叠导致重复性工作时，原因可能是工作分析不细致，岗位职责不明确；当组织招聘、选拔和录用的员工与工作岗位要求存在较大差距时，可能是没有按照岗位描述的要求制定相应的招聘、选拔和录用的标准；当培训和开发方案与员工的工作要求不相符时，可能是培训和开发计划的设计没有体现岗位职责的要求；当组织因实行“末位淘汰”导致员工与组织的诉讼官司时，可能是绩效考核指标的制定与员工的岗位职责脱节；当员工感到薪酬政策不公平时，可能是职位描述和职位评价中的标准和依据出现了问题；等等。因此，充分理解和认识工作分析的作用，对于提升组织人力资源管理系统的有效性，具有十分重要的意义。

通过本章的学习，需要了解和掌握以下问题：

1. 工作分析的内容、目的和意义。
2. 工作分析的主要方法。
3. 工作分析需要收集的信息。
4. 工作分析的步骤。
5. 人力资源专业人员与业务部门在工作分析中的关系。
6. 工作分析职能与组织竞争优势之间的关系。

专栏2－1：美国联合邮包服务公司（UPS）送货司机的工作

美国联合邮包服务公司共有15万名员工，平均每天将900万个包裹送到美国各地和180个国家。为了实现公司“在邮运业中办理最快捷的运送”的宗旨，公司的管理层建立了一个高效的管理系统，其中一项重要的工作就是建立严格的工作分析，并在此基础上对员工进行系统培训，使他们能够高效率地从事工作。

以下是UPS对送货司机的工作信息收集、分析、标准以及效果：

1. 信息收集

UPS的工程师首先是对每一位司机的工作流程即行驶路线都进行了时间研究，并对每种送货、暂停和取货活动都设立了标准。工程师们详细地对以下情况进行了记录和研究：行驶路线和时间、红灯停留时间、通行行驶时间、按门铃、穿过院子、上楼梯、中间休息喝咖啡、上厕所等的时间。然后将这些数据输入计算机中，从而得到每个司机每天工作的详细时间标准。

2. 制定标准

为了实现“在邮运业中办理最快捷的运送”的宗旨，根据竞争对手的状况，公司制定了每个送货司机每天运送 130 件包裹的工作标准。

3. 工作程序

为了达到 130 件包裹的目标，公司为送货司机们制定了严格的工作程序并要求司机们严格遵守：

步骤 1：当送货卡车接近目的地时，松开安全带，按喇叭，关发动机，拉起紧急制动，把变速器推到 1 挡上，为送货完毕的启动离开作好准备。

步骤 2：司机从驾驶室出来，右臂夹着文件夹，左手拿着包裹，右手拿着车钥匙。看一眼包裹上的地址并记住，然后以每秒钟 3 英尺的速度快步走到顾客的门前，先敲一下门以免浪费时间找门铃。

步骤 3：送货完毕后，司机们在回到卡车上的途中完成登录工作。

4. 效果

UPS 通过严格的工作流程分析和标准，以及对司机进行培训，为公司带来了巨大的竞争优势。其竞争对手联邦捷运公司（Federal Express）平均每人每天只取送 80 件包裹，而 UPS 却是 130 件，即 UPS 公司每天每个司机比竞争对手多运送 50 件包裹。由于在提高效率方面的不懈努力，使 UPS 被公认为是世界上效率最高的公司之一。虽然未上市，但人们普遍认为它是一家获利丰厚的公司。

资料来源：斯蒂芬 P 罗宾斯. 管理学 [M]. 4 版. 黄卫伟，等，译. 北京：中国人民大学出版社，1997：23.

2.1 工作分析与组织竞争优势

《世界经理人》（中文）网站在 2003 年 4 月 7 日 ~5 月 14 日曾以“员工工作表现不理想的主要原因是什么”为题进行过一次网上调查，共有 967 人参与网上投票，在提出的四个因素中，认为“缺乏工作积极性”的占 41.88%，认为“工作指导不明确”的占 39.40%，“团队支持不够”的占 14.17%，“相关技能低下”的占 4.55%。其中，“工作指导不明确”居第二位，成为影响员工表现不理想的重要因素。这里的“工作指导不明确”，就是工作流程与工作分析要解决的问题。

2.1.1 组织结构与工作流程分析

与传统的工作流程分析不同，以战略性人力资源管理为指导的工作流程分析，强调在特定环境、战略和组织背景下对流程进行梳理，即按照自上而下的原则，首先分析要生产的产品或提供的服务必须完成的工作和程序，然后再将具体的工作或任务分配给岗位和员工。

工作流程包括工作本身的过程、信息与管理控制过程，同时还规定组织的部门内部、部门与部门之间如何建立职责的联系、规章和规范。工作流程分析是对完成某项工作的投入和产出过程的分析和描述，分析的目的在于明确在制造产品或提供服务的过程中，哪些程序、行为、岗位是必需的和有价值的，哪些程序、行为、岗位是多余的和没有价值的。工作流程分析包括投入分析、过程分析和产出分析三个环节。这里所讲的“完成”是一个关键的中间环节，它是指通过组织提供的资源支持，促使员工有效率地工作，最终完成组织的目标。这三个环节的关系十分紧密，环环相扣。投入分析主要是对为完成工作所需的资源条件进行的分析，包括人、财、物、信息等资源条件。当组织目标落实到岗位后，必须向所在岗位的员工提供完成任务的基础条件。专栏 2 - 1 中 UPS 的工程师们所做的大量调查以及分析，就是投入分析的重要内容。前述盖洛普公司关于一个良好的工作场所的“Q12”中的第二项“我有做好我的工作所需要的材料和设备”也是投入分析要解决的问题。过程分析主要是指在实现组织总体目标的过程中，通过组织结构设计、岗位设置和职位分析，将总体目标分解细化为每个岗位的具体目标，提出完成岗位目标必须具备的任职资格条件以及完成这些工作应遵循的程序。如专栏 2 - 1 中 UPS 公司为送货司机制定的 3 个工作程序。“Q12”中的第一项“我知道对我的工作要求”也是指的这项工作。在《世界经理人》网站对“员工工作表现不理想的主要原因是什么”的调查中，认为“工作指导不明确”的占 39.40%，排在第二位，充分说明了过程分析的重要性。所谓产出是指个人在组织提供的资源支持下，通过自身努力所得到的工作成果。产出分析包括个人产出、部门产出和组织总的产出三个方面的分析。每个员工的产出都只是总产出的一个子集，若干个子集汇集成一个次子集，即一个生产单位或部门的产出，这些次子集最后汇集成组织总的产出。因此，对于任何一个组织来讲，根据组织战略确定具体目标，通过组织结构设计将目标进行分解，最后确定每个员工产出的数量和质量标准，如 UPS 制定的每个送货司机每天取送 130 件包裹的目标。

2.1.2 工作分析

工作分析又称职务分析，是指采用相关的方法，对组织中各个工作职务或岗位的目的、任务、职责、权利、隶属关系、工作条件和完成某项工作所必须具备的知识、技能、能力以及其他特征进行描述的过程。通过这种描述，找出工作的相似性和差异性，为人力资源管理的其他职能奠定基础。因此，工作分析是人力资源管理最基本的职能，是企业人力资源管理的基础平台和基础设施。

工作分析的历史由来已久。最早进行这项工作的被认为是科学管理之父泰勒。为了证明他提出的科学管理的原理及其作用，泰勒做了很多试验，其中被广泛引用的两项试验是生铁装运试验和确定铁锹的大小试验。这两项试验基本奠定了当今工作分析的基础。[1]

试验一：生铁装运试验

工人们要把92磅（1磅≈0.4536千克）重的生铁块装到铁路货车上，他们每天的平均生产率是12.5吨。泰勒认为，通过科学地分析装运生铁工作以确定最佳的方法，生产率应该能够提高到每天47~48吨之间。

为了验证其方法，泰勒对搬运生铁块的过程进行了详细的分析，包括弯下膝盖搬运生铁块和伸直膝盖弯腰去搬运生铁块。然后还试验了行走的速度、持握的位置和其他变量，经过长时间地科学地试验各种程序、方法和工具的组合，通过按照工作要求选择合适的工人并使用正确的工具，让工人严格遵循他的作业指示，大幅度提高日工资以激励工人等方式，最终达到了每天装运48吨的目标。

试验二：确定铁锹的大小试验

泰勒注意到工厂中的每个工人都使用同样大小的铁锹，不管它们铲运的是何种材料。这在泰勒看来是不合理的，如果能找到每锹铲运量的最佳重量，那将使工人每天铲运的数量达到最大。于是泰勒想到铁锹的大小应当随着材料的重量而变化。

经过大量试验，泰勒发现21磅是铁锹容量的最佳值，为了达到这个最佳重量，像铁矿石这种材料应该用小尺寸的铁锹铲运，而像焦炭这样的轻材料应该用大尺寸的铁锹铲运。这样，按照要铲运的材料性质，决定工人使用何种尺寸的铁锹完成工作，结果大幅度提高了工人的生产率。

在泰勒之后，弗兰克和莉莲·吉尔布雷斯夫妇在采用适当的工具和设备以实现工作绩效的优化也进行了大量试验，最著名的就是省略砌砖动作的研究。前辈们进行的这些试验和研究，为今天的工作流程分析和工作分析奠定了坚实的基础。

2.1.3 工作分析的原则、条件和作用

合理的组织结构设计是进行工作分析最基础的条件。不论是直线职能制、事业部制、还是网络组织，都存在一个基本的组织架构，即使在一个倡导员工具有多种技能并能从事多种工作的灵活性的组织中，也必须按照不同岗位的要求对员工进行培训，使其能够准确地掌握不同岗位的要求。工作分析的原则可以用两个“斤斤计

较”来形容，即岗位设置“斤斤计较”和人员配置“斤斤计较”。岗位设置“斤斤计较”的目的在于使组织内部的每一项工作（岗位）对实现组织的目标都具有价值；人员配置“斤斤计较”的目的在于使每一个人都尽其能，善其事。组织和部门目标的差异性则是进行工作分析的必要条件，只有分辨出这种差异性，才有可能根据差异性质的不同以及对实现组织目标的相对价值和重要性程度决定相关的人力资源管理决策。

如前所述，工作分析是人力资源管理的基础平台，同时也是企业管理的重要环节。这是因为人力资源管理的其他职能都是在工作分析的基础上构建和实施的，而企业的工作是由人来完成的。通过工作分析明确岗位和员工的责任，落实企业的经营目标，为管理者提供决策依据，减少盲目性，提高工作效率。具体来讲，工作分析的作用包括以下方面：

（1）选拔和任用合格人员

工作分析可以为选拔和任用合格人员提供标准。通过工作分析可以得到两个结果：一是岗位描述；二是任职资格。前者是对某一岗位要做的工作或完成的任务的描述；后者是要完成此项工作或任务必须具备的资格或条件。然后企业以此为依据，制定人员招聘的原则和政策，并将这些原则和政策具体化为有关的标准，通过信息的发布和测试方法的选择，对应聘人员进行筛选，通过面试、笔试、人格测试、试用期等方法录用企业所需的合格人员。此外，建立在严格的工作分析基础上的招聘和选择，还具有法律上的考虑，这就是人力资源管理的法律背景问题。在发达国家，公司为了避免所谓的工作歧视指控，必须要能够说明其对人员的挑选标准与工作的要求之间是有直接关系的，因此工作分析的重要性就显得更为突出。如为了支持美国第36任总统林登·约翰逊在20世纪60年代创造的“伟大社会”的尝试，美国国会通过了一大批保护工作场所的平等就业机会的法律，如《1964年的民权法案》、《1967年的雇佣年龄歧视法案》、《1978年的怀孕歧视法案》等。《1964年的民权法案》规定，如果一个雇主出于任何个体的种族、肤色、宗教、性别或来源国别的原因而不雇佣或拒绝雇佣或解雇，或者在报酬、期限、条件或就业特权方面歧视，那么就将构成一种违法的雇佣实践。《1964年的民权法案》已经成为雇员们拥有的纠正工作场所歧视的最有价值的工具，因为它包括了最大数量的保护类别。如果某个法庭确定歧视已经发生，这项法律就赋予此人以法律成本和返还薪金的形式申冤的权利。该项法律还对许多美国公司的人力资源管理实践产生过巨大影响。例如它曾经迫使这些公司能够格外密切地考察雇佣、晋升、提薪、奖励以及惩戒其雇员们的方式。[2]22-23美国的联邦准则和法庭裁决告诫雇主在运用筛选工具对工作绩效进行预测和估计之前，必须进行完整的工作分析。雇主必须能够证明其所选定的筛选工具和工作绩效评价方法同工作绩效本身确实是有关系的。为了做到这一点，就要求雇主必须进行对工作性质加以描述的工作分析。[3]80在我国，随着“立党为公”、“执法为民”和科学的发展观的确立，规范化和法制化的建设开始向各个方面普及，各类组织的用人标准也开始面临如何处理诸如实用、效率、科学、合理等一系列的关系问题。发达国家今天遇到的问题可能就是我们明天将要解决的问题。因此，对工作分析的重要性及其意义必须引起高度的关注。

（2）设计科学合理的员工职业生涯规划

工作分析所提出的岗位描述和任职资格主要包括两个部分：第一个部分是知识、能力和技能等要求；第二个部分是价值观、动机、态度等要求。第一个部分比较直观具体，并且也比较容易判断；第二个部分则比较主观且难以把握。在实际工作中，要想找到这两方面都完全符合要求的人员是比较困难的。而且一个人的能力往往需要经过一段时间的检验才能得到证实。因此，在员工录用后，很可能会出现实际能力与岗位要求之间不匹配的问题。在这种情况下，就可以将工作分析信息用于培训和开发等职业生涯规划，通过识别工作任务，识别人、岗差距，明确工作程序和效率的关系以及职业生涯规划的设计来解决能力与岗位的匹配问题。如果发现员工某方面的技能与岗位要求有差距，可以按照工作分析的结果，通过有目的的培训开发使其达到岗位的要求。如果仍然不能适应，可以考虑转岗的方式解决。如果发现员工具有发展潜力，则可以根据企业的需要和员工个人的意愿，在管理者继承计划中进行重点培养，如可以通过轮岗，使员工具备不同岗位的要求，为今后的发展奠定基础。

（3）为绩效考评提供标准和依据

作为人力资源管理的基础平台，首先，工作分析的结果不仅为招聘、选择、培训、开发创造条件，而且还为绩效管理提供依据。工作分析所得到的职位描述，一方面明确任职者应该完成的任务或达到的目标，另一方面要将职位描述细化或量化为任职者的考评指标体系。前面对工作流程进行的分析中，产出环节最重要的任务就是通过组织结构设计和工作分析，把组织战略分解到各经营单位和员工。这个环节最重要的一项工作就是把工作分析的结果与绩效管理实践联系起来，提出生产经营单位和员工个人产出的数量和质量目标，即绩效标准。当这些员工和生产经营单位完成了规定的目标后，就意味着组织总体经营目标的完成，企业也就获得了与竞争相比较的竞争优势，最终达到绩效管理的战略一致性要求。通过组织的期望绩效与实际达到的绩效的比较，为最终的管理决策提供依据。其次，以工作分析为基础的绩效考评指标体系反映的是企业和员工之间权利、责任和义务的一种契约关系，如果企业的绩效指标和绩效考评方法没有体现或反映工作分析的结果，即员工的考评指标与其岗位工作职责没有或缺乏实质性的联系，而企业又采用“末位淘汰制”一类的考评方法时，就可能激化员工与企业之间的关系甚至出现员工与企业对簿公堂的情况。近年来类似事件频繁的发生，反映出企业在人力资源管理的基础工作方面缺乏细致和专业化的工作，以及缺乏法律等更深层面的系统思考能力。

（4）根据工作的相似性和差异性实现公平报酬

区分出不同岗位的相似性和差异性是进行工作分析的一个重要目的，通过这种区分，发现不同岗位对企业内价值贡献的程度大小，然后按照这种衡量标准，综合考虑其他相关因素，决定不同岗位薪酬的支付标准和水平。本系列丛书第一部《战略性人力资源管理：系统思考及观念创新》第一章在分析传统人事管理与现代人力资源管理的异同时，曾对财务部门的财务分析岗位和财务出纳岗位做了详细的分析，由于面临的环境、决策的性质、脑力劳动的强度等方面的差异，财务分析岗位对企业的重要性和价值贡献可能就大于财务出纳岗位的重要性和价值贡献。这种区分主要是通过职位评价来获得的，而职位评价的基础就是工作分析。因此，工作分析是实现企业公平报酬的先决条件。企业的管理者和人力资源专业人员应当对这个问题予以高度的关注。

（5）为实现人力资源相关职能调控提供制度保证

工作分析除了能为以上人力资源管理的职能提供支持之外，在支持其他职能方面也具有重要的作用，如制定组织规范和惩戒标准等。本书将在后面的有关章节中做详细的论述。

以上关于工作分析的作用不仅对人力资源专业人员来讲非常重要，而且对组织的管理者特别是部门的直接主管同样很重要，必须要了解和掌握。因为无论是招聘、选择、培训、开发，还是绩效、薪酬、职业生涯规划，这些人力资源管理职能的应用都不是人力资源部门能够单独完成的，而是在业务部门主管的直接参与下开展的。主管最了解自己的部门需要完成什么任务，以及要完成这些任务需要员工具备什么样的知识、能力和技能要求，因此能够提出有效的人员聘用意见和建议；由于与员工一起工作，因此对每一位员工的表现、业绩都了如指掌，因而能够做出正确的判断，并能够根据所在部门的工作任务提出有针对性的培训和开发目标以及相应的绩效和薪酬标准。因此，通过人力资源专业人员和部门主管的共同协作，能够从一开始就建立起一整套规范的标准和制度，使员工了解自己的工作职责和工作范围，使管理者明确工作的目标，当组织内部的所有人员都能够各尽其职、各负其责，组织竞争优势的建立也就有了保障。

2.1.4 工作分析与组织竞争优势之间的关系

一个科学合理的工作分析能够为组织带来良好的工作场所满意度指标，而这一指标往往又是与组织竞争力的提高联系在一起的。美国盖洛普公司完成的一次耗时25年、涉及1000多个部门、100万名员工和8万名经理的两项大规模调查中，“最有才干的员工希望从他们的工作单位得到优秀的经理”和“世界上的顶级经理们是通过创造一个良好的工作氛围（Q12）去物色、指导和留住众多有才干的员工的”的两项结论，充分说明了工作分析、工作场所满意度与组织竞争优势之间的关系。

其中，“一个良好的工作氛围”主要包括12个方面的内容，即“Q12”：

1. 我知道对我的工作要求。
2. 我有做好我的工作所需要的材料和设备。
3. 在工作中，我每天都有机会做我最擅长做的事。
4. 在过去的七天里，我因工作出色而受到表扬。
5. 我觉得我的主管和同事关心我的个人情况。
6. 工作单位有人鼓励我的发展。
7. 在工作中，我觉得我的意见受到重视。
8. 公司的使命/目标使我觉得我的工作重要。
9. 我的同事们致力于高质量的工作。
10. 我在工作单位有一个最要好的朋友。
11. 在过去的六个月内，工作单位有人和我谈及我的进步。
12. 过去一年里，我在工作中有机会学习和成长。

从以上12个问题可以看出，“Q12”实际上反映的是一个良好的工作氛围所应具备的基本条件，其中的1、2、3个问题，讲的是人岗匹配、人尽其能和人善其事，其他方面则更多涉及工作分析与工作场所满意度之间的关系。盖洛普公司的调查表明，如果一线经理能强烈关注这12个方面的问题，就能够推动生产效率、利润率、顾客满意度和员工保有率等重要经营指标；而如果对上述各项答“非常同意”的员工越多，其所在部门、班组的业绩越优秀，而这样的部门、班组越多，企业的整体竞争力就越强。在专栏2-1中，美国UPS公司也正是通过严格的工作分析，制定出了科学合理的送货司机的工作流程，最终取得了超过竞争对手的优势。

员工对工作场所满意度的提高与所在织竞争力的高低有着非常直接的联系。华信惠悦在全球的调查表明，忠诚度指数得分较高的公司在过去3年内，其股东回报几乎比忠诚度指数较低的公司高200%。在中国，员工越来越希望上司不仅仅是分配工作，而是创造一个良好的环境，以激励员工创造高绩效并充分施展自己的才华。调查还表明，薪酬非常重要，因为它是基础。一旦基础得以建立，要培育长期忠诚度时，鼓舞人心的领导与管理，积极的工作环境，较高的工作满意度，有效的沟通和交流等因素就变得非常重要。[4]

良好的工作氛围和员工对工作场所的满意度往往成为健康组织激励评价的重要指标。对于各种各样不同性质的组织来讲，应当重视的一件重要工作就是如何在千头万绪的相关因素中找出最直接的方面，并且将它们量化，以达到对组织激励效果的客观评价。表2-1的组织环境评价表就能够提供这方面的信息和标准。

表 2-1 组织环境评价表

环境因素	较完善状态（5 分）	一般状态（3 分）	不良状态（0 分）
交通便利度	处于市中心	处于便利的市区位置	处于不太便利的市郊
环境美化度	有好的局部景观和设施	有一般的环境布局和设施	没有适宜的环境设施
工作的物理空间	有宽敞明亮的工作和交流空间	有较为适宜的工作空间	工作空间局促
工作的发挥空间	有充足的资源和计划开展工作	有必要的资源和机会	较少资源和机会
提供住房或条件	提供适宜的住房和相当的补贴	提供居住的宿舍和补贴	象征性的补贴或没有
提供的福利待遇	满意的工作餐、完善的保险体系、良好的卫生设施、定期的健康检查、合理的休假制度（每项一分）		
评价和晋升制度	公开公平的评价晋升制度	有评价和晋升制度	基本上没有
市场竞争力	市场竞争力的起薪和奖励政策	不低于平均水平的薪酬/奖励	较市场平均水平低
绩效考核	有完备的绩效考核方案	有考核方案	临时决定
纵向关系和谐度	员工与上司关系和谐融洽	员工与上司有一定距离感	员工无法与上司接近
横向关系和谐度	员工之间关系融洽	员工之间有一些隔阂	内部争斗

评价说明：

得分合计在 50 分以上的，为最适宜的组织环境。

得分合计在 30~50 分的，为一般的组织环境。

得分合计低于 30 分的，为较差的组织环境。

资料来源：丹纽. 中兴通讯，营造一个健康组织［J］. 人力资源开发与管理，2003（3）.

与一个良好的工作环境相反的是不好的工作环境。不好的工作环境将导致高绩效员工的流失和组织的混乱。所谓不好的工作环境，首先就是指员工没有明确的工作指导。1997 年，英国民意调查机构 MORI 公司对新的内部顾客否对工作感到满意和开心所做的调查报告指出："在每 5 名全职员工中，至少有一人从未见到过有人向他们正式介绍工作的内容。而针对英国企业员工所做的调查显示，也有类似比例的员工仅得到工作内容的口头介绍。"报告还指出："员工需要明确的工作任务和努力方向，并取得工作成果的反馈。上述报告显示，大多数企业在布置工作方面还亟待改进。"[5]83其次是部门主管的个人素质问题，盖洛普公司的调查表明，一个有才干的员工之所以会加入一家公司，可能是因为这家公司既有独具魅力的领导人，又有丰厚的薪酬和世界一流的培训计划。但这个员工在这家公司究竟能干多久，其在职业绩如何，则完全取决于他与直接主管的关系。如果能够形成一种好的关系，就能够提高员工的满意度并进而创造更多的价值，反之则造成人员的流失。最后是存在较多的公司政治活动。下面这段话可以比较准确的表现出人们对什么是不好的工作场所的判断："我几乎从来就不知道，在我所在的部门以外的其他部门还有或将会有什么样的职位空缺。只是有关信息从来就不向我们这个层次上的人公布。这样，我能否在公司其他部门获得一个好机会的资格，就几乎完全控制在我上司手里。不幸的是，他们并没有多少动力去为我寻找这些机会。因此，我被限制在一个狭窄且垂直的晋升道路上了，这不利于我今后的发展。而且，我沿着这条道路前进的速度，又要受多种我无法控制、力量强大的因素作用。这不是一个好的工作环境。它迫使我向其他公司寻找机会。”[6]98这里所讲的“无法控制、力量强大的因素”大多就是指的公司政治活动。公司政治有积极和消极之分，积极的公司政治能够促进组织内部的良性竞争，而消极的公司政治则往往造成紧张的人际关系，进而影响到工作的氛围和企业的绩效。现实中，很多企业的经营绩效差，原因并不在于这些企业因为缺乏在产品、市场、管理体制、战略计划和投资管理等方面“好”的或“现代”的观念，而在于他们不能将这些“好”点子和“现代”的观念付诸实践，官僚主义和政治障碍扼杀了他们的创造性和革新精神。[6]8因此，判断一个领导是否得力和有效，就是要看其是否能够创造出一种良好的工作环境，在这种环境中，员工的合作可以化解内在的冲突，从而产生创造性的决策，使危害极大的权利斗争、官僚主义的钩心斗角和本位主义的做法减少到零，[6]45在此基础上带来企业整体绩效的提高。

2.2 工作分析的信息收集和方法选择

要进行科学合理的工作分析，有几个基本的前提条件是必须具备的，首先是对工作定性，要能够获得有关工作本身的信息，即一项工作或一个岗位是否有存在的必要，是否是整个工作流程或价值链中不可缺少的重要环节。其次是能够对这项工作进行比较准确地描述，即这项工作是做什么的，需要完成什么任务以及完成这些任务必须具备什么知识、能力和技能。再次是通过描述，能够将这项工作与其他工作准确地区分开来，这种区分不仅涉及不同部门之间的工作，而且涉及同一部门中的不同工作。最后是在工作区分的基础上，能够根据工作的价值贡献大小和重要性程度进行公正的评价，并以此为基础制定人力资源的相关政策。

2.2.1 工作分析的信息收集

要进行工作分析，首先要做的一项工作就是信息的收集。工作分析信息一般应包括两个大的方面：与工作有关的方面和与人有关的方面。

（1）与工作有关的信息

包括工作内容、工作特点、工作背景和条件、工作的绩效标准等，工作内容方面的信息包括工作（岗位）的职责范围、工作任务、工作活动、担任角色等。如大学教师的工作内容主要就是搞好教学和科研，同时利用自己的知识为社会服务，做好相关的咨询工作。

工作特性是指工作本身的冒险程度、曝光程度、发生冲突的可能性以及选择的自由度等。有的工作是需要冒风险的，如在政治不太稳定的国家投资、新闻记者到动荡的国家或地区采访等，其从业人员的生命安全有可能受到威胁，这就要求对这类人员提供特殊的风险安全保障。此外，从事野外工作和办公室工作的人员之间、高温工作条件和常温工作条件之间的差别等都表现出不同的工作特性，因而在身体条件、工作标准、劳动保障以及待遇等方面都应有所区别。

工作背景或条件是指完成工作的条件和此项工作对人的要求，完成工作的条件包括完成工作必需的设备、工具、服务等，如财务分析人员完成本职工作所必需的设备和服务可能包括高质量的电脑、相关的软件资源、与相关部门和经营单位的联络和得到的支持程度等。工作背景包括工作的职权范围、工作条件、工作时间、工作对人的生理要求等。

工作的绩效标准包括产出的数量和质量要求、服务的水平、投诉率等。通过对这一标准的界定，以及与之有关的激励与约束机制的相关内容，能够给员工一个准确的导向，使其实际绩效能够与期望达到的绩效相吻合。

（2）与人有关的信息

与人有关的信息主要包括以下方面：

岗位技能要求：指完成某项工作所应当具备的知识、能力、技能等。在与人有关的信息方面，这是最为重要的一个内容，因为这是完成岗位目标最基本的条件。

工作联系：主要指组织内部的关系和外部的联系两个方面。内部关系中，主要指上下级关系和同事关系，这些关系主要反映组织中正式的权利等级层次以及不同的责任和义务，包括汇报对象、监督对象等；外部联系中主要指与客户的关系、与主管部门（如工商、税务部门）的关系以及其他社会方面的关系。

工作权限：工作权限是与岗位或职务相联系的，这些权限主要包括人事、资金、监督以及其他方面的权限。

个性特征：个性特征也是影响工作的要素之一，因此也要对这方面的信息进行收集和整理。个性特征主要包括对工作及变革的适应性、工作的主动性、助人为乐和互助精神等方面的价值取向。

工作经历和资格条件：主要包括工作经验、职业生涯或从业经历等方面的要求。资格包括学历、获奖证书等。

2.2.2 工作分析的步骤

如前所述，工作分析是人力资源管理的基础平台，同时也是企业管理的基础工作，各级管理人员必须对此予以高度的关注，并按照相关的程序和步骤开展这项工作。

（1）组建工作分析领导小组

创建一个新的临时性的部门是保证工作分析顺利进行的首要任务。因此，第一个步骤是组建专门的工作分析领导小组，并赋予其特定的权利和责任，以便为该项工作的顺利开展提供组织保障。由于小组的工作需要随时调配组织内部资源以及得到各个生产经营管理单位的支持，因此小组的负责人最好是应由企业的一把手亲自担任，人力资源部主管担任副职。同时为了保证分析工作的科学性和合理性，小组成员应包括企业各有关部门的管理人员和有经营的员工参加，如果有可能，还可以聘请人力资源管理方面的专家，这样可以保证工作分析的专业性要求与企业自身的实际相吻合。

（2）确定工作分析信息的用途以及分析方法的选择

当工作分析小组组建后，所要开展的第二项工作就是要根据工作或岗位的要求确定所获取的信息将用于什么目的，以及应采用什么技术或方法来获取这些信息。信息收集的方法有很多，如资料分析法、问卷调查法、访谈法、现场观察法、职位分析问卷等。这些方法有的侧重定性和描述性分析，有的则侧重量化的排序。企业应当根据工作的实际要求决定采用什么方法。如访谈法，就是通过与任职者的对话，请其对所从事的工作、应达到的目标、所需的知识和技能要求等进行详细的描述，然后将这些信息记录下来，经过归类整理，成为工作分析的原材料。

（3）收集信息

工作分析的第三个步骤是收集信息，包括与工作有关的信息和与人有关的信息，这两个方面的具体内容前面已做了介绍。这里需要强调的是，由于涉及一项工作的信息很多，因此在工作和信息的选择上要有侧重，同时要善于找出有代表性的基准职位。首先，工作分析的针对性要强。如当工作分析的主要目的是改善和提高员工的绩效水平时，这时信息收集的重点就是达到这一水平要求任职者必须具备的知识、能力和技能要求，并根据这些要求制定有效的培训和开发计划，帮助任职者尽快地达到这一目标。其次，并不是所有的工作都是需要进行分析的，当组织中的一些工作存在较大相似性的时候，可以找出一个有代表性的职位进行分析，这样可以节省时间和精力，提高分析的效率。同样，也不是所有的信息都是必需的，要善于对信息进行筛选，即抓住那些最具有代表性和最重要的信息，这样得到的分析结果就能够比较准确，并且具有合理性。

（4）查看工作现场，了解工作流程

对于那些生产具体产品的工作，不仅需要进行访谈，而且还需要通过对生产现场的直接观察，以准确地了解产品生产流程的详细步骤。在查看生产现场时，最好是选择一个具有熟练生产技能、有良好产品数量和质量记录的员工的生产过程进行观察。这样就能够通过观察，完整的记录下达到一个高品质产品要求的步骤和过程。如果有条件，还可以借助现代化的手段，如通过摄像记录整个生产过程，然后经过编辑和整理，完整地展示出来。

（5）记录收集到的各类信息

在工作分析的过程中，要随时记录有关的重要信息，同时还要对这些信息进行验证，如通过对一个员工的访谈获得的信息，要与其所在部门的主管验证，以保证信息的科学性、合理性和权威性。

（6）信息的归类、汇总和分析

工作分析小组将收集的信息进行归类、分析和汇总，得到一个初步的结果后，用书面的形式将结果送有关人员核实，或重新按照分析结果进行现场操作示范，找出其中不合理的地方并加以改进。

（7）编写工作说明书（职位描述）和工作规范（任职资格）

经过第六个步骤后，就可以进行工作分析的结果总结，即编写工作说明书（职位描述）和工作规范（任职资格）。工作说明书的内容主要是确定工作的具体特征，包括工作名称、内容、责任、权利、目的、标准、要求、时间、地点、岗位、流程、规范等方面的内容。工作规范（任职资格）的内容主要包括任职的资格和条件，如年龄、性别、学历、工作经验、健康状况以及领导、学习、观察、理解、语言表达、沟通解决问题等各种心理能力要求。

（8）将编写的工作说明书和任职资格经组织高层会议审定后，以文本或工作手册等形式详细列出该工作的任务或行为以及每项任务应当达到的绩效水平，然后发放至各部门执行。

表2-2　　职位说明书和职位规范　范本

一、岗位标识

岗位名称：　　岗位代码：　　所属部门：

定编人数：　　岗位等级：　　编写日期：

二、岗位总体目标

三、职责

四、工作联系

1. 汇报对象：　　2. 监督对象：

3. 内部联系：　　4. 外部联系：

五、工作权限

1. 人事权限：

2. 监督权限：

3. 资金权限：

六、任职条件

1. 年龄：

2. 学历：

3. 经验：

4. 培训：

5. 技能：

七、工作时间：

八、本岗位描述有效期限

有效期限：年　月　日—年　月　日

九、任职者、直接主管、审批者签字、日期

任职者：　　直接主管：　　审批者：

日　期：　　日　　期：　　日　期：

2.2.3 工作分析的方法

工作分析的要点在于找出在实现组织目标和岗位目标的过程中具有关键作用的生产或工作流程、能力及技能要求。而要获得这些信息，可以通过调查访问、填写调查表格、现场观察工作行为与工作效果之间的关系等方式方可达到目的。人们在长期的工作实践中，对这些不同的收集工作分析信息的方式进行了总结，如资料分析法、问卷调查法、面谈法、现场观察法、关键事件记录法、职位分析问卷法等，下面分别对这些方法做一介绍。

（1）资料分析法

所谓资料法主要是指利用组织原有的有关工作或岗位的资料进行分析的方法。对任何一个组织来讲，或多或少都有一些关于工作或岗位的资料，这些资料对于工作分析来讲仍然具有一定的价值。如果没有相关的资料，可以利用组织的各种社会关系获取所需要的资料。此外，随着人力资源管理的重要性和专业性越来越凸显出来，人力资源的专业工作者们也编写了大量的关于如何进行工作分析的书籍和案例，企业可以根据这些资料，结合自身的实际，并请教有关的专家，也可以完成工作分析的工作。

（2）问卷调查法

通过问卷调查了解和获取工作分析信息是一种比较广泛采用的方法。问卷的设计有两种形式，一种是开放式的问卷，另一种是结构式即封闭式的问卷。开放式问卷是指由问卷设计者提出问题，如"你认为一个合格的财务分析人员必须具备哪些知识、能力和技能"，由答卷者根据自己的经验和体会做出回答。结构式或封闭式问卷是由问卷设计者提出问题并给出若干答案，由答卷者选择并做出回答。如"你认为以下哪些条件是一个合格的财务分析人员必须具备的"，下面列出若干条件，由答卷者自己选择。不论是哪种形式，问卷涉及的内容仍然主要是与工作有关和与人有关两个方面。这种获取工作分析信息的方法的优点在于能够在较短的时间得到大量的信息，而这恰恰是访谈方式所不具备的。不足之处是问卷的设计难度较高，员工的理解能力对问卷的质量约束较强。

（3）访谈法

访谈法是指通过与组织中一线员工、部门主管以及其他有关人员的谈话，了解和收集工作分析信息的一种主要的方法。该方法的操作程序是：工作分析小组首先向接受访谈者介绍开展工作分析的目的和意义，以获得其信任和配合；然后要求接受访谈者详细地描述自己所从事的是什么工作、需要完成的任务和达到的目标、完成这些任务和达到这些目标需要具备什么知识和技能、自己是如何完成这些任务和达到这些目标的、完成这些任务和达到这些目标需要组织提供什么资源支持等方面的问题；请交谈对象详细描述所从事的工作是否可以单独完成，如果需要协助，需要组织的哪些部门和岗位的协助；将与访谈者的谈话整理后，工作分析小组与接受访谈者的主管进行访谈，以验证信息和资料的准确性。当采用访谈的方式时，要注意提出问题的方法和内容一定要将工作与任职者联系起来，包括工作任务、工作职责、工作条件、资源支持、绩效标准以及任职者必须具备的条件等。

访谈法最具积极意义的是它能够从访谈中获得在其他正式场合难以获得的重要信息，特别是对于那些平时缺乏在上下级之间、同事之间信息交流的组织来讲，访谈不仅可以获取大量工作分析的信息和资料，而且能够增进不同层级之间和不同部门之间对不同专业或工作重要性的沟通和理解。正因如此，这种方法被认为可能是最广泛运用于以确定工作任务和责任为目的的工作分析方法，[3]81 甚至被认为是用于收集所有类型的工作分析信息并且是收集某些类型信息的唯一方法。[2]75 但这种方法也有不足，如需要耗费大量的时间做访谈，当访谈对象意识到谈话结果可能会对工作的绩效、薪酬等有直接的利害关系产生实质性影响时，可能会出现有意或无意的夸大或缩小某方面的信息，从而导致信息的扭曲和失真。

（4）现场分析观察法

现场观察法是指通过对某种产品或服务的生产过程的观察获取工作分析信息的一种方法。这种方法特别适用于需要操作机械或使用某种设备进行生产，且可以进行直接观察的工作，如生产流水线上的工作，机器设备的装配工作，电器的安装程序、电工的操作程序等。这种分析观察可以从两个方面进行：一是由工作分析小组的人员进行观察和记录；二是由岗位任职者自己进行观察，并通过工作日志等形式将操作的程序记录下来。

（5）职位分析问卷法[2-3,7]

职位（岗位）分析问卷法（Position Analysis Questionaire，PAQ）是一种量化的工作分析技术，它一共测量了可以被划分为 13 个总体性维度的 32 个维度，包括了 194 个问项，是一个标准化的工作分析问卷，结构严密，专业性较强。这 194 个问项中的任何一个问项所代表的都是在工作中起重要作用或不太重要作用的某一个方面。工作分析人员的工作是要确定这些因素是否重要，如果重要，其程度如何。这种分析方法的优点在于将工作按照五个基本领域进行排序并提供了一种量化的分数顺序或顺序轮廓，即：①是否具有决策、沟通、社会等方面的责任；②是否执行熟练的技能性活动；③是否伴随有相应的身体活动；④是否操作机器和设备；⑤是否需要对信息进行加工。

职位分析问卷法的最大优点在于划分了工作的等级，从而为根据这五个方面的具体特点给每一项工作分配一个量化的分数、通过分析结果与工作的对比确定哪一种工作更具挑战性以及根据这些信息来确定每种工作的薪酬水平提供了可供操作的条件。另一个优点是它不仅涵盖了工作环境，而且涵盖了投入、产出和工作过程。该方法的不足，首先在于填写问卷的要求较高，而且比较复杂，要求填写人具备一定的文化水平和阅读能力；其次是其通用化和标准化的格式可能导致工作特征的抽象化，从而失去工作分析的合理性和工作分析本身的目的及乐趣。

以上介绍的各种方法各有利弊，因此在使用时应该综合考虑这些方法的效果。一般来讲，根据组织的实际采用多种方法组合使用，如访谈法和观察法的组合就是一种很好的选择。

表 2－3　　职位分析问卷的 13 个总体性维度

决策、沟通及一般责任
事务性活动及其相关活动
技术性活动及其相关活动
服务性活动及其相关活动
常规性工作时间表及其他工作时间表
例行的、重复性的工作活动
环境知觉性
一般身体活动
监督、协调或其他人事活动
公共关系、顾客关系以及其他接触活动
令人不悦的、伤害性的、高强度要求的环境
非典型工作时间表

资料来源：雷蒙德·诺依，等．人力资源管理：赢得竞争优势［M］．3 版．刘昕，译．北京：中国人民大学出版社，2001：151．

一项对中国 31 家企业集团人力资源管理现状调查的研究发现，绝大多数企业集团都有工作细则、工作评估，都有完备的书面职责描述，80% 的公司有工作评估制度。从公司规模看，规模越大，工作评估的规范性越强。我国企业集团在人力资源管理中采用多种不同的方法进行工作评估。最常用的评级、评分和因素比较方法，分别 93.5%、80.5% 和 16.7%。[8]

2.3　管理实践——业务部门经理和人力资源部门的定位

作为企业人力资源管理的基础平台和企业经营管理的基础性工作，工作分析的重要性在本章已经展示得非常清楚了。那么应该由谁来做工作分析的工作呢？传统的观点认为这应该是人力资源部的工作，而在战略性人力资源管理中，工作分析不仅需要人力资源部门的参与，同时也是企业的各级管理者和一般员工的共同工作。

2.3.1　业务部门经理在工作分析过程中的作用

（1）提供工作分析信息

与员工一样，业务部门的经理或负责人也是工作分析的参加者，他们也要接受访谈，参加问卷调查，阐释本部门的目标、任务、员工的知识、能力和技能要求等方面的情况。而且作为部门负责人，他们的优势在于熟悉本部门的工作流程，了解部门每一个员工的知识、技能水平以及工作与员工的匹配情况，因此他们提供的信息对工作分析小组能否提出一个完整的工作分析报告具有非常重要的意义。但其劣势是可能不太熟悉工作分析的方法和技术要求，需要人力资源专业人员的支持和帮助。

（2）鉴定工作分析结果

工作分析小组在对员工提供的分析信息进行总结和归纳后，还必须与该员工所在部门的经理进行沟通，这一方面是因为经理是部门工作的最后责任人，同时也是部门业务权威的代表，而且员工可能由于各方面的原因对所提供的信息进行有意的放大或缩小，因而需要由经理对这些信息进行最后的验证和鉴定，以保证所获取信息的公正性和合理性。

（3）贯彻工作分析的结果

当工作分析小组完成工作说明书和工作规范并经研究通过后，就需要在管理活动中贯彻工作分析的结果，即依赖于工作分析的信息进行管理决策，如根据工作说明书和任职资格拟定部门的人力资源规划方向和人事招聘政策，向新员工传达工作岗位的责任、要求和标准。不单如此，工作分析的结果还应用于人力资源的其他各项管理实践。

2.3.2 人力资源部门在工作分析中的作用

（1）宣传工作分析的重要性，取得领导和各级管理人员的支持和配合

组织结构和岗位分析是传递组织战略目标的桥梁，因此任何涉及劳动人事制度方面的改革，大多都是从组织结构调整和岗位分析入手和开始的。在第1章的案例讨论中，中银香港的人事制度改革也清晰地表明了这一点。作为该行历史上最大规模的人力资源重组，改革的核心内容和基础就是通过岗位重组，明确岗位职责，建立起定岗定薪、升迁、加薪以至裁员等系统化的人力资源管理体制，为企业的经营管理创造条件。对于这一点，不仅人力资源专业人员自身要有清醒和正确的认识，而且还应当通过宣传，使各级管理人员特别是中高层管理人员认识到工作分析的重要性，取得他们的支持和配合，然后通过他们的工作，在整个组织内部建立起尊重工作分析的氛围，只有这样才有可能比较顺利地完成与工作分析有关的各项工作。

（2）负责组建工作分析小组

工作分析往往涉及和牵涉到组织内部的多个部门，需要调动各方面的资源予以支持，因此应组建由组织主要领导担任负责人的工作分析小组。从专业分工的角度考虑，工作分析本身既是人力资源管理的基础职能，也是人力资源部门的主要工作，因此由人力资源部负责组建工作分析小组并担任小组的主要成员可能是比较合适的。然后根据工作分析涉及的单位或部门，再确定吸收相关业务部门的负责人参加。

（3）为业务部门的工作分析提供技术和方法支持

人力资源部的优势在于了解和熟悉工作分析的技术和方法，劣势是对业务部门的工作流程、业务状况和人员状况不太了解，对员工的知识、技能水平的了解程度以及员工与工作的匹配度不如业务部门的经理。而业务部门的优势在于了解熟悉部门的业务要求和人员素质，劣势是不熟悉工作分析的技术和方法。因此人力资源部门的作用就是为业务部门的工作分析提供技术和方法支持，业务部门的作用是提供信息资源，通过这种合作，发挥人力资源部战略合伙人的影响和作用。

（4）规划工作分析过程

在工作分析小组中，人力资源专业人员不仅要参与信息的收集整理等工作，而且要承担工作分析过程的规划等事务性工作，这些工作主要包括：①确定工作分析的目的和范围；②提出收集和记录工作分析信息的方法的建议；③负责挑选和聘请有关专家参加工作分析小组的工作；④根据组织的实际情况，在与各有关部门协商的基础上拟定工作分析的时间安排；⑤资料的收集、整理和反馈。

（5）贯彻工作分析结果

当完成工作分析的工作后，人力资源部要负责把资料编辑成文件，并提交组织高层会议讨论并通过，最后印制成正式文件下发各有关单位和部门，并根据工作分析的结果制定招聘等人力资源政策。

注释：

[1] 斯蒂芬 P 罗宾斯. 管理学 [M]. 4 版. 黄卫伟，等，译. 北京：中国人民大学出版社，1997：27.

[2] 劳伦斯 S 克雷曼. 人力资源管理：获取竞争优势的工具 [M]. 吴培冠，译. 北京：机械工业出版社，1999.

[3] 加里·德斯勒. 人力资源管理 [M]. 6 版. 刘昕，吴雯芳，等，译. 北京：中国人民大学出版社，1999.

[4] 刘莉莉. 领导力决定员工忠诚 [J]. 人力资源开发与管理，2004 (8).

[5] 凯文·汤姆森. 情绪资本 [M]. 崔姜薇，石小亮，译. 北京：当代中国出版社，2004.

[6] 约翰·科特. 企业领导艺术 [M]. 史向东，译. 北京：华夏出版社，1997.

[7] 雷蒙德·诺依，等. 人力资源管理：赢得竞争优势 [M]. 3 版. 刘昕，译. 北京：中国人民大学出版社，2001：151.

[8] 赵曙明，吴慈生. 中国企业集团人力资源管理现状调查研究 [J]. 中国人力资源开发，2003 (2-5).

本章案例：一项做得很好的工作

当李教授到川弘铝合金公司参观访问时，接待并陪同他访问的公司人力资源部经理助理吴华给他留下了深刻的印象。吴华主要负责公司工作分析方面的工作。为了做好这项工作，公司还专门指派了一位熟悉业务的工程师张馨到人力资源部门，协助吴华进行工作分析和设计。李教授也曾被该公司人力资源部聘为顾问，帮助研究公司的工作分析体系，并与公司人力资源部的人员一起浏览了工作说明的所有文件，并发现这些说明总体上是完整的，而且与所完成的工作是直接相关的。

参观访问的第1站就是焊接分厂刘军副厂长的办公室。这是一间十几平方米的房间，位于厂房一楼，四周都装了玻璃窗。当吴华走近时，刘军正站在办公室外。“您好，吴助理。”他说。“您好，刘厂长，”吴华说，“这是李教授。我们能看一看您的工作说明并跟您聊一会儿吗？”“当然，”刘军说着打开了门，“进来吧，请坐。我就把它们拿来。”从他们坐的地方恰好能看到工作现场的工人。在他们查阅每项工作说明时，都有可能观察到工人实际中的工作。刘军很熟悉每项工作。“这儿的工作说明是怎样与业绩评价相联系的呢？”李教授问道。“是这样，”刘军答道，“我只是根据工作说明中规定的项目来评估工人业绩，而这些项目是由具体的工作分析来决定的。用这些项目来评价业绩能使我在工作发生变化、以前的说明不再能够准确反映现有工作情况时，及时修改工作说明。吴助理已经为所有中层以上干部制订了培训计划，所以我们都了解工作分析、工作说明和业绩评价之间的关系。我认为这是一个很好的系统。”

资料来源：张德. 人力资源管理［M］. 北京：清华大学出版社，2001：85. 个别文字有调整。

案例讨论：

1. 川弘公司工作分析的显著特色是什么？

2. 试述工业工程师与人力资源经理助理在工作分析中可能存在的关系。

3. 在案例中刘军说：“我只是根据工作说明中规定的项目来评估工人业绩，而这些项目是由具体的工作分析来决定的。用这些项目来评价业绩能使我在工作发生变化、以前的说明不再能够准确反映现有工作情况时，及时修改工作说明。吴助理已经为所有中层以上干部制订了培训计划，所以我们都了解工作分析、工作说明和业绩评价之间的关系。我认为这是一个很好的系统。”你认为刘军的观点是正确的还是错误的，为什么？

第二篇

人力资源规划、招聘和选择

在第 2 章中我们讨论了工作分析的有关问题，当工作分析完成后，组织就需要根据分析的结果即工作说明书（职位描述）和工作规范（任职资格），考虑组织内部各部门的职位空缺情况、岗位人员安排、新增人员来源以及对新增员工的招聘、选择等事宜。本篇我们就将讨论关于人力资源规划、招聘和选择的问题。

第 3 章 人力资源规划

任何一个组织的工作都是由人来完成的。但由于人们所处的背景、学习机会、工作阅历、创新精神和价值观等方面的差异，人们创造价值的能力是不一样的。而且一个人要处在一个能充分发挥其优势的岗位上，才可能提高工作的满意度并创造出组织期望的绩效水平。一般来讲，在大多数的情况下，通常都是按照岗位的要求进行人员的安排和配置的。有的工作需要能够打破常规，极具创新精神和冒险精神的人；有的岗位则要求任职者稳妥可靠，严格遵守制度和规范。这就是上一章工作分析强调的人员配置“斤斤计较”的原则，即人、岗匹配的关系。以前人们常常认为人是最重要的竞争资源，而现在最合适的人才是最重要的竞争资源的观点逐渐被人们接受。著名商业畅销书作者吉姆·科林斯及其研究团队在长达 5 年的时间里对 11 家实现了从优秀到卓越跨越的公司进行了研究，在此基础上总结出了一套不受时间、地域的限制，普遍适用于任何机构的具有规律性的答案，“先人后事”就是答案之一，即先选人，再做事。用第五级经理人的话来讲就是：让合适的人先上车，将不合适的人请下车，然后再决定汽车去向何处。[1] 这些合适的人包括了解路况、懂得维修、知道到达目的地最佳路线的司机和为顾客热情服务的售票员等。有了这些人，不用担心迷失方向，而且这些人有责任心，能够严格地履行自己的职责，不需要对他们严加管理和勉励，他们依靠内在的驱动进行自我调整，以期取得最大的成功。人力资源规划的目的就是为组织寻找这种最合适的人。

本章的学习重点：

1. 了解掌握组织战略与人力资源规划之间的关系。
2. 了解掌握组织结构、工作分析与人力资源规划之间的关系。
3. 了解掌握人力人力资源规划的意义，掌握相关的方法。
4. 应当如何做好裁员工作。
5. 应如何看待组织稳定与裁员之间的矛盾。

专栏 3-1：美国电话电报公司（AT&T）通过人力资源规划赢得竞争优势

1. 背景

美国电话电报公司（AT&T）在 1982 年被剥夺了对电话公司的操纵权，失去了已持续一百年的在这一领域中的稳定的垄断地位。对 AT&T 来讲，这是一次根本性的转变，公司开始由专营电话业务变成一个在全球市场提供多样化产品与服务的企业，开始与新的顾客和供应商做生意；由于一系列的并购，需要和新的伙伴合作。所有这些变化导致了公司关键领导岗位的选拔困难。为了适应变化，公司必须对人力资源管理实践进行调整，包括按照新的战略调整职员的配备，尤其是对高层管理人员来讲，公司的新业务需要一种“新类型”的经理，他们对公司新的产品和服务有丰富的知识，有能力对收购与合并进行管理，并有能力在不确定的环境中有效地行使其职能。

2. 解决方案

为了解决人力资源管理实践与公司新战略要求之间的矛盾，AT&T 公司建立了一套职业生涯电脑系统来解决职员配备的管理问题。该系统有两个目的，一是确认实现公司新的全球商业计划所要求的管理技能；二是追踪公司内部所有有志于高层管理职位的现有经理的技能水平。系统可以通过排队，使公司在出现职位空缺时去“推荐”并最终选择就任人选。

AT&T 公司电脑管理系统具有以下的功能和特点：

（1）储存公司有关人员和职位的大量信息。在“人员档案”里就包括了每一个经理的信息，包括：工作历史、教育程度、优点和缺点、领导开发需要、领导开发计划（参加过的和计划参加的）、培训和特殊技能（如对外语的精通程度）等。

（2）对于每个作为选择目标的高层管理职位，“职位档案”都列出了以下内容：职位头衔、就任地点、不同高级职位所需的领导技能（现在的和将来的）、该职位的可能的继任者名单、每个候选人的必要开发活动等。

3. 职业生涯系统帮助公司提高竞争优势

使用这一系统能够帮助 AT&T 公司保持其组织的高层领导的连续性，包括：

（1）对于不同的高级职位所需的领导技能；

（2）特殊的有资格升至某个确定职位的雇员；

（3）具有足够数量的“当地”内部候选人的职位；

（4）每个候选人的必要开发活动。

通过这些资料，AT&T 公司现在已经掌握了一个在高级职位出现空缺时可以从公司分布在全世界的合格内部候选人进行挑选的后备库。而且系统具有相当灵活性，公司可对突然的人员变化需要作出快速反应。如当巴黎的高层管理职位由于合并而突然出现悬而未决的情况时，这一系统会迅速地确定一个能流畅地使用法语的合格候选人。

资料来源：劳伦斯 S 克雷曼. 人力资源管理：获取竞争优势的工具［M］. 吴培冠，译. 北京：机械工业出版社，1999：50.

3.1 人力资源规划流程

3.1.1 定义和流程

所谓人力资源规划，是指根据组织战略的要求，通过对组织内部人力资源的需求和外部劳动力市场供给状况的系统评价，以保证企业在当前和未来能够获得实现组织目标所需要的一定数量和具有特定知识、能力、技能的员工的过程。

一个有效的和系统的人力资源规划能够为组织带来竞争优势。这主要是通过人力资源规划的作用，将人力资源管理目标与组织战略结合起来，在对环境的变化进行有效的监控基础上，设计相应的人力资源管理策略来处理遇到的问题，并为其他的人力资源管理实践奠定基础。比如，当组织能够通过对以往规律的总结，预计未来的某个阶段会出现产品销售的高峰，那么提前储备必要的生产和销售人员就能够帮助组织顺利地实现目标。反之，如果不能够做到这一点，就会失去已有的客户和市场。在这个过程中，人力资源规划发挥着重要的作用。正如在专栏3-1中看到的一样，当AT&T公司被迫由单一产品和服务转向为一个在全球市场与新的顾客和供应商做生意，并提供多样化产品与服务的企业的新形势时，公司通过建立一套完整的职业生涯管理系统来支持公司的战略要求，最终保证了公司业务转向的成功和新的竞争优势的确立。

图3-1所展示的是人力资源规划的设计流程，大致包含了六个方面的内容：第一，按照战略性人力资源管理的观点，人力资源规划的设计应当反映组织环境和组织战略的要求，即强调人力资源规划的设计者们一定要认真审视组织所面临的各种环境要素以及与组织战略的内在联系。对这些要素和联系的分析和总结，最终形成组织人力资源规划的指导思想和原则。第二，根据对组织战略中所要求的人力资源要素的分析，对现有人力资源状况进行全面盘点，以决定人力资源规划的方向。第三，在盘点的基础上，进行需求和供求预测。第四，根据需求预测和供求预测的不同结果，制定相应的人力资源规划，包括人员的增加和减少。这两项是规划最重要和最核心的部分。第五，实施规划。第六，对规划效果进行评价。

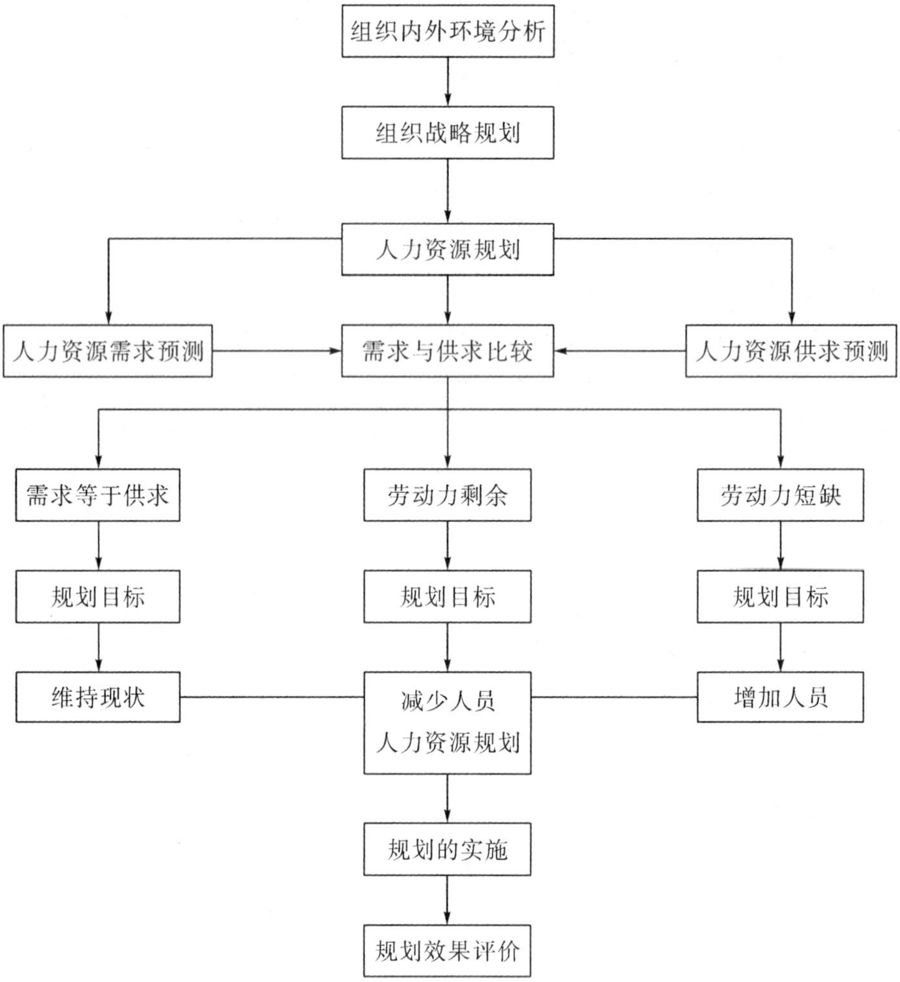

图 3－1　人力资源规划流程

3.1.2　人力资源预测

人力资源预测是在组织既定的目标下进行的，主要包括三个方面，即需求预测、供求预测和组织管理者继承计划预测。

需求预测是指企业为达成经营目标对所需员工的数量、质量（能力）、专业等所做的评价，其目的在于保障组织的重要或关键岗位不至于产生空缺。在需求预测中，既有对组织当前人员需求的预测，也有对未来所需人员的预测；既有对数量的预测，也包括对实现组织目标所需的质量（能力）的预测。在专栏 3－1 中，AT&T 公司的人力资源规划，就是根据公司新的环境和战略要求，通过建立管理信息系统，首先确认实现公司新的全球商业计划所需要的管理技能，然后在此基础上，追踪公司内部所有有志于高层管理职位的现有经理的技能水平，以保证公司在出现职位空缺时该系统能够“推荐”并最终选择最适合的人选。

当需求预测完成后，组织就得到了一个在未来某个时期达成目标所需要的岗位及相关数量和质量的框架。下一步就是供求预测，即对劳动力市场能够提供的组织所需要的劳动力的数量、质量、专业、所需的人工成本及组织承受能力等方面的评价。供求预测主要从两个方面进行：一是组织内部预测，即内部劳动力市场能够提供的人力资源的数量和质量；二是外部劳动力市场预测。在供求预测中，除了数量、质量等指标外，一个重要的工作是分析组织所需人员的劳动力市场薪酬水平，以便对其承受能力做出评价。

组织的管理人才储备和继任计划预测主要是指确定哪些人有发展潜力并可升迁至更高层次职位的人的培训、开发、职业生涯规划以及档案资料的保存和管理过程。在预测过程中，首先，要求组织将工作或职位按照职务、职能、责任等进行分组，这些分组应反映组织能够提供而又是员工期望升迁的职务或职位级别。其次，还要预测在计划期内，每个职位、职务级别有多少人将留任，多少人将调任、晋升或降职，多少人将离职（流动、退休）等。

任何一个组织都在某一个产业或行业中扮演着不同的角色，这种角色在一定程度上决定了人力资源规划的制定过程。比如，B 是一个汽车零部件生产制造厂商，它扮演的是供应商的角色。因此，该厂商的人力资源规划的制定，主要就应该通过对自己产品的顾客 A（一家或多家汽车生产制造厂商）的发展战略的了解和经营状况（产量、利润、库存、雇佣人数、销售量、对零部件生产制造厂商的要求）等指标的监控来确定自己未来对劳动力的需求。B 同时还要扮演另外一种角色，即汽车零部件生产制造工业中的竞争者，这意味着 B 还要与行业里的对手展开竞争。在这种情况下，B 就还要通过对其他零部件生产制造厂商发展战略的了解、技术水平和经营状况（利润、库存、雇佣人数、销售量等指标）的监控来确定自己未来对劳动力的需求。

当需求和供求预测完成后，就需要按照对组织生产经营情况的预测，确定具体的劳动力增加或减少的指标。同时，为了防止意外情况的发生，还需要制定对因预测失败而出现的人员短缺或人员过剩情况的备选方案。

人力资源规划效果的评价包括实施过程中和过程后两个部分。实施过程中的评价主要是对实践中由于各种原因导致的可能发生或将要发生的事件对规划执行产生的消极影响进行分析，并提出解决的办法，它强调的是过程控制。实施后的评价则是对整个人力资源是否有效地支持了组织目标作出评价，以便为以后的规划提供参考依据。

3.2 人力资源规划的方法

人力资源规划主要有两种方法，一种是定性的主观分析判断，一种是定量的统计分析。无论是哪种方法，都是建立在对过去劳动力流动趋势和市场判断基础之上的。

3.2.1 需求预测分析方法

需求预测方法包括统计的方法和判断的方法两种类型。统计方法主要有对比分析法、比例分析法和回归分析法等，主观方法主要有销售业绩判断、经验判断等。[2]

（1）统计方法

在进行需求预测统计时，可以通过对过去某个商业要素或目标（如生产量、工作额度、销售额等）与劳动力数量的比例关系来预测未来对劳动力的需求。在使用这种方法时，必须借助于组织以往的人员数据，因此组织过去的劳动力记录是非常重要的资料。

对比分析法。对比分析法的预测思路和假设是：根据过去某个商业要素或目标与劳动力数量之间的关系，经过比较和对比，确定未来实现某个商业目标对劳动力需求。在表 3－1 中，使用了产值这一商业要素与劳动力规模之间的关系。该公司想预测的是，如果要在 2006 年完成产值 11 500 单位，需要多少生产线工人？从表 3－1 可以看出，公司在 2002 年完成的产值为 11 000 单位，生产线工人为 160 名。因此，要完成 2006 年 11 500 个单位的产值，需要的生产线工人应该是多少？根据比较和对比，我们发现 2002 年的产值与 2005 年大致相同，因此，160 个生产线工人可能是合适的规模。当然，最后具体人数的确定还需要考虑两个要素：一是近四年来该企业生产线自动化的提高或完善程度；二是生产线工人素质和能力提高的水平。如果这两方面都得到了较大幅度的提高，那么实际需要的工人人数可能还低于 2002 年的规模。

表 3－1　　对某公司人力资源的趋势分析

	2002	2003	2004	2005	2006
生产额	11 000	14 500	13 000	9000	11 500
生产线工人	160	210	185	130	?

比例分析方法。这种方法与对比法类似，也是通过计算某种商业要素与所需员工数目之间的比例来确定未来人力资源需求的方法。唯一的区别可能是这种方法的精确度较高。以高校为例，假设高校的教师/学生比有一个科学合理的比例，如 1∶25，那么对教师的需求就可以通过这个比例进行预测。假如某学校有 15 000 名学

生，那么就意味着有600名老师。这一比率表明每25名学生就需要1名老师。如果某高校下一年度要扩招3000名学生，那么按照1∶25的比例，要保证教学的正常进行，就还应当增加120名老师。

回归分析法。回归分析法是一种运用数学统计方法对组织所需劳动力数量进行预测的技术，其基本原理与前两种方法相同，即通过对劳动力数量与相关影响要素的函数关系的描述，预测出未来的劳动力需求规模。由于采用了数学方法，因而其精确度更高。

对统计方法的评价。统计方法的使用需要具备一定的条件。首先，组织必须要有关于人员的历史经验数据，以上三种方法的运用，都是建立在这些数据基础上的。其次，相关的环境要素具有长期的稳定性，比如，某种商业要素与劳动力之间的关系始终保持一定的比例，而这种比例关系不受环境要素的影响。如果不具备这些条件，统计方法就会失真。比如当采用电视教学或函授教学的方式时，由于教学方法和学习形式的变化，上述教师与学生1∶25的比例的预测显然就是有问题的。

（2）判断方法

所谓判断方法，是指主要依靠人的判断力而不是依靠历史数字进行预测的方法。在工作中使用最多的判断方法包括销售业绩判断、经验判断、行业标准或竞争对手判断等。

销售业绩判断。在这种方法中，主要是依靠企业的销售人员根据对企业产品、服务销售状况的判断和顾客喜好程度的感悟，对企业产品或服务项目未来的销售情况的估计。然后企业再根据这些估计，对满足这些需求所必需的生产、市场开发和销售等人力资源数量做出预测。在这种方法中，特别适用于企业新的产品或服务投入市场后带来的新增员工的需求。

经验判断。经验判断的使用方法是，组织的领导者、管理者以及组织一批了解企业战略目标、经营管理水平、产品和服务特性以及市场需求、市场竞争态势、企业人力资源管理等方面的专家，通过假设，对组织将要发生的变动进行讨论并达成共识所得到的预测结果。在采用这种方法进行预测时，需要随时根据环境的变化对预测的结果进行监控和调整，尽可能提高准确性，减少盲目性。

行业标准或竞争对手判断。当组织准备进入一个新的产业或行业、或将生产新的产品或提供新的服务项目时，这时组织对人员的需求没有历史数据和经验可循，唯一的参照数据就是行业标准和竞争对手的人力资源配备情况。这时组织的人力资源管理专业人员的一项重要工作就是要招聘一批从事过相关行业或生产过类似产品的人员，然后根据他们提供的信息，描绘出相关的人力资源需求。

对判断方法的评价。总的来讲，判断方法主要是依靠人的判断力而非具体的数字对需求进行预测，如经验判断依赖假设的准确性，销售业绩判断依赖销售人员对产品需求的正确估计等。这些判断固然有可能发生一定的偏差，从而使这种方法具有一定的主观性，但不能够据此而否定这种方法的科学性和合理性，因为这种判断是建立在相关人员长期的经验和阅历基础上的，特别是当环境要素变化导致的无规律的重大事件的发生的情况下，这种方法通常会成为组织人力资源需求预测的唯一正确选择。比如，当企业的股东、董事会或主要领导发生变更时，通常会导致战略的变化，这种战略的变化或调整要么是由大规模扩张转为大规模缩减带来的劳动力的减少，或由大规模缩减转为大规模扩张带来的劳动力的增加，要么是一种新产品的上马对劳动力的需求判断，甚至是进入一个新的产业或行业，在这些情况下，统计预测方法就不再适用，只有判断方法可供选择。此外，在很多时候，判断方法的使用也是建立在历史数据基础上的，特别是对一些小型组织来讲，常常是根据历史数据进行判断。

需求预测的重点。如前所述，由于资源的限制，任何组织的人力资源管理都是有重点的，在进行人力资源需求预测时同样也要遵循这一原则。也就是说，在进行预测时，重点是掌握能够保证自身研发、生产、销售以及经营管理所必需的关键岗位的最低限度的人员规模，这一规模可视为组织的核心团队，或构成核心团队的核心成员，因此对这类人员的预测，是整个预测的关键和最重要的部分。

3.2.2 供求预测

在供给预测方面，同样可以使用历史资料分析方法和主观判断技术方法两种形式。在依靠历史资料分析方面，转移矩阵是一种比较常见的用于劳动力供给预测的统计方法，[3]184它可以表示在不同的时期和阶段中，企业有关岗位或工作类型的在职人员数量和离职人员数量等。这种方法不仅能够显示出在一年内员工从一种工作类型向另一种工作类型流动的情况，还能够用来预测未来工作岗位的员工供求状况，而且还可以观察到企业不同管理层级的晋升路线。

表 3-2　　某企业虚拟的员工流动情况表

	2012 年							
2009 年	1	2	3	4	5	6	7	8
1. 销售管理人员	0.95							0.05
2. 销售代表	0.05	0.60						0.35
3. 见习销售员		0.20	0.50					0.30
4. 助理管理人员				0.90	0.05			0.05
5. 生产管理人员				0.10	0.75			0.15
6. 生产操作工人					0.10	0.80		0.10
7. 事务性工作人员							0.70	0.30
8. 离职人员	0.00	0.20	0.50	0.00	0.10	0.20	0.30	

资料来源：雷蒙德·诺依，等. 人力资源管理：赢得竞争优势［M］. 3 版. 刘昕，译. 北京：中国人民大学出版社，2001：184. 个别地方有调整。

在表3－2中，共列举了七个工作岗位，我们可以从横轴和纵轴两个方向来进行观察，并得到不同的结论。根据对横轴的观察，可以了解七个工作岗位在3年中的在职率和离职率情况。比如，2009年从事事务性工作的人员（第七行）在2012年还有70%仍然在职并继续从事原来的工作，其他30%的人员则已离职。2009年从事生产管理的人员（第五行）在2012年还有75%仍然从事原来的工作，其中有10%的人员被提拔为助理管理人员，另有15%离职，以此类推。最后我们可以得到的结论是：以上七个工作岗位每3年都会有一定比例的人员晋升或离职，如果公司以往的历史资料和数据也能够证明这一情况的话，就表明公司的人员流动存在一种时间上的规律或者趋势（这里是3年），公司就可以根据这种趋势来进行人力资源的供求预测。比如，对生产操作工人来讲，如果预计未来3年产品的销售可能会有一定程度的下降，经过供需比较分析，对这类人员的需求也会下降，这时企业的人力资源规划目标就是停止招聘新的生产操作人员，因为每3年约有20%的人员自然流失。在销售人员方面，如果经过分析认为未来企业的销售代表岗位可能出现短缺，那么人力资源规划的目标可能就是以下几个方面：一是分析流失原因，找出留人的办法；二是加快从见习销售人员到销售代表的培养时间；三是增加从外部招聘的数量。

有组织的员工职业发展规划和管理者继承计划也可以用于进行供求预测。在这两类计划中，都可能出现因人员的轮岗或晋升等原因产生的职位或职务空缺，组织可以根据规划的要求，制定相应的人员补充计划。

3.2.3 注意事项与实践应用

管理就是规范，管理就是从小事做起。在人力资源规划上同样如此。以上介绍的需求预测和供求预测的方法，看起来都比较简单，但并不是所有的企业都能够使用的。企业要使用这些方法并想取得一定的效果，首先必须要有一系列的历史资料或基础数据，而这又是与企业平时规范的基础管理工作的质量和水平联系在一起的。以上的比例分析、趋势分析和转移矩阵等方法，就是建立在对历史资料和数据的分析基础上的。如果平时不注意这些资料及数据的收集和积累，就不可能使用这些方法，人力资源的规划也就无从谈起。因此，企业的各级管理者特别是人力资源管理专业人员对员工流失率、流失原因分析、企业产品或服务的市场份额和未来趋势等方面的情况要有一个全面详细的了解，只有这样才有可能做好人力资源管理的各项工作。

本节所讨论的预测方法，只是对相关预测技术使用的一个说明和介绍，在实践中，还必须综合考虑组织面临的具体环境以及规划对组织未来发展的影响，才能够做出符合实际的规划和招聘决策。以我国高校的教师需求预测为例，根据前面在介绍比例方法时得到的结论，按照每 25 名学生需要 1 名老师的比例，如果某高校下一年度要扩招 3000 名学生，那么要保证教学的正常进行，就还应当增加 120 名老师。但在实际的招聘中真正需要招聘 120 名老师吗？这时高校必须考虑这一规划和随后的招聘对本高校未来发展的影响。这些影响因素可能包括：

第一，我国人口出生率和生育高峰的历史和现状。目前每年应届高中毕业生人数的增加源于当年的人口生育高峰，这些人到现在正值就读大学的年龄。随着这一高峰的回落，今后的应届高中毕业生的数量会减少，对大学来讲，不可避免地会出现生源的下降。

第二，近几年来，不仅我国大学的数量和规模在不断增加，而且很多高校还举办了所谓的“二级学院”，此外还有大量的民办高校，这些都造成现有高校生源的分流，使高校面临巨大的竞争压力。

第三，现有教师的工作量是否合适？有多少教师的工作量是可以适当增加的？学校可以出台哪些激励教师多从事教学的手段和方法？

第四，招聘的这 120 名老师所花费的成本，包括工资、福利等。

第五，如果招聘了这 120 名教师，当出现生源下降，如何解决老师不能完成工作量而导致的恶性竞争和成本及效率损失等问题。

如果某高校认真分析了这一系列问题，那么在规划的具体实施时就会有不同的选择。假设某高校的教师的工作量还可以适当增加，那么该高校的选择可能就是只招聘 30 名老师，另外适当增加现有老师的工作量，将招聘 120 名老师的部分费用用于对老师新增工作量的激励。

以上思路对企业也同样适用，本章案例讲述了由于对个人电脑高增长的预测，联想提前招聘了大量员工，希望能够在以后公司高速增长开始时，不需要四处挖人。但正是由于这次预测和大规模招聘，为 2004 年联想的裁员埋下了伏笔。市场的变化往往是难以准确预计的，这就要求组织对市场的变化应保持高度的敏感，战略的制定要能够反映市场的要求，这样制定的规划才能够真正发挥应有的作用。

3.2.4　人力资源规划的重点转移

企业都是在一定的环境中生存和发展，当环境发生变化，企业的战略也要随之改变，而这又会影响人力资源规划的制定。因此，企业在制定人力资源规划时，要善于解读企业所处的环境、产业或行业的特点以及企业战略的要求，并根据这些要求确定规划的性质、时间和类别。一般来讲，当企业所处的环境比较稳定，行业的发展空间较大时，可以考虑和制定中、长期的人力资源规划；如果环境不稳定，变化较大，行业发展受外部因素的影响较大时，过于长期的规划就可能失效。就像约翰·科特指出的：当今商业世界的特点是变化越来越快，要想准确地进行预测和规划是非常困难的，这就要求随时对规划做出及时的调整。如果你以 30 英里（1 英里

≈1.61 千米）的速度开车，你可以创造一个持续 20 年的远景规划，因为你需要 20 年时间才能达到下一座城市，你只需要在少量地方调整方向。但如果您现在以 100 英里的速度行进，你只用 10 年或 5 年就达到了，所以你必须考虑 5 年或 10 年的远景规划，你必须更多地调整自己，因为高速公路上很容易致死。当世界加速时，长期规划的时间段被缩短了。[4] 对于企业来讲，首先，重要的不是一开始就考虑要制定一个长期的和非常详细的规划，而是将主要精力放在考虑并提出各种能够面向未来和适应行业和企业特点的多种方案。其次，随着企业对优秀员工的贡献的认可，人力资源规划的重点应从传统的数量预测和规划，开始向注重人力资源质量的方向转移，在关注数量的同时，重点关注质量。再次，将人力资源规划与企业的招聘、培训、开发等人力资源管理实践有机地结合起来，为使人力资源战略能够支持和配合企业经营战略奠定基础。

对于中国企业来讲，制定一个有效的人力资源规划以帮助企业赢得竞争优势，开始得到越来越多的企业的重视。根据对中国企业集团人力资源现状的调查，针对组织的发展目标和环境要求而进行人力资源需求、供给设计，并通过有关的人力资源管理项目在供求两者之间进行协调，已经成为我国企业集团人力资源管理的一项基本工作。如表 3-3 所示，67.7% 的公司都制定了基于工作分析的人力资源规划体系，54.8% 的公司以销售计划订单为依据，但也有一些集团仅依赖于保持现有员工比率或估计等简单方式。

表 3-3　　中国企业集团人力资源现状的调查

方法	基于销售（计划/订单）	保持现有员工比率	分析工作需要	详细预计	统计方式	其他
百分比（%）	54.8	32.3	67.7	22.8	16.3	6.5

资料来源：赵曙明，吴慈生．中国企业集团人力资源管理现状调查研究［J］．人力资源开发与管理，2003 (7).

3.3　人力资源规划的制定和实施步骤

管理理论和实践告诉我们，一个有效的战略管理体系是帮助企业赢得竞争优势的重要手段。通过对外部机会与威胁、内部优势与劣势的分析，通过对人、财、物、信息等资源的合理配置，企业就能够达到竞争的最高境界。战略管理是一个过程，包括战略制定、战略实施、战略评价三大步骤。人力资源规划的制定同样可以遵循这一思路。

企业人力资源规划的制定主要包括九个方面的内容，为了使读者对分析过程有一个比较直观的感觉，我们结合汽车零部件工业的情况，从供应商的角度来简要说明其人力资源规划的制定和实施。

步骤一：确定企业宗旨、目标和使命

组织的宗旨、使命和目标对认识和理解其主要业务和战略管理要点具有非常重要的意义。通过规定组织的宗旨、使命和目标，能够确定组织存在的目的，明确组织的价值导向和绩效导向，使管理者确定产品和服务的范围，使顾客、股东、员工了解和明确企业产品和服务的范围以及奋斗的目标，为公司的经营管理提供指导方针。清晰的宗旨、使命和战略边界意味着明确的绩效标准和工作要求，当这种标准和要求为员工所认识和接受时，也就意味着组织确定了资源配置的方向和重点，员工获得了明确的工作方向，并为最终获得良好的个人绩效和组织绩效奠定了基础。战略性人力资源管理就要求能够根据宗旨、使命和目标所包含的人力资源内涵，发挥人力资源管理职能对企业战略的影响。这种影响主要是通过两种途径来实现的，[3]54一种是通过对战略选择的限制作用来实现的，如专栏 3－2 中，德尔塔航空公司人力资源的限制性角色所能够发挥的作用就应该是，公司的高层管理中应该认识到、或者人力资源的高级管理者应当告诉公司的高层主管：解雇经验丰富的顾客服务代表、用工资较低且没有什么经验的非全日制工人取而代之的做法，等于是在抛弃能够给自己带来持续性竞争优势的源泉，对公司来讲无疑是一种自我毁灭的行为。另一种是高层自身认识或通过迫使高层管理者考虑企业应当怎样以及以何种代价去获取或者开发成功地实现某种战略所必需的人力资源。比如，如果一家企业要进入汽车零部件行业，公司的人力资源管理专业人员就应当向企业高层转达这样的信息：劳动力市场缺乏从事汽车零部件生产专业技术人才和高级技工，要招聘足够的人员可能面临很大的困难，并会大大增加企业的财务成本。

专栏 3－2：美国德尔塔航空公司的战略与人力资源管理

1994 年的时候，德尔塔航空公司（Delta Air Line）的高层管理者们面临着一个至关重要的战略决策。德尔塔航空公司此前曾经依靠富有高度献身精神的员工所提供的最高品质客户服务在行业内赢得了至高无上的声望，然而，在那几年内，由兼并、海湾战争、经济衰退导致的油价上涨等原因，使该公司的股票价格却每股下跌了 10 多美元，并陷入了财务困难。这造成每一可用座位每公里的运输成本（载运 1 名乘客 1 千米的成本）达到 9.26 美分，这种成本算是该行业中最高的了。除此以外，它还受到了许多成本低得多的新的竞争对手的威胁。在这样一种环境中德尔塔航空公司怎样才能幸存下来并且发展壮大呢？显然，制定战略是其高层管理人员所面临的一个重大挑战。

公司董事会主席和首席执行官罗恩·艾伦制定并实施了“领导 7.5”

(Leadship7.5) 战略，这一战略的目标是：把每一可用座位每公里的成本降低到7.5美分，从而达到能够同西南航空公司持平的水平。实施这项战略需要在未来的3年内进行大规模的人员裁减，从公司当时的69 555名员工中裁减掉11 458名员工（前一个数字实际上意味着该公司已经在前两年的雇员人数基础上裁减了8%）。许多经验丰富的顾客服务代表遭到了解雇，取而代之的是工资较低、没有什么经验的非全日制工人。飞机的清洁工作和行李装运工作都外包给其他公司了。结果导致许多为德尔塔航空公司服务时间已经很长的雇员都遭到解雇。保养维修人员和空中服务人员的数量也大幅度减少了。

这种战略所造成的结果是两方面的，一方面，公司的财务状况得到了改善；但是另一方面，公司的运营绩效却骤然下降。事实上，仅仅在它开始削减成本之后的两年时间里，公司的股票价格翻了一番，并且公司的负债情况也有所好转。可是在另一方面，关于飞机清洁度较差的顾客投诉也从1993年的219次上升到1994年的358次以及1995年的634次。公司班机的准点绩效如此之差。在前十大航空公司中，德尔塔航空公司的行李装运量从以前的排名第4位滑落到了第7位。在此期间，公司员工的士气一落千丈，并且工会也开始努力把德尔塔航空公司中的某些雇员群体组织起来。1996年时，首席执行官艾伦指出："这确实考验了我们的员工。一些士气上的问题也是存在的。但是事情也只不过如此嘛。只要你考虑到生存的问题，那么怎样做决定就变得很容易了。"

艾伦说完上述一番话之后不久，德尔塔航空公司的员工们就开始对"也只不过如此嘛"进行冷嘲热讽了。公司董事会也开始注意到工会组织者在煽动蓝领工人的不满，员工的士气遭到了彻底的破坏，顾客服务方面的声誉更是几近扫地，一些资深的管理人员成批地离开公司。不到一年之后，艾伦就被解雇了，尽管那时公司的财务状况已经得到了扭转。他之所以被解雇，"不是因为公司要破产了，而是因为公司的精神就要崩溃了"。

德尔塔航空公司及其人力资源在战略形成过程中应当扮演的角色。德尔塔航空公司的人力资源高层管理者在该公司作出上述战略决策的过程中能够怎样发挥自己的影响呢？她实际上应当指出，德尔塔航空公司拥有一种保持持续竞争优势的源泉，这种源泉是能够创造价值的、是稀缺的，并且是其竞争对手难以模仿或者模仿的代价极其昂贵的：即它的这支能够为本行业客户提供最高水平服务的、富有高度献身精神的员工队伍。事实上，德尔塔航空公司的员工对公司是非常忠诚的，他们甚至在20世纪80年代时合伙为航空公司投入了一架新客机。这样，人力资源的限制性角色在这里所能够发挥的作用就是，它最起码可以指出，公司抛弃一种能够给自己带来持续性竞争优势的源泉这种做法是一种何等白痴的行为。因此，该公司的高层人力资源管理者就可以提出采用这样的一种方法，即通过对对公司竞争优势源泉的分析，高层管理人员就公司危机与员工沟通，求得员工的理解，提出一种有效利用而不是摧毁企业竞争优势来源的战略性建议，如必要的人员裁减、临时性减薪等既能够降低成本又不至于对公司员工精神和利益造成重大伤害。

研究表明，能够将人力资源管理充分地融入到企业的战略形成过程之中的公司在数量上是很少的。正像我们在前面所提到的，许多企业已经开始认识到，在一种竞争日益激烈的环境中，战略性地管理人力资源能够为企业提供一种竞争优势。因此，那些仍然处在行政联系这种层次上的企业要么会将这种联系提高到一个更具有综合性的层次上来，要么就是面临消亡的结局。另外，为了从战略的高度来对人力资源进行管理，许多企业也必然会向人力资源与战略决策一体化这种联系层次过渡。

资料来源：雷蒙德·诺依，等. 人力资源管理：赢得竞争优势［M］. 3 版. 刘昕，译. 北京：中国人民大学出版社，2001：49－60.

步骤二：组织环境分析

组织环境分析的重点包括国家宏观经济政策、产业或行业竞争环境、产品市场环境等方面。分析的目的在于通过对环境的预测，了解国家的政策导向、市场竞争格局及发展空间，为企业的战略决策提供依据。作为汽车零部件工业生产企业，首先应该明确汽车零部件生产企业与汽车生产制造企业之间的关系。中国有句古话，叫“皮之不存，毛将焉附”，如果打个比喻的话，汽车生产制造企业是“皮”，而零部件生产企业是“毛”。没有汽车工业，汽车零部件生产企业也就失去了存在的必要性。因此作为汽车零部件生产企业，环境分析的第一步就是对汽车工业及其市场的分析，包括汽车工业的地位和作用，国家的产业政策导向、汽车生产制造厂家的战略规划、生产能力、消费者的购买能力等方面。汽车工业具有什么地位和作用呢？根据资料统计，在美、日、德等发达国家，汽车产业的增加值都占到了 GDP 的 10%～15%，汽车相关产业提供的税收占财政收入的 10% 以上。在美国，汽车产业每增加 1 美元产值，其上游产业就能增加 0.65 美元，下游产业增加 2.63 美元。也就是说，它的每一美元增加值所能带动的相关行业增加值是 1：3.28。从就业的角度看，汽车产业每增加一个岗位，就能带动上游和下游 11 个就业岗位。[5] 由于汽车工业具有如此重要的地位和作用，自然会得到国家的大力支持。如 2005 年颁布的《中国汽车工业产业政策》（以下简称《政策》）就明确指出：要使我国汽车产业在 2010 年前发展成为国民经济的支柱产业，为实现全面进入小康社会的目标做出更大的贡献，在 2010 年前成为世界主要汽车制造国。这表明了国家将支持汽车工业的发展，而对汽车工业产业地位作用的支持，自然也会促进作为汽车工业的附属工业的零部件工业的发展。

环境分析的第二步是对汽车消费市场前景和汽车生产制造厂商的发展战略的分析。以 2003 年为例，2003 年的中国汽车工业产销再创新高，累计产销汽车 444.37 万辆和 439.08 万辆，同比分别增长 35.20% 和 34.21%。1992 年我国汽车产量突破

100 万辆后，经历了一段缓慢发展时期，用了近 8 年时间，2000 年达到 200 万辆。进入新世纪后，步入高速发展阶段，2002 年产量突破 300 万辆，2003 年又比 2002 年产销量分别净增 119.3 万辆和 114.27 万辆。一年内产销净增 100 余万辆，在世界汽车工业发展史上十分罕见。[6] 2007 年长安汽车集团发表的《长安科技宣言》宣称，根据规划，长安集团到 2010 年汽车产销量达到 200 万辆，其中拥有完全自主知识产权的自主品牌汽车占 60% 以上。长安总裁徐留平表示，在"十一五"期间，长安将投资 120 亿元，以整车匹配、发动机、变速器等为重点，集中打造 7 个轿车平台、5 个微车平台、3 个全新发动机平台，到 2010 年汽车产销量达到 200 万辆，自主品牌轿车年产销量 60 万辆。[7] 而促成这一态势的则是建立在经济发展和国家综合实力基础上的居民消费水平。据新华社 2007 年 2 月 24 日报道，随着轿车进入家庭步伐不断加快，截至 2006 年年底，中国私人拥有的各类汽车首次超过两千万辆。根据国家统计局发布的权威数字，2006 年中国销售了 700 多万辆各类汽车，其中大约超过 60% 为私人购买。2006 年，中国成为仅次于美国的全球第二大新车市场。业内人士认为，目前中国汽车保有量每千人不到 30 辆，约合 60 人一辆，与世界平均每千人 120 辆相差甚远，中国汽车市场发展潜力巨大，特别是私人汽车消费，在未来 20 年将持续高速增长。这些都为我国汽车市场的进以步发展奠定了坚实的基础。

环境分析的第三步是对零部件工业的分析，包括国家产业政策、零部件工业发展的指导思想、面临的机遇和挑战、市场容量、零部件厂商的数量、生产的主要品种以及国产化率水平等方面。如在市场方面，根据专家统计，2003 年我国汽车市场保有量达到 2383 万辆，汽车零配件产值达到 3875 亿元，这其中还不包括车用发动机和整车厂零部件分厂生产的配件，中国汽车零部件产业未来的发展潜力要远大于整车产业。[8] 对于零部件生产企业来讲，这无疑是一个极好的机遇。但另一方面，汽车零部件工业的发展也面临着极大的挑战，这从汽车及零部件工业的产业政策以及与大型跨国零部件生产企业的实力对比就可以看得出来。《政策》对零部件企业的发展提出了很多指导意见，如第二十四条规定，汽车、摩托车、发动机和零部件企业要增强企业和产品品牌意识，积极开发具有自主知识产权的产品，重视知识产权保护；第二十七条规定，国家支持汽车、摩托车、发动机和零部件企业建立产品研发机构，形成产品创新能力和自主开发能力；第三十条规定，汽车零部件企业要适应国际产业发展趋势，积极参与主机厂的产品开发工作，在关键汽车零部件领域要逐步形成系统开发能力，在一般汽车零部件领域要形成先进的产品开发和制造能力，满足国内外市场的需要，努力进入国际汽车零部件采购体系。这一系列规定中谈到的品牌、知识产权、创新及研发能力等，都与汽车零部件企业的人力资源要素有着非常直接的关系。在竞争对手方面，据中国汽车技术研究中心有关人士介绍，中国现有零部件三资企业近 1000 家，如德尔福、李尔、博世、江森、天合、法奥雷、采埃孚等都在中国建立起多家合资公司，其中德尔福、博世和伟世通等正积极地在中国建立研究中心。这些公司在中国的市场份额已超过15%，其雄厚的资本与技术实力及丰富的运作经验，已对国内零部件企业构成了极大威胁，其中也就包括人才竞争的威胁。

组织环境分析是建立战略性人力资源管理体系的基础，也是人力资源规划的出发点。根据企业战略与人力资源战略“一体化联系”的要求，在这个步骤中，战略性人力资源管理的主要任务就是要认真研究《政策》及其他方面所包含的人力资源要素。比如，上述《政策》一系列规定中谈到的自主研发、创新能力、知识产权等内容，实质上反映的就是企业的人力资源状况。因为创新、研发、知识产权等都是与人特别是技术人才的数量和质量联系在一起的。因此，作为零部件生产企业的人力资源管理人员就要充分了解、分析和掌握汽车工业和零部件工业的人力资源状况，包括从业人员的薪资水平、流动率、相关人员来源渠道等方面，根据对以上要素的分析结果，为企业的战略决策提供依据，发挥其对企业战略决策的影响。

步骤三：组织人力资源现状盘点

人力资源现状盘点是指对企业现有各类人员的数量和质量的全面系统的审视，这也是人力资源规划的一个重要基础。当一个企业决定要进入汽车零部件的生产领域后，首先就要考虑企业自身条件是否能够满足生存和竞争的需要，而考虑的重点就是人。无论是第五级经理人的“先人后事”，还是前述《政策》要求所包含的人力资源要素，都表明了一个道理，即人在物质资料生产和精神文明塑造过程中的重要性。正如毛泽东指出的：在世间一切事物中，人是第一个可宝贵的。只要有了人，什么人间奇迹都可以创造出来。因此，人力资源现状盘点的核心在于发现企业内部是否具有能够帮助企业实现其战略目标的合适的人，包括管理、技术、研发、销售、财务、生产等各个环节的人员。在盘点的过程中，要根据企业将要进入的行业或生产的产品的性质进行比较分析，同时开始着手建立人力资源管理信息系统，就如同专栏3-1中AT&T公司的电脑管理系统一样，将现有人员的全部情况以电子文档形式存储下来，并进行动态的管理。盘点的最终结果要发现和找出企业人力资源在数量和质量方面存在的问题以及可能的解决办法，在此基础上做出企业的人力资源需求预测，并为规划的制定创造条件。

步骤四：组织人力资源需求预测分析

在需求预测分析环节，主要内容包括预测分析的政策基础、预测对象、能力和技能预测、管理者继承计划预测以及企业自身条件等方面。政策基础是指影响产业或行业的国家产业政策、有关的法律法规以及产业或行业的有关制度规定，其中尤其重要的是国家产业政策方面的指导思想和具体规定，如《中国汽车工业产业政策》对汽车零部件企业的有关规定和说明，这方面的内容在步骤二中做了介绍。预测对象与步骤三的内容相同，主要包括管理、技术、研发、销售、财务、生产等各个环节的核心人员。对汽车零部件生产企业来讲，重点是管理、研发和技术人员，这与《政策》对零部件企业在研发、创新及知识产权等方面的要求也是一致的。能力预测是指根据企业长远发展的要求，对今后能够巩固、提升和增加企业核心竞争能力的一种预测，而要做好能力和技能预测的基础是企业的人力资源盘点。管理者继承计划（又称为接班人计划）预测是指对企业各级管理人员的接替的预测，很多企业的人力资源规划注重对研发、技术等方面的工作，但却忽略对管理人员的培养和选拔。管理者继承计划是企业人力资源需求预测的一项重要内容，事关企业的长远发展，人力资源部门及其各级管理人员一定要对此予以高度的重视。企业自身条件主要是指根据劳动力的市场价格、企业吸引力以及综合实力等方面的情况，确定是否有能力招聘到企业所需要的人员。

步骤五：劳动力市场供给预测分析

需求预测只是对完成企业目标所必需的一定数量和质量的各类人员的预测，下一步就是进行供给预测分析。供给预测分析要解决的问题主要包括人员来源渠道、薪资标准、承受能力等方面。人员来源渠道主要有内部和外部两个渠道。内部渠道即所谓的内部劳动力市场，企业在着手制定人力资源规划时，首先应该考虑从企业内部解决人员短缺问题。企业内部招募有很多优点，一是员工对企业情况比较了解，不会产生个人期望值过高的问题，而且个人期望值与企业期望值也容易达到平衡，看问题比较客观和实际；二是对企业文化、价值观等比较认同，凝聚力较强；三是内部招募为员工轮岗创造了条件，使员工能够具备和掌握不同的技能，等于增强了员工的竞争能力，因而能够有效的激励员工的工作热情和献身精神。但内部招募的缺陷在于可能造成近亲繁殖，如果大多数人员通过内部解决，就难以接收外界新的思想和信息，思想一旦不能流动，企业就可能陷入被动。因此，要做好内部招募工作，避免其缺陷，关键是要建立完善企业的规章制度和管理信息系统，如建立企业岗位空缺公示制度，给员工一个公平的竞争空间，同时要做好工作分析等基础工作，根据岗位要求和任职资格制定招募选聘等人力资源政策。比如，如果一个内部员工和外部招募员工在各方面条件一致时，可以首先录用内部员工，这样做的好处除了上面谈到的几个方面外，还有利于企业的人员分流，并减轻裁员的压力。如果外部招募的人员明显超过内部员工，则应首先录用外部人员，这样不仅可以招募到企业需要的人才，而且还能够保证思想的流动，使企业随时保持与环境的协调。

除了内部招聘渠道外，外部招聘也是企业获取所需劳动力的重要途径，而且在大多数情况下是最主要的途径。外部招聘的主要形式包括媒体广告、就业服务机构或人才市场、猎头公司、校园招聘等，关于这方面的问题将在下一章做详细介绍。

这里需要强调的是，与需求预测相同，企业人力资源供给预测的主要对象和重点也主要是针对核心岗位所需要的核心员工。比如对汽车零部件生产企业来讲，供给预测分析的重点就是各类专业人才和高级技工的市场状况。而现实情况是，我国这方面的专业人才不仅供不应求，而且很多汽车专业的毕业生毕业后却很少从事与专业相关的工作。在从业人员中，整体知识水平不高，生产力水平相对较低。高级汽车开发型人才和高级技工严重短缺且后继无人。而发达国家的人才建设的力量很强，如通用全球研发中心有 16 000 人，而我国的上汽才 100 来人，加上泛亚技术中心也就 700 来人。[9]这样一种局面显然很难与跨国公司竞争。因此，如果一家企业准备进入汽车零部件行业，首先应当考虑和解决就是人的问题，人力资源专业人员能够对企业战略发挥影响的地方也就在于向企业高层管理者阐明“先人后事”的道理，然后再考虑其战略的取舍。

在供给预测分析中，薪酬水平是一个重要的内容。这里所指的薪资标准和承受能力是指，企业在对所需人员的市场价值调查基础上做出的能否支付其市场薪酬水平的一种判断。需求预测主要解决是否需要新增人员的问题，供给预测分析则主要解决市场能否提供这些人员以及企业能否满足这些人员的薪酬福利待遇等问题。要么是薪酬低了，没有人来；要么是薪酬高了，企业的承受能力又有限；要么是新员工要求按照市场价格支付薪酬，但企业要求按内部公平的原则解决。因此，企业在进行人力资源供求关系预测分析时，不单只是在做人力资源规划，同时还涉及企业薪酬设计的指导思想和基本原则等方面的问题。“物以稀为贵”的道理同样适用于人才市场，关于这一点，将在薪酬设计的有关章节中做详细的论述。

步骤六：人力资源的需求与供给比较

在完成人力资源的需求和供给预测分析后，接下来就是对分析结果进行比较，以便为制定相应的对策提供依据。需求和供给比较的结果主要包括以下三种情况：①需求等于供给（既不缺人，也不用增加人）；②需求大于供给（劳动力短缺）；③需求小于供给（劳动力过剩）。在进行需求和供给比较时要注意两个方面：第一，以上三种情况都只是一个相对而非绝对的概念，因此在进行比较时，既要注重数量，更要注重质量。如在第一种情况下，虽然表面上不需要增加人，也不需要裁减人，但这只是表明了对数量的一种判断，可能在某些岗位上存在员工的知识、能力和技能与工作说明书和任职资格不相匹配的情况。在第二种情况下，虽然需求大于供给，但实际情况却可能是企业内部没有进行严格的工作分析和分工，因而各部门提出的人员需求计划在一定程度上具有盲目性，从而带来人工成本的上升和工作效率的下降。在第三种情况下，需求小于供给，似乎是人员超编，需要裁减人员，但对超编和裁减的估计可能只是考虑了当前的情况，没有考虑到今后甚至未来一段时期的状况。第二，企业在着手进行人力资源规划时，通常都会遇到这样一个矛盾，即在产品或服务需求的旺盛时期，由于某些关键岗位的员工短缺，影响并限制了企业的成长；而在产品或服务需求的低迷时期，又面临着员工过剩所带来的人工成本的上升。这一矛盾始终贯穿企业人力资源规划制定的全过程。要解决这个矛盾，就需要企业各级管理人员包括人力资源专业人员要准确地了解并通晓企业产品或服务的性质、市场份额、顾客喜好程度以及关键岗位和核心员工的识别，既考虑当前需要，又考虑未来需要，最大限度提高规划的准确性，减少盲目性。表3－4列出了可以减少预期出现的劳动力过剩的方法，而表3－5列出的则是可以避免预期出现的劳动力短缺的方法。企业的各级管理人员及人力资源专业人员可以根据各自企业的实际情况决定采用哪种方法。

表3－4　　减少预期出现的劳动力过剩的方法

方法	速度	员工受伤害的程度
1. 裁员	快	高
2. 减薪	快	高
3. 降级	快	高
4. 工作轮换	快	中等
5. 工作分享	快	中等
6. 退休	慢	低
7. 自然减少	慢	低
8. 再培训	慢	低

表3－5　　避免预期出现的劳动力短缺的方法

方法	速度	可回撤程度
1. 加班	快	高
2. 临时雇佣	快	高
3. 外包	快	高
4. 再培训后换岗	快	高
5. 减少流动数量	慢	中等
6. 外部雇佣新人	慢	低
7. 自然减少	慢	低

资料来源：雷蒙德·诺依，等. 人力资源管理：赢得竞争优势［M］. 3版. 刘昕，译. 北京：中国人民大学出版社，2001：186.

步骤七：制定人力资源规划

根据人力资源需求与供给比较的三种情况，得到三种不同的结果，在此基础上，企业可以根据对生产经营情况的预测，确定对本企业劳动力增加或减少的具体指标，这就是人力资源规划流程图中的目标设定和战略选择环节。比如，当需求等于供给时，表明既不需要增加人员，也不需要裁减人员，这时企业的目标选择就是维持现状；当需求大于供给时，表明企业现有人员已不能满足生产经营的需要，这时的目标选择就是进行招聘，以保证获得企业所需要的人员；当需求小于供给时，表明企业内部出现了人员过剩，这时的目标选择可能就是减员，以降低人工成本。不论是哪种情况，当战略既定后，还需要履行相应的人力资源管理实践，即制定能够支持企业战略的招聘、选择、培训、开发、绩效、薪酬等职能层次的战略，包括确认公司战略需要的组织结构、岗位、工作流程，与岗位或工作相适应的员工的知识、能力和技能要求，现有人员建档，空缺位置说明，管理人才储备和继任计划预测等方面的内容。

步骤八：人力资源规划的实施

从这个步骤开始，人力资源规划进入执行和实施阶段。为了保证规划得到有效的贯彻和落实，首先必须建立相应的责任制，由专人负责规划中规定的目标的实现。由于规划的实施牵涉到授权和资源配置等方面的问题，因此必须授予责任人实现目标所必要的权利和资源。其次，要建立规划实施效果的信息反馈机制，一方面各级责任人要有定期或不定期的关于规划执行情况的汇报和信息反馈，以便上级主管部门随时根据情况的变化对规划进行调整；另一方面上级有关部门也要随时对规划的贯彻进行监督和控制，以保证目标的落实和纠正执行过程中出现的偏差。最后，为了提高规划的实施效果，建立对规划实施责任人的奖惩机制也是不可少的一个环节。

步骤九：人力资源规划实施效果评价

建立人力资源规划的最后一个步骤是对规划的实施效果进行总结和评价。在这一步骤中，主要工作是要建立或制定规划的评价标准和对规划执行过程中发生偏差的原因进行分析。在评价标准方面，对一个企业人力资源规划最好的标准可以从两个方面考察：一是考察企业是否有效地或最大限度地避免了现有员工和潜在员工的短缺；二是看是否出现了人员的过剩。在偏差原因分析方面，通过对企业战略完成情况的总结和评价，找出是规划的哪个部分导致了规划的成功或失败，以便在以后对规划进行适当的修正或调整。

以上人力资源规划的制定过程和步骤，但这只是一个大致的原则和框架。需要指出的是，由于企业的情况千差万别，因此人力资源管理开发的侧重点不尽相同，在制定人力资源规划方面也会体现出各自不同的特点。但不管是什么形式，有规划和没有规划的效果肯定是不一样的。有很多的研究试图检验计划与绩效之间的关系。根据这些研究可以得出这样的结论：首先，一般来讲，正式计划通常与更高的利润、更高的资产报酬率及其他积极的财务成果相联系。其次，高质量的计划过程和适当的实施过程比泛泛的计划更可以导致较高的绩效。最后，凡是正式计划未能导致高绩效的情况，一般都是因为环境的原因。[10]虽然这些结论主要是指组织的战略计划与绩效的关系，但从计划或规划本身的意义和作用看，人力资源规划与组织的绩效之间大致也存在着类似的关系。

3.4 企业裁员分析

人力资源规划的一个重要作用就是保持企业的人员需求与经营管理工作之间动态的相互适应关系。图3－1人力资源规划制定流程展示的三种不同结果中，需求等于供给是一种最理想的结果，但在现实生活中，这种理想的状态是很难达到的，因为这种平衡所要求的不仅仅是数量关系，更重要的是质量上的平衡，即人员的综合素质、知识水平、能力等方面与所从事工作之间的相互适应性和匹配性。其他两种结果即需求小于供给和需求大于供给的情况则是比较普遍存在的。在需求小于供给的情况下，可以通过招聘和企业内部劳动力市场等方式解决，这方面的内容将在下一章做详细介绍。这里主要讨论需求大于供给时人力资源规划的总体目标，即减少劳动力供给的问题。其中，由于裁员涉及的范围较广，影响较大，本节主要研究裁员对企业人力资源管理的影响。

3.4.1 裁员原因分析

在表3－4减少预期出现的劳动力过剩的方法中，一共列举了八种方法，表中的排序反映的并非是在实际工作中采用这些方法的顺序，而是按照裁员的速度和员工受伤害的程度来排列的。其中，裁员、减薪和降级的速度最快，但员工受伤害的程度也最高。工作轮换和工作分享两种方式的速度虽然也最快，但员工受伤害的程度居于中等。退休、自然减员和再培训的速度则最慢，员工受伤害的程度也最慢。

企业之所以要进行裁员，主要是基于以下几个方面的原因，第一是降低成本和提高竞争力的要求。如2004年联想集团的裁员，目的就是在战略调整和回归主业的基础上恢复原有的竞争能力。中石化为了达到降低成本，减员增效，提高利润的目的，也对业务进行了剥离，2004年上半年共裁员8000人，而且主要是公司的中层队伍。从2000年到2003年间，朗讯在全球裁减了占公司原有员工总数近2/3的工作职位。历时3年，裁员8万，16亿美元的投入，朗讯裁员终得以成正果，并最终赢得最新财季9900万美元利润。[11]国外有学者将裁员看作是以强化企业竞争力为目的而进行的有计划的大量人员裁减。这些在裁员中被取消的工作不是在经济周期的衰退阶段才出现的暂时性损失，而是企业在所面临的竞争压力发生变化的情况下出现的永久性工作损失。实际上，在80%的情况下，进行过裁员的公司在那一时期都有盈利。[12]为了应对日益激烈的市场竞争，企业越来越注重采取业务或工作外包的形式，以达到既提高竞争能力和降低成本，又通过外包以扩大在新兴市场占有率的目的。据一项对美国公司CEO的调查显示，42%的通信公司、40%的计算机制造公司和37%的半导体公司都采用了将业务外包给外国公司的做法。[13]工作的外包必然带来人员的裁减，从而降低劳动力成本。如本章案例联想的裁员一样，有人算了一笔账，联想通过实行末位淘汰与战略裁员，裁员总数超过1000人，如果每位员工的费用大概在20万元左右，这将为联想节省费用2亿元。第二是企业战略转型的需要。转型意味着企业业务的重大调整，这种调整必然带来组织结构和工作岗位的变化，从而导致部分工作岗位的流失。在这种情况下被裁员的员工往往不是因为其能力问题，而是企业的战略选择问题。专栏3-3中安捷伦（中国）公司那位员工的离职，就是因为其所在的业务部门被剥离，而非员工的能力问题。第三是新技术带来的挑战。由于新技术的采用，旧的技术必然会被淘汰，使原有的一部分人员由于不能胜任新的工作要求而被调整，需要重新招聘具有特定知识和技能的员工来替代那些不能胜任新工作要求的员工，这样就会使一部分人的工作受到影响。第四是企业之间的兼并、重组或倒闭，也会导致人员的重新配置和裁减。

专栏3-3：安捷伦：裁员的最佳实践

安捷伦公司（Agilent）被翰威特和《哈佛商业评论》中文版评选为2003年度中国最佳雇主之一，但安捷伦最出名的故事却是2002年2月号美国《财富》杂志的一篇报导：2001年10月，已于三周前接到了解聘书的安捷伦员工谢里尔·韦斯，在正式离职前的最后一天晚上却仍然在加班，直到晚上9点半才依依不舍地离开了办公室。在这篇报道的导语里，《财富》提出了一个所有公司领导人都希望获得答案的问题：如何在削减工资并裁员8000人的情况下仍然使员工热情不减？

在因经济不景气而哀鸿遍野的美国商界，裁员并不是一件丑事。几乎每家公司都需要面对裁员的考验，因此，怎样才能像安捷伦那样通过人性化的管理，使公司迅速从裁员遗症中恢复过来，已经变成了公司研究者们的新课题。然而，在中国，安捷伦面临的却不是同一个问题：中国经济在全球暗景中逆市飘红，要向员工解释为什么裁员显然要比在美国难得多。

事实上，《财富》所提及的故事几乎有同样的版本也发生在安捷伦中国公司。2002年1月31日晚上，安捷伦中国公司人力资源总监卢开宇在办公室开会直到晚上8点钟，回到自己的座位后却发现有人一直在等他。等待卢开宇的是一位第二天就将正式离职的女员工，她将怀里抱着的一束鲜花递给了卢："今天是我在这里的最后一天，"她说，"这是我所支持的业务部门的同事送给我的花，我很感谢你为我们所做的一切。"

这其实仅仅是中国市场的问题，卢开宇认为。因为很少有中国公司能够理解，裁员裁掉的并不一定都是能力不足的员工。前面提到的那位女员工的离职，就是因为其所在的业务部门被安捷伦整个都取消了。所以对卢开宇来说，给被裁掉的员工写证明信是一件常事，有些时候卢开宇甚至乐意给被裁掉的员工签离职书："如果员工希望我们证明他们是主动离职，而非因裁员而被解雇，我们一样会满足。"

安捷伦的人性化管理自然并不仅仅体现在裁员上，否则这家公司也不可能连连在美国、中国等国家获评为当地的最佳雇主。但的确在裁员问题的处理上，安捷伦的处理比谁都更显体贴。比如，安捷伦不仅不会把即将离职者的消息告诉外界，公司的主管甚至会将此事瞒着其他员工。"除非他自己愿意主动告诉同事。"卢开宇说，"我们不希望他因为即将离职而在同事当中被另眼相看。"

对安捷伦中国公司来说，只有业务部门的取消才有可能发生裁员，美国总部那样的大面积缩减规模在中国公司并未出现。尽管如此，尽管过去两年来安捷伦裁掉了最高峰时的五分之一的员工，解雇仍然是安捷伦最不情愿做的事情。在2001年10月和2002年8月两次宣布裁员之前，安捷伦都希望能够通过减薪解决问题。公司于2001年5月宣布全球员工减薪10%，同年10月恢复；翌年2月再度宣布普通员工减薪5%、高级经理减薪10%，至8月开始第二轮裁员时恢复薪资。"公司告诉大家，我们不希望失去任何一个员工。"卢开宇说，"所以我们希望每个员工都替身边的同事考虑，每个人都少拿一点，但是每个人都能留下来。"但即使不裁员，减薪本身对中国员工来说仍然难以承受，因为在中国市场上的其他大公司几乎都在一路高歌猛进。

尽管目的是为了降低成本，减薪却也变成了一个体现团队协作、奉献和信任的项目。甚至在宣布减薪的同时，安捷伦中国公司还同时发起了向贫困地区研究生助教事业捐款的活动。后来，这两件事情都被列入了安捷伦员工的"牺牲与奉献"精神的范例，"大家的薪水降低了，同时反而还要拿出一部分来扶贫，"卢开宇激动地说，"我们的员工多了不起啊。"

尽管后来还是发生了裁员，安捷伦的这种以减薪避免裁员的应对措施却仍然被记录了下来。在2002年3月的美国《商业周刊》上，安捷伦的这种方法被列为经济趋势之一。专事研究薪资的咨询师史蒂芬·格罗斯（Stephen Gross）指出，减薪虽然无法根除裁员，但却有效地缓解了裁员的幅度。

当所有的公司都不得不裁员时，或许被安捷伦裁掉可能是最好的选择。安捷伦与DBM签了一份合约，由这家著名的人力资源咨询公司为全球所有即将离职的安捷伦员工提供就业指导，帮助员工迅速重建信心和能力。"DBM甚至会做一些模拟面试，细致地指导员工简历应该怎样、态度应该怎样、语气应该怎样……”离职的员工找不到工作，是卢开宇最担心的问题之一，“因为我们有很多员工跟了我们很多年，我们担心他们会一下子不适应。”

对员工的重视，这是所有高科技公司的“通病”，因为对于高科技公司来说，最重要的资产就是人。对于即使是在经济不景气时依然将10亿美元投入研发的安捷伦来说，这一特点尤其明显。事实上，2000年安捷伦从老惠普分出来，原因之一正是这个部门的研究者气质已与老惠普不太相合。安捷伦中国公司几乎所有的高层经理都是研究者出身。

出于信任和尊重，安捷伦将全球各分公司的薪资水平都公开在内部网上。“我们曾经担心这样公开会不会让员工有想法，但是有的事情的确没有必要隐瞒。”卢开宇说，“国内与国外的工资的确有差异，但这是各地的工作环境决定的。”也同样是出于信任和尊重，在安捷伦，不论普通员工还是中国区总裁，一律都是格子间，没人有单独的办公室，目的并不仅仅是为了显得平等，更重要的是可以加强员工与管理者的对话，同时提高工作效率。能够这样做的也只有技术至上的公司，英特尔的办公室也同样如此。

这种安排，也方便了安捷伦在办公室内部推行其“走动管理”（Wandering Around）的沟通方法。将其推广开来，即是各级管理人员到各个部门、各家分公司去走动，在走动的过程中与员工面对面接触，得到员工对公司的建议，听取员工的心声。

所以，速度（Speed）、专注（Focus）和责任（Accountability），正是告别惠普后的安捷伦，在原先的基础上赋予自己的新价值观，也正是这家年收入60亿美元的科技巨头挺过这场衰退浪潮的信心之源。

资料来源：黄继新．人力资源管理：人性化与多元化［N］．经济观察报，2003－06－09．

3.4.2 裁员的影响与企业文化塑造

对于任何一个企业来讲，裁员都是不得不面对的一个难题。之所以说是一个难题，是因为裁员虽然具有积极的作用，但同时也有消极的影响。积极的方面主要是指对提高和增强企业竞争力的贡献，这方面的内容在裁员原因分析中已经做了论述。消极的方面主要是指裁员对企业造成的损失和负面影响，包括直接成本损失、间接（隐性）成本损失以及对企业文化的破坏。

裁员造成的直接成本损失包括两个方面。第一是在裁员中流失的员工可能是企业无法被替代的优秀资产，国外的大量调查都表明，很多被裁减对象被证明是不可替代的，在多数情况下，裁员后的企业不得不重新花钱来招聘在裁员中被放走的某些人。由于这些人员的流失，可能会给企业带来灾难性的后果。在专栏3－2中，被德尔塔航空公司裁减的就是这些具有丰富经验和对公司极为忠诚的员工。裁减的结果使员工的士气遭到了彻底的破坏，顾客服务方面的声誉扫地，资深管理人员成批地离开公司，取而代之的是工资较低、没有什么经验的非全日制工人。这样一支劳动力队伍显然不能适应航空业激烈竞争的需要。尽管通过裁员，使公司的财务状况在短期内得到了一定程度的改善，如在公司开始削减成本之后的两年时间里，公司的股票价格翻了一番，公司的负债情况也有所好转。但另一方面，公司的运营绩效却大幅下降，关于飞机清洁度较差的顾客投诉从1993年的219次上升到1994年的358次以及1995年的634次。公司班机不准点，以至于乘客们将德尔塔公司的名称看作是“从来不会离开机场”的代名词，公司员工的士气也一落千丈。众所周知，组织的相对稳定性要求和组织成员流失之间的矛盾，是影响和制约组织发展的一个关键因素。要处理好这个矛盾，不仅需要企业能够正确识别不同绩效水平的员工，而且要真正树立能够为组织创造价值的员工是最大的竞争优势的观点。对于任何一个组织来讲，最大的失败莫过于核心员工的流失。德尔塔航空公司为了实现其战略目标完全可以有其他方面的选择，以没有经验的新人替代具有丰富经验的老员工无疑是一种自杀性的方法。第二是企业向被裁员工支付的赔偿，也可能超过企业的承受能力。以朗讯为例，2000—2003年，朗讯裁员8万人，共花费80亿美元来处理善后事宜。员工离开朗讯除了获得一笔较为丰厚的补偿金外，如果他在3个月没有找到新的工作岗位，还可以享受朗讯提供的就业培训。[14]这笔巨大的费用并不是所有的公司都能够承受的。

企业间接（隐性）成本损失主要包括以下三个方面：第一个方面是对裁员中侥幸留下来的员工士气的打击，特别是当企业裁员的原因是因为企业的经营决策失误而非员工的过失时尤其如此，员工们会认为自己是企业决策失误的替罪羊，从而产生强烈的抵触情绪，“当一天和尚撞一天钟”，当这种观点为企业中大多数人的共识时，员工对公司的信任度就会大打折扣，工作的积极性和创新精神也会大大降低，即使未被裁减的员工也会考虑自己的出路，不会再全心全意的努力工作，这势必会影响企业的凝聚力和稳定，成为企业发展的隐患。本章案例中联想集团2004年的裁员就是这种情况。第二个方面是裁员对企业所倡导的以企业为家的文化和企业形象的负面影响。讲到文化，有必要特别强调企业的性质以及企业和员工之间的关系问题。企业是一个追求投入产出关系的经济实体，企业不是慈善机构，也不是员工的家。企业除了员工的利益之外，还要关注顾客、股东以及社会各相关利益群体的利益，这是由市场环境、企业使命所决定的。企业需要向社会提供消费者需要的服务和产品，需要解决就业、缴纳税收、促进经济发展，同时还要应对竞争的压力。因此，企业不可能成为员工的家，不可能对所有的员工都提供长期雇佣的承诺。过分强调“家”的文化，往往只能适得其反的效果。“家”文化强调的只是员工进入企业的机制问题，而没有解决退出机制的问题。当联想2004年的裁员后，一张《联想不是我的家》的帖子迅速在网上流传，引起了人们不同的猜想。不论人们怎么去看到和评论这一点，客观上对联想产生了极大的负面影响。正如本章案例所揭示的，柳传志时代的联想，要求干部“既当好经理，又当好兄长”，提倡集团成员都是“兄弟姐妹”关系，并通过各种业余文化活动来增强企业的“家庭氛围”。杨元庆时代的联想又带入了亲情概念，要求员工“相互尊重，相互包容”。但联想在提倡“亲情文化”的同时，却缺乏“风险文化”的预防针，而且当需要裁员时，联想又始终没有用联想文化的语言来诠释这种行为，这可能就是联想战略裁员中的败笔。对这一点我们还可以从心理契约（游戏规则）的角度来分析。所谓心理契约是指劳资双方彼此对对方的一种期待。原来的游戏规则是，员工只要努力工作，保持对企业的忠诚，就能够换来企业对其工作的报酬和对未来工作的保障的承诺。随着环境的变化和竞争的加剧，心理契约和游戏规则也发生了变化，企业也要为员工提供成长和发展的机会，同时通过有效的激励来调动员工的工作积极性和敬业精神，不同的是企业不再向员工承诺长期的工作保障。员工的忠诚也由原来对某一企业的忠诚转变为对职业的忠诚和职业化精神的忠诚。之所以会出现这种心理契约的变化，归根结底在于商业竞争的加剧和公司竞争压力的增加。在这样的形势下，“家”文化也就失去了存在的基础和条件。即使企业向员工提供长期工作的承诺，员工也不会相信。第三个方面是替代流失的关键人才的成本，包括对新员工的岗位技能培训、专项技能开发等方面的工作。这些都会增加企业人力资源方面的支出，从而带来人力资源成本的增加和企业竞争力的下降。

3.4.3 裁员的原则、程序和范围

裁员的原则。人员的增加和减少是企业发展阶段中不可避免会遇到的问题。正如前述人力资源规划制定步骤中的供给和预测比较时指出的，企业在制定人力资源规划时通常都会遇到这样一个矛盾，即在产品或服务需求的旺盛时期，由于某些关键岗位的员工短缺，影响并限制了企业的成长；而在产品或服务需求的低迷时期，又面临着员工过剩所带来的人工成本的上升。当企业处于高速成长期时，需要大规模的招聘新的员工；而当企业的经营出现困难时，往往会通过裁员来降低成本和渡过难关。这表明裁员是企业经营管理过程中不可避免的事件。此外，裁员还和企业的战略选择有密切的关系，特别是当从事多元化经营的企业在发现自身的资源难以继续支持多元化的战略要求，或多元化经营影响了公司的主业时，唯一的办法就是进行战略调整，而通常的办法就是转让或退出，随之而来的就是人员的裁减，而这种人员裁减通常被称为战略性裁员。近年来我国企业战略性裁员的消息频频见诸各类新闻媒体，说明了企业的战略选择对人力资源管理带来的影响和挑战。联想集团2004 年的裁员就属于这种情况。企业的各级领导和人力资源专业工作者应当明白，裁员并不是一件丑事，裁员是企业人力资源规划的重要内容，任何一家公司都需要

面对裁员的压力和考验。虽然可以通过制定人力资源规划来保证企业的用人需求，但规划本身是在一定的环境条件下的产物，当环境要素改变后，在原来基础上制定的规划也就失去了其合理性。联想集团的人力资源规划也是在原来的战略基础上制定出来的。但在多元化战略遭遇不利困境时，就必须做出新的选择，伴随着选择，必然会产生新一轮的人员调整。问题的关键不在于该不该裁员，而在于怎样才能通过人性化的管理，提高公司的应变能力和处理危机能力，使公司迅速从裁员的消极影响中恢复过来，就像专栏3－3中安捷伦公司那样，在削减工资并裁员8000人的情况下仍然使员工热情不减。

裁员的程序和方法。虽然企业都可能面临裁员的选择，但裁员却并非是唯一的选择，还有其他一些有效的方法可以起到减员增效的作用。即使必须裁员，也要了解和掌握裁员的技巧。

首先，企业应当制定一个有效的人力资源规划，尽可能准确地对人员的需求做出科学的预测。而要做到这点，就需要人力资源专业工作者对企业的战略、市场、顾客、产品、服务等都要有一个比较详细的了解。

其次，在必须通过裁员才能解决问题的情况下，应在预测的基础上一步到位。如果没有准确的预测和计划，经常性和随意性的裁员，就会在员工中引起不安和混乱。每一个人都不会把心思放在工作上，而会考虑明天又该轮到谁，从而影响工作的正常开展。

再次，通过多种方式的组合降低裁员的消极影响。裁员的目的在于降低成本和提高竞争力水平，达到这一目的的途径和手段还有很多，比如将业务部门整体剥离、员工提前退休或“自愿离职”、工作或业务外包、减薪等。在这方面，跨国公司的经验值得我们借鉴。跨国公司在裁员问题上的通常做法是，当企业需要通过降低成本来提高或增强企业竞争力时，第一步通常就是减薪，不同的级别规定不同的减薪标准。通过减薪，一方面降低运营成本，另一方面也是向员工传递企业遭遇困境的信息。如果多次减薪都不能解决问题，再进行裁员时，员工们就已经有了思想上的准备，从而能够比较冷静地对待。专栏3－3中安捷伦公司就是这样做的。该公司在全球网络经济低潮来临时没有裁员，而主要是通过压缩开支、全员减薪等方式渡过难关的。安捷伦公司行政总裁明确表示：“我们不赞成在公司困难时裁员。如果我们退出某个商业领域或决定将制造业务外包，这都属商业决策。企业在兴盛事情不断招人，到萧条期就大肆裁员，不是最佳的解决办法。”此外，自愿离职也是一个普遍采用的方法，即让员工主动提出退休，公司在退休金上给予优惠的条件。据统计，在20世纪末到21世纪初的5年内，日本100家企业中有78家裁减了员工，其中一个最有效的办法就是自愿离职。2001年9月，美林证券公司向其全球6.59万名员工提出了一项自愿离职计划。根据计划，凡接受该计划的员工根据其在公司的服务年限，将获得相当于一年的薪金以及2000年奖金的1%。之所以这样做，主要是考虑到公司的形象和对人才的影响。[15]

最后，企业的各级管理者在平时要注重对核心员工的识别和管理。核心员工队伍是否稳定，直接关系到企业的稳定。企业在决定减薪和裁员之前，首先应得到各级管理骨干和核心员工的理解，一旦出现什么问题，由于骨干队伍比较稳定，就不至于发生大的乱子。

裁员并不是一项工作的结束，而是意味着一项新的工作的开始。朗讯之所以能够在大裁员后取得较好的业绩，一个重要的原因就在于没有让裁员成为公司的唯一行动。在裁员的同时又开始新的工作的部署。如在中国市场，朗讯配合裁员进行了几个方面的工作：一是在中国进行了大范围的重组，将原来以产品为核心的组织模式调整为五大行政区的区域化运行模式，实行更为严格的财务控制，降低生产和运行成本；二是在业务结构上，分拆、剥离、出售了部分业务，同时挺进新的业务领域；三是在人力资源战略上大力推行本土化，一大半的外籍经理被调离中国，各大区的领导全部换成中国人，同时不停止吸纳新鲜血液；四是随着朗讯业绩的抬头，朗讯在全球各地开始更大力度的招聘工作。2003年6月，朗讯宣布在中国投入5000万美元设立研发中心，并在北京、上海、南京、青岛等地举行了多次大型的招聘会。一些被裁减的员工这时又回到了朗讯。此外，朗讯的文化很有吸引力，那些回到朗讯的员工认为，朗讯是比较传统的公司，做决定很慎重，相对比较稳健。员工之间、上下级之间气氛比较融洽，公司对员工比较关心。[11]

要降低裁员的负面影响，除了要塑造正确的企业文化氛围以及做好人力资源规划外，还必须加强企业的培训开发体系，做好工作分析等人力资源管理的基础工作，同时在裁员的程序、对象和范围等方面作出正确的选择。①企业应建立和完善自身的培训开发体系，通过对员工有目的的培训和开发，增强和提高其创造价值的能力。比如，可以通过轮岗或换岗等方式，使员工具备从事多种不同工作的经验和胜任能力。这样做的好处在于，一方面可以增强员工或工作之间的相互替代，使企业不至于因某个员工的离职而造成工作的中断；另一方面，当需要裁员时，由于这些员工具备从事多种不同工作的能力和经验，可以比较容易地在劳动力市场上找到新的工作，从而可以降低企业的裁员成本。②建立和完善企业员工的退出机制。这一机制建立的前提是做好工作分析等人力资源管理的基础工作，通过这些工作建立起符合企业要求的工作标准。比如，“末位淘汰”是很多企业都在采用的一种裁员方法，也是企业建立退出机制的一项主要内容。当企业认定某位员工因为个人的知识、能力和技能水平不能适应和胜任工作岗位要求而需要做出调整时，所依据的标准就是工作（岗位）说明书、任职资格等工作分析的结论。因此，在新员工进入企业时，企业要做的一项重要工作就是向员工明确提出企业对员工工作的绩效要求。其实员工对这一点也同样非常重视，在盖洛普公司的“Q12”中，第一条就是“我知道对我的工作要求”。这说明员工同样关注的是自己的工作和角色定位。③在裁员的程序问题上，一定要严格遵守国家的有关法律法规和有关的规定。比如，首先应该确认员工是否胜任本职工作，如果不能胜任，标准和依据是什么？这就是上述建立和完善企业员工的退出机制的内容。其次，如果确定不能胜任本职工作，必须给予其培训或者调整工作岗位的机会；再次，如果还不能胜任工作，则可以与其解除劳动合同；最后，解除劳动力合同应提前30天通知劳动者本人。《中华人民共和国劳动法》第四十条明确规定，在法律规定的三种情形下，用人单位提前三十日以书面形式通知劳动者本人或者额外支付劳动者一个月工资后，可以解除劳动合同。此外，还要注意宣布裁员的方式和对未被裁减员工的安抚。在裁员的方式上，有的企业采用电子邮件方式，有的企业则采取主管或人力资源部与员工面对面的沟通方式。建议最好采用后一种方式，因为面对面的沟通能够给员工一个申诉或发泄的机会，尽管这种申诉和发泄可能只是一种徒劳，但和冷冰冰的电子邮件相比，员工仍然希望从他们的主管那里获得一丝离职前的安慰。④确定裁员的对象。企业裁员的性质不同，裁员的对象和范围也不相同。当企业进行战略性裁员时，往往是整个业务部门的出售或退出，这时部门的员工可能也会全部或部分的裁减或离职。由于战略性裁员主要是基于企业的战略选择而非员工的胜任能力问题，因此企业一般需要支付较高的裁员费用。除战略性裁员外，企业需要随时做好对有关人员裁减的准备，如对违反规定造成重大损失的，拒绝参与组织变革的，即不胜任本职工作要求又不愿轮岗换岗的等，要及时地进行处理和调整，这一方面可以保证各项工作的稳定性，同时还能够起到警示作用。

对于中国企业来讲，裁员问题也是必须引起足够重视的一项重要工作。根据不完全的数据统计，2002年，全国劳动争议案件已近20万件，其中因裁员或解除劳动关系而导致的劳动争议案件占了近40%。[11]这说明裁员问题已成为影响企业劳动关系和稳定的重要因素。随着经济的发展、法制建设的日趋完善以及劳动者素质的提高，劳动者自我保护的意识也不断增强，企业也将会遇到越来越多的劳动争议案件，企业内部的劳动关系面临着新的压力，人力资源管理工作如何在新形势下适应企业战略经营的要求，通过构建有效的人力资源管理平台和体系，解决因裁员产生的员工关系，已成为我国企业战略性人力资源管理面临的新的重要课题。

3.5 管理实践——业务部门经理及人力资源部门的定位

3.5.1 部门经理在人力资源规划方面的作用及技能

企业人力资源规划是否能够有效的支持组织的战略目标，在很大程度上取决于企业各级管理人员对规划的重视程度和努力程度。特别是对各业务部门的负责人

（经理）来讲尤其如此。因为他们最了解组织的战略目标及对部门工作的要求，最清楚要完成部门工作人员所必须具备的胜任能力以及员工的绩效水平和工作表现，因此，他们在人力资源的预测和规划的制定上应当发挥重要的作用。

工作岗位胜任能力识别和人员配置。不同的部门有不同的人力资源需要，部门负责人参与制定人力资源规划的第一项主要工作就是根据组织战略目标的要求，提出完成本部门工作对人力资源的数量和质量要求。这就要求一线经理们首先必须对组织战略有充分和详细的理解，在此基础上提出本部门的人力资源计划安排，并将关于本部门的未来需要和工作性质需求的有关信息传递给人力资源部门，使其能更好地帮助识别、挑选和培训员工。通过这些工作，确保本部门的各个岗位上能够配置最合适的人员，使员工们能够各尽其责，各尽其职，完成各自的本职工作。

预测和进度安排。要做好本部门的人力资源规划，部门负责人或一线经理还必须准确预测部门的工作量和相关的工作要求，提出完成各项工作的时间进度安排，并根据预测结果向人力资源部门提出增加或减少人员的申请。要做到这一点，就要求经理们必须了解和掌握行业竞争态势、环境要素及其变化对组织各部门工作可能造成的影响、完成任务需要做出的调整、未来可能增加或减少的岗位数量以及为适应变化必须进行的培训和开发需求等方面的信息。为了获得这些信息，部门负责人就必须加强组织内部的横向联系，经常性地与人力资源部、其他业务部门负责人以及组织的高层管理者保持联系和进行信息的沟通。

留住高绩效员工。经理或部门负责人的管理风格和能力往往是影响员工工作态度和工作热情最重要的因素。正如盖洛普公司的调查所揭示的那样，对员工们来讲，一个良好的工作场所是非常重要的，而正是经理们——不是薪酬、福利、补贴或某个有魅力的公司领导——是创造良好工作场所的关键人物。企业的员工之所以会离职，其根本原因就在于经理的工作方式或工作态度，而不是公司本身。[16]这表明在组织的人力资源管理工作中，经理的作用至关重要。卓越的领导才能、有效的沟通和激励技能，言行一致、遵守承诺、公平对待并关心核心员工，已成为经理或部门负责人提升部门竞争力的重要手段和途径。在瞬息万变的商业社会中，需要能够随机应变和敢于负责的能够为组织创造高绩效的员工，经理们只有具备以上这些技能，才有可能为企业吸引和留住这些员工。

3.5.2 人力资源部在规划中的作用和技能

全面参与组织的战略管理过程，从贯彻组织的战略向帮助塑造组织的战略转变。与部门负责人的作用一样，要体现人力资源战略对组织战略的支持，人力资源部及其专业人员必须了解和掌握组织战略的基本要求，参与组织战略规划的制定，并通过对战略中所包含的人力资源要素的分析，为组织的战略（如新项目的投资）提供人力资源数量、质量以及市场薪酬待遇等方面的人力资源问题的建议和决策。在传统的人事管理中，人力被视为一种成本，人事管理职能所表现出的是一种被动的适应状态，始终在追赶组织战略的步伐。而现代人力资源管理则认为人力是一种资源或资本，强调通过有效的人力资源管理实践调动员工对工作的热情和焕发其创新精神，强调人力资源管理的基本职能要从单纯的贯彻组织战略向帮助塑造组织战略转变，即实现从行政联系向一体化联系的转变。而实现这个转变的重要条件，不仅需要组织高层管理人员对人力资源管理工作的重视，而且对人力资源专业人员也提出了更高的要求，即不仅要了解和掌握自己的专业知识，还必须了解和掌握与组织战略相关的各个要素及其之间的关系，以及不同业务岗位、不同工作性质的员工的特点，并能够在此基础上提出能够支持组织战略目标的人力资源政策，否则就难以达到一体化联系的要求。

制定和开发人力资源计划。尽管业务部门负责人或经理在制定开发人力资源规划方面负有重要责任，但人力资源部作为组织人员招聘、选择、培训、开发、激励的主要责任部门，是人力资源规划的主要参与者，在制定和实施人力资源规划中发挥主导作用。这种主导作用的发挥是通过以下方面实现的：帮助各业务部门提出与岗位要求相匹配的人员技能要求，包括人员的数量、质量以及与之匹配的绩效薪酬方案；审查各业务部门提出的人员需求计划是否与组织战略的方向一致；考虑人力资源规划要点与组织总体战略是否平衡；协调组织内部各个业务部门的工作关系和工作任务，倡导并体现组织文化的要求，如团队精神、员工参与、组织变革、进入和退出机制的建立以及与之相适应的其他人力资源的职能。在这一阶段，人力资源部最重要的工作之一就是协调和处理与个业务部门之间的关系。比如，各部门为完成各自的任务和目标，可能都会竞相提出有利于本部门的方案，包括更多的人员、更高的薪酬标准等。人力资源部门这时就要向这些部门说明组织战略目标的取向和由此决定的组织战略要求的资源配置重点、组织的人员编制和薪酬总量以及当环境变化或组织战略调整时可能带来的减员的压力等。

执行和实施人力资源规划。人力资源规划制定并经组织高层讨论通过后，就开始进入实施或执行阶段。在这个阶段开始时，首先应当将人力资源计划以各种制度、规章和政策的形式表现出来，并成为组织控制系统的重要组成部分，包括组织目标设定、测量和绩效监控有关的活动。为保证规划的实施和落实，必须赋予人力资源部门或其他实施单位一定的权限和资源。同时，为保证上一级能够随时了解规划是执行情况，还要建立规划执行的定期报告制度。在这一阶段中，人力资源部门的主要任务和工作是随时保持对环境的监控，并根据变化的程度以及对组织战略目标的影响程度，随时对人力资源规划进行修正和调整，如生产的扩张带来的人员需求和生产的紧缩造成的减员要求等。

评价人力资源计划。评价人力资源规划是否有效的一个最重要的指标就是看它是否支持或帮助组织成功地实现了自己的战略目标。比如，当组织考虑由于有限的资源难以满足战略的要求而需要将某些业务或职能外包时，人力资源部能够根据组织人力资源的优劣势分析，提出适合外包的业务或职能范围；或当组织根据市场或竞争状况决定扩大生产时，人力资源部门能够依据规划迅速的提出招聘新的人员；而当市场萎缩时，又能够在减产甚至停产时提出调整或裁减现有人员的计划或方案等。

注释：

[1] 吉姆·科林斯. 从优秀到卓越 [M]. 俞利军，译. 北京：中信出版社，2002：50.

[2] 劳伦斯 S 克雷曼. 人力资源管理：获取竞争优势的工具 [M]. 吴培冠，译. 北京：机械工业出版社，1999：55.

[3] 雷蒙德·诺依，等. 人力资源管理：赢得竞争优势 [M]. 3 版. 刘昕，译. 北京：中国人民大学出版社，2001.

[4] 约翰·科特. 总经理 [M]. 李晓涛，赵玉华，译. 北京：华夏出版社，1997：14.

[5] 李清宇. 三地调查：谁为汽车造零件 [N]. 经济观察报（电子版），2003-10-17.

[6] 中国汽车工业协会. 产销猛增，轿车最火，效益提升——2003 年中国汽车工业产销形势分析 [N]. 经济日报，2004-01-30.

[7] 杨开然. 长安汽车发表科技宣言 计划三年后产销 200 万辆 [N]. 经济观察报（电子版），2007-05-31.

[8] 陈云. 中国零部件企业身陷“十面埋伏” [N]. 经济观察报（电子版），2004-12-13

[9] 韩彦. 谁在补中国汽车人才的短板？[N]. 经济观察报，2004-06-28.

[10] 斯蒂芬 P 罗宾斯. 管理学 [M]. 4 版. 黄卫伟，等，译. 北京：中国人民大学出版社，1997：151.

[11] 段晓燕. 朗讯“涅槃”之道 [N]. 21 世纪经济报道（电子版），2003-12-23.

[12] W E CASCIO. Whither Industrial and Organizational Psychology in a Changing World of Work? [J]. American Psycholoist 50，1995：928-939.

[13] R A BETTIS，S P BRADLEY，G HAMEL. Outsourcing and Industrial Decline [J]. Academy Of Management Executive 6，1992：7-22.

[14] 于保平. 强制性裁员：教练的错还是球员的错？[N]. 21 世纪经济报道，2004-03-31.

[15] 王强. 裁员，砍好温柔一刀 [J]. 人力资源开发与管理，2003（3）.

[16] 马库斯·白金汗，柯特·科夫曼. 首先，打破一切常规 [M]. 鲍世修，等，译. 北京：中国青年出版社，2002：45-47.

本章案例：联想裁员的影响

2004年2月，联想3年的多元化战略尝试失败，被迫进行战略收缩，重回PC市场；3月份，联想裁员10%，这1000多名员工最先尝到了联想多元化的苦果。而此举将为联想每年省下2亿元人民币的财务预算。而在另一个层面上，联想文化正经历着不小的震荡：从杨元庆的《狼性的呼唤》到被裁员工《联想不是我的家》，新旧文化的撞击中，联想正经历浴火重生的阵痛。仅仅5天之内，联想宣布完成了战略裁员5%（600人左右）的任务，而在此之前，联想已经完成了末位淘汰5%。联想的出手很快，也是无奈。

一篇《联想不是我的家》的帖子，却在网上以惊人的速度被阅读被议论。那是此次裁员风波中，联想员工自己的故事。真实的故事里夹杂着真实的失落与忧伤，像流行感冒一样传递着，传染着。“3月6日启动计划，7日讨论名单，8日提交名单，9－10日HR审核，并办理手续，11日面谈。整个过程一气呵成。”《联想不是我的家》非常简洁地描述了联想的裁员过程。“在面谈之前，他们的一切手续公司都已经办完，等他们被叫到会议室的同时，邮箱、人力地图、IC卡全部被注销，当他们知道消息以后，两个小时之内必须离开公司。所有这一切，都是在高度保密的过程中进行。”所有尖锐的问题像一张网一样紧紧缠绕着联想，媒体甚至开始关注裁员的细节：“为什么被裁员工必须两小时走人?”“为什么他们的邮箱、人力地图、IC卡全部被注销?”“为什么不提前告诉员工被裁的消息?”

联想以前也没有间断过裁员，每年都有5%的末位淘汰，裁员方式大致相同，只是这种“例行”裁员没有引起太多的关注。甚至联想的一位高级主管有些不明白：人们为何没有在意前几年联想的裁员？

2001年正值互联网的严冬，联想网站FM365就曾经历一次，也是第一次战略性的大裁员。尽管员工有些接受不了，但反响还在意料之中。那是联想第一次经历了信息技术（IT）的冬天，也是杨元庆正式执掌联想第一年。由于对个人电脑（PC）高增长的预测，联想提前招聘了大量员工，希望能够在第二年150%的增长开始时，不需要四处挖人。尽管后来的突变迫使联想踩了刹车，但并没有裁多少人，而且只在局部。

2004年，经历了3年多元化尝试的联想从PC市场的领导者，变成了手机、互联网以及信息技术服务市场等多个市场的跟随者；而2001年的联想，还是中国PC市场里不折不扣的领袖。就在各界为联想战略本身的迟钝与滞后而大加指责时，不如人意的市场进一步打乱了联想的战略部署，甚至连联想原先最得意的执行力，也似乎一下子成了短板。于是，开始战略调整的联想，经历着第二次大裁员。联想要专注个人电脑，要提高效益；联想要降低成本，要提高竞争力。

在裁员之前，联想也考虑过其他提高效益的办法。联想已经做了5%的末位淘汰，然而人力资源的费用依然居高不下，甚至已经占了整个公司费用增长的一半以上，俨然成为联想决策者的心头之痛。再增加5%的战略裁员，无疑是一步痛招。有人为联想的裁员算过一笔账：末位淘汰与战略裁员使得联想裁员总数超过1000人，如果每位员工的费用大概在20万元左右，这将为联想节省费用2亿元。

但是据说，一些离职员工对此却另有一番算法："联想中高层有上百人，这次离开的也不过13人，走的大部分是基层员工。在企业出现困境、挫折的时候，他们作为百万富翁乃至千万富翁，为什么不能减薪？一个人收入减半，就等于裁掉10个普通员工的节余！……当年柳传志创业时，收入比很多人都低。联想今天就不需要这种精神了吗？……企业经营战略出现问题，为什么都转嫁到员工身上？管理层有没有深刻查找自身的原因？……这样裁员，就是留下的员工也会盘算自己的出路，谁还会真心在这儿卖命？……"

确实，企业不应是员工的家。这是由市场经济环境、企业使命、企业生存规律所决定的。也因此，"拼命地在这儿干，随时准备走"、"公司不欠我的，我不欠公司的"，成了时下流行的"职业"观点。但我们不要忘了，虽然企业不是家，但企业目标实现却时刻需要文化凝聚力的支撑。而文化凝聚力不是首席执行官（CEO）用嘴说出来的，一定是要融入全体员工内心深处的。这笔账，企业一定要算清楚。专家们如此评价联想：联想错在不应把推广亲情文化和尊重知识员工相联系，因为知识员工最需要的是认可其专业水平。何况中国人讲究"情"字当头，而当它与你的理、法相冲突时，"亲情文化"对此给予充分说明了吗？

尽管争论如此激烈，但客观说联想为这次裁员还是作了精心准备的。2003年年底，联想开始着手制定收缩战略，明确哪些业务要做，哪些业务不做，哪些部门需要做战略上的变化。2004年1月份进行了组织结构的调整。2月份完成组织结构的设计并设计出岗位。也就是从这时起，有许多联想人将从此失去位置。这个过程中，联想也做了文化导入，联想通过自己的传播系统（网站、报纸、杂志）以及培训，开始与员工沟通变革，开始打预防针。然后具体地做裁员，报名单、审名单、面谈、给补偿方案，联想甚至做了裁员后的调查工作。据介绍，刚裁完员的第二周，联想就做了员工调查。结果80%~90%的员工认为公司应该做这样的战略变革、人员调整。记者通过其他途径了解到，联想这次被裁员工大致有五种情况：第一是末位淘汰的考核中业绩很差的；第二是能力不行的，老是换岗位，换来换去，哪个岗位也没有做出像样的业绩，没有前途的；第三是年纪比较大，没有动力的；第四是因为业务收缩没有合适岗位的；最后就是不服从安排的。而一位离开联想的员工告诉记者：被裁员工里面，末位淘汰的人是知道自己要走的，这大概只占被裁员工的1/3。

这将意味着至少有400名员工对自己被裁其实是没有心理准备的！即使是联想的内部调查，也没有涉及员工对自己被裁的态度。直到网上的争论乍起，才似乎让联想的主管层意识到了工作的疏漏，意识到了企业与被裁员工沟通的缺乏。而联想对被"摘牌"员工两个小时离开公司的做法，也同样招来非议。

尽管大家都能理解这是信息技术企业心照不宣的裁员方式，都很清楚快刀斩乱麻实属无奈之举。但在员工当中，不论被裁的，还是留下的，"能够理解，但难以接受"的现象依然存在。问题就出在：几年来，联想在提倡"亲情文化"的同时，缺乏"风险文化"的预防针；而且事到临头时，联想又始终没有用联想文化的语言来为企业这种行为给予注释。而这些也正是联想战略裁员中的败笔。专家认为，联想这种裁员方式，其实是假定"人性本恶"的做法，而这显然与联想几年来一直"宣传"要尊重、信任员工的"亲情文化"是相悖的。当公司的行为规范没有变为公司全体员工理所当然的行为方式时，这种文化是分裂的，而公司文化是一种黏结剂，它应该能把所有的东西，包括员工的思想紧紧黏合在一起。显然，理性的联想方式与员工的失落情绪之间横亘着联想文化的裂缝。中间缺少的是平等、尊重而坦诚地交流。而这，正是联想总裁杨元庆几年来最不遗余力倡导的。其不幸，也正在于此。

《联想不是我的家》那篇帖子的影响来自哪里？"联想从来没有讲过'公司是家'！"但20年来，联想事实上一直在营造一个家的氛围。柳传志时代的联想，要求干部"既当好经理，又当好兄长"，提倡集团成员都是"兄弟姐妹"关系。联想为员工创造了一个和平竞争、实现自我价值的工作环境，鼓励职工充分发挥潜力，不断开创新的事业。联想通过各种业余文化活动来增强企业的"家庭氛围"。杨元庆时代的联想又带入了亲情概念，要求员工"相互尊重，相互包容"。柳传志时代的联想文化是24个字：讲融入，讲竞争，讲奉献，讲拼搏，讲信誉，讲创新，讲服务，讲质量。杨元庆时代的联想文化，是16个字：服务客户，精准求深，长期共享，创业创新。然而，联想在员工心里到底是一个什么样的位置？联想不是家，又会是什么呢？反过来看，员工在联想心目中又到底是一个什么样的位置？新的联想文化又想表达什么呢？不论柳，还是杨，都没有说清楚。应该说，联想的"亲情文化"——信任、包容、肯定、欣赏——追求的是一种平等文化，可以说是与国际企业接轨的先进文化理念，它与我们传统意义上理解的"情义文化"截然不同。然而，它又是那么容易让人对其内涵产生误解。那么，一个企业真正的文化内核是什么？什么叫"文化落地"？目前的中国企业，光提倡"平等文化"还远远不够，因为在一个民族传统文化氛围中成长起来的企业，传统意识总会潜移默化影响到我们的行为，并拥有足够的力量让最新鲜的元素蜕变得"似曾相识"，最终"难分彼此"。于是一位做企业文化咨询的人士评价说：新联想的文化还不很清晰，而联想的旧文化却是根深蒂固。

资料来源：董文胜，王缨. 联想从裁员到新文化运动［J］. 中外管理（电子版），2004（5）.

案例讨论：

1. 请评价联想的文化在裁员过程中的作用和影响。
2. 企业应不应该是员工的“家”。
3. 你认为是企业忠诚重要，还是职业忠诚重要。
4. 请结合专栏3-3安捷伦的裁员实践，谈谈中外企业裁员的不同特点和效果。
5. 请从“亲情文化”与“危机文化”的角度，谈谈什么是人和制度的和谐。

第 4 章 人力资源的招聘与选择

对于任何要想实现可持续发展的企业来讲，虽然市场、技术、产品和服务非常重要，但还有一件事情更重要，那就是招聘并留住好的员工。当企业的人力资源规划制定完成后，下一步的任务就是根据规划的要求进行人员的招聘和选择。所谓招聘，是指企业通过发表信息，发现、识别和吸引能够成为企业雇员为目的并鼓励其到企业工作的过程。作为组织人力资源管理的“进口”，招聘是一个非常重要的环节。如果把握不当，就会给企业造成损失，要么选择了不合格的人，要么漏掉了优秀的人。大凡成功的企业，都非常重视对员工的招聘。选择是指从一组求职者中挑选出最适合特定岗位要求的人的过程。特别是当应聘者超过组织所需要的数量时，就必须在众多的求职者中做出选择。首先，招聘和选择是人力资源管理中两个既区别又联系的职能，但就标准来讲，二者是相同的，如基于工作分析的岗位职责、组织文化以及其他的要求。其次，要保证招聘和选择的质量，还需要了解和掌握招聘、选择的技术和方法。

本章将介绍招聘、选择的基本内容及与组织竞争优势之间的关系，重点论述确立企业用人标准的意义，以及企业业务部门经理和人力资源部门在招聘和选择中的工作重点和作用。

学习本章要了解和掌握以下问题：

1. 了解人力资源规划与招聘和选择之间的关系。
2. 影响组织招聘的各种外部和内部要素。
3. 招聘的主要渠道和选择的主要方法。
4. 招聘、选择与组织竞争优势之间的关系。
5. 企业应当建立什么样的用人标准。
6. 招聘和选择的实践操作。

专栏 4-1：丰田公司的“全面招聘计划”

（一）招聘的六个阶段

第一阶段：委托专业的职业招聘机构，进行初步筛选。应聘人员一般会观看丰田公司的工作环境和工作内容的录像资料，同时了解丰田公司的全面招聘体系，随后填写工作申请表。

第二阶段：评估员工的技术知识和工作潜能。通常要求员工进行基本能力和职业态度心理测试，评估员工解决问题的能力、学习能力和潜能以及职业兴趣爱好。如果是技术岗位工作的应聘人员，还需要进行6个小时的现场实际机器和工具操作测试。

第三阶段：丰田公司接手有关的招聘工作。本阶段主要是通过小组讨论形式评价员工的人际关系能力和决策能力。所有求职者在公司的评价中心参加4个小时的群体和个人问题解决和讨论活动。评价中心是一个单独的地点，求职者在丰田公司甄选专家的观察下，在这里参加多种练习。其中，小组讨论可帮助说明求职者怎样与小组中的其他人交往。在一个典型的练习中，参加者扮演公司雇员的角色，建立了一个负责为公司明年的轿车选择外型的小组。小组成员首先按照市场吸引力对12种外型进行排列，然后建议一种清单中没有的外型。最后，他们必须对最佳的排列次序达成一致意见。问题解决练习通常对个体进行，其目标是从诸如洞察力、灵活性和创造性等方面评价每位求职者解决问题的能力。例如，在一个典型的练习中，给求职者一个有关生产问题的简短说明，并要求其提出能够帮助自己更好地理解问题产生的原因的问题。求职者接着获得一个向资源人（一个拥有关于此问题的大量信息的人）提问的机会。问答结束，求职者填写表格，列出问题的原因，提出解决办法，并说明提出这些解决办法的依据。

第四阶段：应聘人员参加一个1小时的集体面试，分别向丰田的招聘专家谈论自己取得过的成就。这一阶段，丰田公司评价者从每位求职者最感自豪和最感兴趣的事的角度出发，形成关于求职者工作驱动力的更完整的概念。这一阶段还给丰田公司观察求职者在小组中相互交往情况的一个机会。

第五阶段：身体检查。成功地通过第4阶段（并暂时被推选为丰田雇员）的求职者，然后要在地区医院参加身体检查和药物/酒精测验。

第六阶段：新员工需要接受6个月的工作表现和发展潜能评估。通过对在岗的新雇员进行密切的监控、观察和指导，来评价新雇员工作表现，并在他们的头6个月的工作中开发其技能。

（二）公司的招聘取向

丰田公司的人事主管曾经说，在设计一个像丰田公司那样的雇佣过程时，你必须做的第一件事是“了解你的需要”。在丰田公司，首先寻求的是人际技能，因为公司强调小组交互作用。类似的，丰田凯泽（kainn）生产过程的全部要点，是通过工人的承诺来改进生产过程，因此，推理和解决问题技能也是对员工的很关键的要求。强调凯泽法（依靠工人自己改进生产系统）有助于解释丰田公司为什么把重点放在雇用智力好、教育程度高的劳动队伍上。职业能力倾向成套测验（GATB）和解决问题模拟实际上有助于产生这样一支劳动队伍。公司的一位人事官员说：“那些在自己的教育中最出色的人在模拟中表现最好”。丰田公司的工人100%地至少有高中学历或同等的学历，并且许多工厂雇员（包括装配线工人）都接受过大学教育。质量是丰田公司的核心价值观之一，因此公司还从求职者身上寻求献身于质量的历史。这是进行强调成就的小组面试的一个原因。通过提问求职者最感自豪的事，丰田公司对求职者的质量价值观和“把事情做好”的价值观有了更深的洞察。这对于一个致力于让雇员把质量融进制造轿车的每一步骤的公司来说十分重要。

丰田公司还寻找那些“渴望学习，并且愿意不仅按自己的方式，而且按我们的方式和小组的方式进行尝试”的雇员。丰田的生产系统是建立在民主决策、工作轮换和灵活的职业生涯道路的基础上的，这要求小组成员头脑开放、灵活，而不能是教条主义者。公司的小组决策和问题解决练习能帮助寻找这种类型的人。

总之，像丰田这种雇员忠诚度很高的公司，主要是通过“以价值观为基础的雇佣”计划来选拔与公司价值观一致的雇员。公司通过不同方式做到这一点：

第一，“以价值观为基础的雇佣”要求公司澄清自己的价值观。无论这种价值观是追求优异、持续改善、完善还是其他。“以价值观为基础的雇佣”都始于说明这些价值观是什么。比如，丰田公司生产体系的中心点就是品质，因此需要员工对于高品质的工作进行承诺。

第二，像丰田这种雇员献身精神强的公司，一般都投入大量时间和精力用于人员的甄选过程。公司强调工作的持续改善，这也是为什么丰田公司需要招收聪明和有过良好教育的员工，基本能力和职业态度心理测试以及解决问题能力模拟测试都有助于良好的员工队伍形成。公司对新进雇员进行8～10小时的面试并不是一件怪事，在决定雇佣前往往要花20小时进行甄别，许多求职者在这一过程中被淘汰。丰田公司认为：受过良好教育的员工，必然在模拟考核中取得优异成绩。

第三，丰田公司招聘的是具有良好人际关系的员工，因为公司非常注重团队精神。甄选过程不能仅仅确定知识和技能，还必须将求职者的价值观和技能与公司的需要进行匹配。小组工作、凯泽系统和灵活性是丰田公司的核心价值观。因此，解决问题技能、人际技能和对质量的忠诚是对人的关键要求。

第四，“以价值观为基础的雇佣”是包括对工作的真实预演。雇员献身精神强的公司，当然对向好的求职者宣传公司感兴趣。但是更重要的是确保求职者了解在公司工作的实际情形，甚至更重要的是让求职者知道公司的价值观是什么。

第五，自我选拔是多数公司所采用的一种重要的甄选方式。在一些公司中这正意味着真实的预演。在其他一些公司中，通过很长的初任职位实习期来帮助甄别不合适的人选。在这些公司中，甄选过程本身就要求雇员做出牺牲：时间和精力的付出通常是很大的。

（三）招聘的特点

（1）重视招聘员工的技能和价值观念。员工是否具备优秀的素质、持续改善精神、诚实可信等素质，对于员工基本价值观念的考察可以得出相关的答案，全面招聘体系就是考察员工基于这些价值观念的团队精神。

（2）重视招聘过程。通常丰田公司在招聘初级员工的面试时间达到8～10小时是非常平常的，一般可能高达20个小时，大量时间和精力的投入是取得人才的关键。

（3）重视企业的需要和员工的价值观以及技能相适应。小组工作制、持续改善和弹性工作制度是丰田公司的核心价值观，解决问题能力、人际关系技巧、优良品质的追求是录用员工的关键要素。

（4）重视员工的自我选择。丰田不论在招聘初期还是在6个月的试用期中，给予员工双向选择的机会，同时淘汰不能胜任的员工。全面招聘体系需要应聘员工做出同样的牺牲，员工需要花费大量的时间和竭尽全力才能得以入选。

根据《一个全面选择计划》改写。资料来源：加里·德斯勒．人力资源管理［M］．6版．刘昕，吴雯芳，等，译．北京：中国人民大学出版社，1999：220－223.

4.1 人力资源招募与组织竞争优势

4.1.1 影响招聘的外部环境因素分析

如前所述，企业是一个开放的社会和技术系统，企业所处的环境随时都可能对其经营管理产生积极或消极的影响。人力资源规划的目的就是要善于抓住积极的因素而避开消极的因素。在规划制定后，建立在规划基础之上的人员招聘也要考虑可能产生的各种影响，这些影响包括：

（1）劳动力市场状况

在外部环境因素可能带来的影响中，劳动力市场尤其是对专业劳动力市场的关注是一个十分重要的内容。为什么要关注专业劳动力市场呢？这首先要对专业劳动力市场下一个定义。所谓专业劳动力市场，是指那些具备与组织生产（或将要生产）的产品和服务所需的知识、能力和技能有直接关联的、能够为组织创造最大价值并构成组织重要的战略性资产和核心竞争力的那一部分人力资源。由于生产同类产品或服务的企业有很多，因此这一部分资源在市场上是稀缺资源。而对于任何一个组织来讲，组织占有的资源本来就是有限的，这种有限性就决定了其人力资源规划和招聘对象的范围也是有限的，即组织只能够而且必须重点关注专业劳动力市场。那么应如何关注专业劳动力市场呢？一是各级管理者和人力资源专业人员必须了解和认识到，要在资源有限的情况下完成组织的战略目标，就必须根据组织战略的要求，积极参与人力资源规划的制定，提出与组织重点业务工作和部门岗位要求相适应的人员需求计划或方案。其次，人力资源部门一定要加强与各业务部门特别是用人部门的沟通和联系，对专业劳动力市场的分析一定要有业务部门的有关人员参加。因为这些部门相比人力资源部来讲，具有更深厚的行业知识背景和信息交流渠道，对行业中的领袖人物和优秀的研发、销售、管理人员，往往都比较了解，因此比较容易锁定招聘对象，这些人员就可能成为员工推荐的对象和来源渠道。

（2）企业所处产业或行业的地位、作用及性格特征

企业在产业或行业中的地位和作用以及性格特点也是影响招聘的一个重要因素。首先，这种地位和作用可能表现为规模、市场份额和利润等直接的或具体的有形资产，也可能表现为研发能力、团队合作、品牌等间接的或难以量化的无形资产。当一个企业成为某个产业或行业的领袖时，它给应聘对象的是一种职业安全、工作稳定、较高的薪酬和较好的福利等方面的感觉；而对一个中小规模的企业来讲，由于“船小好掉头”，适应市场竞争的能力较强，具有较大的成长空间，则给人一种简洁、灵活、具有较大发展前途和空间等方面的希望，同样对潜在的员工特别是渴望实现自己理想和抱负的人以较大的想象空间和吸引力。其次，企业的性格特征也会对潜在员工的职业选择造成不同的影响。如同人有性格一样，企业也有自己的性格特征。这种特征主要表现为企业的喜好、价值观取向等文化层面的内容。比如，如果一个企业提倡创新和追求适度的冒险，就可能对那些同样具有冒险精神和不拘一格的人员有较大的吸引力。随着经济的发展和社会的进步，社会会越来越包容，人的个性张扬会得到较大的自由空间，对于企业来讲，应该了解和认识这种趋势并加以合理的利用。同时，企业也应该培养和树立自己的个性，通过各种方法或途径将企业的个性展示给企业的潜在员工，使他们感觉到在这个企业中具备适合他们生存和发展的土壤和氛围。无论是以上哪种情况，都可能对劳动力市场或潜在的员工产生影响。

（3）行业就业率以及失业率和离职率

企业所在行业的就业率和失业率反映的是该行业的竞争程度和发展前景，它传递给劳动力市场和潜在员工的是该企业工作的稳定性、职业生涯规划的可能性和完整性等方面的信息。如果一个企业所处的行业呈现出高就业率、低失业率和低离职率的特征，可能表明企业正处于高速成长的阶段，企业的产品或服务的市场份额在不断扩大，客户在不断增加，这种企业对劳动力市场而言就具有较大的吸引力，加入这个企业的员工就可能具有较好的发展机会和较大的发展空间。如果一个企业所处的行业有较高的失业率或离职率，则可能表明该行业或企业正面临激烈的市场竞争压力，或者企业的经营管理出现了较大的问题，这种情况下劳动力市场或潜在员工在选择就业场所时就可能会有所顾忌。当然，在目前中国的情况下，这种顾忌可能只是一种多虑。由于每年都将产生大量的新增劳动力，劳动力市场特别是大专、本科以上学历的劳动力市场，基本还是典型的“买方市场”，并且这种状况还将保

持相当长的一段时间。因此，行业的失业率和离职率可能还难以影响劳动力市场或潜在员工对企业的判断，也就是说人们在选择企业的时候不会过多地考虑失业率或离职率的问题，或者说根本就没有考虑的余地，因为能够找到一份工作就已经很满足了。

（4）企业的形象和产品信誉

企业形象、产品信誉以及企业间的竞争方式也能够对企业是否能够招聘到需要的员工构成一定的影响。因为企业形象和产品信誉表明企业经营管理的水平，代表着企业对包括员工、顾客在内的相关利益群体的重视和关心，自然也就会对劳动力市场产生一定程度的吸引力。

（5）企业工作的性质和招聘人员的表现

应聘者对工作性质的关注源于多种考虑，包括所从事的工作是脑力劳动还是体力劳动、是否属于危险工种、是否能够发挥自己的专长等。招聘人员的表现是指企业的招聘人员的言行举止给应聘者留下的印象及影响。国外的一项以企业到大学招聘人员的研究结果显示，企业工作的性质和公司招聘过程质量的高低会很明显的影响应聘者对企业的看法。调查对象是一所大学的 41 名学生，在经过第一轮面谈之后，研究人员问这些学生：你们为什么会认为某家公司是一家很不错的就业场所？所有 41 个人都提到了工作的性质。此外，有 12 个人提到了招聘者本人给他们留下的印象，有 9 个人说朋友的评价和对公司的熟悉程度决定了他们的判断。但同样的是，当被问及为什么有些公司会被认为是不好的地方时，39 个人提到了工作的性质，有 23 个人说他们是被企业的低效率招聘人员弄得失望才转向别处的。如有的招聘人员衣着不整；有些人根本没文化；有些人十分粗鲁；有些人则与令人不快的性别歧视言行。研究的结论是，所有这些招聘人员的表现都暗示出他们所代表的公司是缺乏效率的。[1]125 而这样的一种状况显然不可能给应聘者留下什么好的印象。

（6）地理位置

企业的地理位置对吸引潜在员工到企业工作也至关重要。那些远离城市处于偏远地区的企业，最容易造成员工的流失，包括一些比较优秀的员工的流失，而且这些企业一般很难从城市中招聘到自己需要的具有较高素质和一定知识、能力和技能的员工，往往只有通过聘请退休人员以及以高薪招聘专业人员、或者在当地招聘人员并加以培训的办法解决。

4.1.2 影响招聘的内部环境因素分析

除了外部的因素外，企业的内部因素也会对企业的招聘产生影响，这些影响包括：

（1）企业的工作环境或氛围

企业的工作环境或氛围对员工的影响往往具有决定性的作用，这里的环境和氛围主要是指是否有明确的工作说明和工作指导、部门主管素质的高低以及是否存在公司政治等方面的内容。正如第五章第一节关于工作分析与组织竞争优势之间的关系时指出的，一个科学合理的工作分析能够为组织带来良好的工作场所满意度指标，而这一指标往往又是与组织竞争力的提高联系在一起的。盖洛普公司关于“世界上的顶级经理们是通过创造一个良好的工作氛围（Q12）去物色、指导和留住众多有才干的员工的”的结论，充分说明了工作场所满意度与组织竞争优势之间的关系。这种良好的工作氛围对希望加入企业的新人来讲也是具有极大吸引力的。但在实际工作中，企业往往对工作环境和氛围的塑造没有给予足够的重视，特别是中层管理者，往往由于其不良的工作习惯、武断的工作作风或自身素质等方面的关系，经常使自己下属的积极性受到挫伤。最终的结果是造成上下级关系紧张、员工之间的相互猜忌和不信任、团队精神的崩溃、凝聚力的削弱以及组织的混乱和高绩效员工的流失。

（2）薪酬

在影响企业招聘的各种外部因素中，工作报酬仍然是求职者最关心的一个因素。对于求职者特别是具有多年工作经验的求职者来讲，除了职业发展的考虑之外，薪酬水平可能是其跳槽的一个主要原因。因此他们在选择新的就业单位时就可能会更多地在薪酬上进行比较。应聘者往往还会关注企业的薪酬是倾向内部公平性，还是倾向外部竞争性。这方面的问题将在薪酬设计的有关章节做详细的研究。总的来讲，薪酬与招聘效果之间的关系是非常密切的，特别是当企业需要从竞争对手那里争夺自己需要的人才时，通常的做法就是在劳动力市场上采取某种激烈的招聘方式，如所谓“进攻性的招聘政策”。这种方式的核心就是在薪酬待遇上做文章，即通过向对方提供超过现有薪酬水平甚至市场薪酬水平的条件将其挖到自己的企业，这样的例子我们可以看到很多。这充分说明了薪酬的影响力。在国外，依靠薪酬吸引求职者的企业越来越多的采取工资和薪金之外的其他报酬形式。根据《财富》杂志1997年的一份调查显示，有将近40%的雇主依靠红利而不是高工资来吸引新员工；超过20%的雇主实行了慷慨的股票选择权计划。[2]这里需要强调的是，在我国现阶段，由于大量新增劳动力的压力，就一般劳动力者而言，劳动力“买方市场”的特征仍然使其处于相对的劣势，企业或用工单位在薪酬待遇上仍然具有决定性的作用。

（3）员工职业生涯发展规划和发展空间

随着竞争的加剧，决定企业成败的因素在悄然地发生变化，技术能够决定一切的时代正在逐步成为历史，具有创造价值能力的员工成为企业的战略性资产，战略性人力资源管理成为企业在竞争中获胜的法宝。随着经济的发展和社会的进步，国民综合素质也得到了较大的提高，社会的新增劳动力在对职业的选择上，除了看重薪酬外，还格外关注个人发展空间和职业生涯规划，应聘者通常会将企业是否能够提供多种职业发展路径、不同的职业选择、晋升政策等方面的内容作为决策的依据。

比如，企业的人力资源政策往往会对应聘者的决策产生重大影响。美国《财富》杂志1997年11月14日公布的一项对美国MBA学生所做的调查显示，当他们对一家公司进行评价的时候，“内部晋升”政策是他们首要考虑的因素，即企业内部的高级职位是由内部晋升上来的人来填补而不是由外部招聘的人来填补的。[3]当一个企业的晋升政策主要是由“内部晋升”时，它传递给应聘者的信息就是只要努力工作就有回报。国外的公司一般都比较注重干部选拔的内部培养。如在宝洁公司165年的历史上就一直延续使用“内部提拔”的方式，通过教育、在职培训、轮岗、工作任命等方法来从内部培养人才，而不是“购买”人才。柯达公司也强调领导人要从内部寻找，这样不仅可以发挥人力资源管理潜力，而且在生产第一线就造就了一个人才库。著名商业畅销书作者吉姆·科林斯在其《从优秀到卓越》一书中，通过对11家实现从优秀到卓越跨越的公司的观察，在这11家公司中，有10家公司的首席执行官是从内部提拔的。GE公司董事长和首席执行官的选拔程序也是从内部逐层选拔的。很多的研究和调查都显示出这种发展的趋势。比如，在我国的北京、上海、广州、深圳等城市中，北京的薪酬水平往往是最高的，其他的几个城市相对较低。但很多的人在求职时首先选择上海、深圳等城市，其原因就在于在这些地方所具有的企业和个人的发展机会。因此，发展远景和个人发展空间是指企业的未来发展对员工职业规划的影响，如果企业具有长远的发展远景，能够向员工提供较好的职业发展机会，就能够增加对应聘者的吸引力。

（4）培训与开发

培训与开发是企业人力资源管理的重要职能，这一职能对劳动力市场的影响主要表现在：经济的发展和竞争的加剧直接导致了知识更新的频率越来越快，从而使以知识为基础的创造经济价值的能力和技能所能够发挥作用的时间也越来越短。因此，应聘者希望在其工作的企业能够有比较完善的培训和开发系统，以帮助他们能够随时具备和保持与不断提高的竞争压力和工作要求所需的知识、能力和技能水平。如果企业具备了较完善的培训和开发体系，并使应聘者了解这一系统与技能增长、激励以及晋升之间的关系，就能够大大增强对应聘者的吸引力。

（5）招聘的方法和程序

企业招聘的方法和程序对应聘者的决策也具有一定程度的影响。这种影响主要表现在两个方面：一是不论招聘的是哪一个管理层级的人员，均采用相同的方法和程序。比如，对企业急需的高层管理人员、专业技术人员的招聘与刚参加工作的人员招聘的方法和程序完全相同。这种方式的弊端在于缺乏针对性，同时将招聘刚参加工作的人员的方法用于对具有相当工作经验的应聘者，可能导致后者的反感或抵触。特别是对于那些在某个行业中已经具有一定知名度或成就的人来讲，这种方式也会使其感到不公平，从而改变自己的决策。二是中低层管理者参加对高层管理者的招聘，即企业对所招聘的高层管理人员的面试由企业的中低层管理人员主持。这种状况在很多的企业招聘过程中都出现过，比如在一些高层次的人才招聘会上，有的企业招聘人员主要就是人力资源部的工作人员或主管，甚至没有企业现有高管人员参加。这一方面会使应聘者怀疑企业的招聘诚意，另一方面由于参加招聘人员的级别较低，不能够有效或完整地回答应聘者的有关问题，从而使应聘者对企业的了解受到限制，最终也会影响其决策。总的来讲，企业招聘的方法和程序之所有会出现以上这些问题，主要还是高层管理人员缺乏正确的人力资源管理理念，对招聘的性质及重要性也缺乏足够的认识，从而导致招聘的失败。

4.1.3 招聘来源

（1）内部招聘

所谓内部招聘，就是指从企业内部现有员工中选拔或挑选员工，以满足其他岗位的用人需求。这也是企业通过满足利益相关群体的需要而保持组织竞争优势的一个重要方法。当企业的业务出现快速增长或较大发展时，往往需要招聘新的员工以满足由于业务增长对人力资源数量和质量的需求。内部招聘的方式和渠道主要包括主管或领导推荐、企业人力资源管理信息系统公布岗位空缺情况、根据企业员工职业生涯规划挑选人员等。

企业通过内部招聘具有很多优点：首先是能够招募到大量企业了解的员工，能够使其迅速的适应新的工作岗位的要求；其次，由于这些人本来就在企业工作，因此他们对企业也同样了解，可以降低因招聘新人带来的过高预期；三是可以降低招聘成本和加快招聘速度。对于规模较大的企业来讲，要成功地进行内部招聘，首先要求企业有完善的人力资源规划和内部劳动力市场，以及比较完善的人力资源管理信息系统。通过这一系统，能够将企业内部现有和未来可能的岗位空缺情况和人员需求信息随时通过网络和数据库公开公布，企业员工则可以通过对有关信息的浏览，随时了解企业的业务增长以及岗位需求方面的信息，在此基础上通过企业内部各部门的协调和沟通，保证企业能够招聘到各业务单位需要的员工。

专栏4-2：如何写简历和投递简历

应该如何写简历，对这个问题其实没有一个统一的标准。尽管如此，我们还是可以提出一些建议。在书写个人简历时，应尽量避免以下问题的出现：

（1）简历是对自己学习或工作经历（有时还包括生活经历）、专业资格和知识、工作业绩等方面情况的简要介绍，重点在于对以上事实的叙述，而不在于抒发情感，因此应避免言辞浮夸，也不要进行一些所谓的创新，玩一些新花样使自己的简历与众不同，通常情况下这是没有什么好结果的。

（2）简历应做到实事求是，当需要展示自己某方面的成绩时，尽量不要自我评价，或过分地夸大这些成绩，最好是能够出具相关的文件、评价或证书等材料，让事实来说明。

（3）简历应尽可能做到重点突出，短小精干，言简意赅，一份针对招聘岗位要求、突出自己专长和特点、精心选择的简历可能是吸引招聘者注意力的关键所在。

（4）简历应建立在事实的基础之上，不要撒谎。我们生活的圈子其实很小，如果撒谎，很容易被人揭穿。

（5）根据招聘单位的特点和自身的实际情况决定简历的类型。简历一般有两种类型：第一种是时间顺序型，这是目前大部分简历采用的主要方式；第二种是能力或技能型简历。

无论是哪种形式，简历都应该具有以下主要内容：

①简历提要，包括姓名、年龄、联系方式等内容。简历篇首一段简明扼要的描述可能会引起招聘者的注意。

②个人的教育背景和职业培训背景。

③个人素质和能力介绍，要突出自身的关键能力。

④个人工作经历介绍，其内容应重点强调与所应聘职位相关的内容，包括原有业绩的具体描述。对于应届毕业生，其简历应当包括学习成绩、政治面貌、获得的奖学金情况、是否担任过学生会干部等方面的内容。

⑤相关其他个人情况。

投递简历时应注意的问题。每个组织的用人和招聘尽管有相同的标准，但也有不相同的标准，即使是相同的职位，不同组织间的标准也存在差异。这就要求求职者的简历不要千篇一律，要各有重点。求职者在投递简历前，应当先了解各招聘单位的用人标准和岗位的任职资格要求，然后根据这些标准和要求，突出那些招聘单位要求的内容，提高简历的针对性。

（2）外部招聘

外部招聘的优点。外部招聘是企业在内部劳动力市场不能满足其人员需求时采取的从外部劳动力市场招聘自己需要的人员的过程。一般来讲，内部招聘并不能完全解决企业的人员需求，特别是当企业进入一个新的行业、生产一种新的产品或提供一种新的服务时，其所需的人员自身难以满足，就需要向社会公开招聘。对于新建企业和新成立的公司，根本就没有内部劳动力市场，也只有通过外部招聘才能解决劳动力的需求。此外，一些核心专业技术岗位和高管职位出现空缺而企业内部不能解决时，也必须通过外部招聘才能满足需要。总之，外部招聘是企业满足其管理人员和劳动力需求的重要途径，通过外部招聘，企业能够获得自己需要的各类专业人才，同时新人的加盟也能够为企业带来新的理念和创新精神，并通过这种方式保持企业与外部环境的适应性，这是外部招聘的最大优点。

招聘过程的规划及步骤。企业在制定好人力资源规划后，就需要按照规划的要求做好招聘和选择的相关工作。招聘的规划及步骤主要包括以下几个方面：一是对工作空缺进行准确的识别，即哪些工作岗位可能出现空缺，这些空缺是否可以通过内部解决，比如临时或长期性的兼职、工作合并、工作再设计等。如果明确不能在企业内部解决，或该项工作非常重要不能合并，则将其纳入外部招聘的范畴。二是对关键岗位和关键人员进行识别。如前所述，企业人力资源管理开发的重点是核心员工，在招聘过程中同样如此。即在招聘重点放在那些对企业具有长期使用价值的员工身上。而对一些非关键岗位或职位，或一些企业难以招聘到的专业技术人员，则可以考虑外包或与人力资源代理经纪公司签订合同，通过雇佣临时性工作人员的方法解决。国外有专家指出，随着公司临时用工人员的增加，未来典型的大公司中的人员也许会由相对少量的长期核心雇员组成，劳动力的剩余部分则由为具体的、暂时的任务而雇佣的个人组成。[4]这样做的好处在于增加了企业人力资源使用的灵活性，同时可以大大降低企业的人工成本，进而提高管理的效率。三是在招聘计划的制订过程中，各用人部门与人力资源部要密切配合，以提高招聘工作的质量。

外部招聘的方法及途径。企业外部招聘主要有以下方法或渠道：

通过人才市场进行招聘。通过人才市场招聘员工现已成为企业员工来源最普遍的方式之一。这种方式最大的优点可能就是招聘的成本很低，可以在第一时间与求职者进行交流；缺点在于求职者的水平参差不齐。为了弥补这一不足，现在有的人才招聘会也开始体现自己的定位，如专门举办高层次管理人员的招聘，并根据招聘单位的具体要求对入场求职人员提出相关的资格和条件限制。这些方法都在一定程度上改善和提高了招聘的质量。

定向行业或专业招聘。所谓定向行业招聘，就是指企业根据自身产品或服务的性质和特点，对专业劳动力市场发出的人员需求信息。由于这类人员的知识、能力和技能水平往往构成企业产品和服务的核心，因此应成为企业招聘工作的重要环节，各相关业务部门和人力资源部应对该行业或专业进行长期的关注，以了解该行业的技术、管理等方面的发展状况，以及行业中出类拔萃的各类人才的具体情况，以提高企业招聘工作的针对性和有效性。

向战略合伙人招聘。所谓向战略合伙人招聘，是指在一个战略联盟或众多的合作单位中招聘企业需要的人员。战略联盟是企业发展到高级阶段出现的一种企业组织形式，在这种组织形式中，企业之间由于某种目标的驱使，会在相当程度上容许资源共享，包括人力资源的共享。因此，这是一个更大范围的内部劳动力市场概念。这种招聘可以是长期的，也可能是短期的或临时的，时间的长短视合作双方的态度、文化认同及待遇等而定。

大专院校、科研机构招聘。通过大专院校、科研机构招聘员工是目前很多企业都采用的招聘方式。这种方式的优点在于能够获得大量受过正规高等教育、具有较高文化水平及综合素质的员工。此外，这种招聘方式与企业的文化和价值观有很大的关系。比如，一些企业主张主要从应届毕业生中去招聘员工，因为这些企业相信，一张白纸可以画最美的图画。应届毕业生虽然没有工作经验，但同样也没有不良的工作习惯。进入企业后，可以比较容易地培养起一套符合企业价值观的行为准则和工作习惯。为了有效地提高大学招聘的效果，企业还应当制定有针对性的招聘政策，发达国家的一些大公司在这方面就做得比较成功，以3M公司的大学招募战略为例，该战略包含五大要素：第一，招募对象和招募渠道集中在经过挑选的25～30所大学。第二，通过每年对这些大学毕业生的招聘，与这些大学保持良好的关系。第三，公司直线管理人员与人力资源管理人员共同参与校园面试，发挥各自优势以弥补局限。第四，公司人力资源部门与大学有关部门合作，负责协调参与招募过程的直线管理人员的活动，以保证一个人一年到头都与同一所学校打交道，以保持接触的连续性。第五，通过对那些被公司招募的学生的信息反馈，不断改善招募工作的质量。[5]

企业内部员工推荐。这种方式是指由企业的在职员工向企业推荐那些适合企业要求的人，其优点是由于被推荐人与推荐人之间比较熟悉或了解，平时有较多的交流，因此被推荐人的期望值一般不会超越企业的实际情况，流动率一般较低。在国外，很多公司都提倡并鼓励员工推荐，并对那些成功推荐了公司所需人员的员工给予奖励。

利用报纸、期刊、网络广告招聘。通过在报纸、期刊和网络等传媒上刊登广告，也是企业普遍采用的一种招聘形式。其中，网络广告的流行是与近年来网络逐渐成为人们工作和生活方式的一个重要部分密切相关的。人们可以在家中、办公室或其他任何可以上网的场所搜寻包括公司概况和招聘等自己感兴趣的信息。为了提高招聘的质量，企业还要善于利用不同传媒渠道以获得一个好的结果。比如，对专业人才的招聘除了考虑报纸广告外，利用专业杂志可能也是一个不错的办法。目前市面上有很多专业杂志，如《市场与销售》，大凡做销售的都要看这本杂志；再比如《人力资源开发与管理》，主要针对企业的人力资源工作人员；《IT经理世界》则不仅包括IT行业的情况，还涉及其他很多企业管理方面的内容。在这类杂志上刊登广告，强调专业性，不仅针对性更强，而且成本相对较低。

猎头公司。猎头公司在发达国家已有多年的历史，在我国目前还处于刚开始被认识和接受的阶段。一般来讲，猎头公司所关注的都是企业或公司高层次的管理人员，而不是主要从事事务性工作的人员，因此，通过这种方式招聘往往需要较高的成本。根据美国1997年的一项调查，猎头公司收费往往占到被成功猎取的高级经理人员年薪的1/3到一半左右。[6]而且被猎取对象在当时一般都有一份比较安稳和较高待遇的工作，因此要成功地说服他们加盟另外一家公司，就必须开出比他们现在工作单位更高的薪酬和福利待遇水平。正是由于猎头公司关注的对象具有特殊性，是企业经营管理急需的高级人才，才得到企业和公司的重视。

定向实习。这是利用即将毕业的学生的毕业实习对其进行观察和了解，以最终确定招聘人选的一种方法。对于那些需要招聘大学生或研究生的企业来讲，可以根据企业人力资源规划和人员需求分析的结果，利用这些大学生或研究生毕业实习的机会，对其知识、能力和技能等方面进行近距离的考察。定向实习的最大好处在于能够以很低的成本招聘到自己需要的员工。一般来讲，学生们自己可以掌握的毕业实习时间大约有 3 ~6 个月，这段时间完全可以为双方彼此的了解提供一个大致的轮廓。一方面，学生们有实习的需求，学生们通过实际工作的体验，既能完成自己的实习报告，增加对实际工作的感性认识，而且能够在一定程度上了解或适应实习单位或部门的工作流程、做事方式以及人际关系，逐渐积累起一定的经验，并考虑自己是否适合实习单位的要求。另一方面，企业为学生的实习提供了机会，既履行了自己的社会责任，同时还可以利用这段时间对实习学生是否适合企业的工作要求做出比较中肯的评价。当实习期满后，如果双方都“情投意合”，对企业来讲就意味着从该学生正式工作并支付其工资那一天开始，企业就获得了一个熟练的或合格的劳动者。笔者在公司工作期间，就曾采用这种方式物色和招聘员工，效果非常好。

进攻性招聘。所谓进攻性招聘是指从自己的竞争对手那里争夺自己需要的人才。采用这种招聘方式的企业一般是看中了对方某方面人才的人力资源质量水平，如高级管理人员或掌握核心技术的人员。与猎头公司形式类似的是，进攻性招聘需要企业支付较高的薪酬成本，而且由于招聘的对象往往都是竞争对手的员工，因此可能会引起双方矛盾的升级或冲突，这是需要注意并妥善解决的。

退休人员市场。从退休的人群中寻求自己需要的员工是企业招聘的一个新的渠道。首先，随着社会的进步，经济的发展以及人民生活水平的改善和提高，人的平均寿命也在延长，有相当部分的退休人员在身体尚可并愿意继续工作的情况下由于退休年龄的规定而不得不离开工作岗位，这就为老龄人口的再利用创造了条件。特别是对于某些行业专家、研究设计人员、技术工人等掌握较高层次的系统知识和某一方面专业技能的人来讲，60 岁正是一个经验最丰富的年龄，退休人员丰富的工作经验就是一笔巨大的财富，如果能够有效的加以开发和利用和做好知识的传授，无疑会促进企业竞争力的提高。其次，退休人员在原工作单位有健全的社会保障体系和住房，企业只要支付与其劳动相等的报酬就可以了，因此人工成本也很低。最后，退休人员的工作效率和忠诚度在一定程度上超过年轻人。其实，除了那些对体力要求较高的工作之外，与年龄有关的某些变化如生理能力、认知效果以及个性等，对雇员的产出水平都无太大的影响。此外，在那些强调经验积累的专业和工作中，创造力和智力水平也不会随着年龄的增长而降低。在很多情况下，退休人员比年轻雇员可能表现出更高的忠诚度，他们对工作和监督往往还表现出较高的满意感，他们甚至可以和其他雇员一样有效的接受培训。这说明老年雇员仍然具有较大的创造价值的能力。在发达国家，对老年雇员的使用在很大程度上还是基于人口出生率的下降及由此引起的劳动力的不足，也部分的包括担心面临年龄歧视指控等原因而雇佣老年雇员。在我国，对退休人员的使用则应主要着眼于使其创造价值的能力得到有效的延续及经验的传授等方面。

专栏4－3：中国企业集团人力资源管理现状调查研究——招聘

有效的雇佣制度和招聘方式能够帮助企业利用有限的人力资源进行竞争，确保企业能够挑选出所需要的最佳人选。为了达到这一目标，我国企业集团在人员的招聘上通常采用以下几种方式或渠道：人才市场占100%，现有员工推荐占50%，报纸广告占80.6%，从整体上讲呈现多样化趋势。

员工招聘渠道	百分比(%)
人才市场	100
现有员工推荐	50
报纸广告	80.6
职介所/猎头机构	25
张贴海报	32.2
专业杂志刊登广告	32.6
网上招聘	25

资料来源：赵曙明，吴慈生．中国企业集团人力资源管理现状调查研究［J］．人力资源开发与管理，2003（7）．

4.1.4 招聘与组织竞争优势

采用科学的方法，严格按照组织人力资源规划的要求，设计一个有效的招聘计划，帮助企业通过招聘达到竞争优势，是企业招聘战略的核心内容。第一，通过科学有效的招聘降低招聘成本。招聘是需要支付成本的，企业为了招聘到所需的人才，需要进行广告宣传和人才市场调查，参加各类人才招聘会，这些都需要支付一笔数目不小的花费，加上企业人力资源部有关人员参加招聘的时间，所有这些就构成了招聘的总成本。要达到通过招聘降低成本并提高竞争优势的目标，关键是要有建立在企业战略目标基础之上的科学的工作分析和人力资源规划，根据工作的性质及对所从事这项工作的人员在知识、能力和技能等方面的要求，提出求职者必须具备的资格和条件。接下来就是将这些资格和条件以申请表的形式具体体现出来。当求职者应聘时，通过对申请表的填写及对其简历的阅读，就能够在较大程度上了解求职者的总体概况。只有这样，才能保证所招聘的人员与工作和岗位相匹配，不致因人员更替导致新的成本的增加。第二，提高招聘职位信息的准确性，让求职者了解并获得公司职位空缺的准确信息及所应聘工作的具体要求，帮助他们做出正确的应聘决策，在此基础上降低员工流动率，从而节约开支。第三，提高招聘者的自身素质，避免因其个人不良行为对求职者产生的影响而导致其对企业的误解，确保不会因为招聘者个人原因导致的员工流失。一般来讲，在大部分组织中，流动经常发生在刚参加工作不久的新员工中，这些人之所以会离职，除了自身的原因外，招聘者在招聘时过分热情的推销也起了一定作用，比如不切实际的夸大企业的优点，掩饰或降低工作的难度，所有这些都会使求职者对企业和工作的真实情况缺点了解。当这些人工作一段时间后发现与其期望值有很大距离时，往往就会跳槽走人。

根据对我国31家企业集团的调查，有效的雇佣制度和招聘方式能够帮助企业利用有限的人力资源进行竞争，确保企业能够挑选出需要的最佳人选。其中，在招聘方面，我国企业集团最常用的方式和渠道包括：通过人才市场招聘的占100%，现有员工推荐的占50%，通过报纸招聘广告的占80.6%，职业介绍所和猎头公司占25%，张贴海报的占32.2%，在专业杂志上刊登广告的占22.6%，网上招聘的占25%。同时，企业招聘的员工往往决定招聘的渠道。比如，普通员工的招聘一般都是直接通过人才市场进行；而对较高层次的员工，一般采用多种渠道同时进行，如人才市场信息发布、高校张贴招聘广告、刊登报纸招聘广告，对一些特殊人才则采用委托猎头公司的形式，在调查企业中有8家企业采用了这种形式。此外，随着企业信息化的发展，有8家企业通过网络发布和接受本企业的招聘信息。这些都反映了我国企业在招聘形式和渠道上的选择越来越多。[7]

4.2 选择、配置与组织竞争优势

4.2.1 人员选择对组织竞争力的意义和影响

所谓选择，是指企业从一组求职者中挑选出最适合特定岗位要求的人并使其成为正式员工的过程。选择是招聘的延续，当企业通过广告等手段吸引了一批求职者后，就开始进入对求职者的选择过程。

科学有效的人员选择对企业来讲具有非常重要的意义，首先是可以解决人、岗匹配的问题。严格的筛选过程能够在较大的程度上保证求职者与所申请岗位技能要求之间的匹配性，吉姆·科林斯在研究那些成功地实现从优秀到卓越跨越的公司后发现，这些公司之所以能够取得这样如此辉煌的成就，其中一个重要的原因就在于在决定干什么事之前，首先决定对人员的选拔。即“让合适的人上车，不合适的人请下车”。[8]所谓合适的人，就是指与工作或岗位要求匹配的人。其次是可以达到成本优势。如果没有严格的筛选，就可能雇佣不合格的求职者，而重新招聘新的人员以更换不合格的人员是需要支付费用的，加上原来的招聘成本，也不是一笔小的开支。通过严格的筛选在相当程度上可以淘汰掉不合格的求职者，从而带来成本优势。再次，科学有效的选择还能够保证所雇佣的人员职业历史的清白。最后，适合企业实际的人员筛选能够为组织带来竞争优势。正如专栏 4－1 丰田公司的招聘和选择一样，对一名求职者的雇佣过程要经过 20 小时 6 个阶段，跨 5～6 天时间，包括了对求职者在知识、技能、团队精神、学习和思考能力、人际关系、健康状况等方面的全方位考察。这种严格的筛选和雇佣过程是保证企业在竞争中获胜的重要法宝。软件业巨擘微软公司在人员的筛选上也有自己的一套观念和方法。盖茨将微软塑造成为了一个奖励聪明人的组织，而这种方法构成了公司成功最重要的一面。微软公司每年大约要对 12 万名求职者进行筛选，公司最看重求职者的总体智力和认知能力的高低，并往往会拒绝那些在软件开发领域已有多年工作经验的求职者。在整个筛选和配置过程中，公司所要达到的目的就是把他们安排到与他们的才干最相称的工作岗位上去。这种对认知能力的重视，反映了微软公司所处的竞争环境、经营战略以及企业文化的要求。因为软件开发领域处于一个变化十分迅速的环境中，这就意味着过去拥有多少技能远不如是否有能力开发新技能显得更重要。这就要求企业和员工在承认变化的同时去适应变化，从而以比竞争对手更快的速度和更敏捷的反映取得竞争的胜利。正因如此，微软公司十分重视对新员工的筛选与配置，盖茨本人也常常参加面试。盖茨认为，智力和创造力是天生的，企业很难在雇佣了某人后再使其具有这种能力。盖茨曾经声称，“如果把我最优秀的 20 名雇员拿走，那么微软将会变成一个不怎么起眼的公司。”这就充分证明了人才对于微软过去的成功及其未来的竞争战略所具有的核心作用。正是因为对人员选择的重视，才保证了微软能够在激烈的市场竞争中站稳脚跟。

由于人员选择不当给企业带来的损失同样是十分明显的，包括增加生产经营成本，即由于选择不当导致的替换成本的增加，不利于组织的稳定以及影响组织目标的实现等。

4.2.2 人员选择方法的标准

人员选择标准包括两个方面的内容：一个内容是关于具体的技术层面的人员选择或测试方法，如认知能力测试、工作样本测试、人格测试等。另一个是比较宏观和抽象的非技术层面的选择标准，如对人品德的评价等。我们认为，在当前的商业环境中，后者呈现出越来越重要的趋势。关于第一个方面的内容，很多的专业教科书都有论述，因此本书只是做一简单介绍，而把重点放在人员选择标准的第二个方面。

选择方法的依据。企业无论采用什么选择方法，都必须具备一个基本条件，即严格的工作分析，通过工作分析，勾画出工作岗位对任职者的具体要求，然后将这些要求通过具体的方法表现出来，即在选择的过程中挑选出符合这些条件的求职者。下面涉及的效度等标准就是建立在这一基础之上的。

选择方法的标准。组织对求职者进行甄选，目的在于通过对其某一方面的特征（如运用数字的能力）进行测试，最终能够得到一个定量的分析评价，即按分数高低的排序（测试者的得分），以便为最终决定招聘哪一个求职者提供决策依据。人员选择的标准是和选择的方法密切相关的。由于很多的方法是从社会学、心理学等学科发展起来并在企业管理、人力资源管理等具体实践中应用。因此在采用这些方法时，为了提高其真实性和不受或尽可能少受人为的干扰，应有相关方面的专家参加，同时在选择具体方法的时候注意需要达到的标准。

专家认为，任何一个人员甄选过程都必须要遵循五个方面的标准，即效度、信度、普遍适用性、效用和合法性。[1,9]下面对这几个方面做一简要介绍。①效度。所谓效度是指测试手段的有效性，即测试绩效与实际绩效、或实际测试与工作之间的关联程度，目的在于通过测试预见被测试者今后在实际工作中的表现。效标效度和内容效度是证明测试效度的两种主要方法。效标效度是通过对测试分数（预测因子）与工作绩效（效标）相关来证明测试是有效的一种效度类型，其作用在于要证明那些在测试中表现好或不好的被测试者在今后的工作中同样表现好或表现不好。内容效度是指一项测试对工作内容的反映程度。其基本程序是，从对工作绩效十分关键的工作行为角度界定工作内容，然后随机挑选一些任务和工作行为作为测试中的行为样本。②信度。所谓信度，是指测试手段的可信度，即一种方法不受随机干扰的程度。它表示所采用的测试方法在对同一个求职者的重复或多次测试后所得到的结果或分数是否一致的判断。从这一点来看，它主要表示的是时间信度。③普遍适用性。普遍适用性是指在某一种条件下建立的筛选方法的有效性同样适用于其他条件下的程度。比如一种方法在不同的工作条件、不同的人员样本以及不同的时间段。④效用。所谓效用即测试方法的实际效果。一般来讲，筛选方法的可信度越高，有效性越高，普遍适用性越强，效果也就越大、越好。⑤合法性。以上四个标准都是具有内部关联性的，而合法性是一个单独的概念。任何一种筛选方法都必须符合法律、法规的要求。

4.2.3 人员的选择标准

以上所谈的选择方法五个方面的要求大多都是从方法或手段本身的合理性和科学性出发的，这些内容基本上属于具体的或技术层面的范畴。而对一个人在职业道德、职业操守和职业信誉等方面的评价，是一个更高层面的标准要求，虽然这些评价的标准可能比较抽象，但并非难以把握。从某种程度上讲，这也可能是更重要的一个环节。下面我们将从我国党和政府、中外管理学者、中外企业家等不同的角度来探讨这一问题。

不同的时代有不同的用人标准。在封建社会，最重要的人才选拔制度就是科举考试，能够取得好的科举考试成绩的就是人才。中国古代的科举考试始于隋朝，经历唐朝的进一步完备，宋朝的改革、明朝达到鼎盛，清朝趋于没落。尽管对科举制有各种各样的评价，但客观上讲，通过科举考试涌现出了一大批来自各阶层的人才，为历代统治阶级提供了一批又一批的官僚，并构成国家各级管理体制的重要来源。一旦在科举考试中取得好的成绩，就可能一举成名。比如在唐朝，很多宰相都是进士出身。在战争年代，评价人才的标准就是善于作战，即“运筹与帷幄之中，决胜于千里之外”。在和平发展年代，对人才评价的标准包括很多方面，如政治的进步、经济的繁荣、社会的发展等。

现阶段我国党和政府的人才标准。党和政府历来比较重视人才的培养和选拔。党的十六大以后，又出台了一系列的文件和政策，对新时期的人才提出了新的标准和要求。如《中共中央国务院关于进一步加强人才工作的决定》（以下简称《决定》）就将“尊重劳动、尊重知识、尊重人才、尊重创造”作为新时期人才工作的指导思想。《决定》指出，新形势下的人才标准应当是：“只要具有一定的知识或技能，能够进行创造性劳动，为推进社会主义物质文明、政治文明、精神文明建设，在建设中国特色社会主义伟大事业中作出积极贡献，都是党和国家需要的人才。要坚持德才兼备原则，把品德、知识、能力和业绩作为衡量人才的主要标准。”在这个标准中，品德是排在第一位的，其次才是知识、能力和业绩。

管理学家对人才的标准同样也表现出了对个人品德的严格要求。如管理学大师彼得·德鲁克在其《管理的实践》一书中就明确提出了他对一个合格的管理者的评价标准。[10]德鲁克指出：管理层不应该任命一个将才智看得比品德更重要的人，因为这是不成熟的表现。管理层也不应该提拔害怕其手下强过自己的人，因为这是一种软弱的表现。管理层绝不应该将对自己的工作没有高标准的人放到管理岗位上，因为这样做会造成人们轻视工作，轻视管理者的能力。德鲁克认为，一个人可能知之不多，绩效不佳，缺乏判断能力和工作能力。然而，作为管理者，他不会损害企业的利益。但是，如果他缺乏正直的品质——无论他知识多么渊博，多么聪明，多么成功——他具有破坏作用。他破坏企业中最有价值的资源——企业员工。他败坏组织精神，损害企业的绩效。在德鲁克眼中，管理者最重要的一项工作就是建立组织精神，而这种精神需要品质作为基础。他认为，最终能证明管理者的真诚和认真的是毫不含糊地强调正直的品质，因为领导工作是通过品质才能得到贯彻实施的。他又说：一个组织如果有一位具有魄力但很腐败的管理者，恐怕这是最糟的事了。像这样的人，如果他自己单干，也许还可以；如果是在一个组织里，但是不让他管辖别人，也许他还能得到容忍；可是如果在组织中叫他当权，那就成事不足，败事有余了。我们必须注意一个人的缺点所在，这是攸关组织成败的问题。正直的品格本身并不一定能成就什么，但是一个人如果缺乏正直和诚实，则足以败事。所以人在这方面的缺点，不能仅视为绩效的限制。有这种缺点的人，没有资格做管理者。[11]

中外企业家的人才标准。对于企业来讲，掌握人才选拔的技术或定量标准固然重要，但非技术的定性标准也很重要，其重要性有时甚至超过前者，这个标准就是人的品德、诚信和可靠性。首先，企业要树立“德、才、绩”的用人标准。这一标准强调以“德”为先，以“才”扬“德”，以“绩”明“德”。以“德”为先一方面体现企业对顾客、股东、员工和社会等相关利益群体的承诺和企业公民必须具备的社会责任；另一方面又通过文化和规范，内化为企业每一个员工的职业道德和职业信誉。以“才”扬“德”表明了企业道德系统与员工能力、技能以及公信力之间的辩证关系。一个具备了良好品德修养和职业信誉的人，其能力和技能的应用才可能得到同事和组织的赞许，甚至有时业绩标准稍差，仍然能够得到组织的认可。以“绩”明“德”则表明了企业的经济性质特征，即一个有“德”之人必须同时也是有“才”之人，即能够具备一定的创造经济价值的能力。其次，正确认识并处理好“德”与“才”的关系，避免“德高才低”和“才高德低”的情况，始终是企业面对的一个重大课题。

每一个企业都有自己对于“德”和“才”的不同看法和标准。我们会发现，这些生产不同产品、提供不同服务项目的企业，在用人的标准上是惊人的一致。杰克·韦尔奇曾描绘了四种不同的经理：第一种是既能够实现组织目标，又能够认同组织价值观的，这种人的前途自不必说。第二种是那些既没有实现组织目标，又不认同组织价值观的人，他们的前途与第一种恰恰相反。第三种是没有实现组织目标，但是能够认同组织价值观的人，对于他们，根据情况的不同，给几次机会，可能东山再起。第四种是那些能够完成组织目标，取得经营绩效，但却不认同公司价值观的人。他们是独裁者，是专制君主，是“土霸”似的经理。杰克·韦尔奇明确提出，在“无边界”行为成为公司价值观的情况下，绝对不能够容忍这类人的存在。[12]华为公司总裁任正非在其著名的《华为的冬天》一文中也讲到了干部提拔和任用的原则：我们提拔干部时，首先不能讲技能，要先讲品德，品德就是敬业精神、献身精神、责任心和使命感。远大公司的用人标准也是坚持“德才兼备”的政策，具体表述为：有德有才，破格重用。升迁迅速，发展空间直至总裁。有德低才，培养使用。品德出众的人只要勤学苦干，最终会成为人才。有才低德，教育使用。品德不高者只要诚心受教育，可能会成为人才。有才无德，坚决不用。无德者，才能越高越糟糕。[13]

以上这些标准的核心都反映的是对“德”与“才”的判断问题。我们认为，以上四种类型的人在企业都存在，他们的特征不同，企业的关注也应有所差别。德才兼备者就数量来讲属于少数，主要由企业的负责人和核心员工构成，他们具有很高的道德修养以及很强的创新精神和创造能力，能够随时适应环境变化和组织的变革，是构成企业核心竞争力的关键要素，因此应该成为企业重点关注的对象。德大于才的人的业绩虽然可能不是最高或最好的，其创造性和创新精神可能比前者稍弱，但由于有较好的个人修养和人际关系，因此仍然成为企业追捧的对象。在“圣人”难求时，这部分人最有可能成为企业管理团队特别是高层管理团队的人选。才大于德者的能力很强，也具有很强的创新精神，但在个人品德、修养和诚信力等方面可能存在一定缺陷，难以获得企业的充分信任。对于这部分人来讲，企业应将重点放在发挥其优势上，通过严格的道德规范和记录约束，对其进行限制，使他们的行为模式从总体上符合企业和社会的要求。而对企业的大部分人来讲，他们的“德”和“才”处于一个中间层次，他们一方面具有一定的道德规范水平，另一方面也具备了胜任本职工作的知识和能力，在上级的领导下开展工作，是企业高绩效员工的得力助手。关于这方面的详细内容，请参见本书“绩效管理”一章中关于“不同绩效员工的识别与管理”的相关内容。

4.2.4 选择的技术方法

（1）面试

在众多的选择方法中，面试是最普遍采用的一种。虽然早期的研究认为面试的信度和效度都很低，但近期的研究则表明面试仍然是一种有效的甄选工具。[1]203在对中国企业集团人力资源管理有关筛选方法的调查中，100%都采用了面试的方法，被调查的集团全面通过面试对应聘人员进行筛选认知能力测试。这说明了这一方法的普遍性和实用性。

首先，面试的最大优点在于通过面试者与求职者面对面的交流，能够在较大程度上获得求职者的第一手资料。比如，通过与求职者的对话，能够比较准确地了解和掌握其语言的表达能力，而这对于市场销售人员是最基本和最重要的一项能力要求。其次，由于面试的时间限制，提出的问题往往是直接和难以回避的，求职者不得不在第一时间做出自己的选择，如果没有与提问问题相关的背景或经历，就不可能做出准确的回答。最后，有经验的面试者往往能够将原则性和灵活性有机地结合在一起，得到一些意想不到的结果。一方面他们不但能够通过将面试的问题集中在与工作有关联的问项上而得到求职者是否适合该工作的基本信息，同时还能够从面试中了解和发现求职者的其他某些长处，而这些长处对于组织的战略或其他岗位要求来讲可能是非常重要的，从而增强了组织招聘和选择政策的灵活性和适应性。

虽然面试有很多优点，但同时也存在缺陷。这些缺陷主要表现在：①面试的主观性。这里讲的主观性主要是指面试者漫无边际的谈话使求职者不知所措。有经验的面试者经常会采用从表面上看似乎漫无边际而实际上针对性很强的轻松的面试谈话，通过轻松的交流了解求职者的能力水平。但对于那些没有经验的面试者来讲，则缺乏这种技巧，往往可能给求职者一个错误的导向，即企业的招聘和选择是不负责任的。②随意性。主要指在面试过程中提出的问题与求职者希望应聘的工作岗位要求之间没有联系，这样就难以了解和掌握求职者是否适合工作岗位要求的依据，最终使招聘和选择流于形式。③面试者的自身素质的不良影响。主要是指面试者出于完成任务等原因而对求职者提出的问题做出不切实际的介绍或回答，对求职者进行误导，其结果通常会导致求职者过高的预期，当求职者正式被录用后，发现实际情况与原来的预期有很大出入时，往往就会跳槽，这样一方面增加了成本，同时也造成了组织工作的混乱。④企图通过面试来了解和掌握求职者所有信息的考虑。面试并不能对求职者的所有方面作出全面而准确的评价，对于一些可以通过测试来评价的问题，就应尽量避免采用面试来进行。如果以上方面的问题不解决，就可能会在一定程度上影响面试的效果。

以上面试的缺陷在一定程度是可以避免或至少是可以降低的。专家、学者以及人力资源管理的实践者们在这方面做了大量的研究和论证，提出了若干提高面试效果的方法，如结构性面试、情景面试等。下面就对这些方法做一介绍。

第一种：结构性面试。

结构性面试又称定向面试（Directive Interview），是指在面试前根据招聘岗位的性质、特点以及组织文化、价值观等方面的要求，提前拟订的一套有标准答案、并要求所有求职者回答的标准化和结构化的问题或问卷，其基本特点是比较准确，由于对所有的求职者都采用的是同一套问卷，从而在一定程度上减轻或避免了因面试者的个人喜好和主观判断产生的评价标准不统一的问题。在结构性面试中，最重要的一个环节就是面试题目的确定，要使题目具有科学性和准确性，首先必须有严格规范的工作分析，这样才能够使面试题目集中在与工作有关和与任职者有关的基础之上，从而提高招聘的质量。

与结构性面试相反的就是非结构化面试（Nondirective Interview），即面试者不必按照事先准备好的一套程序和规则向求职者提问。非结构化面试的优点在于，对于有经验的面试者来讲，能够在总体把握工作规范或关键技能要求的基础上对求职者进行提问，如果认为对某个问题回答的层次、范围不够，或表述不清、或面试者不满意，则可以针对该问题对求职者进行追踪或深度提问，一直到求职者表述完毕或面试者满意为止。这种方式的缺陷在于容易犯随意性的错误，因此对没有经验的面试者来讲，最好采用结构性面试。

第二种：压力面试。

所谓压力面试，顾名思义，就是在面试中给求职者制造出某种压力。这种压力不是指求职者参加面试的压力，而是指面试中提出的问题对求职者产生的压力。在压力面试中，往往通过给求职者提出一些非常直接或让其很不舒服的问题，以观察和考证求职者在遇到突然事件时的态度、反映、承受能力以及控制能力。比如，求职者往往会将自己在多家公司从事过多种工作作为自己的资本而进行炫耀，面试者可以针对这一点向其提出这样的问题："根据你的简历，在过去的一年你曾经在三个公司工作，这种过于频繁的工作变换是一种心态浮躁、不负责任的表现。"如果求职者能够非常冷静地做出合理的和令人信服的解释，则表明该求职者具有良好的控制能力，面试者就可以接着提其他的问题。如果求职者立即表现出不高兴、愤怒的表情甚至吵闹，则表明该求职者在面对压力时承受能力和控制能力很弱，从而造成工作上的隐患。现代的企业面临着越来越大的竞争压力，这种压力最终会转移到每个员工，特别是对于从事销售、服务等工作的员工来讲，随时都会面临一些刻薄刁钻的问题，如果没有很好的心理承受能力，就可能会影响与顾客、供应商等相关方面的关系。因此，企业在招聘从事这类工作的员工时，压力面试是一个不可缺少的环节。

第三种：情景面试。

所谓情景面试（Situational Interview），就是通过提出的问题，给求职者模拟出一种工作的情景或氛围，让求职者回答。情景面试主要分为两种，一种是经验型，一种是未来导向型。经验型情景面试主要是考察求职者在以前的工作经历中是如何处理和解决与工作相关的问题的，它强调的是用过去的行为预测未来的结果，了解求职者过去"实际做过什么"，即求职者以前的工作经验。比如可以提出这样一些问题："请描述一次你最近和同事发生冲突的事例，你是如何解决的。""在你最近的一次工作中你做出的最困难的决策是什么？你当时是怎么考虑和下决心的？"未来导向型情景面试主要是考察求职者如果遇到某个问题，他（她）将如何去处理和解决，主要了解和询问求职者"会做什么"和"应做什么"，它强调的是求职者未来可能采取的方法。比如："假如你在今后的工作中和你的同事在采取何种方式能够最好地解决部门中其他员工的缺勤问题上发生了分歧，你将如何来解决？"等。

情景面试与结构化面试有相同的地方，即有一套标准的、适用于同一工作岗位的所有求职者的面试题目。因此它的效果也比较好。情景面试的两种方法无所谓优劣，关键取决于企业的用人标准和适用的人群。有的企业比较强调和看重求职者的工作经验，因此，对于有从业经历或工作经验的求职者，采用经验型情景面试就比较适合。当面试的目的在于评价求职者实际具备什么能力时，经验型的效果要好于未来导向型，因为把"会做什么"和"应做什么"转变为"实际做过什么"时，就提供了一种比较客观的关于求职者实际水平和能力的评价标准。有的企业可能不看重求职者的工作经验，而是强调求职者未来的行为取向，对于刚参加工作的求职者来讲，这种方法就比较适合。

专栏4-4：美国西南航空公司通过情景面试以获取竞争优势

1. 问题：如何从成千上万名求职者中挑选最佳的雇员

在任何情况下，要挑选并雇佣一个最佳候选人都不是一项容易的任务。当一家公司为了一个职位必须审查许多求职者时，这个问题就显得尤为困难。美国西南航空公司（Southwest Airlines）经常面对这种情况，因为它每年需要从上万件工作申请中进行挑选。例如，在1994年，西南航空公司收到126 000多封申请4500个职位空缺的信件，这些职位包括航空服务员、飞行员、预订票代理人和机械师等，仅在头两个月，就有1200名求职者被雇用。

2. 解决办法：实行有目的的挑选方法

为了能够挑选出公司需要的求职者，西南航空公司利用了一个能准确评价所有求职者的系统方法，因此得以比较顺利地挑选求职者。这个系统被称做“有目的的挑选”，该系统的建立主要基于以下原则：

识别该职位的关键性工作要求。

把挑选成分组织到一个综合系统中。

用过去的行为来预测未来的行为。

应用有效的面试技能和技术。

使几个面试者都包括在有组织的资料交换的讨论之中。

从行为模拟中增加带有观察性的面试。

西南航空公司通过一项工作分析开始挑选过程，以识别成功地做好这项工作所必需的特殊的“行为、知识和动机”。经理们事先设计好面试问题来测量那些品质。这些问题基于这样的假设：过去的行为是未来行为的一个良好预测因子——如果某人在过去已很好地处理了各种各样的情况，那么他或她就有可能将继续这样做。这些面试问题因此被设计成可以发现求职者在过去已成功地显示了所必需的能力。

以下就是西南航空公司在某些特定的工作中所追寻的某些品质的某些例子以及为评价这些品质要问的问题。

判断：“在你最近的一次工作中不得不做的最棘手决策是什么？描述一下围绕这一决策的情况、决策本身和决策的结果。”

团队工作：“告诉我在你先前的工作中，你全力以赴地去帮助过一位同事的情况。”或者，“告诉我有一次你和一位同事有冲突的情况。”

西南航空公司相信，这种挑选方法比传统的方法更为客观。按传统方法，对人们的评价依据他们对理论问题的回答，这些理论问题是关于求职者“会做”或“应做”什么的问题。西南航空公司把注意力集中于求职者“实际”做过什么，这就提供了一种关于求职者能力的好得多的且主观性少得多的看法。

3. 使用有目的的挑选方法怎样提高竞争优势

按照西南航空公司的雇佣总监雪莉·菲尔普斯的看法，雇佣最优秀的求职者是提高公司竞争优势的一个关键："我们的费用可以被超过；我们的飞机和航线可以被模仿。但是，我们为我们的顾客服务感到骄傲，这就是为什么西南航空公司寻求能产生热情并且倾向于外向型人格的候选人的原因。通过有效性的雇佣，我们能为公司节省费用，并且达到生产率和顾客服务的更高水平。"

西南航空公司在达到竞争优势方面相当成功，这部分地应归功于它的挑选实践。例如，在整个行业普遍亏损的情况下，西南航空公司于1994年获利1.97亿美元，并且它的每英里7美分的运营成本是全行业中最低的。从1992年到1994年，西南航空公司获得了美国运输部颁发的"三皇冠"奖，以表彰它的准时绩效、行李处理和最少顾客投诉的业绩。

根据"西南航空公司获取竞争优势"改写。资料来源：劳伦斯·克雷曼. 人力资源管理：获取竞争优势的工具［M］. 吴培冠，译. 北京：机械工业出版社，1999：124.

第四种：轻松面试。

所谓轻松面试是基于笔者的工作经验总结出的一种面试方法，它有点类似于非结构化面试。这种方法的目的是通过营造一种轻松的氛围去发现求职者的优点和破绽。一般来讲，求职者在参加面试前都要通过各种渠道了解企业的情况，而企业在面试和看到求职者的简历前对求职者基本上是一无所知，这样就形成企业在明处而求职者在暗处的情况。同时由于面试是决定求职者是否能够被雇佣的一个十分重要的环节，因此求职者往往会做精心的准备，以展现自己最好的一面。此外，由于参加面试时的紧张心情，一些面试者也可能没有能够表现出应有的水平，轻松面试就是要在这样的环境氛围中去发现真实。轻松面试对面试者的要求很高，首先，面试者要善于创造一种轻松的谈话状态，因为只有在这样的状态下，求职者才能够畅所欲言地表达自己的观点；其次，要善于从这种畅所欲言的谈话中去发现求职者的优点，以及从"得意忘形"中寻找破绽。

对面试方法的评价。绝大多数的组织在进行人员挑选时都采取了面试的方式，在"中国企业集团人力资源管理现状调查研究"关于"筛选、面试"的调查中，被调查的集团全面通过面试对应聘人员进行筛选，并在招聘过程中使用了统一的应聘表格。这些都在一定程度上说明了这一方法的重要性和有效性。但另一方面，面试也有相当的局限性。根据有关资料统计，面谈对于真实了解面试者的特性实际上的精确度不到20%；通过结构性面谈虽然有助于改善面谈结果的精确度，但其仍然低于35%的有效性。[14]要提高人员挑选的精确度，主要应从以下方面努力：一是要提供面试者自身的素质；二是不要只使用一种方法，而要综合运用各种挑选方法；三是要有工作试用期或实习期。新人进入公司后一般都有见习时间，《中华人民共和国劳动合同法》赋予用人单位可以有6个月的试用期，用人单位应最大限度地利用这段时间对新员工进行考察。

（2）认知能力测试

在对人员的甄选方法中，认知能力测试是比较重要的一种。认知能力包括多方面的内容，但通常一般针对的是语言能力、数字能力以及逻辑推理判断能力三个方面。这三方面的能力高低，往往决定了一个人工作胜任能力的大小。通过对这三个方面能力的测试和评价，可以大致勾画出被测试者的基本能力轮廓。语言能力包括语言的理解能力和使用能力两个方面，如良好的书面、口头的理解和表达能力，这是从事任何工作最基础的技能要求。数字能力是指在对数字的理解、使用以及解决与数字有关的问题时的速度和准确性方面的能力。逻辑推理判断主要是指发现问题、分析问题以及解决问题的能力。认知能力是可以进行测试的，比如可以安排这样的测试：拟定一个包含有上述内容的测试题，要求被测试者就该题目进行讨论，并在讨论的基础上提交各自的解决方案。

（3）工作样本测试

所谓工作样本测试，就是通过模拟实际的工作环境、工作条件，使被测试者亲临其境，然后观察其工作过程和工作效果并直接得到其工作胜任能力的一种测试方法。“蓝中处理法”就是典型的工作样本测试方法。这种方法的适用面很广，不仅适合管理人员的工作，而且也适合从事具体生产操作的工作。比如在对管理人员的测试中，可以向被测试者提供一组文件，要求其以岗位任职者的身份对这些文件提出处理意见。由于这些文件所涉及的问题与实际工作中的问题具有较高的关联性，能够在相当程度上以此预测被测试者今后实际的表现，因此效度较高。这种方法还可以用于从事具体操作的工人。（请参见专栏4－5：机修工的工作样本测试）

专栏4－5：机修工的工作样本测试

步骤1：在对机修工进行工作样本测试时，测试者首先要列出机修工所要执行的所有可能任务。对于每项任务要列出执行频率，以及对整个机修工作的相对重要性。因此四项关键任务是安装滑轮和皮带、拆卸和按照齿轮箱、安装和调试马达、将导管压入链轮。

步骤2：测试者将这四项任务分解成完成任务的具体步骤。每一步骤的执行方法可以有所差别，由于一些方法比另一些方法好，测试者可以根据不同的方法给予不同的权重。

比如，“在安装前核对螺栓”是“安装滑轮和皮带”的一个步骤，清单中要列出不同的核对方法：①根据轴核对；②根据滑轮核对；③两者都不。每一方法后面的权重反映了其价值。

在安装前核对螺栓：

——轴　　3分

——滑轮　　3分

——两者都不　　1分

每位被测试者都要执行这四项任务，例如安装滑轮和皮带。被测试者执行每一步骤的情况有测试者实施监督。测试者在观察的同时要记录下被测试者选择的方法。因此，假定被测试者在安装前根据滑轮检查螺栓，于是测试者在“滑轮”上做标记，以显示被测试者在执行安装滑轮和皮带任务中选择的一个特定步骤。

步骤3：通过确定被测试者工作样本测试得分与实际工作绩效之间的相关关系，检验工作样本测试的有效性。只要工作样本测试是工作成功的有效预测因子，雇主就可以将其运用到对雇员的选拔上。

资料来源：加里·德斯勒. 人力资源管理［M］. 6版. 刘昕，吴雯芳，等，译. 北京：中国人民大学出版社，1999：171.

（4）求职者的个人简历

尽管求职者个人简历的可信度较低，但它仍然是企业了解求职者的一个重要渠道。之所以可信度低，在很大程度上是因为求职者为了谋求工作而尽可能突出自己好的方面的信息，同时掩盖自己认为是弱点的信息。但有经验的招聘者仍然能够从简历中找到需要的东西，如所学专业、从业经验、工作单位、资格证书等。对于招聘人员来讲，最重要的是要善于从求职者的简历中找到与岗位要求相关的信息，以便进行初步的筛选，同时通过面试等手段，对简历中的信息进行核实和查证。为了最大限度地减少简历审查中无谓的时间和精力耗费，招聘企业可以在招聘广告中阐明对求职者简历的基本要求。

此外，一些对身体能力有特殊要求的工作还需要对身体能力进行测试。

对测试的评价一方面涉及测试本身的效用，另一方面也牵涉到应如何评价员工的问题。首先，尽管各种测试方法已经得到越来越广泛的使用，但其有效性仍然不足。如专家们经过验证发现，测试手段的有效性仍然不高，测评工具所能提升甄选人才的精确度依然低于43%。[14]另有专家认为，不要把测试当作唯一的甄选技术，而是要用测试方法补充因面谈、背景调查等甄选方法的不足。因为测试并不总是有效，即使在最好的情况下，测试分数也只能解释绩效测量差异的25%。此外，测试通常能更好地告诉你谁不能胜任工作，而不是谁能胜任工作。[1]164由于测试的有效性不足，因此测试本身不能够成为人员评价的唯一标准。再加上信息的不对称，使得任何一种筛选方法都不可能达到最理想的结果。但这并不等于测试和选择没有作用。虽然没有最理想的选择方法，但通过各种方法的组合，可以在一定程度上改善和提高选择的效果。比如在对管理人员的筛选中，工作样本测试、高度结构化的面试和认知能力测试就是一种较好的筛选方法组合。

其次，由于测试的有效性不足，因此不能单凭测试结果对员工做出评价。这里涉及一个如何认识员工优点和不足的问题。一般来讲，当一个员工的优点特别突出的时候，往往其缺点也同样突出。在评价这一类的员工时，不同的思维方式可能得到不同的结果。科学研究的成果和优秀经理们的经验告诉我们，人的思维方式是至关重要的。既然人的性格和某些行为是难以改变的，因此，首先应该考虑的是如何发挥自己现有的优势。当你将自身的优势发挥到极致时，你就可能打败你的竞争对手，此时也就意味着你与对手相比较的劣势已经不存在了。如果只想着弥补自身的劣势，或首先考虑的是如何改进自己的不足，并且为之耗费了大量的时间和精力，不但劣势不能得到有效的改善，而且你的优势也就不复存在，结果就只能是枉费心机。中国古代"田忌赛马"的故事也告诉了我们同样的道理。当齐国大将田忌按照传统的思维方式与齐威王进行赛马比赛时，比赛的规则是将各自的马分为上、中、下三等，比赛时，上马对上马，中马对中马，下马对下马。由于田忌各个等级的马都比齐威王弱，因此，他输掉了比赛。而当他听从孙膑的建议重新与齐威王比赛时，他改变了策略，用下马对齐威王的上马，用上马对齐威王的中马，用中马对齐威王的下马，最终赢得了比赛。

4.3 管理实践——业务部门经理和人力资源部门的定位

4.3.1 业务部门经理的作用

要增强企业招聘和选择工作的有效性，单靠人力资源部是远远不够的，必须要有业务部门经理的积极参与。

招聘方面的作用及技能。业务部门经理的首要工作是明确岗位空缺和招聘需要。首先，在招聘环节，业务部门经理的主要工作是根据企业经营管理的要求以及部门人员流动趋势的预测，辩明部门结构及其岗位设置是否能够满足经营管理的需要，包括工作量的增加带来的新的人员需求、员工流动造成的岗位空缺，以及企业新的经营目标可能导致的确定设立新的岗位的要求等方面。其次，要将这种人员的减少或增加的信息及时地传递给人力资源部门，包括新增职位或工作所要求的知识和技能要求、新增职位或工作的特点等，以便使人力资源部在发布招聘信息时能够准确无误。

挑选和配置方面的作用及技能。经理在挑选和配置方面的作用及技能包括：一是根据工作分析的信息确定求职者的知识结构和业务能力要求，这是整个招聘工作的基础。二是参与面试。通过在面试中与求职者的交流，了解其是否符合岗位的要求，特别是对于那些需要具备从业经验的岗位，用人单位的负责人往往能够通过有效的面试，发现求职者是否具有与招聘岗位要求相关的经验，从而为录用决策提供依据。三是对求职者的简历、背景材料和面试结果进行评价。四是提供是否录用的意见。一般来讲，业务部门或用人单位负责人的意见往往会左右或影响录用决策，因为他（她）们作为求职者今后工作的领导者或管理者，对所录用的人员有直接的管理权，同时对其能否有效完成岗位目标也负有最终责任。因此，他们的意见应成为招聘决策重要的依据。

4.3.2 人力资源部门的作用和技能

业务部门经理参与招聘过程主要是提供工作条件要求等方面的信息，而具体对外发布招聘信息和组织招聘工作的是人力资源部门。

招聘方面的作用及技能。首先是对招聘过程进行科学合理的规划，包括：经常性地与业务部门的经理或用人单位加强沟通和的交流，随时了解部门工作岗位要求等方面的信息，对人力资源规划进行补充或调整，以便为招聘工作做好准备；具体组织招聘工作，如通过广告等方式向外界发布招聘信息、对求职者的申请表和简历进行核实和筛选、与用人单位共同选择参加面试的求职者、安排面试时间、与用人部门一起参加面试、选择测试方法、向面试人通知招聘结果等。最后是对招聘过程进行总结，为以后的招聘工作积累经验。

挑选和配置方面的作用及技能。人力资源部门的主要任务是提供技术支持和相关服务，包括：协助业务部门经理根据企业经营目标要求进行工作分析，并写出工作描述和任职资格，以作为招聘信息的主要依据；决定对求职者使用的筛选方法；根据岗位要求设计相应职位申请表格；如果要进行结构性面试，需要与业务部门经理一起设计结构化面试的问题清单；进行求职者简历或相关材料的审察；参加面试并提出用人意见；给出是否同意业务部门经理录用决策的意见，并报总经理办公会批准；向求职者解释公司的薪酬政策等求职者关心的其他问题；根据公司规定和部门意见决定被录用员工实习期长短和定级标准；提供求职者初步培训方案等。

4.3.3 我国企业的招聘和选择实践

根据对我国31家企业集团的调查，有效的雇佣制度和招聘及选择能够帮助企业利用有限的人力资源进行竞争，确保企业能够挑选出需要的最佳人选。在筛选方式方面，被调查的集团全部都采用了面试对应聘人员进行筛选，并在招聘过程中使用统一的应聘表格。自制专业知识和技巧测试题的占32.2%，推荐考试的占32.2%，体检的占90.3%，心理测试分析的占6.5%，评估中心的占3.2%，采用其他方法的占3.2%。但采用评估中心、心理测试等现代筛选方式的很少，这反映了与发达国家的差距。

在整个招聘和选择的过程中，参加调查的所有企业集团的人力资源部门都直接参与了招聘和筛选活动，80.6%的人力资源部经理直接参与了全过程，这表明了对招聘和筛选的重视。在参加面试的部门中，人力资源部全面参与的用人单位也占了80.6%。但仅有一家外资性企业集团在招聘过程中会经常邀请专家参与，17家集团则从来没有邀请过外部专家参与招聘，考虑到我国企业在人力资源管理开发技术方面的局限性，这反映了我国企业招聘过程中的不足。

从面试的类型看，占被调查企业总数的74.2%的企业（23家）经常是由2~3人参加面试，只有12.9%的被调查企业是由一人参加（4家），采用小组面试的占被调查企业的12.9%。这说明企业已经意识到了一人面试的局限性。

注释：

[1] 加里·德斯勒. 人力资源管理 [M]. 6版. 刘昕，吴雯芳，等，译. 北京：中国人民大学出版社，1999.

[2] CLARK K. Reasons to Worry About Rising Wages [J]. Fortune, July7, 1997: 31-32.

[3] BRANCH S. Mbas Are Hot Again and They Know It [J]. Fortune, November 14, 1997: 155-157.

[4] SUNOO B P, LAABS J J. Winning Strategies for Outsourcing Contracts [J]. Personnel Journal, 1994, March: 69-78.

[5] ANFUSO D. 3m's Staffing Strategy Promotes Productivity and Pride [J]. Personnel Journal, 1995: 28-34.

[6] REINGOLD J. Casting for a Different Set of Characters [J]. Business Week, December 8, 1997: 38-39.

[7] 赵曙明，吴慈生. 中国企业集团人力资源管理现状调查研究 [J]. 人力资源开发与管理，2003 (7).

[8] 吉姆·科林斯. 从优秀到卓越 [M]. 俞利军，译. 北京：中信出版社，2002: 51.

[9] 雷蒙德·诺依，等. 人力资源管理：赢得竞争优势 [M]. 3版. 刘昕，译. 北京：中国人民大学出版社，2001: 226-239.

[10] 彼得·德鲁克. 管理的实践 [M]. 齐若兰，译. 北京：机械工业出版社，2006: 133.

[11] 彼得·德鲁克. 卓有成效的管理者 [M]. 许是祥，译. 北京：机械工业出版社，2005: 88.

[12] 杰克·韦尔奇，约翰·拜恩. 杰克·韦尔奇自传 [M]. 曹彦博，译. 北京：中信出版社，2001: 176.

[13] 华西都市报，2006-04-30 (24).

[14] 吕子杰. 如何有效的确立企业人才评估模式 [J]. 人力资源开发与管理，2004 (9).

本章案例：人的性格是可以改变的吗？

你有多少可以改变？如果你讨厌见生人，你会学会以打开僵局为乐吗？如果你不愿争论，你会变得喜欢舌战群雄吗？如果登台会让你出汗，你会欣然接受公开演讲的挑战吗？一句话，人可以培养新的才干吗？

许多经理与公司都认为答案是肯定的。他们怀着美好的愿望，告诉员工们，每个人的潜力都是一样的。他们鼓励员工们解放思想，努力学习新的行为方式。为了帮助员工们晋升得更快，他们送员工们上各种培训班，学习各种新的行为，比如善解人意，力排众议，建立关系网，创新以及战略性思维，等等。在他们眼里，一个员工最宝贵的优点之一，就是愿意通过学习和自律来改变自己。

可是世界上最优秀的经理们并不这么看。他们认为，人是不会改变的。不要为填补空缺而枉费心机。而应多多发挥现有优势，做到这一点已经不容易了。

他们认为一个人的才干，即他的精神“过滤器”，就是“现有优势”。无论“微笑学校”如何培训，都不可能把一个见到陌生人就紧张的人转变为见面就熟。一个人如果越生气就越语无伦次，那么，无论他怎么努力，都不可能在辩论中出类拔萃。一个决心与对手一决雌雄的人无论怎样理解双赢的价值，都不会喜爱这种结局的。

一个人的精神“过滤器”就像他的指纹一样持久而独特。这是一种激进的理论，与风行数十年的自力更生的神话格格不入。但近十年神经科学的进展却证实了这些优秀经理们信奉已久的观点。

1990年，美国国会与总统宣布九十年代为大脑年代。他们授权拨款，资助各种学术会议，尽其所能地帮助科学界探索人脑的奥秘。这种支持加快了工业界、学术界及科研机构在这方面的进展。美国前国家精神卫生研究院院长刘易斯·L. 贾德声称：“神经科学进展神速。我们目前掌握的有关人脑的知识，有90%是近十年获得的。”过去，我们只能通过病人的行为来了解人脑的活动，而现在，正电子发射层描述（PET）与核磁共振成像技术（MRI）可以真实地让科学家看到大脑是怎样工作的。在这些高科技手段的帮助下，我们在科学探索上迈进了一大步。我们看到，精神疾病与其他身体疾病一样是生理疾病。我们看到，为什么神经介质多巴胺（Neurotransmitter Dopamine）可以让我们冷静，而复合胺（Serotonin）能使我们兴奋。我们看到，与常规想法相反，我们的记忆不是集中贮藏在大脑的某个地方，而是作为线索散落在大脑网络的每条干道和小胡同里。我们也了解了大脑是如何生长的。照这个速度，不出几年，我们的知识就会成倍激增。

比如，一个初生的婴儿脑中有一千亿个神经元（Neuron），他的大脑细胞比银河系的星星还多。这些细胞在孩子的一生中有规律地再生与死亡。不过它们的数量基本不变。这些神经细胞不是思想，而是思想的原材料。孩子的思想存在于这些神经细胞之间，在这些细胞的相互联系中，在突触（Synapses）中。在孩子最初的十五年中，突触之间如何连接决定了他的独特的心理历程。

从婴儿出生之日起，他的思想就开始积极而活跃地伸向外界。从大脑的中心开始，每一个神经元都向外发出成千上万的信号。它们试图与其他伙伴对话、交流，建立联系。想象一下，一个人同时与世界上十五万人建立联系，你就会明白这个年轻生命的思想世界是多么宏伟、复杂和充满活力。

在孩子三岁时，成功联接的数目就已大得惊人了——在一千亿个神经元中，每个神经元各自建立了十五万个突触的连接。

不过这太多了。他的大脑里塞满了五花八门的信息，负担未免太重。他必须用自己的方式对这些信息进行整理和理解。所以在后来的大约十年中，他的大脑开始整合它的突触联接网。牢固的连接得以增强，而薄弱的联接逐渐消亡。韦恩州立大学医学院的教授哈里·丘甘尼博士教授把这个筛选的过程比作一个公路体系："常走的路越走越宽，不走的路渐渐荒芜。"

科学家们仍在争论是什么原因使某些精神"公路"比其他"公路"用得更频繁。一些人认为孩子的遗传基因先天地决定他会选择哪些精神路径；另一些人则认为后天的养育会决定在达尔文式的筛选过程中不同路径的去留。这些观点并不互相排斥。不过无论是偏向先天遗传还是后天遗传影响，大家对筛选结果的看法基本相同。

当孩子十几岁时，他的突触联接只有三岁时的一半了。他的大脑已经开辟出一个与众不同的联接网络。这里有几条平坦宽阔的四车道高速公路，其联接牢固而通畅；也有拒绝一切信号出入的荒原。

如果他获得一条体谅的四车道高速路，他就会设身处地体会到周围人的所有情感。相反，如果他在体谅方面是一片荒原，他就会成为感情上的盲人，永远在错误的时间对错误的对象说错话。这不是因为他有恶意，而是因为他不能准确接收外界信息。同样，如果他获得一条争辩的"高速路"，他就会在激烈的辩论中，左右逢源，妙语连珠。而如果他在争辩方面是一片荒原，他会发现在辩论的关键时刻，他的大脑总会令他张口结舌。

这些精神路径就是他的"过滤器"。它们生成了使他不同于别人的贯穿始终的行为方式。它们告诉他，对什么信号该注意，什么可以不理睬。它们决定他在哪些领域会出类拔萃，在哪些领域会苦苦挣扎。它们制造了他所有的热情和冷漠。

这些路径的建造过程就是他的性格塑造过程。神经学告诉我们，一个人十几岁以后，要改变性格，是十分有限的。

当然这并不是说他不可以改变。他可以学习新技能和新知识。他可以改变他的价值观，他可以培养更强烈的自我意识和增强自我规范的能力。并且，如果他在处理争端方面是一片荒原，那么通过足够的训练，辅导和鼓励，他也许会在帮助下开辟一条小径，使得他至少能够应付争论。但是，就精神路径而言，无论怎样的培训，辅导和鼓励都不能将他的荒原变成通畅无阻的四车道高速路。

神经科学证明了优秀经理的直觉。一个人的“过滤器”及其所生成的贯穿始终的行为方式是持久的。在许多重要的方面他都是永远而神奇地与众不同。

你也是这样。当然，你的员工也都如此。

资料来源：马库斯·白金汗，柯特·科夫曼．首先，打破一切常规［M］．鲍世修，等，译．北京：中国青年出版社，2002：99－102．

案例讨论：

1. 领导者和管理者应当如何评价和使用优点和缺点都特别突出的员工？
2. 如何在招聘和人员配置过程中做到“扬长避短”和“量才适用”。
3. 你认为应如何保持个人的独特特征和企业的规范要求之间的和谐协调关系。
4. 如何理解“既然性格难以改变，最重要的是发挥优势”。
5. 你认为在哪些情况下，人的性格可能会发生某些改变？

第三篇 个人发展与组织发展

在前面的章节中我们讨论了组织结构、工作分析、规划、招聘和选择等人力资源管理的基本职能，本篇内容主要分为两部分：战略性培训和开发。战略性培训包括战略性培训的定义、影响企业培训的要素分析、企业发展不同阶段培训的特点、企业培训系统的设计等内容；战略性开发则主要包括定义、开发的步骤、方法等内容。

第5章 战略性培训与开发

培训和开发是人力资源管理的一项重要职能，并与其他人力资源管理职能有机地结合在一起，为人力资源管理实践奠定坚实基础。有学者对人力资源管理的各项职能的关系做了一个形象的比喻，如果说人力资源管理开发体系是一辆“汽车”，那么，任职资格系统就是“车架”，人力资源规划系统是“方向盘”，绩效管理系统是“发动机”，薪酬管理系统是“燃料”和“润滑剂”，而培训开发系统则是“加速器”。[1]这种“加速器”的作用就在于能够随时根据环境的变化和组织战略的要求，为员工提供源源不断的能量补充，以保证其能力和技能能够有效的支持组织的经营管理目标。但培训和开发并不是万能的，有很多问题也不是通过培训和开发就能够解决的。通常意义上讲，培训主要是解决观念问题，因此不可能期望听一堂课就能够解决企业的实际问题。企业的具体问题要通过详细的调查研究，才能够提出有针对性的解决方案。在开发上同样如此，各种开发方法和人才测评技术也不总都是有效的，如梅耶斯—布里格斯人格类型测试在不同时间对同一人测试的有效性仅为24%，而且它也不能反映和衡量员工的特长以及员工在多大程度上执行了自己所偏好的职能，这说明这些方法和技术还是有较大缺陷的，企业应该正确认识和了解培训和开发的功能和作用。

本章将首先阐述培训与组织竞争优势之间的关系，详细讲解企业发展不同阶段的培训需求和特点，以及影响培训的若干因素。在开发方面，重点介绍目前比较流行的开发方法，其中重点通过本章的学习，应掌握以下几个方面的问题：

1. 了解和掌握培训、开发的基本内涵。
2. 了解和掌握组织战略与培训、开发职能之间的关系。
3. 组织应如何建立有效的培训及开发体系。
4. 组织应如何对培训的效果进行评价。
5. 影响组织培训的因素有哪些？
6. 人力资源开发有哪些主要方法。
7. 轮岗在人力资源开发中的作用。

专栏5-1：ABB公司的培训理念和方法

作为全球知名的企业，ABB公司中国在招聘管理培训生的时候，有一个条件曾经吓退很多人：管理培训生项目毕业后要服从分配到 ABB 在中国的任何业务单位。ABB 中国公司负责人力资源的高级副总裁韩愉说，第一批管理培训生项目中，双方都要面对很大的不确定性，做什么不确定，在哪儿工作不确定。唯一确定的是在 ABB 中国公司上班，在企业里面做管理工作。韩愉说，最终参与的人都愿意花一年半的时间找到自己想做什么、想在什么地方生活和工作。

的确，很多 ABB 这样的跨国公司在中国一直在艰难地应对老问题：如何吸引、留住和激励一流的员工，招聘管理培训生，培养后备管理人才，是 ABB 的解决方法之一。

韩愉认为，跨国公司在吸引人才方面面临巨大挑战，“过去 5 年，外国直接投资在中国飞速发展，需要大量的管理人员、工程师、销售人员、售后服务人员，对人才市场需求巨大。”

除了业务高速发展人才需求量大与整个市场上候选人才不足之外，韩愉认为像 ABB 这类以工程师为主的公司，可供选择的潜在人才市场更小。他举不久前为公司在上海的机器人中心招聘工程师为例，当时希望能招聘到 35 岁以下，懂得机器人的应用，最好在非汽车行业如医药、化工等行业有机器人应用经验的人才，在尝试过报纸、网站等多种招聘方式后都难以找到合适的候选人。第一大挑战就是称心如意的候选人不够。而能干的人，要价都很高、期望也很高。

ABB 对专业的要求比较高，而且要求 5 ~ 10 年的行业经验积累。ABB 期望的典型人才特征是，知名工科大学毕业，接受电力或工业自动化等专业教育，大学毕业三到五年，有行业经验。他对比工程公司和 IT 类公司人才需求的差异：对 IT 公司来说，毕业生在学校学的知识和技能到了就可以用，他马上就能把大学毕业生变成生产力，因而他们招聘时只要人才聪明、性格好、语言能力强，越年轻越好。公司现在开始招聘大学毕业生，也在市场招聘有 2 ~ 3 年经验的人才。过去我们的要求是有 7 ~ 8 年经验，现在市场使得我们必须调整标准。

为培养后备管理人才，从 2004 年开始，ABB 中国开始实行管理培训生（Management Trainee）计划，它招聘工科背景、愿意做管理工作的硕士毕业生，让他们参加为期 18 个月、在三个业务单位各参加半年的培训。“对于未来管理者来说，在生产型企业、基层的工作经历非常重要。”韩愉说，“你总要在工作的一个阶段，去了解工人是怎么做事，产品是怎样设计、生产出来的，然后才能去做销售管理、运营管理或者管理一家工厂。”

现在在 ABB 厦门中压工厂进行第三阶段培训的郑勇是第一批 8 名培训生之一，他毕业于清华大学管理工程专业，获硕士学位。他第一站是在 ABB 北京电气传动系统公司，参与公司的搬迁计划，流程设计。韩愉评价说：“他开始的时候指手画脚，说管理太差了。其实那是全球最成功的传动公司，但对于清华学生来说，他首先看到是和书本不一样。”他后来做得非常好，传动公司希望留下他，但管理培训生计划要求他继续去参加第二阶段的培训。接下来他在 ABB 上海机器人技术中心，跟着来自美国的项目经理，协调项目计划，自信心增强了很多。

韩愉认为，现在的大学生，只要认真挑选，优秀的人才很多，重要的是要给他们机会、给他们引导。但他也批评现在的毕业生小气、缺乏豪气。比如说，有的人只愿意在北京、上海工作，别的哪儿也不去，甚至有只喜欢在长安街上上班，因而把自己的路限制得很窄。他们没有这样的豪气：我是很好的学校毕业的，学技术的，又很聪明，什么也不怕。我来了公司，就要做事情，给我挑战，给我机会。让我去重庆、中山或者其他什么地方，我就去吧！韩愉说，3~5 年做起来之后，这样的学生将是一个国家的人才。

ABB 公司的理念是：关心人，关心业绩；发展人，发展业务。ABB 把人放在首位。公司很多业务部门是以工程师为主，他们了解 ABB 技术和产品；当他们负起团队管理职责，或者一个职能部门管理职责时，就需要商业知识和观念。ABB 定期举办的新经理培训包括管理沟通、绩效管理、选人和财务知识的培训，让他们对商业运作有一个整体的概念。在过去几年，ABB 还送了将近 100 个经理到中欧国际工商学院参加管理证书班，虽然这是很大一笔投资，但回报也很大的。公司保证在关键岗位上有潜力的人，有机会了解 ABB 技术，同时有机会到商学院学习、了解西方管理理念。这样他既是技术专家，又是管理专家。

管理人才培养上，ABB 主要以内部提拔为主。关键做法是给人以机会，在人才没有完全准备好、准备度不是百分之百的时候，就给他以有挑战的工作。人才被埋没的原因，是没给他机会、给他试的机会。

资料来源：张辉．ABB：人才需要机会［N］．经济观察报（电子版），2006-01-16．个别文字有调整。

5.1 战略性培训

5.1.1 战略性培训的定义及作用

所谓战略性培训，是指企业为了适应经营战略和市场竞争的需要，有计划地帮助员工通过学习和训练，掌握做好本职工作及满足未来工作要求所必需的知识、能力和技能的活动和过程。这一定义有两个含义，一是强调培训有特定的目的，二是阐明培训是一个过程。前者指培训始终是为解决实现企业目标和人与岗位技能之间的差距而进行的学习，因此具有强制性；后者指培训是一个不间断的过程，具有长期性和系统性。认真了解和掌握着两方面的含义，对于指导企业的培训和增强培训效果具有重要的意义。在专栏 5 - 1 中，ABB 公司的培训目的有两个，一是专业技术后备人才的培养，二是管理人员的培养。在专栏 5 - 2 中，Mirage Hotel 所面临的挑战是顾客对服务提出的高要求。为了解决这一问题，公司的培训的针对性表现为提高员工的专业技能，如发牌手的洗牌、理牌、付钱给赢家、辨别欺诈行为的技能；满足员工选择感兴趣的工作的需要、提供营养学、个人理财、贴墙纸等非工作时间的生活质量的培训，则体现了公司培训的长期性、系统性的特点。而对于麦德托尼克公司来讲，培训则主要是应对公司面临的两个挑战，包括如何利用科学有效的手段提高销售人员的技能以及让顾客迅速了解和掌握安装心脏起搏器等设备的操作技能。麦德托尼克公司成立于 1949 年，有员工 1.2 万人，是一家专门从事医疗技术开发和销售的公司。该公司在提供解决心血管疾病、神经性疾病、糖尿病等慢性病方面的医学技术方面处于世界领先地位。1957 年该公司发明了世界第一个外置心脏起搏器。目前该公司生产的心脏起搏器占到全世界总量的 50% 左右。1960 年开发了第一个长效的内置心脏起博系统。该公司同时还生产心脏瓣膜、血管成形术导管等医疗产品。每年大约有 250 万病人从公司的技术和产品中受益。该公司被《财经》杂志评为美国最好的 100 家公司之一。随着竞争的加剧，公司面临着两个挑战：一是如何通过高绩效工作系统进行竞争；二是公司扩大市场占有率和促进销售的要点是什么。为了解决公司面临的挑战，公司明确了提高销售人员的技能要求和让顾客迅速了解和掌握操作技能两个方面的培训要点。公司的销售人员不仅要销售产品，而且要懂得如何使用这些产品，并通过技术营销教会医生如何使用这些产品。为了支持公司目标的实现，公司提高了培训支持手段及培训方法等人力资源管理实践方面的支持，如为销售人员配备便于展示的有 CD 播放器的多媒体电脑和交互式程序，加强对销售人员使用这种多媒体电脑和交互式程序的培训，以及进一步开发新的多媒体产品以用于市场营销和培训。[2]

培训与人力资源相关职能之间的关系。培训是人力资源管理的一个重要职能。在战略性人力资源管理体系中，培训起着承前启后的作用。所谓承前，是指培训是建立在工作分析基础之上的。而启后是指培训所要达到的目标或完成的任务。当企业完成了招聘和选择的相关工作后，意味着求职者成为了企业的新员工，这时就需要对新员工进行培训。企业培训包括上岗培训、新技能培训、管理者培训等。不管是哪种类型的培训，都有一个基础或出发点，即岗位胜任能力的要求。而岗位胜任能力是根据工作分析的结果决定的。由于环境是在不断变化，企业的目标和任务也随之发生变化，因此岗位胜任能力也不是一成不变的。这就需要企业随时做好工作分析等相关工作，以便为培训创造条件。

专栏5－2：Los Vegas的Mirage Hotel利用培训提高竞争能力

大地发出隆隆声响，天空闪耀着橘红色的光芒，一切有如火山喷发的景象。这样的场面出现在米拉日湖（Mirage），一个位于美国拉斯维加斯拥有3000间客房的酒店和赌城的度假村。这里不仅有21点和掷子，还有许多其他种类繁多的游戏，并且还拥有能为客人们表演特技并可用作科学研究的海豚王。米拉日湖也是皇家白虎及魔术师西格佛雷德和罗伊的故乡。该度假村拥有并经营着三家娱乐公司（米拉日湖公司、金块公司和宝岛公司），每年都会吸引3000万左右的游客。由于拉斯维加斯还有其他89家赌城或酒店，因此娱乐业市场的竞争非常激烈，如果再加上全美国甚至海外的娱乐集团公司，竞争程度可想而知。但这些并没有影响米拉日湖度假村成为一家非常成功的企业，在过去几年当中投资者获得的回报率每年达22%，公司被称为美国最令人羡慕的企业之一。据12家商业出版社称，该度假村在赌博业和酒店业中的生产效率是最高的。该公司的酒店始终保持着98.6%的入住率而当地其他酒店则为90%。

米拉日湖成功的关键主要是以高质量的服务来赢得回头率。宝岛公司55%的收入和米拉日湖45%的收入来源于非赌博业（很大程度上来自于客房出租）。回头客对于米拉日湖的成功至关重要，他们认为客户服务的关键在于雇员的热诚。

除了招聘最好的雇员，让他们从事感兴趣的工作并为他们营造良好的工作环境外，米拉日湖度假村将培训放在公司经营的首要位置上。为开发自己的人力资源（包括培训），公司研究了200多家其他企业的人力资源管理活动，包括酒店、赌场和生产型企业，以探索哪些行为有效哪些行为无效，从而拟定一个培训基准。研究的结果使公司认识到培训的重要性，为此每年用于培训上的支出大约在800万美元。米拉日湖度假村之所以投资于培训，不仅是要提高雇员的专业技能，而且要为他们在米拉日湖内的职业生涯发展做好准备。举例来说，通过培训使雇员掌握事业成功所必需的关键技术和战略，以此来取悦客户。如，发牌手要学会如何洗牌、理牌、付钱给赢家、辨别欺诈行为。公司还制定了工作说明书详细说明了每项工作的职责和最低任职资格要求。这份说明书不仅能满足雇员选择感兴趣的职业的需要，还可回答一个价值13.5亿美元的在建赌城需要多少员工这样的问题。此外，米拉日湖公司还投资于旨在提高雇员非工作时间里的生活质量的培训。这些课程从如何贴墙纸到营养学及个人理财，无所不包。米拉日湖度假村相信，通过这些课程的安排可使雇员更好地安排业余时间，以促使他们能够全心全意地在米拉日湖度假村更好地完成本职工作。

除了雇员的培训外，经理人员也要接受培训。这种培训教会经理如何营造一个适宜的工作环境。对经理进行培训的重点不仅是要告诉雇员做些什么，还要让他们知道为什么做这些工作。这一切使得米拉日湖度假村中的人际关系非常融洽。

资料来源：雷蒙德·诺依．雇员培训与开发［M］．徐芳，译．北京：中国人民大学出版社，2001：1－2.

5.1.2 企业不同发展阶段对培训的不同要求

正如前面在定义培训时所指出的，培训有明确的目标，具有强制性的特点，同时又是一个自始至终的长期过程，具有系统性的特征。既然培训是一个过程，就有不同的阶段划分，在每一个阶段，培训的目标和任务也具有差异性。了解这一点，对于明确提高培训的针对性和质量有重要的意义。

（1）创业阶段的培训特点

一般而言，创业企业一般都是小企业。在这个阶段，企业的主要目标是使自己的产品或服务能够被市场和消费者接受，而对于小企业来讲，在人事安排上的一个突出特点就是以较少的人员承担和完成较多的工作。而要达到这个目标，企业招聘的往往都是具备相当工作经验的人。因此，创业阶段的企业在培训方面的一个基本的共同特点就是少有明显的外部培训要求。对于那些缺乏工作经验的新员工来讲，主要是通过老员工的传、帮、带来解决其技能缺陷的。这时培训的要求和目标可以采取确定工作目标、建立工作说明、制定工作记录和工作指导书等形式实现和完成。

无论是创业企业还是老企业，新员工的上岗培训是一个重要的内容。根据中国31家企业集团人力资源管理开发现状的调查，很多企业的培训支出都主要用于新员工的培训和技术人员的技能提升方面。上岗培训的目的在于使他们能够在正式开始工作之前，能够基本了解所在企业的基本情况以及具备顺利完成本职工作的程序和方法。对于比较规范的企业来讲，一般都有专门制作的员工工作手册或类似的文件。这种岗前培训包括两方面的内容，一是与工作本身有关的培训，二是企业文化、办事规则等方面的培训和引导。当初惠普兼并康柏时，为了让全体员工了解和掌握新公司的运作程序和要求，公司发布了新的《惠普员工手册》，对包括如何着装和报销医疗费等都做了详细规定。此外，还定期向全公司发布与合并有关的信息，如合并时间表、工作方式和工作习惯的交流等。[3] 专栏 5－3 中，美国丰田汽车公司对新员工的培训主要是通过上岗引导来进行的，在四天的上岗引导中，对新员工进行了包括企业文化、价值观、团队合作、组织结构、薪酬福利等全方位的情况，公司将这种上岗引导看作是“同化”的过程，即成为雇员目标与企业目标一体化过程的开端。

（2）成长阶段的培训特点

企业在成长阶段，最主要的问题就是人力资源管理的瓶颈制约作用越来越突出。比如，随着企业市场份额的不断扩张，要求招聘更多的新员工；由于销售地域的不断扩大，分、子公司纷纷成立，要求具备管理能力的员工能够胜任新的更重要的工作等。特别是管理人员的梯队建设问题，对处于成长期的企业来讲非常重要。初创时期的企业由于各种原因，可能还没有意识到管理者培训的需求和重要性。而对成长期的企业来讲，人力资源的瓶颈制约就表现出来了。因此，当企业进入成长期后，对管理人员的培养成为企业经营管理工作的一项重要内容。管理者培训是企业培训体系中的一个特殊内容，主要是指企业为了长远发展的需要而进行的接班人或管理者继承培养计划。因此，在这一阶段，人力资源管理最重要的任务之一就是保证足够的高层次的人力资源数量和质量，以帮助企业实现经营管理目标。对于员工来讲，由于有了更多的发展机会和发展空间，员工参与培训的积极性一般都很高。更多的提升机会、对新的技术和新的管理方法的强烈追求等，导致企业在培训上会投入更多的时间和精力。这时企业培训的重点是，针对企业的实际需要，通过展示机会、明确责任和挑战性、建立科学合理的培训开发、绩效和薪酬等一系列人力资源管理制度，为员工的全面发展提供条件。

（3）成熟阶段的培训特点

成熟阶段的企业因为有了比较稳定的市场份额和顾客群，因而比成长阶段有了更多的时间和精力对企业的历史进行反省。如果企业能够在成长阶段初步解决好人力资源的瓶颈问题，进入成熟阶段后，就能够将更多的精力放在对过去成功经验和失败教训的总结等问题上，并在此基础上挖掘和提炼出企业文化的深刻内涵。在这一阶段，企业培训的重点主要包括：第一，树立学习型组织的理念，一个真正的学习型组织不仅要善于总结自己的成功经验和失败教训，而且还要善于向竞争对手学习，并且将学习的心得和体会以及具体的方法在企业内部广泛的传播和推广。随着企业逐渐走向成熟，知识管理的重要性也日益突出，无论是对于员工还是企业，要想总结出成功的经验或失败的教训，并使经验得到分享，都必须在一种善于沟通、学习的氛围中才能实现。当企业的员工能够将自己的独门绝招或提高生产效率的方法传授给其他员工，并进而提高了大部分员工创造价值的能力时，这就是一个成功的学习型组织的典范。而要达到这个境界，需要在企业内部创造一种知识创造和知识分享的文化氛围。营造这种氛围一方面需要对员工进行培训和开发，另一方面也需要在激励机制上对员工进行引导。第二，成熟阶段的企业所面临的最大风险往往并不是来自外部，企业内部的自满、停滞不前以及盲目的乐观可能是最为致命的因素。因此，企业的主要领导人一定要保持清醒的头脑，做到“大事不糊涂”，与高层管理团队及核心员工一起，在企业中倡导不断创新和变革的理念和必要性，并通过培训将这种理念落实到具体的工作中去。第三，为适应创新和变革对新技术的需求而开展的新技能培训。

无论是在成长阶段还是成熟阶段，持续的改革和创新成为企业发展的重要保障。为了提高企业的竞争能力，企业总是要不断地适应变化，并适时地进行变革和创新。这种变革和创新既包括观念方面，也包括引进新的技术、生产新的产品或提供新的服务。新技能培训就是为了保证员工掌握新技术进行的培训。由于新技术的掌握与员工岗位的胜任能力是联系在一起的，因此，新技能培训也具有强制性的特点。同时由于企业需要持续的创新，因此对新的技能的要求也是在不断变化，从而使其具有长期和系统的特征。因此，在这类培训中，还有一个非常重要的工作，就是引导员工了解变革和创新的必要性，对于那些不能适应变革和创新要求的员工或经过培训不能掌握新的技能的员工，可能就会被要求更换工作岗位或被淘汰。

专栏5-3：美国丰田汽车公司对新员工的上岗培训

目前，在许多企业里，“上岗引导”活动已远超出向新雇员提供如工作小时数一类基本信息的范围。如前所述，越来越多的企业发现，可以将上岗引导期用于其他目的，包括使新雇员熟悉企业的目标和价值观。因此，上岗引导便成为雇员目标与企业目标一体化过程的开端，而这个过程则是赢得雇员对企业及其价值观、目标的信仰的一个步骤。

美国丰田汽车制造公司的上岗引导计划就是这方面的一个案例。这个计划包括像公司福利一类传统的内容，但更主要的目的是潜移默化地使丰田的新雇员接受该公司的质量意识、团队意识、个人发展意识、开放沟通意识以及相互尊重意识。这个计划为期四天，其主要内容可总结如下：

第一天：上午6:30开始，由公司主管人力资源的副总裁介绍本计划梗概、致欢迎辞、详细讲述公司组织结构和人力资源部门情况。用一个半小时介绍丰田公司的历史和文化，用将近两个小时介绍雇员福利。然后再用两小时介绍丰田公司质量和团队精神的重要性。

第二天：开始用两个小时进行“TMM倾听方法——沟通技能训练”。在此过程中主要强调相互尊重、团队精神和开放交流的重要性。然后，将这天其余的时间都用于讲解上岗引导的一般性内容，包括安全、环境事务、丰田的生产体系以及公司的图书馆。

第三天：开始又用两个半至三个小时进行沟通训练，内容是“TMM提问与反馈方法”。其余时间用于介绍丰田公司解决问题的方法、质量保证事故通报与安全。

第四天：上午召开团队精神研讨会，主题包括团队训练、丰田的提案制度以及丰田的团队成员活动协会。还要介绍一些作为团队成员的基本知识和技巧，如工作小组负责些什么；怎样作为一个小组共同工作。下午专门进行防火及灭火训练。

如期完成四天的上岗引导（同化）社会化活动后，参加活动的雇员便潜移默化地接受了丰田的意识，尤其是它的质量使命、团队价值观、不断改进和解决问题的方式。这是赢得新雇员对丰田公司及其目标和价值观的信仰的重大步骤。

资料来源：加里·德斯勒. 人力资源管理［M］. 6版. 刘昕，吴雯芳，等，译. 北京：中国人民大学出版社，1999：236.

5.1.3 决定企业进行培训的原因和方法

企业培训总是基于一定的理由，要么是提高员工素质，要么是掌握新的技能，现在很多企业则将对变革进行的宣传和动员也作为培训的一项重要内容。总的来看，企业培训的原因主要有以下几种：

领导人和管理者培训。这一培训主要是针对企业领导和管理人员的正常交替而进行的培训。企业的可持续发展既依赖于必要的资金和物质资源的保障，同时也依赖于高素质的人力资源资源的支持，包括高素质的员工和管理者两个方面。其中，领导人和管理者作为团队的领袖人物，对企业的可持续发展具有更为重要的直接影响。因此对他们的培训也至关重要。培训领导人和管理者有多种方式，但主要包括大学正规教育、现任领导人的传、帮、带以及在职锻炼等。关于领导人的传、帮、带和在职锻炼在本章第二节将做详细的介绍，这里主要讨论大学正规教育。大学正规教育包括各类正规课程的学习，如大学提供的各类脱产和在职MBA课程、由大学或管理顾问咨询公司专门为管理人员设计的各种在职或脱产的短期课程等。目前我国的很多大学都开设了这些课程。由于这类课程集中了当今企业管理各个方面理论和实践的研究成果，理论性和实践性都比较强，一些大学甚至都是由国外大学的教授进行授课，含金量较高，因而成为企业领导人和管理者培训的重要渠道。参加这类课程培训的主要是企业的中高级管理人员及有培养前途的核心员工，培训的目的是掌握系统的理论知识，并在此基础上对自身的实践经验进行总结，提高综合素质，以具备新职务的胜任能力。由于这类培训的费用较高，企业需要考虑如何避免员工在获得MBA学位后的流失问题。在这类培训中，管理者特定课程培训也是一项重要内容。这类培训的内容主要包括沟通、处理冲突、适应变革等特定技能的培训，参加人员主要是企业各层次的经理人员，培训的目标是提高和丰富经理人的技能，为企业的管理和继承计划奠定基础。为了使培训能够达到希望的效果，有必要将培训纳入企业的绩效管理系统，即将相关培训内容作为领导者和管理者的绩效目标，并通过验收、考评等方式作定期的检查和回顾。

专业技术培训。专业技术培训的目的在于提高员工的专业技能。这方面的方法很多，如现场工作指导培训、专家讲授和现场观摩、老师带徒弟等。在这方面，一本详细规定操作步骤或程序的手册是必不可少的。参加这类培训的主要是一线员工，特别是新员工。培训的目的在于掌握岗位技能，具备岗位胜任能力。为了提高培训的效果，调动师傅和徒弟的积极性，可以考虑对师带徒成功者进行奖励，并对经过培训仍然不能掌握该项技能的员工进行换岗处理。

企业文化和价值观培训。在传统的培训观念中，几乎没有企业文化和价值观方面的培训内容。随着企业提升核心竞争力的要求，这种培训已成为战略性人力资源管理体系的重要内容。专栏5－3中，美国丰田汽车公司对新员工的“上岗引导”，其中就包括了这方面的培训，其目的是使丰田的新雇员接受公司的质量意识、团队意识、个人发展意识、开放沟通意识以及相互尊重意识。这种培训对提高公司的凝聚力和竞争力无疑具有极其重要的意义。企业进行企业文化和价值观培训的重点首先是使员工认识和熟悉其内容，了解企业对员工行为方式的要求。这种文化和价值观的宣讲最好由公司的高层管理人员负责，就像美国丰田汽车公司那样。当新员工经过公司主管人力资源的副总裁的介绍以及各种训练和培训后，就已经对什么是符合公司需要的员工有了较深入的理解。其次，要通过培训使这种文化和价值观从抽象的概念变为具体的行动，企业文化和价值观必须要具有可操作性才可能成为员工行为的规范。比如，我国很多单位都将“团结、拼搏、求实、创新”作为自己的文化核心和价值观准则，但由于没有将其落实为具体的、可操作的规范，使本来非常好的理念反而成为没有基础的口号，从而失去了应有的作用和效果。企业文化和价值观培训的最重要的方式和途径之一就是通过领导者、管理者以及老员工的传、帮、带和言传身教，使新员工能够在较短的时间里了解和接受，以适应组织的要求。

5.1.4 影响培训的因素

培训作为人力资源管理的重要职能，在丰富员工技能水平、完善员工职业发展规划、提高员工职业忠诚度等方面具有非常重要的作用，最终带给企业的是高效率的回报。但在现实中，由于多种原因，很多企业的培训并没有取得预期的效果。《世界经理人》网站于2003年8月20日~10月19日就企业“没有推行员工培训的主要原因”进行的网上调查显示，在接受调查的647张选票中，认为“人员流动太大”的占40.19%，认为培训效果不好的占28.28%，认为培训费用太高的占27.20%，认为没有培训的需要占4.33%。这些调查反映出在目前的企业培训中还存在很多模糊的认识，在这些因素背后实际上反映的是企业对培训的态度。

要使培训能够达到预期的目的，必须在以下两个大的方面做好相应的工作：

（1）企业内部各级管理人员对培训的认识

在导论中我们论述了人力资源管理的责任人问题，在培训上，要使企业的培训取得预期的效果，同样需要在高级管理者、业务部门负责人和人力资源部以及一般员工三个层次上取得一致的认识，做好各自的工作。

首先是在企业高管层次上要统一认识。企业高级管理人员对培训的认识和态度是至关重要的，上述调查的四个方面的问项实际上涉及的都是各级管理人员对培训的态度问题。在这一层次，主要要解决好以下几个方面的问题：

识别与竞争对手之间的差距。《孙子兵法》讲：知己知彼，百战不殆。意思是对自己的情况和竞争对手的情况都了解得非常的清楚和透彻，就不会失败。在企业培训的战略思想构架中，首先就是识别组织差距，即通过在管理、技术、战略目标、员工能力和水平等企业经营实力与谋略方面与竞争对手总体实力的比较，找到取得竞争优势的方法。对企业高级管理人员来讲，能否正确识别这种差距，事关企业的成败。只有首先识别出差距，然后再根据具体情况，制定有针对性的策略，才能够最终战胜对手。上述调查中，反映“培训效果不好”的占接受调查人数的28.28%，分析效果不好的原因多种多样，但未能准确识别这种差距也可能是一个重要的因素。由于没有发现差距的根源，培训的针对性就难免打折扣。

缩小与竞争对手之间的差距。对高层管理人员来讲，识别出与竞争对手的差距只是第一步，紧接着还要提出缩小与竞争对手差距的方法，即战略性培训思想构架第二个方面的内容。当发现员工的知识结构、能力、技能与竞争对手存在差距后，首先是要弄清楚这种差距是否可以通过培训解决。如果可以通过培训解决，就可以制定有针对性的培训规划，通过培训提高现有人员的管理和技术水平。如果难以通过培训解决，则可以通过引进技术或人才等方法解决，最终的结果都是为了提高和强化企业员工创造价值的能力和水平。

提供培训所必需的资源和条件。战略性的培训固然能够帮助企业提高竞争优势，但培训本身是需要支付成本的。这种成本既包括直接的有形的成本，如培训费用，也包括间接的无形的成本，如员工因参加培训而导致的某些工作任务的延迟完成及其对所在部门工作的影响。因此，战略性培训思想架构第三个方面的内容，就是要求企业的高层管理者必须为培训提供必要的资源支持，包括培训费用和培训时间的保障，以及解决员工因参加培训而临时性离岗产生的部门工作压力。在上述调查中，认为培训费用太高导致企业没有开展员工培训人数占27.20%，其中，一方面是企业的态度和认识问题，即对培训提高企业竞争力的关系还存在模糊的认识；另一方面，企业缺乏系统的人力资源管理理念和专业的人力资源管理专业人员，没有对培训需求进行评估的环节，也不了解培训市场的概况，盲目崇拜大的管理咨询公司，费用当然就高。

明确人力资源管理部门的地位和作用。在培训方面，企业高层管理者要做的另一项重要工作就是要明确人力资源部的地位和作用，包括界定人力资源部在培训业务上的主导作用，要求各业务部门对人力资源部培训工作的支持，批准人力资源部的培训计划和预算等。为了做好培训工作，人力资源部也必须与各业务部门做好协调和沟通，通过业务部门主管了解员工的培训需求，以提高培训的针对性。

其次是在企业部门主管层次上取得共识。在企业高管层次的问题解决后，下一步要解决的就是各业务部门主管对培训的认识和态度以及应开展的工作等方面的问题。

识别人、岗差距。当企业的战略目标确定后，就会按照企业内部的组织结构进行相应的分解，最终落实和量化到每一个具体的工作岗位上。要完成这些指标，就要求员工必须具备岗位胜任能力。这里包含了两个人力资源管理的核心要素，一是工作分析，二是绩效认定。所谓人、岗差距，就是通过分析，辨明员工的知识、技能、能力与工作职责的适应或匹配程度。其次，通过对员工工作绩效的评估，确定与企业希望的实际绩效的差距，以便为相应的人事管理决策提供依据。这里需要注意的是，人、岗差距包括两个方面的内容，一是现实差距，二是将来差距。前者指员工当前的岗位胜任能力，后者指随着企业的发展以及工作的丰富化带来的掌握新知识、新技术以提高个人和部门的能力体系等新的工作胜任能力的要求。一般意义上的培训主要是解决员工的现实差距，而未来工作胜任力主要是通过开发来解决的。

缩小差距。识别人、岗差距只是第一步，第二步是提出缩小差距的途径和方法。在这一过程中需要注意的是，有的差距是可以缩小或避免的，而有的则是不能够缩小或避免的，因此应根据具体的情况确定培训的内容以及做出相应的人事决策。比如，有的员工可能根本就不具备岗位任职资格或不适应岗位要求，在这种情况下，即使对他们进行培训也难以达到应有的绩效标准，唯一的办法就是通过调岗或换岗的方式解决。而对那些能够通过培训和开发解决的技能问题，则可以通过在职培训或“师带徒”等形式解决。

与人力资源部之间的关系。为增强培训效果，各业务部门负责人应与人力资源部保持密切地联系，为其提供有关的业务培训要求，同时为员工的培训创造条件，包括时间的安排、工作影响、绩效考评影响等。

最后是在员工层次上统一认识。从提高岗位胜任能力以及企业效率和效益的角度出发，培训具有较强的针对性和强制性。因此，在员工层次上，一方面应准确地界定员工的实际工作能力与岗位绩效目标之间的匹配关系；另一方面，当发现员工岗位胜任能力与组织整体绩效目标不相匹配，通过分析发现这种差距能够通过培训解决时，就需要根据情况对其进行培训。对于任何组织来讲，员工培训的重点主要集中在以下几个方面：

员工技术技能的全面发展。员工技能的全面发展包括三个方面的内容：一是指员工技能的宽泛化；二是指员工技能的专业化；三是熟练运用高绩效工作系统的要求。第一，对任何一个组织来讲，都需要两种基本类型的员工：一种是在某一个专业领域里非常优秀或突出，成为该领域的专家；一种是在多个领域全面发展，成为全能型员工。我们把前者称为技能的专业化，把后者称为技能的宽泛化。这两个方面都是与技能工资制度和组织稳定性要求联系在一起的。第二，所谓技能工资制度，是指按照员工实际拥有的技能支付工资或薪酬，它是建立在员工的知识或技能等个人特征基础之上的。由于这种制度一方面能够适应技术变革带来的持续不断的技能宽泛化和专业化的趋势，另一方面也在一定程度上保证了组织的稳定性，因而得到了越来越多的企业的重视。第三，通过培训，使员工具备熟练掌握和运用高绩效工作系统的能力。现代意义上的产业工人和员工的概念已经与从前有了本质的区别，比如，在生产性企业中，企业不仅希望工人能够操作机器，而且还能承担机器维修保养、质量控制甚至修改计算机程序的责任。日本丰田公司就对此做出过如下的评价："没有任何一位位居生产线工人之上的专家（质量检查员、许多管理人员以及监工等）是在给小汽车带来价值增值。不仅如此，……生产线上的工人可能能够更好地履行专家们所执行的大部分职能，因为他们对生产线的各种条件非常熟悉。"[4]要使员工具备这些能力和技能，相应的培训是不可缺少的。

具体生产技能与沟通、协作、独立解决问题等管理能力的结合。随着组织扁平化的发展、管理层级的压缩以及对顾客利益的重视，员工尤其是一线员工的责任越来越重要。要实现组织的目标，不仅要求员工具备专业技术能力，同时对有效的沟通、彼此之间的协作、独立解决问题的能力和水平，以及知识的创造和分享提出了更高的要求。对哪些直接从事与顾客打交道的员工来讲，准确回答顾客问题和解决问题的能力也是十分重要的。正如专家所指出的："在今天，仅仅很能胜任工作是不够的。在当今世界中生存和发展的企业需要速度和灵活性，要能满足顾客在质量、品种、专门定制、方便、省时方面的需求，而要适应这些新的标准需要有一支不仅仅是接受过技术培训的雇员队伍，而且要求雇员们能够分析和解决与工作有关的问题，卓有成效地在团队中工作，灵活善变，迅速适应工作转换。"[5]238 所有以上这些对员工提出的要求，都必须通过企业一个系统的、规范的、具有较强文化氛围的培训开发体系才能够得到转化和落实。

团队精神的结合。随着竞争的加剧、技术的日新月异以及专业化分工越来越细，无论是组织还是个人都很难再凭借对某项技术的占有为自身带来持久的竞争优势。技术等"硬件"条件的重要性程度已经比原来大大降低，而良好的人际关系、忍耐和自我牺牲精神等"软件"成为评价员工贡献的新的要素。构建组织竞争优势的基础不再是原来只注重员工的单兵作战能力，而是在员工技能的基础上，更加强调员工之间和组织内部不同专业或工作团队之间的协同和合作，最终达到组织目标和个人目标的和谐统一。

员工对企业的使命、战略、目标的认同，将是决定其对培训态度的关键。要使培训取得预期的效果，首先必须做到使员工的行为方式与企业的文化和价值观要求渐趋一致。有关这方面的具体内容请参见"决定企业进行培训的原因和方法"。

（2）物质条件

影响企业内培训的第二个因素是相关资源的支持程度，包括资金支持、时间安排和培训专业人员的数量和质量水平三个方面。

资金支持。有效的培训不仅能够提高员工的技能水平，促进员工技能的宽泛化，而且还能够培养员工的献身精神，正因如此，发达国家的跨国公司在培训上往往不遗余力。像国际商业机器公司、施乐公司、得克萨斯设备公司、摩托罗拉等公司将雇员工资总额的5%～10%用于雇员培训活动。尽管如此，专家们仍然估计，仅在美国，就有42%～90%的工人需要接受进一步培训才能跟上发展的速度。[5]238 在我国，上市公司、特大型和大型企业一般都比较重视培训，而且也有专项培训资金，由于缺乏这方面的调查和统计，很难确切了解培训资金的具体比例。对一些中小企业特别是小企业来讲，安排培训资金往往是一个非常困难的问题。这一方面与企业的性质、规模和承受力有关，另一方面也与企业领导人自身的素质有关。比如，在高科技行业，由于技术更新的速度和频率越来越快，要适应这种变化，高科技企业就必须不断加强对员工的培训投入，而且培训的主要目标是技术而非管理。而对传统产业来讲，由于一种成熟的技术的应用年限一般较长，因此在培训上的投入相对较低，而且培训的目标可能注重的是管理能力的提高。这实际上涉及的是由企业性质决定的培训的针对性问题。

时间安排。企业培训的时间安排也是一个非常重要的问题。一方面，由于员工参加培训可能会对正常的工作秩序造成一定影响，因此需要对工作进行合理的调整和安排；另一方面，如果企业上下没有对培训取得共识，员工的培训得不到部门主管和同事的支持，则会影响培训的效果。可喜的是，我国企业在培训时间的安排上已经开始系统化和制度化。根据《中国企业集团人力资源管理现状调查研究》的结论，参加调查的 30 多家企业集团都比较重视培训与开发，每年为管理人员和专业技术人员提供的培训天数平均为 6 ~9 天，基层员工每年接受培训的时间大约为 19 天。这些都为培育企业集团的核心竞争力起到了支撑作用。[6]

培训教师的数量和质量水平要求。对于企业来讲，培训教师的来源主要包括两个方面：一是由企业内部的高层管理人员或资深员工担任，二是外聘的专家和学者。前者相对侧重于与公司联系紧密的专业技术或手段等方面的培训，后者则主要侧重于管理技能或部分专业知识的传授。这两种来源在保险公司的培训体系中比较明显。很多保险公司都建立有“导师培训制度”，公司的培训教师中有很多就是由公司内部管理人员或业绩突出的资深员工担任的。他（她）们除了要完成自己的业绩指标外，还要给公司内部其他员工授课。对这些资深员工而言，通过担任培训教师，不仅可以在更高的层面上体现自己在团队中的价值，而且公司还为他们制定了相应的激励办法，以鼓励这些员工在做好本职工作的同时，向其他的员工传授业务知识和自己的经验。此外，保险公司还要到大专院校聘请相关专业的专家教授进行理论课程的培训。企业在建立培训的师资系统时，一定要把握好培训教师的数量和质量，对内部培训教师，要处理好授课和工作之间的关系等。

5.1.5　有效的培训系统设计的基本步骤

要使培训能够取得预期的效果，必须在以下几个方面做好规划：

（1）根据企业的经营目标要求进行培训需求评估

培训需求评估要解决的问题是：确定为什么要培训。换个角度讲，即首先要搞清楚是否有培训的需求，或者存在的问题是否能够通过培训解决。之所以要关注这个问题，是因为培训并不是灵丹妙药，培训本身并不能解决所有的问题。有的问题不是培训能够解决的，在员工工作绩效标准本身就不清晰或不合理、在企业的激励机制存在较大问题的情况下，要想通过培训解决工作效率低下的问题，就不可能取得任何积极地结果。即使是那些明确属于员工技能不足而导致的问题也不是都能通过培训予以解决的，因为有的人可能根本就不具备所在岗位的任职资格和条件。这时解决问题的办法不是培训，而是换岗或轮岗。只有明确了存在的问题是可以通过培训解决的，才考虑培训的具体方案或办法。

（2）确定培训目标

在确定了存在的问题可以通过培训解决后，下一步的任务就是确立培训的目标。培训目标的确立是建立在严格规范的工作分析基础之上的，即根据工作分析所得到的岗位说明，将其量化或细化为明确的绩效标准，比如，“家用电器维修人员能够在10分钟确定电视机没有电视图像的原因，并提出具体的解决方案”。这时，10分钟就是一个客观的目标。这个目标不仅解释了接受培训的人在经过培训后所能够达到的绩效标准，而且为以后的培训效果评价提供了评判标准。

（3）决定培训方法

培训目标确定后，就需要确定培训课程，选择培训方法。培训方法的形式很多，包括：主要针对管理人员的正规课程培训、工作现场指导培训、案例分析、角色扮演、现场观摩、专家讲授、团队培训以及师带徒等。企业应根据具体情况和需要，确定有针对性的培训方法。

（4）确定培训人员，明确资源支持

在确定了培训目标和方法后，还需要确定接受培训的员工。首先，确定哪些员工需要接受培训的依据主要是该员工的实际绩效水平与企业期望绩效水平之间的差距，这就要求企业的绩效管理系统本身的科学性和合理性。其次，要使接受培训的员工做好相关的培训准备工作，如端正学习的态度与动机。最后，企业要安排好相应的资源保障，如培训费用的支付、工作的协调等。

（5）制订培训计划并实施培训

在这个环节，主要的工作就是按照培训目标制订培训计划，并按照计划实施培训。其中，培训计划的制订一定要反映企业高层者、各业务部门负责人的意见以及参加培训员工的要求，尽可能提高培训的针对性。

（6）培训效果评价

就目前企业培训的情况看，最难以把握的就是对培训效果的评价。这一方面是因为培训本身存在问题，如培训具有盲目性，培训之前没有设立培训的目标；另一方面则是人们可能根本就不了解应该如何进行评价。前者涉及培训系统本身的科学性和合理性，后者则与企业的人力资源管理水平有关。目前企业培训存在的主要问题首先是培训不系统，比如在人力资源管理培训方面，很多企业只看重绩效和薪酬，培训的重点也只放在这两方面，而忽略了工作分析这样一个重要的基础性工作。由于缺乏建立在严格工作分析基础上的标准，培训必然产生盲目性，绩效的衡量和薪酬的发放自然也就没有针对性，最终使培训流于形式。企业培训存在的第二个主要问题是“培训万能论”。这主要是针对管理能力等非技术性技能而言。很多企业认为通过培训就能解决企业的任何管理方面的问题，因此寄希望于通过一次或几次课程就能见到成效，但实际上并非如此。在本书概论部分我们已就培训和咨询的不同功能做了讨论，两者之间的功能和作用是完全不同的。一般来讲，在管理培训方面，培训着重解决的是人们的观念问题，只有通过具体的咨询和策划才能解决具体问题。前述“培训需求评估”也对这个问题做了较为详细的分析。由于存在这些方面的原因，使得培训的效果评价就难以准确地进行。

要对培训效果进行有效的评价，必须解决培训目标、培训的系统性和针对性等问题。对于技术性技能的培训评价，已经有了一些具体的方法和手段，其中，对比的方法得到较为广泛的采用。这种方法的使用步骤是：第一，界定接受培训员工原来的绩效水平，确定该员工应该接受培训，以提高其劳动效率。第二，确定一个企业期望的，且大多数人都能够达到的标准，比如，“家用电器维修人员应在10分钟确定电视机没有电视图像的原因，并提出具体的解决方案”。第三，按照这一标准制定相应的培训方案，确定有针对性的培训方法。如可以通过对无电视图像的各种原因进行分类整理，并在产品说明书或员工维修手册中详细说明。然后要求员工按照有关的程序反复进行诊断，直到达到熟练程度为止。第四，培训结束后，对接受培训的员工进行培训结果鉴定。如果该员工能够在10分钟内确定没有电视图像的原因，并能够提出解决办法，就证明培训达到了预期的效果。

对管理类的培训而言，要想准确界定其培训效果，一般来讲比技术性技能效果评价的难度要大。但这也不是绝对的。管理类培训效果评价与技术性的技能培训步骤大致相同，如评估培训需求，制定培训标准，实施培训，最后对效果进行评价。比如某人的表达能力较差，首先要确定良好的表达能力的标准是什么？比如：“在10分钟内准确地对方案进行陈述。”然后与接受培训者共同分析原因，这些原因可能是：缺乏在大庭广众前讲话的经历；词不达意；抓不住方案的主要内容；对方案本身不熟悉等。然后在此基础上采用有针对性的培训方法和手段，比如要求其经常性的在大庭广众前发言、要求在发言前对要涉及的内容做相关的准备、确定方案要解决的最重要的问题是什么等。此外，为其创造一个轻松的氛围和适当的鼓励也是非常重要的。经过一段时间的训练，再采用个人自我评价和同事间评价的方法对该员工的表达能力做出判断，并以此作为培训效果的依据。

在具体的衡量培训效果方面，有四种基本的培训成果或效益是可以衡量的：[5]254－256

①反应。即接受培训者对培训计划的感受程度和反应如何。例如，接受培训者是否喜欢他们参加的培训计划？培训计划对他们是否具有价值？或者在培训结束一段时间后向参加培训的员工调查，请他们描述他们还记得多少当初参加的培训的主要内容是什么？如果什么都不记得，那就说明培训计划本身缺乏吸引力或者针对性。

②知识。通过对接受培训者的调查，了解他们是否通过培训课程的学习，掌握了有关的知识或技能。如果明确表示肯定，该员工就会表现出一定的行为，并对参加类似的培训感兴趣。

③行为。通过比较分析接受培训者过去的行为与接受培训后的行为是否有较明显的变化来观察培训的效果。比如，一个经常羞于在公众场合发言的员工开始在公众场合发表自己的意见和建议。

④成效。这是评价培训成果最重要的一项内容。前三项指标可以判断培训计划是否是成功的。但如果没有取得一定成效，如生产效率的明显提高，顾客投诉的明显下降，产品次品的降低等，培训计划就没有最终实现目标。

对培训效果的评价还可以通过调查的形式，即向参加培训的人员发放调查表，请他们发表对参加的培训项目的意见。表5－1就是这样的一种调查表。

表5－1　对在企业外实施的管理人员开发计划的评价

姓名：　　职务：　　日期：

参加的培训计划名称：　　日期：

地点：　　费用：

实施培训计划的单位：

1. 该计划宣传广告中对计划实际内容的介绍的准确性如何？

非常准确（ ）　准确（ ）　不准确（ ）

2. 培训计划的主要内容与你的兴趣和需要的相符程度如何？

很符合（ ）　比较符合（ ）　基本不符合（ ）

3. 讲课人的水平如何？

优秀（ ）　很好（ ）　良好（ ）　一般（ ）　不好（ ）

4. 你觉得你自己有哪些收获？

有关公司其他业务方面的知识（ ）

有关的新的理论和原理（ ）

可用于本人工作的概念和技术（ ）

其他（ ）（请说明）

5. 根据时间和成本你如何评价这个计划？

极好（ ）　很好（ ）　良好（ ）　一般（ ）　不好（ ）

6. 以后你还愿意参加这个单位实施的培训计划吗？

愿意（ ）　可能（ ）　不愿意（ ）

7. 你是否会介绍你公司的其他人参加由这个单位提供的培训计划？

会（ ）　不会（ ）　说不准（ ）

如果你会，你会介绍谁来参加？

8. 其他意见：

资料来源：加里·德斯勒. 人力资源管理［M］. 6版. 刘昕，吴雯芳，等，译. 北京：中国人民大学出版社，1999：255.

5.2 战略性人力资源开发

5.2.1 定义和内涵

所谓人力资源开发，是指企业为适应市场竞争的需要所开展的有助于员工为未来工作做好准备的有关活动。开发的作用在于能够为有潜质的员工做好职业发展的准备，提高员工向新职位流动的能力和帮助员工适应新技术、新产品以及顾客需求发生的变化。开发与培训的定义比较相似，说明二者之间有联系，但二者之间的区别也是比较明显的。

如前所述，首先，培训具有系统性和强制性的特点，开发也具有系统性的特点；培训与开发的方法也有相同的地方，如培训中各种在职和脱产培训规划、由顾问或大学提供的短期课程、在职 MBA 课程等正规教育形式，在开发中也经常采用。但与培训不同的是，开发一般不具有强制性。比如，有组织的员工职业生涯规划就是一项开发活动，这项活动不仅有利于组织整体的利益，对员工个人而言，也能够极大地提升其能力和水平。但如果员工本人对参加这项活动不感兴趣，对于组织来讲，一般是不能够强迫的。其次，培训主要是着眼于提高员工当前的工作胜任能力，而开发则主要着眼于培养和丰富员工做好未来工作所需要的知识和技能，包括正规教育、在职体验、人际互助以及个性和能力的测评等活动。最后，培训主要针对的是普通员工，而开发则主要针对的是管理人员，有的专业书籍甚至直接以“管理人员开发”为标题，认为管理人员开发就是指一切通过传授知识、转变观念或提高技能来改善当前或未来管理工作绩效的活动。虽然随着组织扁平化、授权以及员工全面发展的需要，出现了企业的开发活动由主要针对管理人员向针对一般员工转变的趋势，但由于正规的开发活动涉及费用问题，也不是所有员工都能够参加。因为培训和开发计划也必须考虑企业的承受能力。

5.2.2 人力资源开发在企业管理活动中的重要意义

开发活动之所以主要针对的是管理人员，首先，因为他们作为企业各级经营管理工作的重要组成部分，在保证企业现行的稳定经营和健康发展等方面起着十分重要的作用。即使是在扁平化的组织中，管理人员的作用也是不可替代的。其次，企业为了培养接班人，以满足企业未来的领导能力，也需要利用在职锻炼、轮岗等各种有效的开发方法。特别是在企业的成长阶段，伴随着企业市场份额的不断扩大，自身的组织结构也在不断完善，分、子公司纷纷成立，对具有管理能力和富有工作经验的各级管理人员的需求很大，如果企业能够在平时注重对管理人员的培养，在需要的时候就能迅速地冲锋陷阵。反之，就会形成企业在高速成长阶段的领导和管理能力的瓶颈制约，为企业的发展埋下祸根。正因如此，对管理人员的开发活动一直成为企业战略计划的重要组成部分。据调查，早在1981年，对美国《财富》杂志前500家和前50家公司的一项调查就表明，识别和开发下一代经理是它们所面临的最大的人力资源挑战。[7]自那以后，这种挑战就越来越明显。根据同样来自美国的一项对84位雇主的调查，约有90%的主管人员，73%的中层管理人员，51%的高层管理人员是从内部提升的。[5]264 3M公司在进行有组织的员工职业生涯规划设计时，主要是通过建立岗位信息系统为大规模的职业生涯开发行动扫清道路。公司采用的做法是，将企业管理层的所有岗位均在全公司通报。只有最高层中的1.5%的岗位不在通告之列。[8]吉姆·科林斯在《从优秀到卓越》一书中研究的11家成功实现从优秀到卓越跨越的公司中，有10家公司的首席执行官（CEO）都是从内部提拔的。[9]在我国，除了董事长、总经理等极少数的关键职位之外，企业大多数的中层以上职位基本都是由内部提升来满足的。

内部提升的优点体现在两个方面：一是为那些在企业辛勤工作且卓有成效的员工提供一条职业发展道路的选择，同时也是对他们努力工作的一种回报；二是企业员工熟悉和了解本企业的历史、运作程序，认可并拥护企业的核心价值观及行为规范，对自己工作和奋斗多年的企业怀有一种很深的感情，甚至将自己的未来与企业的发展联系在一起，而这些都是作为一个企业管理人员必须具备的重要的品质。而在这部分人从一般员工走上管理岗位的过程中，对他们进行必要的培训和开发活动是必不可少的。通过开发，使他们具备相应的领导和管理能力，为正确和有效地履行管理者的责任奠定一个坚实的基础。

5.2.3 管理开发的步骤

从战略性人力资源管理的角度考虑，为了使企业的管理开发能够做到有的放矢，有效地为企业服务，管理开发应遵循以下几个步骤：

（1）企业的经营目标

企业进行管理人员的开发，一定要有一个明确的目标，这个目标就是根据企业经营战略的规划和要求，通过人力资源的规划，提出实现这一目标所必需的人力资源的数量和质量要求。这是管理开发活动能否取得成效的一个重要的基础条件，背离了这一点，开发活动的成效就会大打折扣。

（2）制定管理者开发计划

这里的管理开发计划实际就是企业的人力资源的规划，只不过它主要针对的是管理人员。根据企业的战略要求，管理开发的目标可以分为两类，即近期和远期两种目标。近期目标是指由企业业务和管理活动决定的在最近一段时间内对管理者的需求。远期目标则是指根据企业业务活动变化的预测，提出在未来某个时期对管理人员的需求，包括管理职位、任职地点、不同管理职位所需的领导技能（现在的和将来的）、该职位的可能的继任者名单、每个候选人的必要开发活动等内容。在需求预测的基础上，再做相应的供给预测，首先是对企业内部的预测，然后是对企业外部的预测，最后得到一个需求与供给分析报告。根据这个报告，企业就可以进行相应的人事决策。

（3）建立企业人力资源管理信息系统

要进行供给分析，企业必须建立企业人力资源管理信息系统，系统的核心部分应当包括具有管理开发潜质的员工档案资料和职位的大量信息。在个人档案中应有关于工作历史、教育程度、优点和缺点、领导开发需要、领导开发计划（参加过的和计划参加的）、培训和特殊技能（如对外语的精通程度）等。关于这方面的内容，请参见专栏 3－1“AT&T 通过人力资源规划赢得竞争优势”。

（4）管理潜能评估

建立企业人力资源管理信息系统的一个重要目的是为开展受训人员的管理潜能评估奠定基础。管理潜能评估主要包括两个方面：一是有关管理职位必需的知识、能力和技能评估；二是沟通协调等人际关系技能的评估。其中，人际关系的技能评估尤为重要，因为作为一个有效的管理者，最重要的资源和优势往往并不是具体的技术能力和水平，良好的人际关系、亲和力、善于倾听、理解和沟通，越来越成为管理效率高低的决定性要素。

（5）方法选择

在管理开发计划拟定后，下一步就是选择开发方法。关于开发的方法问题，后面要做专门的介绍，请参见相关的内容。

（6）岗位锻炼

所谓岗位锻炼，是指让通过管理开发活动的人员在实际的管理者岗位上工作，以观察其表现是否称职的一种开发方式，而且是一种非常有效的开发方法。在具体的操作上，最佳的方式是作为某高层管理者的助手或助理，通过参加各种会议，发表自己的意见，提出自己的建议等，培养自己作为一个管理者的实际能力。其他的方式还有轮岗、换岗、挂职锻炼等。

（7）使用评价

管理开发的最后一个步骤是对参加计划的人员进行评价。评价也包括两个部分，一是对参加管理开发计划的效果评价；二是对其能否胜任某一具体管理职位的评价。在企业的管理开发项目中，并不是每一个参加该项目的人都能获得晋升，决定的依据就是这两个评价。此外，为了保持对管理开发计划实施效果的跟踪，这两个评价结果也应进入企业人力资源管理信息系统的相关内容。

5.2.4 管理开发的方法

(1) 工作实践

工作实践又称在职体验，是指员工通过对不同岗位的亲身体验，了解、具备和掌握在这些工作岗位中所必须具备的解决各种关系、难题、需求、完成相关任务和其他有关事项的能力和技能。目前企业大多数的开发活动都是通过这种方式实现的。

工作实践的途径主要包括以下方面：一是扩大现有工作的范围和内容，二是工作轮换、调动、晋升等。这里重点介绍在企业中广泛采用的工作轮换。

一般意义上的工作轮换是指为员工提供在公司的不同部门和同一部门的不同岗位之间工作的机会。而对于管理开发来讲，则更注重的是在不同部门主要管理岗位上的工作和任职机会。对于企业各级管理人员的培养来讲，工作轮换具有非常重要的意义。为了提高工作轮换的效果，将不利的影响降低到最低限度，一种比较理想的操作方式或安排是采用“以老带新”的方式，即轮岗者以某位管理人员助理或助手的身份担任某一项职位，在处理相关事务工作时，先由轮岗者发表自己的意见或建议，然后再与其上司讨论这些意见、建议的正确程度，以此培养轮岗者独立工作的能力和水平。轮岗的基本特点是，当轮换是在部门一级的流动时，轮换者的职务和薪资基本上是不变的，从而减轻了企业人力资源管理工作的难度和工作压力。

轮岗对于企业来讲具有非常重要的意义。第一，轮岗有助于公司内部不同层级的人员之间的相互理解和尊重，改善部门之间的合作和沟通。对于大型企业来讲，通过跨职能、跨地域、跨管理层级的轮岗，还能够增强公司总部与下属部门之间的理解，正如本章案例“联想集团用人‘杀手锏’——轮岗”中表述的那样，“良好的沟通是基于理解和熟悉的，而轮岗是让大家互相理解和熟悉的好办法”。联想集团利用轮岗的形式，较好地解决了组织发展与个人发展的问题，取得了很好的效果。第二，轮岗有助于对公司目标和工作流程的全面系统的把握。特别是对于那些将由中层管理职位晋升为高层管理职位的人来讲，通过在企业内部多个不同业务部门工作的经历，可以帮助他们全面地了解和掌握企业完整的工作流程，从而使其决策能够超越单个业务部门的局限，建立在更为宽广的基础之上，使决策的科学性和系统性大大加强。第三，轮岗有助于增加对公司内部不同职务和职能的认识，有助于重要岗位的人才储备。为了避免人员流动带来的效率和效益损失，对一些重要的岗位，可以通过轮岗的方式使更多的人具备该岗位的胜任能力，这样就能够为企业的稳定经营奠定坚实的基础。

对于员工来讲，轮岗也具有重要的意义。首先，轮岗有助于增强员工适应变化和变革的能力。不同岗位的工作经历，不仅为员工在企业内部的流动提供了可能性，而且可以解决员工在发展、晋升以及对长期从事同样工作缺乏热情等方面产生的一系列的问题。随着经济的发展和社会需求的丰富，职业的种类越来越多，员工个人的职业选择也越来越广，人们在很大程度上已经超越了传统的以管理层级的高低判断职业成功的标志的观点，从事一项自己最喜欢或最擅长的工作，并在此岗位上做出贡献，成为新的判断职业是否成功的重要标志。在僵化的组织中，很少有这种工作轮换的机会。而那些富有活力的组织则通过工作轮换等方式，为员工的选择创造了条件，最终带来员工工作满意度的增加。其次，轮岗有助于提高员工的综合能力和增强知识获得能力，以及员工职业生涯稳定的发展。国际商业机器公司（IBM）大中国区董事长及首席执行官周伟琨在谈到其领导秘诀时，曾讲了四个方面的秘诀：一是给员工创造危机感，但要保持压力适度；二是制定未来 3 ~5 年的规划，和企业员工一起向前看；三是不停地调动员工的岗位，2 ~3 年换岗一次，让员工永远面对新的挑战。轮岗的范围包括销售岗位和产品岗位制造换岗，中国和亚太员工与美国员工换岗；四是永远不自大，永远在学习。[10]

作为一项重要的措施和手段，轮岗的正面作用是非常明显的，但如果处理不当，也可能会产生不利影响以及带来人事决策的难度。比如，首先，轮岗通常会涉及部门工作的重新调整，由于轮岗者可能还会回到部门工作，因此在开始轮岗时产生的岗位人员空缺一般不会由新进人员补充，往往是由同一部门的其他岗位的员工暂时替代，这就会增加该员工的工作量和工作压力。其次，轮岗有时还会涉及职务的安排，如在轮岗时担任高一级的职务时，可能会涉及薪酬的调整。由于并没有关于轮岗者在轮岗结束后是否一定会晋升的决定，从而导致薪酬调整的困难。在这种情况下，暂时维持原来的薪酬水平可能是一种比较明智的选择，只不过需要与轮岗者就此问题进行有效的沟通，以达成一致的意见。

（2）开发性人际关系

所谓开发性人际关系，主要是指利用富有经验、效率较高或在某项技能方面有突出特长的员工以导师和教练的身份来指导那些在经验、效率、绩效等方面存在缺陷问题的员工并使这些缺陷得到改进的方法和手段的统称，包括人际互动、以老带新、师带徒等形式。企业在开展这方面的活动时，应当制定实施开发性人际关系的指导思想和原则，比如，计划的自愿性原则、对指导者的选择标准、计划的时间和目标、指导计划的效果评价等。为了提高实施效果，鼓励导师和教练全力以赴地搞好这项活动，企业还应建立相应的支持体系，包括建立对导师、教练即指导者的报酬回报制度。

在开发性人际关系的各种形式中，导师制是一种培养管理人员的非常重要的方法。在发达国家，这种开发方式得到了广泛的应用。在美国，有超过三分之一的公司实施了导师制度。[11]导师制的基本特征是导师和接受指导者之间既可以是一种非正式的关系，也可以是一种正式的关系。非正式的关系是指它不是由组织正式安排的，而是源于共同的兴趣、爱好而形成的一种“师徒关系”，它也没有相应的报酬回报制度做支撑。正式的导师制则主要是指根据组织的正式安排做出的，在对管理人员的培养方面，一般都是指的正式的导师制。正式的导师制的基本特征是：第一，有明确的导师称谓制度和人选，导师一般都是由组织的高层管理人员担任；第二，接受导师指导的人员一般都是组织中有发展前途的对象或管理者继承计划中的人选；第三，有明确的指导目标，以及为达到这一目标所提供的在职锻炼等工作形式；第四，为了避免直接的利益冲突，担任导师的人和接受指导的人之间最好不是直接的上下级关系，如很多跨国公司实行的“异地导师制”。导师制要解决的另外一个问题是担任导师的资格和水平，要能够善于总结组织和个人的成功经验和失误的教训，特别是根据担任导师的企业高级经理人员在其职业生涯中遇到的一些重要和关键事件的经验、教训的总结成果，用来衡量作为一名成功的管理者应当具备的知识、能力和技能，这样就使导师制具有很强的针对性和可操作性。

（3）人员测评

人员测评作为一种选择方法，在国际上已使用多年，我国则是近些年才逐渐开始推广这项技术。人员测评主要是指对人的个性和能力的评价，通过收集员工的行为特征、沟通方式、人际交往类型、技能等方面的信息并向其反馈或作为组织培训开发的依据的手段和过程。它的主要用途包括：衡量管理人员的管理潜能，评价其强项和弱项、确认其晋升可能性、衡量团队各成员的优势和不足等。

人员测评的两种主要方法：

方法一：心理测试

在心理测试中，梅耶斯—布里格斯人格类型测试（Myers - Briggs Type Indicator，MBTI）是目前员工开发中最常用的心理测试方法。该方法有100多个问题，以确认一个人在性格（内向/外向）、信息收集（理性/感性）、决策（思考/感觉）、生活方式（判断/想象）等方面的偏好。

性格：决定了一个人是否具有人际关系优势以及个人活力。外向的人（E）通过人际关系获得能量，内向的人（I）通过个人的思考和感觉获得能量。

信息收集：信息收集偏好与一个人的决策行为有关。理性或感觉偏好的人（S）倾向于收集详细的事实和细节方面的资料；而感性或直觉偏好的人（N）较少关注事实，侧重于各种想法实现的可能性以及各种想法之间的关联性。

决策：决策时对他人情感关切程度的不同决定了决策方式的差异。思考型（T）的决策者在决策时很客观。而感受型或情感型（F）的决策者则会考虑一项决策可能会对别人的影响，因而决策的主观型较强。

生活方式：生活方式的偏好反映了人们灵活性和适应性倾向。判断型的人（J）目标明确，时间观念强，善于总结归纳。感觉型或知觉型的人（P）则喜欢惊喜，主意多变，不喜欢受时间约束。

将以上四种偏好结合起来得到 16 种人格类型：

ENFJ：反应灵敏、责任心强，通常很在乎别人的想法；世故、时髦，对褒贬很敏感。

ENTP：行动敏捷、聪明、擅长于做很多事，可能会为了逗乐而与人争执不休；擅长解决难题，但往往会忽略一些常规问题。

ENTJ：热情、坦诚、有决断力，富有领导才能，擅长思维推理和交谈；有时实际能力会强于自己所做的承诺。

ISFP：沉默、友好、敏感、善良、谦逊，不喜欢与人争吵；是个忠实的追随者；通常能为完成任务而感到欣慰。

INTJ：富有创造力，有自己的见解；多疑、挑剔、独立性强；意志坚决，较为倔强。

ESTJ：实际、务实、是天生的技工或商人；对自己认为无用的东西一概不感兴趣；喜欢组织和参加活动。

ESTP：务实、无忧无虑、随遇而安，对事物往往有点迟钝或太不敏感；最擅长处理能被分解或综合的现实问题。

INFP：喜欢学习，善于思考，对语言和个人事务较感兴趣；往往承担过多的任务并想方设法来完成；对人友好，但往往过分投入。

ISFJ：安静、友好、责任感强，做事谨慎，会尽全力工作以尽其职责；做事细致认真，待人忠诚，为别人着想。

INTP：安静、保守、呆板；喜欢理论性、科学性学科；非常爱思考，很少参与闲谈或参加晚会，兴趣面很窄。

ISTJ：严肃、安静，依靠专注和认真获得成功；做事实际，条理性强，注重事实，有较强的逻辑性；值得信赖，有能力承担责任。

ISTP：经常是冷静的旁观者，安静、保守、善于分析；对客观原理和机械事物的运作方式、运作原理较感兴趣，缺乏幽默感。

ENFP：热情、活泼、聪明、想象力丰富，擅长于做自己感兴趣的事；才思敏捷。

ESFJ：热情、健谈、时髦；责任心强，是天生的合作伙伴；做事需要与人协调；受到鼓励时行为达到最优；对抽象思维和机械事物不感兴趣。

INFJ：依靠毅力、创造性和做事的欲望获得成功；喜欢辩论，责任感强，善于为他人着想，严格按照公司宗旨办事。

ESFP：外向、温和、宽容、友好、善于调节气氛；喜欢运动和手工制作；擅长于记忆而不擅长掌握原理。

MBTI 可用于理解诸如沟通、动机、团队合作、工作作风、领导力等方面的问题。全球每年有大约 250 万人接受这一测试。据调查，接受过测试的人认为具有积极的作用，它帮助自己改变了个人的行为。根据测试得分情况看，它与个人的职业是有关系的。在对来自美国、英国、日本、拉美的管理人员的测试结果进行比较研究后发现，大多数管理人员都具有某些特定的人格类型（ISTJ、INTJ、ESTJ、ENTJ）。但该测试方法也并非完全有效。在不同的时间对同一人所做的测试的有效性只有24%。而且由于它不能反映和衡量员工的特长以及员工在多大程度上执行了自己所偏好的职能，因此不能用于对员工的绩效评价或晋升潜力评价。[12]

方法二：评价中心

评价中心是指由多位评价者通过一系列的练习和测试来对接受练习和测试的管理人员所表现出来的能力和绩效水平进行评价的方法和手段的总称。其目的在于判断接受测试和练习者是否具有从事目前或今后管理工作应当具备的人际交往能力、团队合作精神、认知能力以及领导、控制等方面的管理能力和水平。评价中心的练习和测试主要包括无领导小组讨论、文件框练习、案例分析、角色扮演等形式。

无领导小组讨论是当前组织进行人才测评和人才选拔的一个重要方法，尤其在管理者培养方面应用非常广泛。所谓无领导小组讨论，顾名思义，就是在一个没有领导人或负责人的由5~7人组成的小组中对预先准备的有一定难度的案例或模拟的问题进行讨论，讨论时间控制在小组成员都有发言的机会为宜。讨论中要求小组成员在规定的时间内提出解决方案。测评人员在一旁观察，并根据预先拟定的测评要点，如小组成员在讨论中表现出来的领导能力、组织能力、归纳能力、交流能力和控制能力等，对小组成员打分。在一些特定的情况下，无领导小组讨论的问题的设置可以偏重于某一个方面，比如，需要测评被测评者的领导和控制能力时，讨论的问题可以有针对性地设计一些能够明显导致意见冲突的问题，以引起必要的争论。然后在争论的过程中，重点观察小组成员的场面控制能力和引导能力。

文件框练习是指通过对实际工作环境和管理者工作的模拟，考察被测试人的领导能力、判断能力、行政管理能力、解决问题等方面的能力，包括处理文件、安排和主持会议、处理特定事件等。这种练习也有特定的目的，比如，为了保证文件框练习结果的准确性，以及为评价提供一个较为客观的标准，所要求处理的文件一般都是企业过去遇到过并已有处理结果的比较典型的问题。这样就可以根据原来的结果与测试结果做比较，以发现其中存在的问题。

案例分析的主要目的是考察被测试者的认知能力，其中主要是表达（包括口头表达和书面表达）、运用数字以及逻辑、推理、判断即发现、分析和解决问题的能力。认知能力不仅能够反映一个人职业弹性的大小，而且通过案例分析，能够考察一个人的思维方式和决策水平。在小组或团队性的案例分析中，还能够考察一个人的团队合作、协调沟通和领导能力。正因如此，案例分析不仅在人员开发方面，而且在各类考试、教学以及能力训练过程中都得到了非常广泛的应用。

角色扮演有点类似于情景面试，只不过它更强调在一个比较真实的环境中去考察测试者的实际能力。案例 5 -1 是一个角色扮演的案例。

案例 5 -1：你应如何分配奖励名额和奖金

你是一个电器维修小组的主管。由于你所在小组成员的共同努力，获得了顾客满意度的提升和小组效益的增长。因此公司不时对你领导的小组进行奖励。现在公司又决定对你们进行奖励，小组的每个成员都认为自己工作非常努力，应该得到奖励，但奖励的金额和名额都很有限。在这种情况下，你要想树立一个很公正的形象是比较困难的，因为你的任何决定都可能招致没有得到奖励的员工的不满。现在，你要将公司的奖励以及你自己关于如何决定奖励分配的意见告诉你的组员。请记住，你要以大多数人都认为比较公正的方式去做。

在这个案例中，角色扮演者最重要的能力主要表现在他所提出的分配方案的公正性问题。这就需要扮演者对小组的目标、小组成员的能力和业绩、小组绩效考评指标体系以及顾客满意度的具体情况有比较准确和详细的了解，因为这些是方案是否具有公正性的最基本的前提条件。当然，在角色扮演的过程中，扮演者完全可以根据自己对具体问题的思考和想法，提出自己认为最能够得到大家公认的分配方案。

5.3 管理实践——业务部门经理和人力资源部门的定位

5.3.1 培训开发与组织竞争优势

无论是多严格的招聘和选择，由于其技术本身的局限性，即使是经过严格挑选的人，也不一定就完全符合组织文化和岗位的要求，因此通过培训和开发，提高员工的工作胜任能力，就成为一个必然的选择。专栏 5 -4 中 UPS 公司将员工的职业管理系统与培训开发有机地结合起来，达到了提升公司竞争能力的目的。

具体地讲，培训开发与组织竞争优势之间的关系大致表现在以下几个方面：

第一，通过培训开发能够在一定程度上提高员工的技能水平，包括提高新员工和在职员工的能力和技能水平。即使对于那些有行业工作经验或阅历的人，虽然他（她）们熟悉和了解自己的专业技术，但可能不熟悉和了解在新的企业中做事的方式，包括为人处世、沟通协调、管理风格等。这些都需要管理方面的培训以为其提供高质量工作的指导。

第二，有效的培训和开发能够在一定程度上减少高绩效员工的流动和离职，特别是当企业的培训和开发计划具有较强的针对性时，能够在很大程度上提升员工创造价值的能力。

第三，通过培训和开发，可以减少经理或管理者不良的管理习惯所造成的员工流动。正如本书前面谈到的盖洛普公司的调查所揭示的那样，一个员工之所以会离开公司，在很大程度上并不是因为公司不好，而是这个员工的主管有问题。如果这些问题是可以通过有效的培训或开发来解决的话，企业就可以通过设计有针对性的培训开发计划，如人际关系训练、沟通技巧等，对这些经理的行为进行纠正，以达到留住优秀员工，保持企业竞争优势的目的。

第四，通过培训和开发，能够在提高员工工作技能的水平上，提高企业的整体效益。比如在制造行业中，产品的次品和废品大多出在生产和制造环节，其中除了原材料本身的质量问题和设备之类的问题外，由于工人操作技能的缺陷或行为的不规范等原因是造成质量事故的重要原因之一。在这种情况下，通过提供必要的培训，使其严格按照操作规范进行工作，就能够减少次品和废品率，在提高产品质量的基础上强化企业的竞争能力。

第五，通过培训开发，提高经理或管理人员管理“低绩效”员工的能力。对于一个合格和有效率的管理者来讲，最重要的一项工作就是能够正确地识别和管理他的下属。首先是识别的技术，这不仅涉及对员工技能的评价，而且还涉及对组织、部门、员工个人三个不同层次的绩效指标体系的认识，以及员工实际的业绩水平。其次，根据识别确定相应的激励与约束的对策。只有对其下属的技能和业绩水平做到心中有数，才能够提出比较公平和公正的人事决策。

第六，通过培训和开发，为员工的职业发展提供建议，给业绩优秀和具有管理潜能的员工提供锻炼机会，为企业培养接班人。

专栏5－4：美国联合邮包服务（UPS）的管理开发计划与职业管理系统

美国联合邮包服务公司（UPS）的职业开发系统清晰地描述了职业规划过程以及它在确保企业的人员配备需要得到满足方面所扮演的战略角色。UPS公司在全世界183个国家和地区中一共拥有28.5万名员工，他们负责确保邮包得到按时分拣和传送。为此，公司不得不面对如何开发它在全世界各地雇佣的4.9万人的管理层的问题。这一任务的内容主要是开发一项管理技能开发系统，以确保管理者的技能能够得到及时的更新，同时将该系统与公司的甄选和培训活动联系在一起，从而形成了公司的职业管理过程，包括：

1. 管理者们首先需要确定，为了满足当前以及未来的经营需要，自己的工作团队需要什么样的知识、技能和经验。

2. 找出在需要具备的资格和当前已经达到的资格条件之间存在的差距。

3. 为每一位团队成员确定开发需求。

4. 团队成员要完成一系列的练习，目的是帮助他们自己进行自我评价、设定目标以及制定个人开发计划，在此基础上由管理者和雇员一起合作制定雇员的个人开发计划。在讨论的过程中，管理者将与雇员交流绩效评价信息以及他对于团队的需要所进行的分析。在雇员开发计划中还包括在下一年底所追求的职业目标和将要采取的开发活动。

5. 为保证职业管理过程有助于未来的人事配置决策，还要举行以部门为基础的职业开发会议，由管理者汇报有关开发的需求、开发计划以及本工作团队的能力等方面的情况。为保证培训计划具有现实性，公司中负责培训和开发的管理人员也要参加这种会议。

6. 将以上过程在公司更高一层的管理者中重复进行一次。

7. 最后得到一个成熟的、在公司各职能部门中经过充分协调之后的培训和开发计划。

UPS公司的职业管理系统包括职业管理过程中的所有步骤。该系统最为重要的特征是，它使得关于雇员个人、区域、职能开发、培训需要以及能力等方面的信息得到了分享。而这些来自雇员、区域以及公司职能部门的信息使得UPS公司比其他许多公司能够更好地满足变化之中的人员配置需要以及顾客需求的变化。

资料来源：雷蒙德·诺依，等. 人力资源管理：赢得竞争优势［M］. 3版. 刘昕，译. 北京：中国人民大学出版社，2001：422-423.

5.3.2 业务部门经理和人力资源部门的定位

（1）业务部门负责人在培训开发方面的责任

在确定员工具体的培训和开发需求方面，业务部门负责人和高层管理者有十分重要的责任。具体讲主要包括以下方面：

正确地履行自己的职责。作为业务部门的负责人，首先必须了解和掌握所在部门的工作目标以及各个岗位工作职责的具体要求。对于他们来讲，首要的任务是根据不同岗位的职责正确地分解这些目标，其次是对这些目标的执行和完成情况进行监督和跟踪。在这个过程中，去发现存在的问题，提出解决的办法。

评估员工的培训需求。当发现个别岗位目标没有按时按质按量完成时，应立即对其原因进行分析和研究，即进行培训开发的需求评估。由于培训开发需求评估涉及人力资源管理其他相关职能的综合应用，这就要求业务部门的负责人必须具备基本的人力资源管理和开发能力。首先，他们要参与对部门每个工作岗位的工作分析，提出各个岗位明确的工作内容和任职条件；其次，根据工作内容提出各个岗位的绩效目标；再次，在执行和实施绩效目标的过程中观察员工的实际绩效水平与岗位要求绩效水平之间是否存在差距，并对其进行分析；最后，找出其中可以通过培训或开发解决的部分。

制定具体的解决方案。如果员工的绩效问题可以在部门内部通过培训和开发解决，就可以采取相应的措施和方法予以解决。如果需要公司的支持，就要与人力资源部联系，共同确定最后的具体解决方案。而对那些非培训和开发手段解决的低绩效问题，就需要分析其具体原因，如果是设备、流程或工作不规范的原因，就需要检修或更换设备、重组生产流程、制定更严格的工作规范等。对于那些培训开发不能解决的问题，则需要采取换岗等方式解决。

为新员工提供上岗培训。业务部门负责人的另外一项重要工作是向新员工提供部门总体情况介绍，包括任务、工作目标、各工作岗位的职责要求以及应当达到的绩效水平，其次是为新员工持续性的基本技能性的上岗培训指导，以让新员工尽快熟悉和掌握正确履行工作职责的方法和程序。

为员工提供培训效果的转化条件。当员工经过培训开发相关课程的训练后，部门负责人应当向其分配任务或提供实现培训效果所需要的环境条件，以使其能够学有所用，并根据其表现提供绩效信息反馈。

为员工提供职业发展建议，为企业培养接班人。一个合格的业务部门负责人不仅要具备过硬的业务素质，而且还应有宽阔的胸怀和魄力，能够关心、爱护和帮助员工实现自己的价值。一方面，要为员工的职业发展提供建议；另一方面，要善于在日常工作中发现业绩优良且具备管理才能的员工，在与人力资源部沟通的基础上，按照公司有组织的职业生涯规划的安排，为其提供各种培训和锻炼的机会。

（2）人力资源部门的责任

作为部门负责人或经理的战略合作伙伴，人力资源部的主要工作是为部门和公司的培训开发提供技术支持和服务，包括：

根据公司经营目标要求，制定公司的培训开发计划。在人力资源的培训和开发职能方面，人力资源部的首要工作就是根据公司经营目标的要求，准确地辨认和识别员工实际的绩效水平与公司期望绩效之间的关系，发现存在的问题。要做到这一点，人力资源部需要加强与各业务部门的沟通，了解各业务部门基本的任务、目标以及绩效指标体系，在这个基础上提出具体的有针对性的培训和开发方案。

为新员工提供文化、价值观、宗旨、使命等方面的培训。当新员工进入公司后，人力资源部应向其提供文化、价值观、宗旨、使命等方面的基础培训，同时对公司的薪酬福利政策、晋升制度、员工发展等与员工关系密切的问题与新员工进行沟通和交流，同时应建立人力资源部与员工沟通的机制，如及时发布公司新的人事政策、提供咨询支持等。

为培训开发提供技术支持。由于培训开发涉及一些专业的技术，因此对人力资源部来讲，向各业务部门提供这些技术的支持就成为其一项重要的服务内容。对于一些专业性较强的技术，如人才测评、人格类型测试等，由于企业的人力资源专业人员一般都不具备从事这些工作的基本条件和资格，因此需要聘请有关的专家才能取得较好的结果。

实施培训和开发的组织和管理。作为负责企业人力资源管理开发的主管部门，人力资源部要负责企业培训和开发工作的具体组织和管理，包括文件的起草、计划的编制、专家的聘任、具体培训开发项目的选择、课程的设计、培训开发效果的跟踪、员工档案记录等日常性工作。对于企业的管理者继承计划或接班人培养方面的内容，还需要经常性地与公司高层进行沟通，随时了解和掌握受训员工的培养情况，并及时向高层反映，以便根据公司业务的需要随时安排人员的晋升或做出其他的人事决策。

提供培训的效果评价。为培训开发提供评价是人力资源部另一项重要工作。评价的主要内容是对员工受训前的绩效水平与受训后达到的绩效水平进行比较和鉴定，对于可以用数量标准衡量的工作，培训效果评价相对比较容易，而对于那些难以用数量标准衡量结果的工作，要做出一个比较全面和完善的评价是比较困难的。当然专家们也开发出了一些方法，详情请参见本章第一节“培训效果评价”的相关内容。

5.4 中国企业人力资源培训开发现状调查

在对31家企业集团人力资源管理现状的调查中，对培训政策、培训预算、培训时间、优先程度、培训原因、考核方法、赞助政策等方面进行了调查。首先，被调查企业非常重视人力资源培训政策的制定。所有的企业集团都制定了员工培训和发展政策。其中28家集团（约占总样本的90.3%）有书面形式的相关政策，这些政策包括：

（1）人力资源培训已经列人企业的预算费用

接受调查的所有企业凡是制定了正式培训政策和制度的，在企业年初的预算方案中都有员工培训这一项。但不同行业和不同性质的企业在培训的对象上有所区别，如服务型和技术型企业集团在员工培训和发展上的支出要大于制造型集团；外资型企业集团更注重对不同层次员工的培训。很多企业的培训支出主要用于新员工的培训、技术人员技能的提升等方面。14家集团（约占45%）表示会给自我培训的员工所需费用的一半以上补助。为确保员工能够真正通过培训提高技能，要求在取得培训合格证或相关资格后才发放补助。总的讲，接受调查的企业集团在培训费用上的支出都不大，在接受调查的31家企业集团中，占调查企业样本38.7%的企业的培训支出占员工总工资的比率为0% ~0.5%；另38.7%的企业的培训支出占员工总工资的比率为0.5% ~1.5%；19.4%的企业的培训支出占员工总工资的比率为1.5% ~3%；3.2%的企业的培训支出占员工总工资的比率为3%以上。这些数据远远落后于发达国家跨国公司的培训投入，本章第一节在讨论“影响培训的因素”中，曾列举了这些公司的培训费用支出情况，国际商业机器公司、施乐公司、得克萨斯设备公司、摩托罗拉等公司用于员工培训的费用占到了雇员工资总额的5% ~10%，专栏5-2中的米拉日湖每年用于员工的培训费用就达800万美元。即使与美国企业培训平均投资水平相比，也有不小的差距。美国企业培训平均投资水平大致为员工工资总额的2%，而被调查企业中，接近80%的企业的培训支出占员工工资总额的比率在0.5% ~1.5%之间，这从一个侧面反映了中国企业与发达国家企业之间的差距。

（2）在培训时间上，调查企业更重视对新员工和管理人员的培训

在样本中，有18家企业将管理人员的培训放在第一位，而技术人员的培训居于第二位。对管理人员培训的重视一方面反映了受调查企业集团管理思想和观念的转变，即人力资源管理作为企业竞争优势的手段越来越为人们所重视；另一方面也表明了企业越来越注重解决在成长过程中的人力资源管理的瓶颈制约，以及管理能力的提高与企业竞争能力之间的关系。对技术人员培训的重视则反映了技术水平对提高企业竞争力的地位和作用的重要性。

（3）培训的主要动机是提升技能，其次是激励

表5-2列出了12项影响因素，企业的人力资源部门主管分别为这些因素打分，其中，5分表示极为重要，4分表示重要，3分为一般化，2分为不太重要，1分为极不重要。可以看出，31家企业集团的培训动机主要体现在四个方面：一是着眼于技能的提高，在12项影响要素中，涉及技能的要素就达到6个，包括提高管理者技能、提高生产力、发展新技术、拓宽员工技能范围、开发员工适应技术革新的能力以及适应产品的变化等，而且前四项的平均分值均在4.5以上，表明这些因素是影响企业培训最重要或重要的方面；二是着眼于工作氛围和员工激励，包括员工士气的提升、稳定劳资关系、鼓励长期服务的员工等，平均分值均在4以上，即影响培训的重要因素；三是涉及员工的重新安排和使用，包括技术革新后对员工的重新安排、更有效地使用老员工等，这些被认为是一般影响因素；四是与企业的具体业务状况相联系，如培养国际业务与交流人才。

表 5-2　　决定公司培训发展的因素

因素	重要性
提高管理者技能	4.9
提高生产力	4.8
发展新技术	4.5
拓宽员工技能范围	4.5
适应产品的变化	4.1
提高员工士气	4.1
开发员工适应技术革新的能力	4.1
稳定劳资关系	4.0
鼓励长期服务的员工	4.0
技术革新后对员工的重新安排	3.3
培养国际业务与交流人才	3.3
更有效地使用老员工	3.1

注释：

[1] 彭剑锋. 人力资源管理概论 [M]. 上海：复旦大学出版社，2006：443.

[2] 雷蒙德·诺依，等. 人力资源管理：赢得竞争优势 [M]. 3 版. 刘昕，译. 北京：中国人民大学出版社，2001：260.

[3] 杨光. 新惠普“世纪”整合之谜 [J]. 中外管理，2003 (7).

[4] WOMACK，et al. The Machine That Changed the World，p. 56.

[5] 加里·德斯勒. 人力资源管理 [M]. 6 版. 刘昕，吴雯芳，等，译. 北京：中国人民大学出版社，1999：238.

[6] 赵曙明，吴慈生. 中国企业集团人力资源管理现状调查研究 [J]. 人力资源开发与管理，2003 (7).

[7] 劳伦斯 S 克雷曼. 人力资源管理：获取竞争优势的工具 [M]. 吴培冠，译. 北京：机械工业出版社，1999：174.

[8] 托马斯 G 格特里奇，赞迪 B 莱博维茨，简 E 肖尔. 有组织的职业生涯开发 [M]. 李元明，吕峰，译. 天津：南开大学出版社，2001：153.

[9] 吉姆·科林斯. 从优秀到卓越 [M]. 俞利军，译. 北京：中信出版社，2002：38.

[10] 成都商报，2003-08-06 (B3).

[11] 严进. 企业中的导师制——管理者综合素质培训的途径 [J]. 中国人才，2003 (4).

[12] 雷蒙德·诺依，等. 雇员培训与开发 [M]. 徐芳，译. 北京：中国人民大学出版社，2001：180-182.

本章案例：联想集团用人“杀手锏”——轮岗

如何用人，如何用好人几乎无时无刻不在困扰每一个企业。尤其在中国，在中国的民营企业。据统计，我国民营企业的平均寿命是3~5年。就是说，一个企业从诞生到消亡不过三五年的光景。企业从盛到衰，各有各的缘由，但有一点是明确的，即企业从小到大后的用人方略问题。记得爱立信公司大中国地区的总裁说过：“我们的产品可以被仿造，但我们的企业文化是别人模仿不了的。”

联想作为中国信息技术产业的常青树，之所以能20年常立不倒，与它的企业文化，用人机制密不可分。最近，联想内部又开始试行轮岗，并试图用轮岗来解决企业内部管理中的漏洞。

“轮岗”是一个大家都觉得好又都觉得难的话题，每每在遇到下面的问题时，大家都会不约而同地想到用“轮岗”来解决：

“北京制定政策的岗位不了解一线客户需求，瞎指挥。”

“服务部和事业部有隔阂，话说不到一块去。”

“北京的干部大部分是本部门的业务骨干，职能部门更是如此，基本上是土生土长的职能人，对业务需求把握不好，对前端没有亲身体验。”

“大区干部原来是香饽饽，现在北京坑里都让萝卜占了，没有什么空坑了。”

“来联想已经2~3年了，除了向行政序列发展之外，我还有什么样的发展空间呢?”

“员工做了两年多了，还在做同样的事情，没有了工作激情。”

然而当大家为了这些问题，想把轮岗做起来的时候，随之而来的其他问题又产生了。

派出部门：骨干走了，任务怎么办?

接收部门：新来的人得人带，又不能快速出成绩，怎么办?

管理人员说：由此产生的额外费用怎么办？由谁来承担?

轮岗出现了好多好多的问号……

在联想，第一个实现轮岗的是联想的消费信息技术群组服务部。他们的成绩得到了大家的一致好评。现在轮岗已成为消费信息技术群组服务部的杀手锏。

第一负责人关注长远的决心和业务战略的需要。消费信息技术部做轮岗的起因是今年年初制定了“结合地缘，速度制胜”的策略。在给骨干人员做能力盘点的过程中，我们发现大区骨干拥有中央运作经验以及中央骨干拥有大区一线经验的比例都太小，而这些人才恰恰就是要实现业务的良性发展不可缺少的最重要环节。基于这一点，为了消费信息技术的战略实现，消费信息技术的高层干部痛下决心——把轮岗做起来，把出现的一个一个问题务实地解决掉。因此便拉开了消费信息技术轮岗的序幕……

轮岗带来效果非常好。参与轮岗的人的共同感受是：第一，轮岗让员工感受了"客户体验"，对于客户体验的理解更深刻了，以前在事业部认为客户仅仅是终端客户，现在感到代理伙伴也是我们的客户，也清楚知道了大区最关心什么，为什么有些事情那么着急。事业部轮岗人员和大区轮岗人员都加深了彼此的理解。事业部总经理魏骏认为，良好的沟通是基于理解和熟悉的，而轮岗是让大家互相理解和熟悉起来的好方法。第二，轮岗促进了前后端的打通，使沟通更加无障碍，比如，轮岗促进了事业部和大区间的有效沟通，同时使得信息能够更加及时，帮助更好地响应市场的变化，更好地进行决策。效率更高！效果更好！第三，轮岗提升了个人的能力，开阔了眼界，有了新的工作激情。

为了解决轮岗中遇到的问题，联想采用了以下方法：一是通过提高第一负责人的决心和将轮岗与长远战略或者解决具体问题结合起来，解决"剃头挑子一头热"的问题；二是通过调整心态和双向的、互换的轮岗方式，解决了因"一个萝卜一个坑"可能产生的影响业务的问题；三是通过边尝试边改进，逐步总结规律和经验，解决制度和岗位要求的问题。

资料来源：卢陈思．联想内部用人"杀手锏"——轮岗［J］．国际人才交流，2003（2）．

案例讨论：

1．为什么轮岗可以通过彼此间的熟悉和了解达成有效的沟通。

2．联想的轮岗解决了哪些内部管理问题。

3．轮岗在员工的职业发展规划上具有什么作用。

4．轮岗作为人力资源开发的一项重要内容，应当如何支持公司的经营目标和经营战略。

第四篇

组织绩效管理系统与薪酬体系设计

绩效与薪酬是人力资源管理的两个重要职能，它的核心内容主要包括以下几个方面：一是组织的绩效导向。它是决定组织整体绩效系统有效性的重要基础和条件，即科学合理的绩效导向将决定组织整体绩效的成败。二是组织绩效系统设计的程序和方法。它是将科学合理的绩效管理体系从理论框架转化为具体的、可操作的绩效考评指标系统的桥梁。三是建立在绩效基础上的激励和约束机制，即根据部门、个人不同的绩效水平，为组织的人事决策提供决策依据。

第6章 组织绩效管理系统设计的原则和步骤

绩效管理是人力资源管理的一个重要职能，它必须支持组织的战略目标。在战略性人力资源管理系统中，这种支持主要是通过建立绩效管理体系，铺设传递组织战略信息的渠道，并通过信息的传递，使组织的战略要求由各业务单位和个人来实现。对于任何一个组织来说，其战略的制定都是建立在与竞争对手相比较的基础上。当战略制定完毕后，必须对战略所包含的目标进行分解，最后得到部门、个人的绩效目标。当一个年度完毕后，个人、部门如果都完成了自身的目标，也就意味着组织达到了自己的总体目标，同时也就获得了与竞争对手相比较的竞争优势。战略性绩效管理就是按照组织战略的要求，将组织战略所要求的各种经营管理目标传递到组织的各个业务单元和岗位，在此基础上建立起组织战略管理绩效的流程体系。通过有效的绩效管理，达到组织目标与员工个人目标的和谐统一，最终达到提高组织竞争力的目的。

在本章中，我们首先要对绩效评价和绩效管理进行区分，并在此基础上阐述绩效管理的目的。区分绩效评价和绩效管理的不同非常重要，这是因为很多组织在实际工作中都把两者等同起来，从而使绩效管理成为一种仅仅涉及具体指标评价的技术手段和方法，使其失去了本来具有的重要作用和影响。同时要分析影响绩效评估的因素，讨论部门主管在绩效评估中存在的问题和纠正的方法。然后我们要讨论建立有效的绩效管理体系应该遵循的原则，并通过具体的案例分析，阐明绩效管理是如何支持组织战略目标的。接下来要考察当前比较常见和流行的绩效评价方法和绩效管理的系统方法，并提出我们的意见和建议。最后要讨论组织绩效管理系统的设计步骤，领导者和管理者应如何区分、识别和管理不同绩效水平的员工，以及在绩效管理的过程中组织的各业务单元应当履行的职责。

学习本章主要应了解和掌握的内容：

1. 绩效评价和绩效管理的区别。
2. 绩效管理的目的和原则在一个有效的绩效管理系统中的作用。
3. 组织绩效导向的重要性。
4. 组织绩效管理系统设计的基本方法和途径。
5. 如何使用不同的绩效评价方法。
6. 组织的领导者和管理者应如何识别和管理不同绩效水平的员工。

专栏6－1：施乐公司的绩效导向

20世纪70年代中期，施乐公司（Xerox）几乎垄断了复印机市场。施乐公司并不出售复印机，而是出租，从这些机器的每一次复印中获取利润，租赁机器并出售附带产品，如纸张和色带其的利润相当可观。但是，除了对昂贵的复印成本的别无选择外，这些昂贵机器的高故障率和功能不足更令人不满。施乐公司的管理层并没有因此去改良机器从而降低故障率，反而认为这是进一步加强财务成果的大好时机。他们改为出售机器，同时成立一个庞大的服务系统，作为独立利润中心，专门提供损坏机器的上门维修服务。由于客户对这一服务的需求，该部门很快就成了该公司利润增长的一大功臣。此外，由于在等待维修工上门期间机器不能用，所以有些公司多买一台复印机备用，这又使施乐公司的销售额和利润增长更快。因此，所有的财务指标，包括销售额和利润增长率以及投资报酬率等，都显示公司的战略十分成功。

但是，客户仍然愤愤不平，怨气很大。他们所需要的并不是供应商提供一支出色的维修队伍，而是高效率的、不出故障的机器。于是当打入这一市场的日本和美国的公司推出复印质量差不多、甚至更好，既不出故障又比较便宜的机器时，那些对施乐公司不满意和不忠诚的客户立刻转向新的供应商。施乐公司这个在1955—1975年间跻身于美国最成功公司之列的大公司几乎失败。多亏了一位对追求质量和客户服务抱有极大热情的新总裁——他把这种追求传达到公司的各个角落——该公司才在20世纪80年代中实现了引人注目的转变。

在激烈竞争环境中，财务指标不足以引导和评价企业的运行轨道。他们是滞后指标，无法捕捉最近一个会计期间经理们的行动创造和破坏了多少价值。对于过去的行动，财务指标只介绍了部分而不是全部，对于今天和明天为创造未来财务价值所采取的行动，财务指标也不能提供充分的指导。

资料来源：罗伯特·卡普兰，大卫·诺顿．平衡计分卡——化战略为行动［M］．刘俊勇，孙薇，译．广州：广东经济出版社，2004：18.

6.1　绩效管理的要素和目的

6.1.1　绩效管理的定义和内涵

绩效评估与绩效管理本是完全不同的两个概念，但在现实中，不少人却将两者等同于一回事，这实在是一个误区。因此，在这一节里，将首先对二者重新做一区分，以便为以后的讨论奠定基础。

所谓绩效评估，是指在一个既定的时期里考察和评价组织各业务经营单位和员工业绩的一种正式制度。传统的绩效评估主要看重结果，而不太关注过程。总的来讲，绩效评估有以下特点：一是时间集中，如月、季度、年中、年末的绩效评估，都集中于某一个时点进行；二是传统的绩效评估着重具体事实，即部门和个人绩效指标完成情况的评价，一般不涉及不良绩效的改进评价；三是绩效评估是一种事后评估，即主要是对已经成为事实的那些事件的评价。

绩效管理是指组织为确保各业务经营单位和员工的工作活动和工作产出能够实现组织目标保持一致的过程。绩效管理的特点主要表现在以下方面：一是系统性，一个有效的和完整的绩效管理系统包括绩效导向、绩效系统设计、绩效评估方法选择、绩效评估、绩效信息反馈、绩效系统的调整和改进等内容。二是战略性，与绩效评估不同，绩效管理是一套体系和战略管理方法，通过这套体系和方法，最终达成组织战略信息的传递和落实。三是注重绩效改进，即强调组织及其领导者和管理者的一项重要责任是指导和帮助员工不断改进和增强技能以创造更多更好的价值。因此，在组织的绩效管理系统中，领导者和管理者指导和帮助员工的能力和水平应成为其重要的绩效指标。

通过以上比较可以发现，绩效评估只是绩效管理过程的一个组成部分，而绩效管理的目的并不只是设计和开发一整套的具体指标来考核员工，更重要的是要阐明以下五个问题：

（1）组织的战略目标是什么？

（2）组织的绩效指标与战略经营目标之间是什么关系？他们之间的关联性如何？

（3）组织的绩效指标如何进行分解？指标与指标之间是什么关系？指标与部门和员工的工作有什么关系？

（4）组织的绩效指标与竞争对手的绩效指标有什么关系？是否是在市场调查和分析的基础上得到的？

（5）组织的领导者和管理者应如何指导和帮助其成员改善和提高其绩效水平？

在这五个问题中，第一个问题是至关重要的，因为它是绩效管理的基础，决定组织的绩效导向；第二个和第三个问题分别反映的是组织战略性人力资源管理和技术性人力资源管理的能力和水平；第四个问题反映的是组织的战略管理能力；第五个问题则反映的是组织的领导者和管理者在绩效管理中的地位和作用。从这五个问题可以看出，绩效管理并不是一个技术评价手段，而是一个重要的战略管理方法。认识到这一点，对于正确了解和掌握绩效管理具有重要的意义。

6.1.2 一个有效的绩效管理系统的基本要素

绩效管理系统基本要素是指构成绩效管理系统和流程有效运作的必要条件及彼此之间的关系。图6-1曾给出了“基于组织战略的绩效管理系统模型”，在这个模型中，绩效计划、绩效实施、绩效评价和绩效反馈就是构成有效的绩效管理系统的基本要素。本节将对这四项内容做进一步的讨论。

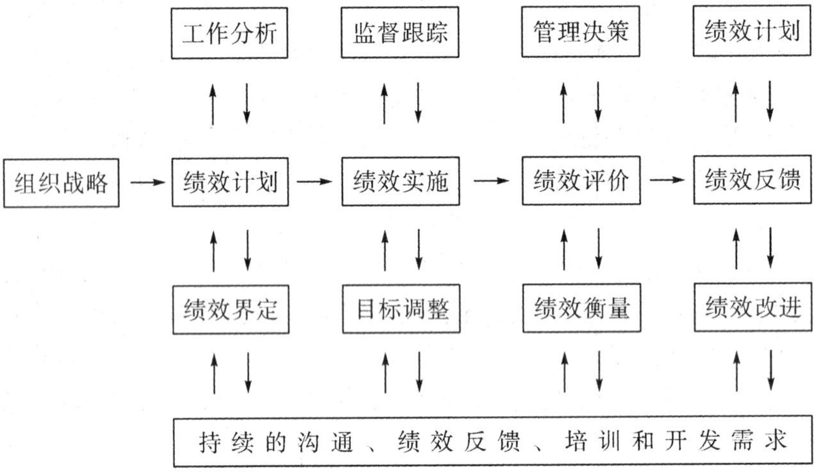

图 6-1　绩效流程图

绩效管理系统基本要素主要包括以下几个方面：

（1）正确的绩效导向

所谓绩效导向，是指组织对其成员工作努力的方向和应当达到的绩效标准的预期。在“基于组织战略的绩效管理系统模型”中，它主要是以绩效计划的形式来体现的。在专栏 2-1 中，UPS 的宗旨和使命就表明了这种预期，即“在邮运业中办理最快捷的运送”。在这个宗旨中，最核心的要素是时间。时间不仅体现了邮运业工作的特点和公司的绩效导向，更重要的是通过对时间的强调，表达了对顾客利益的关注，而这正是公司利润的主要来源。正如彼得·德鲁克讲的：“一个组织只有一个成本中心，真正的、唯一的利润中心，是有足够付款能力的客户。”[1] 在这一导向下，UPS 的工程师们对送货司机如何在最短的时间内完成高质量的工作做了大量研究，并在此基础上总结和提炼出了严格的工作流程分析和标准，通过培训，使每天每个司机比竞争对手多运送 50 件包裹，从而为公司带来了巨大的竞争优势。

确定了正确的绩效导向后，下一个环节就是要将建立在此基础上的组织战略进行分解。在上图中，我们描述了基于组织战略的绩效管理系统模型，在模型中，当组织的绩效计划制定完毕后，要通过工作分析，将组织的目标落实到每一位组织成员，即界定每个组织成员的绩效标准。在这一环节，要素关键是取得高效率和高品质绩效结果背后的组织结构设计、业务流程分析和工作规范要求。特别是工作分析，不仅根据组织期望的绩效标准提出了岗位任职者应完成的工作和任职的资格要求，而且还规定了应达到的绩效水平，从而达到绩效界定的目的。在绩效界定过程中要注意的是，要保证绩效的清晰性，必须要有明确的绩效评价标准，而且标准要具备较强的现实性和操作性。

对于组织来说，正确的绩效导向源于两个方面：一是对存在问题的正确判断，它是决定组织绩效的基础。正确的绩效导向对于组织来说非常重要，因为组织衡量什么，员工就关注什么，它表明了组织对员工工作努力方向的期望。如果这种期望产生误差，就会导致错误的结果。二是组织对利润来源的认识。一些组织常常对财务指标非常关心，但他们忽略了财务指标是一个滞后指标，并不能够反映组织的整体绩效水平。过分的追求财务指标，可能会破坏组织生存的基础，损害组织的长期利益。在专栏6－1中，施乐公司的绩效导向就出现了这样的问题。施乐公司的商业模式先后经历了出租、出售以及将服务中心作为利润中心等，但这些都着眼于追求单一的财务指标，未能抓住产品质量这一关键问题。因为顾客所希望得到的并不是供应商是否提供一支优秀的维修队伍，而是高效率的、不出故障的机器。如果公司能够准确地发现存在的问题，并认识到“真正的、唯一的利润中心，是有足够付款能力的客户”的道理，那么就会从研发、生产、制造环节去寻找解决的办法，并从中引申出正确的绩效导向和员工工作的努力方向，最终满足市场和客户的要求。

（2）绩效界定并形成工作标准

绩效界定并形成工作标准是指在工作分析的基础上，通过职位描述和任职资格，将组织的目标落实到每一个岗位的过程。首先，在这个过程中，最重要的环节是把岗位职责量化或细化为岗位的具体指标。比如，一个销售总监的岗位职责中可能有关于“保持销售团队的团结和稳定”的要求，在这个环节就需要把这个定性的描述量化为定量指标和行为指标，如与销售人员沟通协调的时间和效果、对下属评价的科学性和合理性、销售人员和核心销售员工流失率等指标。其次，准确的绩效界定并形成工作标准还取决于组织结构设计、业务流程分析、工作规范要求以及部门主管的作用。这个环节可能出现的问题包括：缺乏明确的绩效评价标准、有标准但不现实或主观性太强、标准难以衡量等。

（3）绩效实施

在绩效界定完成后，就进入绩效实施阶段。所谓绩效实施，就是绩效计划的贯彻和落实。在“基于组织战略的绩效管理系统模型”中，绩效实施是一个非常重要的环节，它不仅体现了组织各个层次的执行能力和水平，而且还表明了组织的领导能力和管理能力。绩效实施的重要性主要表现在以下方面：首先，由于企业是一个开放经营的社会技术系统，随时会受到经营环境要素的影响，因此在绩效实施的过程中，有可能对企业的目标进行调整，以适应环境变化的需要。当企业的目标调整后，原来的部门和岗位的绩效计划也需要进行调整。否则，不仅绩效实施失去了标准，员工的工作也就没有了方向。其次，绩效实施过程就是领导者和管理者发挥领导和管理能力的过程。如前所述，传统的绩效考评只注重结果，而忽略对过程的管理。在现实中，有的组织的领导者和管理者在年初将绩效考评指标落实后，就认为什么事都没有了，忽略了下属在绩效实施过程中可能遇到的困难和疑惑。而绩效管理强调在绩效实施过程中的管理，特别是当企业的目标调整后，需要对员工的绩效计划进行调整，并告之其调整的理由和原因，并根据组织目标的调整，随时对自己的下属是否按时、按质、按量完成工作任务进行跟踪和监督。同时要解答下属的困难和疑惑，指导和帮助他们改善和提高创造价值的能力。因此，在绩效实施环节，中层管理者肩上的责任尤其重大。一个合格的中层管理者，在这一过程中扮演着“婆婆妈妈”和“唠唠叨叨”的角色。所谓“婆婆妈妈”，是指在绩效实施的过程中，要事无巨细，大事小事胸有成竹；所谓“唠唠叨叨”，是指在员工工作偏离目标时敢于纠偏，不怕得罪人。只有这样，绩效目标的完成才能够得以保障。

（4）绩效衡量和评价

第四个要素是对绩效进行衡量，即采用合适的绩效衡量方法评价员工的绩效，以确认其行为和结果与组织的期望绩效吻合的程度，为管理决策提供依据。在进行绩效衡量时要注意三个问题：一是评价方法的选择，方法不在于要多复杂，科学的方法也并不一定就是合适的，一定要考虑组织的具体特点，比如要多数人都能够理解和接受，即注意科学性和适配性的结合。同时应根据具体情况，多种方法混合使用，以达到较为理想的结果。二是要对评价者进行相应培训，以尽量避免或减少由评价者误差带来的评价失误。关于这方面的问题将在后面的有关章节做详细的讨论。三是绩效衡量的结果使用。对员工的绩效进行衡量主要有两个目的，即对其实际绩效与组织的期望绩效进行评价，并根据衡量结果落实相应的人力资源政策，如表彰、晋升、换岗、辞退等。

（5）绩效信息反馈

在一个完整的绩效管理系统中，绩效信息的反馈是必不可少的。所谓绩效信息反馈，是指通过对员工个人实际绩效与组织期望绩效的比较（员工个人绩效低于组织期望绩效），为员工提供改进绩效的方法和途径。在这一环节，要素的关键在于应在整个绩效管理过程中进行持续不断的信息反馈和沟通。通过这种反馈和沟通，找出优良绩效和无效绩效的原因，表彰先进，制定改进无效绩效的措施，为第二年的绩效计划奠定基础。绩效信息反馈包括两个方面，即正面绩效反馈和负面绩效反馈。在绩效反馈时应注意以下问题：一是明确绩效管理的目的是帮助组织不断地改善和提高整体的绩效，而要达成这一目标，就必须进行经常性和及时性的反馈，即我们经常讲的“事中控制”，发现问题就要及时纠正。而传统的绩效考评往往不注重过程控制，等到年终考评时，损失可能已经造成了。二是把绩效反馈的重点放在发现问题、分析问题和解决问题上，而不是简单的将其看作是一个指标考核或惩罚绩效不良者的机会。三是坚持“对事不对人”的原则，将绩效反馈的重点集中在员工的行为或结果上，而不是集中在人的身上。四是为绩效讨论提供好的环境氛围，特别是负面绩效反馈，主管应尽可能地为谈话创造一个比较轻松的氛围。五是通过表扬和肯定员工的业绩，鼓励下属积极参加绩效反馈过程。六是制定具体的绩效改善目标，并通过确定检查改善进度的日期使员工认真对待目标的完成。

6.1.3 企业发展不同阶段的业绩衡量导向

在前面的有关章节中我们讨论了企业生命周期及其特点，这些特点本身也就表明了企业在不同的发展阶段要解决的问题。因此，在企业的不同发展阶段，绩效的导向也应当是有差别的。企业的高层领导和人力资源专业人员应当对此有足够的认识，以便能够制定出正确的绩效导向，正确引导员工的行为，最终达到企业的目标。此外，由于绩效导向关注的是解决企业最核心的制约瓶颈，因此要突出重点，也就是说指标不能够太多，因为指标太多就可能分散注意力。

（1）创业阶段

在企业的创业阶段，制约企业的最大要素之一就是资金供应，因为婴儿期的企业开始时流出的现金总是大于流入的现金。[2] 当然，成长和成熟期的企业同样存在这个问题，但由于已建立了一定的银行信用，因此在获得金融机构的支持上要远好于初创期的企业。初创期的企业经常出现现金短缺，特别是企业刚刚创立，还没有在银行取得足够的信用，这一情况就显得尤为突出。因此在这一阶段，企业的绩效导向应主要集中于如何保证足够的现金供应和相对稳定顺畅的现金流等财务指标上，但也要注意与完成这些指标有关联的业务单元。在具体的指标设计上，尽可能快的市场响应、准时生产、出货速度、回款速度、缩短现金流周期等都是重要的内容。

（2）成长阶段

企业进入成长期后，除了要解决伴随着企业发展所面临的因业务和组织扩张带来的管理以及市场竞争压力带来的规范的要求外，还必须不断完善和提高产品质量和服务水平。在这个阶段中，企业共同存在的问题可能是有时太过于注重产品销售的增加和市场份额的扩大，而会忽略产品的质量和服务的水平，从而造成企业发展的隐患。同时，因为管理不善而导致频繁的人员变动引发的产品质量问题也较为突出。因此，在进入成长阶段后，企业的绩效导向应当首先转向提高和完善产品和服务的质量，要建立从研发、生产、销售、客户服务等一条龙的指标体系，并为有关的各个业务单元制定严格的质量控制要求。其次，与产品和服务质量相对应的系统的人力资源开发需求和更充裕的现金流等健康的财务指标也是成长期企业应追求的重要目标。在这个阶段，企业的绩效导向更加注重系统性和规范性，强调规模的效应，但同时也要注意绩效导向中最核心和最重要要素的选择，以保证企业利用有限的资源解决最重要的问题。

（3）成熟阶段

成熟阶段的企业在财务方面的表现就是资金短缺问题基本解决，资金问题已不构成企业发展的瓶颈制约。从企业的规模看，成熟期的企业已具备相当的规模，包括稳定的市场份额、严格的专业化分工、成熟的技术和产品，服务水平也达到了较高的要求。但在可控性得到加强的同时，灵活性却可能下降。因此在这个阶段，可持续发展成为企业应当关注的重点问题。一般来讲，这个阶段的绩效导向主要有两个方面：一是巩固企业已有的产品、服务的优势地位和影响，特别是要继续加强企业产品和服务在市场和客户心目中的影响；二是加强新产品的研发，通过不断满足消费者的需求实现企业的可持续的发展目标。

（4）衰退阶段

企业的衰退既可能源于产品或服务难以适应市场和消费者的需求，也可能是不良的管理导致的。因此在这一阶段，应根据具体情况制定有针对性的导向政策和措施，以帮助组织走出困境，重获新生。

6.2 组织绩效管理系统设计的功能和原则

6.2.1 绩效管理的功能

从图 6－1“基于组织战略的绩效管理系统模型”中，可以非常清晰地辨认出一个有效的绩效管理系统应具备的功能。这一功能可以分为两部分，一是战略性功能，二是职能性功能。它们共同发挥作用，支持组织的经营目标。

（1）战略性功能

战略性功能是指对组织绩效发挥最重要影响的功能，主要包括绩效实践对组织战略的支持以及领导和管理功能两个方面。

第一是绩效管理的战略功能。它主要体现绩效实践对组织战略的支持。在图 6－1“基于组织战略的绩效管理系统模型”中，这一功能主要是通过绩效导向和绩效计划来实现的。目前有的企业出现了这样一种现象，即各业务单元的绩效尚可，但企业整体绩效不好，原因就在于其绩效管理系统的战略性功能出现了缺失。但在现实中，并不是所有的组织都认识到了绩效管理系统的这一作用。

我们可以以银行业为例来说明绩效管理战略性功能的主要作用。改革开放以来，我国银行业也在努力适应改革的要求和市场的变化，其绩效管理也经历了一个不断变化和发展的过程。长期以来，单位和居民个人储蓄存款一直是银行经营的一个重要指标，尽管现在银行也在开发新的业务，如个人金融业务等，但单位和居民储蓄存款对银行来讲仍然具有重要意义。因此，我们有理由认为银行所取得的存款数额在相当长的一个时期中是决定银行竞争优势的一个关键要素。假定某银行的战略目标是建立在存款数额基础上的，那么在这种情况下，银行的绩效导向就应该向存款数额倾斜，在具体做法上就是将存款数额作为一个关键的业绩指标。在这种业绩导向下，无论是银行哪一个级别的员工，只要能够有足够数额的存款，就应当获得银行的奖励，这样就体现了绩效的战略性功能。反之，如果银行的战略目标是建立在存款数额基础上的，但在实际工作中却按照管理级别分别获得不同的奖励，甚至低级别员工还不能够获得奖励，那么员工就没有努力工作以获得存款的积极性。

随着经济的发展和个人财富的增加，银行的商业模式和赢利模式也在发生变化。这种变化的最突出的表现就是，一方面，存款数额仍然可能是银行获得竞争优势的一个重要指标；另一方面，个人金融和零售业务在银行的利润中的地位和作用开始逐渐显现出来。特别是当个人金融和零售业务在银行利润中占据相当的比例时，银行的战略就应该进行调整。这时，银行的绩效导向就应该向这方面的业务倾斜。专栏6－2中所讲述的就是这样一个例子。在这个案例中，中国工商银行基于国际金融业的发展趋势和自身竞争能力的分析，做出了向零售业务战略转型的决定，通过改变员工的行为习惯、组织结构和人力资源管理职能的支持等措施，逐步使工行在新的领域建立起了自己的竞争优势。在人力资源的支持方面，改变了原来以存款为中心考核分行零售业务的做法，从2001年开始，对零售业务的考核指标在三个方面发生了改变：一是从以存款为经营目标转向全面提高经营效益为目标；二是从存款导向转向以市场和客户需求为导向；三是从以产品为中心转向以客户为中心的经营模式。考核指标不光是存款量，还加强了中间业务、个人贷款业务比例的考核。从专栏中的有关数据看，到目前为止，这种转型应当说是成功的。

第二是领导和管理功能。传统的绩效考评体系不注重绩效实施过程中领导者和管理者对员工改善和提高绩效水平的指导和帮助，这也是造成绩效管理不能达到组织要求的一个重要原因。在“基于组织战略的绩效管理系统模型”中，绩效实施环节最重要的一项工作就是强调组织高层管理者的领导管理能力和员工的执行能力。首先，高层管理者要充分认识和了解组织目标所包含的战略要素，明确为实现组织目标所对应的员工的知识、能力和技能的要求，然后根据绩效计划的分解，告诉员工组织对他们的绩效期望。在这一过程中，领导者和管理者的主要任务是随时根据组织经营环境的变化对经营目标进行调整，对员工是否按时、按质、按量完成目标任务进行跟踪和监督，及时发现问题并提出纠正措施，而绝不能够采取“年初下任务，年终总算账”的管理方式。管理者作为绩效的评价人，他们对组织中的人的绩效负责。他们必须将绩效评价看作是自己工作职责的一部分，并必须用适当的时间进行此项工作。尽管组织的报告跨度越来越宽，进行绩效评价的任务日益繁重，但只要分配得当，时间就可以得到有效利用，并能够对人的行为和结果产生重大影响。[3]其次，在这一过程中要随时跟踪考察员工的执行能力，对于那些不具备完成岗位绩效的员工，要根据实际情况做出相应的制度安排。

（2）职能性功能

绩效管理除了战略性功能外，还具备职能性的功能。职能性功能主要有三个方面的内容，即管理决策功能、信息反馈功能和培训开发功能。

管理决策功能。绩效评价是“基于组织战略的绩效管理系统模型”的第三个要素，它的核心是对员工的实际绩效水平与组织期望的绩效水平进行比较和衡量，并以此作为对员工进行奖励、晋升、培训、轮岗、换岗、惩处等决策的依据。在这个环节，一项重要工作是选择绩效评价方法。在选择时一定要注意科学性和适配性的结合，前者强调考评方法本身所具有的较大程度的公平性和普遍性，后者则注重的是所选择的方法是否对组织适用。

信息反馈功能。所谓信息反馈，是指根据对员工实际绩效水平的评价以及将这种评价与员工进行沟通和交流的过程。信息反馈功能有三个特点：一是随时反馈，即贯穿在一个绩效实施或执行的全过程；二是及时反馈，这就要求管理人员要随时观察员工是否按时、按质、按量完成绩效的表现，如果没有这种观察，就不可能做到及时反馈；三是反馈原则，对于正面绩效即表现优异的员工，应该大张旗鼓地表扬和奖励，而对于负面绩效，则尽可能采取一对一的方式，即主管和员工单独进行沟通和交流。当然，这种方式主要适用于非原则性的负面绩效反馈，对于那些给组织造成了重大损失或伤害的事件，这种方式就不适用。

培训开发功能。通过绩效反馈以及沟通和交流，管理人员和员工发现绩效水平不高的原因可能是在某方面的技能上还有所欠缺，或主观努力不够，或努力方向有误等。当出现这种情况时，就可以根据具体情况为当事人设计相应的改进措施和方法，比如参加技能培训，找一个“师傅”帮助，端正工作态度等。需要指出的是，员工存在的问题并不都是可以通过培训开发解决的，必须先要对存在问题进行分析，只有那些能够通过培训开发解决的问题，培训开发功能的作用才能够有效发挥。

专栏6-2：工行的零售之变

2001年，中国工商银行总行成立了个人金融业务部，这家最庞大的国有银行也开始向零售业务倾斜了。这意味着原来高高在上的银行业将还原为服务业，实现中国工商银行零售业务的战略转型。

战略转型

随着国内的金融市场的变化，国人个人财富的增加，人们开始考虑自己的钱如何保值、增值。在市场发展、金融创新日新月异的环境下，银行的零售业务如果还只抱着存款，不重视客户需求的变化，肯定是死路一条。国际上大型综合银行的零售业务发展也充分证明了个人金融业务实际上是一座巨大的商业金矿——由于零售业务不会因为经济周期的变动而受到大的影响，利润来源稳定，可以带给银行一种持续获利的能力。在花旗银行的利润中，零售业务超过一半；2003年，汇丰银行盈利的一半来自个人金融业务，其中普通零售业务占28%，个人贷款业务占16%，私人银行业务占4%；今年入股建设银行的美洲银行，其零售业务也占据了其利润的半壁江山。稳定与持续的特性，使得国际上大型银行越来越重视零售业务，2003年，全美前10大银行的零售业务资产占总资产比率平均提高至49%，而在1984年，这个比率仅为27%。因此，近几年，全球大的银行并购几乎都以零售业务为目标。

在分析外部市场环境的基础上，工行对自身的业务状况进行了剖析，发现工行个人客户群巨大，网点众多，在零售业务上很有一些优势。因此工行业也将多年积淀下来的科技优势也列为其战略转型的一个优势。工行内部人士认为，要做好零售业务，没有信息系统的支持简直不可想象。现在，我们一天的平均交易处理量是数千万笔，甚至相当于一些小银行1年的交易量，要是没有信息系统的支持，服务效率、服务水平根本谈不上。经过多方权衡，工行高层认识到个人金融市场是工行的优势市场，也应该是其重点要发展的业务，于是才有个人金融业务部的成立，工行也成为第一家全面向零售银行转型的国有银行。

转型障碍

实现战略转型的最大阻力来自银行内部员工的行为习惯，这是工行向零售银行转型的最大劣势。因为零售业务是靠人去一笔笔地做，一块钱一块钱地赚，它不像批发业务，组织一个团队、拿下一个项目，可能就有几千万甚至上亿元的进账。此外，零售业务还要求注重个人体验，特别是一些比较复杂的金融产品还需要咨询、沟通，而干惯了简单储蓄业务的工行员工普遍缺乏现代零售银行员工所应具备的观念与素质。更可怕的是，亟待转变观念、提高素质的是一支二三十万人的队伍。因此，首先必须转变10多万员工的观念，工行才能向零售银行转型。

组织结构和人力资源支持

为了支持和配合工行的转型，改变原有经营模式和增长方式的固执思维，必须在根本上改变原来的绩效管理等人力资源管理的实践。从2001年开始，工行对零售业务的考核指标发生了变化，从以存款为经营目标转向全面提高经营效益为目标；从存款导向转向以市场和客户需求为导向；从以产品为中心转向以客户为中心的经营模式。考核指标不光是存款量，还加强了中间业务、个人贷款业务比例的考核。这样，绩效的导向和绩效考评指标体系就体现了转型战略的要求。

2001年，工行开始向零售银行转型的时候，其网点的经营模式很落后——一字排开的柜台、一视同仁的服务、千篇一律的产品、眉毛胡子一把抓的推销。而且组织架构也不是以客户为中心，而是以产品为中心，每个部门都拿着自己的产品去做市场。工行在总行设立个金部门就是想建立以客户为中心的整合服务、营销架构。工行在零售业务转型上，没有选择在某个点上突破的策略，而是在一些关键要素上同时推进，焦点比较多地集中在“排队最厉害”的网点上。近几年来，工行网点在瘦身的同时（由最多时的3.6万多个网点撤并到1.8万多个网点），人员逐步转变理念、网点分批转型交替进行。从2001年开始，越来越多的工行网点开始分区，打掉部分现金柜，开设低柜，从事理财服务。当时，缩小现金柜台遭遇到了不少阻力，有的支行行长习惯了铁栅栏式的银行网点，发牢骚说怎么把银行弄得不像银行。在收缩现金柜的同时，仍然有大量的客户还在涌向工行做简单的现金交易，解决之道就是设立自助区，将客户向自助渠道分流随之铺开。

效果

据统计，工行自动取款机的交易量从2001年的每台每天平均不到50笔，现在已经达到了240笔以上，工行电话银行、网上银行交易量也大幅度提高。2004年，其客户平均使用3种左右的营销渠道，比3年前提升了40%。如今，上海工行现金柜台的小额收付业务从2001年的85%降至70%，很多网点甚至降到了50%。

将简单的现金交易业务分流到自助渠道上，减轻了工行网点的成本压力。以上海工行为例，柜台员工做一笔业务的成本是4元。网点分柜、分区的改造给工行零售业务带来的最大改变是“腾出”了可以与客户直接沟通、提供面对面服务的人员。2000年，上海工行3000多名零售员工中，在网点玻璃外面工作的只有100个人。

在这批“腾出”来的人中，诞生了工行的第一批客户经理、第一批大堂经理。收缩现金柜台，开出低柜业务，客户可以在理财区坐下来，客户经理可以跟他们对话，销售一些复杂的金融产品。现在，工行的网点都有大堂经理。工行内部人士认为，大堂经理非常重要，给客户做咨询，同时还能有效地组织网点里各部门的营销和信息协调与服务。中国的零售银行离服务业的距离太远了，上海工行培训第一批大堂经理时，都是从怎么站、如何动作开始的。

如今，上海工行400多个网点中300家网点已经完成了改造。上海工行30%的零售人员是大堂经理、理财客户经理，其非现金业务量已经超过了现金业务量。

工行转型动得早，否则现在更被动。2000年以后，上海金融市场的整个格局发生了巨大的变化，竞争者越来越多，中国所有银行的主要资源铺向上海，所有主要从事零售银行的外资银行纷纷“杀向”上海。从零售银行的角度来讲，上海是国内竞争最激烈的地方。在这样的市场环境下，我们的市场份额在下降，但是下降的速度很缓慢，基本上我们每年以0.3%~0.5%的速度下降，但始终占有1/3的市场份额。而这跟工行比较早地向零售银行转型密不可分，否则，今天绝对不会占有1/3的市场份额。工行整体的零售之变已经见到了成效，零售业务的贡献在全行经营利润中已经占到很大的比重。

时间的先机让工行基本稳定住了转型时的优势，劣势也在慢慢地转化。工行的客户基础还在，而且经过这几年的努力，客户的结构在不断优化。工行于2002年12月推出了针对中高端客户的理财金账户；2004年，又推出了针对大学生群体、青年白领的牡丹灵通卡E时代。这两个产品的推出吸引了一批贡献度高的优质客户和富有发展潜力的中青年客户。目前，理财金账户客户超过150万户，潜力客户群也迅速扩大，工行的客户结构有了明显改善。以下数据也能够说明工行转型的成功：①中间业务收入。2004年，工行个人中间业务收入实现39.09亿元，比2003年的29亿元增长34.8%。②客户结构。2003年，理财金账户51万户；2004年，理财金账户120万户；目前，已超过150万户。③ATM的交易量。从2001年的每台每天平均不50笔，现在已经达到了240笔以上。④营销渠道。2004年，其客户平均使用3种左右的营销渠道，比3年前提升了40%。⑤小额收付。上海工行现金柜台的小额收付业务从2001年的85%降到70%，很多网点甚至降到了50%。

趋势

近一两年，国内其他银行都纷纷开始向零售银行转型。2005年，交通银行在香港上市不久就对外宣布，将重点发展零售银行业务，目标是5年内把零售业务的收入份额增加20%。交行背后是非常擅长零售业务的汇丰银行。建设银行在引入战略投资者后，其口号也从"哪里有建设，哪里有建行"转变成"建行建设现代生活"。这意味建行开始了从公司业务为主到个人业务为主的转变。作为建行的股东，美洲银行的零售业务非常强，他们的经验对建行的转型有很大的参考价值。据悉，美洲银行已经派出50名员工进驻建行，它将帮助建行推行从地域性管理到产品线垂直管理的转变。如今，零售银行业务正在越来越成为现代商业银行重点拓展的业务领域，也是我国金融市场全方位对外开放环境下，国内外商业银行竞争的首选和焦点领域。这意味着工行将面临着更为严峻的外部环境。

资料来源：杨小薇. 工行的零售之变［J］. IT经理世界（电子版），2005（20）. 个别文字有调整和改动。

6.2.2 绩效管理系统设计的原则

尽管不同的人对于什么是有效的绩效管理系统存在不同看法，但人力资源管理的专家们仍然认为有五个方面的原则是非常重要的，这些原则是：战略一致性、有效性、信度、可接受性和明确性原则。[4]348-350本文主要对战略一致性原则和有效性原则进行分析和阐述。

所谓战略性一致性原则，是指绩效管理系统引发的与组织的战略、目标和文化一致的工作绩效的程度。它实际上仍然强调的是绩效管理的战略性功能，即对组织战略的支持。因为组织战略在很大程度上是对经营环境要素的反映，环境变化将导致组织战略的变化，当组织战略变化了，绩效管理系统也要随之变化。绩效系统变化了，员工工作的内容和努力方向也就不同。比如，对一家以低成本领先战略的制造性企业来讲，其绩效系统的主要内容就可能包括低成本、高质量、低质量缺陷和数量规模等。由此就可以得到一系列与之相关的指标。如在低成本的各要素中，管理成本、财务成本等可能影响企业战略的成本因素都会控制在较低的水平。生产制造过程会受到严密的监控，任何可能造成次品、废品的行为和人员都会受到严肃的处理。而对于一家以服务业为主的企业来讲，良好的服务水平、专业的服务水准以及顾客满意度等将成为考量员工绩效的依据。以汽车“4S”店为例，如果其战略表述为“优良的汽车销售业绩和良好的服务”，那么它的绩效管理系统战略一致性的内容大致包括以下步骤：

步骤一：确定与该战略有关的因素，包括外部和内部环境要素的分析。外部环境要素主要包括当地的经济发展水平和消费水平、与汽车生产厂家的关系、该地区或城市中企事业单位等各类组织的数量、市场状况、国家的产业政策等。内部环境要素主要包括战略定位、自身实力、人力资源的数量和质量、员工的服务水平等。

步骤二：确定绩效衡量指标信息来源。主要包括具体的销售数量、新车需要加装或改装的数量、汽车零部件的更换和购买数量、用户的信息反馈等。

步骤三：绩效系统的设计。主要包括设计原则的确立、绩效评价方法的选择、以及公司层面的绩效指标、各业务单元的绩效指标和员工的绩效指标三个层面的整体绩效指标体系。

步骤四：确定关键绩效指标。在以上步骤分析的基础上，结合公司战略的要求，可以得到在员工层次的关键绩效指标，包括：业务员的销售数量、服务态度、说服用户使用的加装数量、用户的投诉次数、业务员对汽车性能的熟练程度、业务员的职业道德要求等。

步骤五：薪酬体系的支持。为了保证取得良好的销售业绩和优良的服务水平，经销商的激励机制设计也必须体现战略一致性的要求。比如，对于汽车销售人员来讲，薪酬结构一般包括基薪、提成和服务奖励。如果一个销售人员通过良好的专业服务成功的引导消费者购买了所需要的汽车，或者加装或改装了消费者需要的设备，就应当按照规定的比例给予相应的提成。这样，销售人员就会继续努力。因为奖励会强化继续努力的行为，因为他（她）知道这样做的结果会产生与未来预期收益之间的正相关关系。

步骤六：其他人力资源管理职能支持。包括规划和招聘，培训与开发等。如在培训上，销售人员应重点进行市场营销知识、人际交往能力、专业技术知识等方面的培训，而维修人员则注重专业维修技能和人际交往能力方面的培训。

所谓有效性原则，是指组织的绩效衡量系统在绩效评价过程中是否系统全面地反映和评估了任职者必须达到的岗位业绩标准，它强调的是绩效指标的确立必须是系统的和全面的。所谓系统的，是指岗位绩效指标与组织战略的关联程度；所谓全面的，是指对岗位工作的全面而不是某一个方面的反映。从理论上讲，一个有效的绩效衡量系统必须是零“污染”（标准走样）和零“缺失”（标准欠缺）的。所谓“污染”，是指绩效衡量系统对与绩效和工作无关或员工不能控制的因素进行的评价。比如，不能指望一个在外资企业获得优良业绩的职业经理人同样能够在中国的民营企业也获得同样的业绩，因为两者的环境完全不同。外资企业的成功因素可能更多地依赖于规范化和制度化的管理、专业知识、职业精神、业绩水平和良好的工作氛围；而在大多数民营企业还不具备这些要素，他们考虑更多的可能还是工作的方式和处理各种人事关系，特别是与创业者和老员工之间的关系。而这些是个人难以控制的因素。“缺失”则是指绩效衡量系统只对岗位工作绩效的某一个或几个方面，而不是对各个方面进行衡量和评价。比如，尽管《中华人民共和国教师法》规定教师是履行教育教学职责的专业人员，承担教书育人，培养社会主义事业建设者和接班人、提高民族素质的使命，并在教师的 6 条权利中，将“进行教育教学活动，开展教育教学改革和实验”列在第一条，而“从事科学研究、学术交流，参加专业的学术团体，在学术活动中充分发表意见”排列第二，但现在绝大多数大学在教师的考评指标设计上，对科研的重视远远超过对教学的重视，只要在所谓的核心刊物上发表文章，就可以当教授、得奖励，而那些教学效果好的教师则可能一辈子都只能当讲师。这种重科研、轻教学的绩效导向，使得教师们不得不将大量的时间和精力去做一些没有什么学术价值的研究，而真正花在教学上的时间很少，这不仅不利于大学的建设和发展，也是对教师和学生不负责任的表现。又比如，对销售人员的考评只注重新客户的开拓，忽视原有市场和客户的巩固，也是典型的绩效考评缺失。

要想完全避免“污染”和“缺失”是不可能的，因为任何一个绩效系统都是由人来设计并由人来推动的，而人的认识是存在缺陷的，不可能做到十全十美。因此，重要的是尽可能减少“污染”和“缺失”带来的消极影响。如通过消除发生“污染”和“缺失”的条件，特别是对组织能够控制的因素的改进，降低出现“污染”和“缺失”的频率；通过加强对评价者的培训，提高其评价的可行性和公正程度。同时在出现“污染”或“缺失”时采取及时的补救措施，如建立员工申诉通道等。

除了战略一致性原则和有效性原则外，明确性和可接受性也是非常重要的。所谓明确性，是指岗位工作规范和绩效目标是清晰的和可操作的。比如：“销售人员明年要在今年的基础上有所进步”就不明确；“销售人员明年要在今年的基础上提高销售 10%”就非常明确。从本质上讲，明确性原则是体现组织绩效导向的重要因素。所谓可接受性，是指评价者和被评价者是否接受绩效评估系统，而这种可接受性主要又是与该系统是否公平连在一起的。绩效评估系统的可接受性涉及三类公平，即程序公平、人际公平和结果公平。程序公平是指给予管理者和员工参与绩效管理系统设计的机会，在对不同的员工进行评价时采取一致性的步骤，采用清晰的具有相关性的绩效标准，以尽可能降低“污染”和“缺失”。人际公平包括提高评定的准确性，将评价者误差和偏见减少到最低限度，及时全面的信息反馈，容许员工对评价结果提出质疑，在尊重和友好的氛围中提供评价结果反馈等。结果公平是指就绩效评价及其标准问题与员工换意见，告诉他们公司的期望结果，以及就报酬问题与员工交换意见。

6.3 绩效管理与组织竞争优势

6.3.1 绩效管理如何增强组织的竞争优势

对于任何一个组织来讲，绩效管理系统的有效性，是决定其竞争力高低的重要因素。任何组织的战略都是在和竞争对手相比较的基础上制定的，在战略实施的过程中，首先需要对战略进行分解，落实到组织的每个单位和岗位。如果这些单位和岗位都完成目标，也就意味着组织完成了目标，并最终取得与竞争对手相比较的竞争优势。本节我们将按照这一思路来阐明组织的绩效管理是如何帮助提升组织竞争优势的。

（1）通过绩效管理提高部门和员工的工作绩效，实现组织目标

绩效管理应体现组织战略的要求，并成为组织战略传递的信息渠道，这是绩效管理的一个重要特点。当组织的战略确定以后，需要通过战略的细化或量化成为部门和个人的目标，而个人目标的确定是建立在工作分析基础之上的。通过工作分析，员工可以准确地了解组织对他（她）个人的期望。因此，绩效管理所关注的是企业的员工的知识、能力和技能与实现战略目标之间的匹配度的问题。对于那些希望通过员工的努力赢得竞争优势的组织来讲，唯一正确的做法就是要根据战略的分解，在工作分析的基础上，对员工的行为和结果进行正确的评价和有效的管理。同时，还要考虑到环境对组织战略的影响而导致的战略调整，当发生这种调整后，绩效评估管理系统也要作出相应的变化，使员工及时了解组织的变化，真正起到信息传递渠道的作用。专栏6-1中美国施乐公司的绩效导向就没有达到这一要求，从而导致了公司战略的失败。总的来讲，有效的绩效评估和管理能够从两个方面提高组织的绩效，从而增强企业竞争优势：一是通过正确的绩效导向引导和规范员工行为，使其努力的方向与企业的目标相一致；二是采用合适的方法和手段，通过对评价过程的管理，保证个人目标和组织目标的实现。

（2）通过绩效评估和管理做出正确的管理决策

利用绩效评估信息进行管理决策，是绩效管理的另一个重要功能。组织的竞争优势可以表现在很多方面，它既可以体现为产品的竞争力，也可以表现为掌握全面知识和具有高技能的管理者和员工的素质和能力。通过有效的绩效评估，可以为组织提供正确的管理决策，为员工的职业管理和接班人计划的制订提供信息和依据。具体讲，组织能够通过有效的绩效评价和管理系统在以下方面增强其竞争优势：一是不断发现具有创新思维和领导才能的管理者，通过建立组织的职业生涯规划和接

班人计划，奠定组织的人才优势。二是通过绩效评价和管理，发现那些真正做出突出贡献的员工，并为他们提供在调动、晋升、加薪等方面决策的依据。三是通过绩效评价和管理，为那些存在绩效问题的员工寻根究源，找出问题的症结所在，提供调换工作岗位、降级、解除劳动合同等方面的决策依据。四是通过绩效评估，为员工提供培训和开发的机会。

（3）通过绩效评估形成有利的工作氛围

有效的绩效评估是建立在员工积极参与基础之上的，通过员工的参与，制定组织和员工都认可的目标；通过绩效评估信息反馈，使组织和员工心平气和地讨论提高绩效的方法。这样不仅可以降低员工的不满意度，减少不必要的员工流失，而且可以改变员工对传统绩效评估的反感和不欢迎态度，使企业形成一个积极向上的有利的工作氛围，而这个有利的氛围无疑会对提高企业的竞争力有极大地帮助。

6.3.2 克服无效绩效评估存在的问题

所谓无效绩效评估，主要是指由于评估的方法、标准、评估人的技能以及员工的参与程度等方面的原因发生的实际绩效与期望绩效不吻合的状况。与薪酬管理一样，绩效评估与管理也从来都是“几家欢乐几家愁”的事情。国内外的研究和实践表明，就大多数企业而言，绩效评估和管理鲜有成功的经验。根据一项对美国俄亥俄州使用绩效评估的92家公司的研究表明，有大约65%以上的公司对其绩效评估系统有一定程度的不满。[5]另一份资料则显示，有80%以上的公司都对评价制度不满意。[6]另一项研究结果表明，在大多数的评估系统中，评估的有效性和可靠性仍然是存在的主要问题。对于组织来讲，有效的绩效评估仍然是一个紧迫的但却未被实现的目标。[7]一个为大多数组织成员不满的绩效评估体系势必会对组织的竞争力产生不利影响。

为什么绩效评估与管理这么难？原因其实很简单，绩效评估的结果最终牵涉到的是人的经济利益，如果一个组织的绩效评估系统在绩效评估的标准、方法、评估人自身的素质、评估信息的反馈等方面存在严重缺陷的话，员工与组织的对立就会成为一种必然的结果。

无效或低效绩效评估是造成管理者和员工不喜欢绩效评价的重要原因。在以下几种情况下最容易形成无效的评估：一是绩效指标设计没有建立在工作分析的基础之上，考核指标不是对岗位职责的细化和量化，二者之间没有有机结合；二是重结果，轻过程，不注重有关的绩效信息反馈和控制；三是绩效管理的有效性不足，缺乏员工的参与，不知道自己的指标是如何设计出来的；四是绩效指标没有形成明确的标准，难以操作和量化；五是激励性不足，缺乏对于优良绩效的认定；六是评价人（如部门经理等）不熟悉或没有完全掌握考评的标准。

无效绩效评估不仅会影响组织的工作绩效，而且还会影响到组织管理决策的准确性、公正性，对于组织建立良好的工作氛围也会产生不利影响。因此，它对于组织来讲是一个恶瘤，必须予以根除。在具体方法上，可以根据以上几个方面的表现，提出有针对性的解决办法，尽量减少和降低无效评估的影响。首先，要体现绩效系统对组织战略的支持，也就是说，员工的工作和实现组织战略直接存在密切的联系；其次，要保证绩效考核指标体系的公正性、合理性和合法性，绩效指标设计必须体现与岗位职责的内在联系；第三，注重对绩效实施过程的管理和控制，特别是对不良绩效的纠正和改进；第四，绩效的标准一定要明确，具有操作性和可靠性；第五，绩效指标一定要与激励和约束机制相联系，以体现组织绩效管理系统的严肃性；第六，绩效评价人（特别是部门的负责人）要了解和掌握评价的方法及技术，投诉在评价时尽量避免不良的公司政治行为和人际关系的影响，如实反映被评价人的业绩。

6.4 影响绩效管理的重要因素

绩效管理应该是一个开放的过程和系统，是组织全员参与的结果。在这个系统中，有两个主要部分对组织的绩效产生影响：一是员工的岗位胜任能力，包括所具有的知识、能力和技能，这些构成绩效的原材料；二是组织的战略、环境、工作分析、经理开发与管理的技能等。这些因素相互作用，会对管理和评估的方法、手段、标准等产生影响，最终影响到员工的绩效水平。员工的任职资格是绩效评估系统有效运作的基础。员工具备了这种资格，有正确履行要求条件的行为特征，绩效评估系统才有可能得到正确的结果。但这也仅仅是有可能。因为员工的资格和行为特征的发挥是要受环境条件影响和制约的，战略的影响其实也是一种由环境变化而导致的结果。环境的影响主要表现在当出现某些员工不能控制或其他不可抗力因素时所导致的对员工工作绩效的评估偏差。这种偏差可能是因组织外部的原因引起的，也可能是组织内部原因所导致的。前者如政策、市场、消费者行为等方面的突然变化所导致的员工实际工作绩效与期望绩效之间的偏差，后者如组织战略、经营理念、文化及价值观、工作氛围等。图 6－2 列出了可能影响员工行为和绩效水平的相关因素。

在传统的绩效考评中，普遍存在的一个问题是人们往往认为只要员工具备了一定的任职资格，在工作中自然就能够表现出这些知识和能力，并最终得到组织期望的结果，即只注重绩效的原材料、员工的行为和客观结果之间的因果关系（见图 6－2），而没有考虑其他因素的影响。但在现实中，员工是否能够表现出应有的行为，得到期望的结果，还受到外部和内部因素的限制和影响，而这些因素在很大程度上是员工不能控制的因素，如果忽略了这个问题，绩效评估的结果就可能发生偏差，甚至使其失去应有的作用。

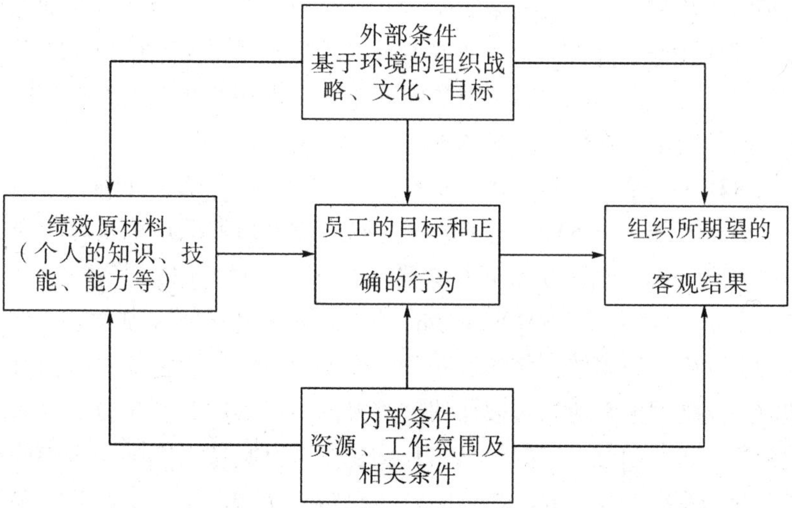

图6－2 影响员工绩效的主要因素

资料来源：雷蒙德·诺依，等. 人力资源管理：赢得竞争优势［M］. 3版. 刘昕，译. 北京：中国人民大学出版社，2001：344. 部分文字作者有改动。

6.4.1 员工的知识、技能和能力

员工的知识、技能和能力是产生一个好的绩效水平的基本原材料。一个有效的绩效评估和管理系统希望最终得到的结果是员工的行为和工作成效与组织的目标相一致，而绩效管理系统能否有效运作，最基本的条件就是员工是否具备正确履行工作分析所要求的各项条件和行为特征。只有当员工具备这些条件和特征并且正确地运用，才有可能得到正确的结果。从这个意义上讲，员工的知识、技能和能力是绩效评估和管理系统的重要组成部分。要了解员工是否能够适应岗位的要求，一方面是要有严格的、基于工作分析的人力资源规划、招聘和选择；另一方面还要有严格的基于组织战略的绩效评价、信息反馈以及培训和开发，这再次证明了人力资源管理系统的整合效用。

6.4.2 战略及文化的影响

与企业是一个开放的社会系统一样，人力资源开发与管理也是开放的，员工行为特征的发挥不仅受自身主观努力的影响，还要受战略、文化、环境以及“污染”和“缺失”等其他因素的影响。因此，在对员工进行绩效评估的时候，还要考虑相关因素的影响。绩效评估和管理也是一个开放的过程和系统，而各种信息的交流和反馈是保持这一过程不发生偏差和系统正常运行的基础。战略的影响首先表现为正确的绩效导向。如果导向不正确，就可能出现员工绩效好而组织绩效不好的结果。

因此，因环境变化导致的组织战略的变化，必须通过这个系统及时准确地反馈到员工的绩效管理和评估的过程当中，如根据新的战略需要设置新的岗位，并对岗位进行工作分析，或对原有的岗位赋予新的内容，然后再在此基础上对员工的行为和工作结果提出新的要求，这样才能够体现绩效的导向作用。举例来讲，2003 年上半年世界范围的 SARS 病毒的蔓延，对很多的组织和个人都产生了深刻的影响。在医疗卫生行业，由于要强化对 SARS 病毒的研究和治疗，相关医疗机构可能会暂时放弃原来的一些研究项目，把资源和精力的重心都投入到对 SARS 病毒的研究当中；制药行业则由于对防范和治疗 SARS 病毒的需求急增，因此加班加点地工作。这些都在很大程度上改变了原来的工作部署和员工的绩效目标。当需要对组织或员工进行绩效评估时，这些因素都应当是被评估的重要内容。其次，员工也要及时地了解组织提出的新的要求，因此员工的参与非常重要。只有具备了能够及时准确地反馈信息和调整功能的系统，才是真正能够随时与组织战略相匹配的、有效的和有意义的系统。

组织的文化和价值观也会影响员工的绩效水平，这是因为文化首先会影响管理者的决策。比如，如果一个组织的文化和价值观是建立在人性“恶”，即不信任员工基础上的，那么管理者的管理方式就可能是独裁的和不民主的。反之，如果一个组织的文化和价值观是相信人性“善”，那么其管理者的领导方式就可能更倾向于民主而不是专制。这是因为文化把什么是恰当的行为传递给了管理者。在上述第一种管理模式下，那些具有创新思维、不拘形式、敢于直言的员工的行为和绩效水平可能就会受到影响。又比如，如果在一个完全能够区分员工绩效水平的组织中实行平均分配，那么那些高绩效员工的积极性就会受到打击，要么离职，要么在以后的工作中不完全表现出应有的能力和水平，因为投入和回报不成比例。而当组织的文化具有鼓励员工创新、创造更优异的工作方法的导向作用时，员工就可能会因为这种导向而追求优异的表现或者积极努力地寻求更有效的工作方法，从此更好地提高个人和组织的绩效，体现出更强的竞争优势。

6.4.3 组织内部条件的影响

在图 6－2 中，组织的内部条件主要是指员工的工作条件和工作氛围。工作条件是员工是否具备完成本职工作所需要的资源，比如，员工所从事的工作是否是他（她）们所擅长的，组织是否有明确的工作标准和绩效导向等。工作氛围是指员工是否是在一种能够得到组织关心和有利于自身职业发展和成长的具有职业指导和组织承诺的环境中工作，包括领导的关心、组织的激励以及职业发展规划等。盖洛普公司的“Q12”，对这些问题都做出了明确的界定。（详见本书 2.1.4）如果组织能够为员工创造或提供这样的工作条件和工作氛围，就意味着为员工提供了完成本职工作的基础条件。此外，由于市场竞争的日趋激烈，环境变化的速度和频率都远远超过从前，因此对组织来说，各种应对环境挑战的临时而又经常性发生的工作随时都可能出现。在组织中，一般把这类工作称为临时性工作或临时性任务。具体讲，当组织在年终对员工绩效进行盘点的时候，会发现员工在完成了既定的工作和达到规定的目标外，还完成了大量临时性的工作，由于这些工作的紧迫性，使组织来不及对绩效评估系统进行及时的调整。而员工完成这些工作和任务对组织来讲又是必需的，因此应该在绩效评估系统中得到应有的反映。鉴于此，组织应该在绩效评估系统中建立一套对这类工作的记录和反馈机制，比如可以采取在系统的得分记录中留出一定的比例的办法。这也是组织战略应对环境挑战所必须作出的调整。

6.4.4 工作分析

工作分析是人力资源管理的基础性工作，也是建立有效的绩效评估和管理系统的重要条件。有效的工作分析可以指导包括绩效评估在内的22个方面的人力资源管理实践活动。一个规范的建立在工作分析基础上的绩效评估形式是以一份详细罗列该工作的任务或行为并且具体规定每项任务的期望绩效水平表现出来的。[8]因此，在工作分析与绩效评估系统之间存在着一种互为条件的因果关系。一方面，没有以工作分析为基础的绩效评估必然会是一种无效评估，因为在这种情况下，组织中每个人的工作都会呈现出无差别的特征，而这种无差别特征在提供管理决策方面必然会表现出单一性和盲目性的特点。这样，绩效评估就失去了应有的作用。另一方面，绩效评估的方法如果不能反映工作分析的要求并根据不同的岗位而有所侧重，不仅绩效评估没有意义，工作分析本身也就成为多余的事情了。如果一个组织认为绩效评估太消极以至于难以做出有关晋升、加薪、调动、培训等方面的管理决策，工作分析也就不会有什么作用。但事实上，绝大多数的组织还是必须作出这种艰难的选择，毕竟组织的发展是第一位的，而要发展就需要建立衡量的标准，即建立在工作分析基础之上并反映工作分析要求的绩效评估系统。

6.4.5 经理开发与管理技能的影响

经理的开发与管理技能对绩效评估的影响主要表现为绩效评估的准确性问题，即存在绩效衡量误差和绩效信息反馈问题。绩效衡量误差是指由于人类信息加工能力的局限性以及主观意识所造成的绩效结果的偏差和人为扭曲。绩效衡量误差主要包括以下几种情况：[4]375一是同类人误差，即评价人在评估时，可能会自觉或不自觉地将较高的得分给予那些与评价人自身具有相同志趣、相同爱好、相同背景或有同学、同乡等关系以及平时关系较好的被评价人。在组织中，同类人误差的存在是一种比较普遍的现象，特别是组织在选择诸如强制性分布法这类评估方法时尤其如此。二是对比误差，即当评价人（经理）在对被评价人（员工）进行评估时，常常是在一组被评价人中间进行比较，而不是被评价人与其期望的绩效目标的比较。当组织采用排序法作为评价标准而评价标准比较模糊时就经常会出现这种情况。三是宽大误差、严厉误差和趋中误差。宽大误差是指给予被评价者不应有的高分，严厉误差是指给予被评价者不应有的低分。趋中误差是指给予被评价者相同的得分。专家们将这三种情况称之为“绩效评价的政治学”。通常当评价结果与晋升和加薪有直接关系、评价目标之间存在竞争性、评价者维护自身和部门利益以及出于激励或惩罚等情况时，就会出现所谓的绩效评价政治。四是晕轮误差（又称光环效应）和角误差。两者的共同特点就是“以点带面”，前者指突出被评价者的某一个方面的优点并推而广之，将各个方面都给予高分。比如对高校教师的评价，一般来讲应该有两个基本的标准，一个是教学质量，另一个是科研能力。如果仅以科研成果多就认为这名教师教学质量也很好，就会犯光环效应的错误。而角误差恰恰相反，它是突出被评价者的某一个方面的缺点并推而广之，将其各个方面都给予低分。一般来讲，当评价标准模糊不清，或者评价者想突出激励或惩罚的目的时，往往就会出现这两种情况。关于绩效信息反馈的问题，主要是经理们不愿意就绩效结果与员工进行沟通，特别是与绩效较差的员工沟通被普遍视为比较困难的事情。绩效反馈的一个重要目的是为员工提供改进绩效的方法，如果不能提供有效的绩效反馈信息，不仅使培训和开发等流于形式，而且最终会导致有效的绩效评估系统失效。总的来讲，要改变绩效衡量误差和绩效信息反馈问题，只有通过加强制度建设，明确责任以及加强对评价者的培训，尽可能地减少误差，更好地发挥绩效系统的作用。

绩效评估与薪酬设计从来都是“几家欢乐几家愁”的事情。没有绝对完美无缺的评估，只有相对适合的评估。因此，对于任何组织来讲，重要的是评估方法的适应性和员工的拥护程度。根据科林斯对 11 家美国公司实现从优秀到卓越过程的研究，发现这 11 家公司的薪酬战略与公司的发展并没有必然的内在联系。而且实现了跨越的公司主管的收入总数竟略低于那些处于中等水平的对照公司。而且已有的证据也不支持特殊的报酬方式有助于一家公司走向辉煌这样的观点。[9]虽然科林斯研究中少有论及绩效考评事宜，但从绩效考评与薪酬的一致性原则考虑，合适的人做合适的事情才是最重要的。因为合适的人不会计较报酬的多少，只要认定是对的，他们就会全力以赴。

6.5　有效的绩效管理系统的设计步骤

设计并建立组织的绩效评估系统是一项十分重要的工作，设计时要注意两个问题，一是设计的程序，二是系统的完整性。下面将从六个方面介绍系统的设计和建立步骤。

步骤1：明确组织的战略目标

组织的战略是建立绩效管理系统的基础，绩效管理系统作为体现和传递组织战略的重要信息渠道，必须获得准确的战略信息，才能够保证绩效管理系统的科学性和合理性。因此，组织的战略目标必须是清晰的、可以准确描述的。鉴于我国的企业并不是都具备了能够清晰地表达战略能力的现实，组织至少应该通过某种方式使其成员能够了解努力的方向，否则，绩效管理就会迷失方向或流于形式。

步骤2：建立组织对绩效管理系统的支持

如前所述，绩效管理是组织战略信息的重要传递渠道，而实现组织的战略目标是组织成员义不容辞的责任和义务。因此对于组织来讲，要达成组织的目标，就必须使绩效管理系统得到组织成员的支持。首先需要得到各级管理者的支持，因为他们在绩效管理和评估的过程中发挥着重要作用。获得管理者的支持包括四个方面：一是要通过绩效管理系统让管理者了解所在部门应达到的绩效标准，包括时间、数量和质量要求。二是通过培训，使管理者能够熟练地使用各种绩效评价方法。在这方面，需要人力资源部门的协助和支持，比如制定如何操作的具体的工作指南，在培训中采用尽可能简单易懂的评价方法或语言等。如果管理评价系统过于复杂或评价指标不明确，就可能引起管理人员的反感和抵触，导致绩效评价“走过场”。三是培训他们如何有效地避免绩效评价误差，科学合理的评价自己的下属，最大限度地保证绩效评价的公平性。四是要有相应的资源配置落实。其次需要得到员工的支持，员工需要了解组织对自己的期望，了解自己的工作目标，同时还应在可能的情况下，让员工参与绩效指标的制定。

步骤3：选择符合组织实际情况的评估方法和技术

绩效评估方法的选择应注意考虑五个方面的要点，即适配性标准、成本标准、专业和工作性质、创新性和主动性、动态性和适应性，详情请参见本章第五节的有关部分。

步骤4：对评价者的选择和评价信息来源的选择

对评价者的选择需要考虑主管、同事、下属、顾客各个方面的信息，以保证组织绩效管理系统的科学性和全面性。在以上四个方面的信息中，主管和顾客的评价和信息是最重要的。首先是主管的评价和信息选择，目前在大多数的组织中，评价者通常都是由部门主管担任的，这是因为部门主管最熟悉和了解自己下属的工作特点、工作内容和绩效标准。同时主管是部门绩效的最后责任者。其次是顾客的评价及信息选择，顾客的评价和信息对于实现组织的战略具有重要意义。根据美国劳工部1997年的一项研究报告，在1996—2006年的10年里，美国所有新增加的工作机会都可能是服务行业工作增长带来的结果。[10]正因如此，很多公司都把顾客的评价作为其绩效评估系统的重要信息来源。顾客评价信息的必要性在于，顾客经常是唯一能够在工作现场观察员工工作绩效的人。特别是在服务行业，顾客的评价已成为员工绩效最客观和最重要的方法。研究发现，在以下两种情况下，最适合采取顾客评价信息：一是当员工的工作是直接为顾客提供服务或需要为顾客联系在公司内部所需要的其他服务时；二是当公司希望通过收集信息来了解顾客希望得到什么样的产品或服务时。也就是说，顾客的评价已不单单局限于评价信息的收集，而是成为将公司的人力资源活动与市场营销战略联系在一起这一战略目标的服务工具。最后是下属和同事的评价和信息。在360度考评方法中，除了主管、顾客的信息外，往往还会收集下属和同事的评价信息和意见，但在采用这类信息用于评价时要注意两个问题：一是权重的比例不能太大，要控制在一个较低的范围内，10%足矣。这是因为同事评价大多都是两种结果：要么是皆大欢喜，你好我好大家好；要么是互相攻击，成为组织不良政治行为的温床。二是下属对主管的评价最好只用于主管的开发，而不用于晋升、薪酬等直接利益的管理决策。因为当下属的评价成为管理决策的依据时，就意味着下属拥有了超过其主管的权利，这样做的结果就会导致管理者信心的丧失和将自己的主要精力用于讨好下属而不是工作的生产率。因此，为了体现主管的责任和权利，保证达成工作目标，必须将同事、下属的评价开展在合理的范围内，以保证主管行使指挥、协调、控制等职能的权利。

步骤5：确定评估时间

在确定评估时间的问题上，需要考虑两个问题：一是根据专业性质和产品的生产和服务周期确定考评时间。从专业性质讲，应根据流程的周期确定考评时间。比如，对于从事管理、研发等专业的人员来讲，其考评的时间不要过短或过于频繁，考评时间过短难以反映系统和流程的真实效果。因为管理和研发的效果通常都表现为一个相对较长的流程，需要较长的时间才能表现出来。而对于从事销售的人员来讲，由于其指标易于量化，而且很多的销售指标能够及时反映市场和顾客的变化和偏好，为企业的管理决策提供依据，考评的时间和频率通常应较短和较为频繁。二是定性指标和定量指标的考评，对于任何专业或岗位来讲，都是既有定量的指标，又有定性的指标。那么应如何确定考评时间呢？比较理想的方式是，季度考评或半年考评主要靠与行为有关的绩效，年度评价主要考评与结果有关的绩效。

步骤6：尽可能做到评估的公平并提供绩效评估信息反馈

绩效系统是否能够取得应有的效果，还取决于绩效评价过程和结果是否公平。本章曾讨论了绩效管理的原则，其中的可接受性就涉及公平的问题，包括程序公平、人际公平和结果公平等。在这三类公平中，解决程序公平的途径类似于目标管理的方法，即让管理人员和员工都能够了解组织绩效系统设计的指导思想、基本原则、目标设置的主要内容以及这些内容与自己负责的部门和岗位之间的关系，并在可能的情况下就目标的制定发表意见，以便能够集思广益，为目标的最终完成奠定广泛的群众基础。人际公平的主要目的在于通过绩效系统和指标的科学性和合理性，通过倡导一种积极的公司政治行为，容许员工对评价结果提出质疑，以及创造一种良好的工作氛围，尽可能地减少评价误差和偏见，在尊重和友好的氛围中提供评价结果的反馈等。结果公平是指就绩效评价及其标准问题与员工交换意见，告诉他们公司期望的结果，以及就报酬问题与员工交换意见。在结果公平的问题上，提供绩效评估信息反馈非常重要，一方面，要加强对评价者的培训，以减少误差；另一方面，要建立组织的绩效反馈系统，并建立诸如总经理信箱等方式，建立员工的申诉渠道，以便对员工可能受到的不公评价进行审议。按照绩效管理的指导思想和原则，应注意两点：一是把重点放在解决绩效不佳和提升绩效水平上，而不是放在对绩效不良的惩罚上；二是将绩效反馈集中在行为上或结果上，而不是人身上。通过发现问题，制定具体的绩效改进目标，确定检查改进进度的日期。

6.6 不同绩效水平员工的识别和管理

所谓不同绩效员工，是指员工由于知识、技能、能力以及个性、主观动机等方面的差异所形成的不同工作绩效。由于近年来社会学、心理学与管理学的联系日益密切，其研究成果也为人力资源管理与开发提供了重要的依据。一般来讲，造成员工不同绩效的原因主要来源于能力和工作动机两个方面，因此可以从能力和动机两个方面将员工划分为三种类型。杰克·韦尔奇把 GE 的员工分为三类，即优秀 20%、中间 70% 和末尾 10%。对不同类型的员工，管理的方式也不相同。同时把经理也分为四种：第一种是既能够实现组织目标，又能够认同组织价值观的，这种人的前途自不必说。第二种是那些既没有实现组织目标，又不认同组织价值观的人，他们的前途与第一种恰恰相反。第三种是没有实现组织目标，但是能够认同组织价值观的人，对于他们，根据情况的不同，给几次机会，可能东山再起。第四种是那些能够完成组织目标，取得经营绩效，但却不认同公司价值观的人。他们是独裁者，是专制君主，是“土霸”似的经理。杰克·韦尔奇明确提出，在“无边界”行为成为公司价值观的情况下，绝对不能够容忍这类人的存在。[11]

6.6.1 高绩效完成者

所谓高绩效完成者，是指组织中能力和动机都较强的员工，又可将他们划分为“核心员工”。如果按照“20/80”原则划分的话，他们应该属于 20% 的范畴。也就是说，这 20% 的人创造了组织 80% 的财富和价值。他们通常不仅能力和动机较强，而且具有良好的职业道德、信誉以及责任心和献身精神。他们是属于那种不用组织激励也能够很好完成工作的人。任何一个组织都有这样的人，他们是组织的骨干分子。其共同特点是：敬业，乐意助人，不计报酬，时刻将组织的使命与自身的努力结合在一起。在组织中，这类人往往包括高层管理团队成员、大部分中层管理人员、业务经营单位骨干以及技术创新者等。当然，组织的性质不同，划分的标准也不同。

如在通用公司（GE），这类人属于 A 类员工，他们激情满怀、勇于任事、思想开阔、富有远见的人。他们不仅自身充满活力，而且有能力带动自己周围的人。他们能提高企业的效率，同时还使企业经营充满情趣。他们具有“GE 领导能力的四个 E”：很强的精力（Energy）；能够激励别人实现共同的目标（Energize）；有决断力（Edge），能够对是非问题做出坚决的回答和处理；能坚持不懈地实施（Execute），并实现他们的承诺。与这四个 E 相联系的还有一个 P（激情，Passion）。

高绩效完成者在组织中具有重要的地位和作用。首先，他们创造了组织绝大部分的价值，理所当然应当成为组织激励的主要对象。在组织的绩效管理系统、员工职业生涯发展计划以及薪酬体系设计中，他们的地位和作用应当是首先要考虑的因素，他们的绩效标准应当成为组织的绩效标准。其次，他们是组织文化的维护者和宣传者。组织文化是指决定组织行为方式的价值观或价值观体系。它代表了一个组织内各种由员工所认同及接受的信念、期望、理想、价值观、态度、行为以及思想方法和办事准则等。这种价值观告诉人们，什么是对的，什么是错的，什么应该做，什么不应该做。它指导着员工在实现组织目标过程中的行为和行动。因此，组织文化是维系一个组织的精神纽带，在企业中，它将传统的可见的管理制度和管理方法，包括对权利和责任的认识，转化为一种价值理念，引导员工朝着组织期望的目标努力。这是一种文化的培养和文化的认同过程，而高绩效完成者在这一过程中与组织文化的倡导者一样，始终扮演着领袖人物的角色。由于他们的存在，使得组织在有形的组织结构规范之外又增添了一个无形的精神规范，而且他们往往成为组织内部非正式组织和非正式团体与正式组织之间的润滑剂和信息沟通渠道。组织的决策者和高层管理团队可以依靠这两种规范，游刃有余地对组织实施有效的管理。再次，他们是模范、标兵和带头人，是组织内新员工的教练和顾问。当新员工进入组织后，他们担负着对新员工传递知识、培养能力、提高技能的责任。他们与有效的管理者一起，构成组织价值链上重要的一环。最后，他们往往是组织的创新者，对于一切能够为组织和社会带来正面效益的思想、方法、理念等，都能够迅速的接受并在组织内推广。

鉴于高绩效完成者在组织中的地位和作用，组织对于他们要予以特别的关注。首先，对他们创造的高绩效要予以应有的回报。这种回报既包括物质的奖励，也包括对其精神的弘扬。如在 GE，A 类员工得到的奖励是 B 类员工的两到三倍，每年 A 类员工都会得到大量的股票期权。其次，他们应当成为组织接班人计划的主要来源。特别是对于其中既具有卓越管理才能、又具相关知识和技术背景的人，应当通过有目的的培训、轮岗等开发形式，完善其知识结构和不同的专业技能，为将来的接班奠定基础。最后，要树立他们在组织中模范和标本的形象，通过多种形式保持他们的满意度和工作的有效性。衡量一个组织成功的指标各不相同，但对于任何一个组织来讲，高绩效完成者的流失率和保有率绝对是一个重要的指标。因此，组织必须从战略和保持提高竞争力的角度对他们加以正确地管理。

6.6.2 中等绩效完成者

组织中存在大量的中等绩效完成者，他们在数量上绝对超过高绩效完成者，但在绩效表现上却落后于高绩效完成者。GE 将这类员工定为 B 类，并认为他们是公司的主体，也是业务经营成败的关键，因此公司投入了大量精力来提高他们的水平。在中等绩效员工中，包括有两种特殊类型的人：一是指具有较强的工作动机但缺乏能力和技能的人，即“心有余而力不足”；二是具有较强能力但缺乏工作动机的人，即“力有余而心不足”。

对于前者来讲，他们赞赏组织的文化，遵循组织的制度规定，有责任心和进取心，愿意并且确实在努力的工作，但由于知识、能力及技能方面的原因，或由于努力的方向不对，导致他们在绩效上的表现不如高绩效完成者。在组织中，他们承担着大量日常性的工作任务，在管理人员和高绩效完成者的带领下认真地工作。他们是高绩效完成者的辅助人员，他们有着共同的特点：循规蹈矩，不越雷池一步，缺乏创新精神。

对于后者来讲，他们有完成自身目标的知识、能力和技能，也遵守组织的规章制度。但由于各种原因，他们缺乏积极而努力工作的动机。他们对组织文化所倡导的价值理念一般不发表赞成或反对的意见，在组织里他们往往成为所谓的“清高一族”。他们往往也具有创新的能力，但造成他们绩效不高的原因包括组织和个人两个方面。从组织的原因来讲，激励与开发系统的不完善、工作与人不匹配可能是一个主要的方面。从个人原因看，一方面是可能存在的人际交往能力的欠缺限制了他们能力的发挥，从而在客观上造成了“英雄无用武之地”的现实。另一方面，他们一般有比较丰富的业务爱好和业余生活，他们对工作的注意力只局限在有效的时间以内。有的人甚至可能在 8 小时之外还有自己另外的事业追求。他们在单位工作只不过是在寻求一个跳板，培养相关资源。一旦时机成熟，他们就可能离职出走。

尽管如此，在组织的绩效管理系统中，中等绩效完成者仍然是居于高绩效完成者之后的一个重要的组成部分。他们的作用绝不能被忽略，反而应引起组织的重视。在 GE，B 类员工每年也会通过评比得到奖励，但大约只有 60% ~70% 的 B 类员工也会得到股票期权。对于组织来讲，在对他们的管理上应区别对待。对于有较强工作动机但缺乏能力的人来讲，管理的重点包括以下几个方面：第一，认真检查工作要求是否与人匹配。如果存在这种情况，应尽快通过岗位的调换实现人与工作的匹配。第二，针对具体的知识、能力和技能缺陷，为他们制定具体可行的绩效改进目标和实施计划，并在计划期限内对其进展情况进行考评。在这一过程中，对他们取得的每一点进步都予以及时公开地表扬。第三，如果在期限内没有明显改进，可以通过调整岗位或轮岗的方法找寻与其能力相适合的岗位。第四，如果以上方式仍不见效，可以考虑重新安排工作。对于有能力但缺乏工作动机的这部分人来讲，他们之间可能存在对组织非常重要和有用的人才。因此，首先，组织应对其激励系统进行重新审视和检讨，改进其中不足的方面，重点放在组织的激励与绩效的挂钩上，从体制和绩效系统上消除吸引力和凝聚力的障碍。其次，通过提供特定的人际交往关系能力的培训，为他们创造提高这方面技能的条件。最后，加强管理，正确引导并处理好业余爱好与工作之间的关系。通过以上措施，如果引导和管理得当，他们中的一部分人完全有可能进入高绩效完成者的行列。

此外，从中等绩效员工的角度看，只要能够全面发展，哪怕技术水平低一点也并不可怕。正如本章案例中所显示的，发达国家公司首席信息官（CIO）们的注意力已经从“技术高手”转移到招纳具有技术背景的管理人才身上。有54%的被调查者希望新聘的员工最应具备的技能是项目管理能力，而不再是具有单纯的技术背景。那些既懂技术又懂管理、业务的复合型人才更受到企业的欢迎。因此，企业应准确认识和定义“中等绩效员工”的内涵，以充分发挥其作用。

6.6.3 低绩效完成者

所谓低绩效完成者，一般是指那些既缺乏能力又缺乏做好工作的动力而导致绩效水平几乎处在最低水平上的员工。但有时也包括一些既有能力又有动机的员工，他们在一定条件下存在着转化为低绩效员工的可能性。这类员工又被称之为边际员工。

边际员工在组织中的人数并不多，也并不是每个组织都存在这样的人。但如果组织对他们的管理不当，可能会给组织造成极为不好的影响。现实生活中还存在一些高绩效完成者和中等绩效完成者由于组织和自身的原因，向边际员工转变的可能性。组织的原因主要表现在绩效管理、薪酬管理、晋升政策以及一线经理个人的能力、水平等方面的原因产生的管理问题，导致他们对组织的认同和行为发生变化。个人的原因主要表现为人际交往能力的欠缺、极端个人主义思想的膨胀、长期的工作压力产生的紧张情绪以及难以适应组织因环境变化所进行的调整和改组带来的个人利益的损失等方面。在顺利的情况下，他们会努力工作，而当不顺的时候，特别是个人利益与组织利益发生冲突的时候，他们就不能正确地处理这种利益关系，最终导致损害组织利益的极端个人主义的行为发生。只要仔细地观察，我们总能在一些组织中发现这类人的影子。由于他们对组织产生的破坏作用很大，因此对组织来讲，一定要尽可能避免这种情况的发生。边际员工藐视组织的文化，其共同特点与高绩效完成者完全相反，即无论怎么激励对他们都没有作用，因此对这部分人来讲，管理的重点不是激励，而是约束。

不同绩效完成者的划分并不是绝对的，评价的标准和尺度也不是统一和固定的。

组织应当根据自身的实际，从工作与人的匹配、组织文化、经营理念、管理哲学以及绩效管理、薪酬体系、职业计划等各个方面建立起积极向上和融洽和谐的工作氛围。此外，一线经理的能力和水平对员工的行为会产生重要甚至决定性的影响。盖洛普公司的研究表明，对员工影响最大的不是公司，而是一线经理；经理是创建良好工作场所的关键人物；将员工组织起来，继而把组织竞争力提高到“金刚钻”级别的关键人物并不是企业的最高领导，而是一线经理；一线经理所率领的面对顾客的一线员工表现如何，往往决定企业在竞争中的成败；员工流失的根本原因也在于经理。[12]正因为如此，组织还应抓好一线经理的管理，提高他们的能力和水平。这样才能为组织的发展奠定基础，为不同绩效员工的管理和发展提供保障。

6.7 管理实践——部门经理及人力资源部门的作用

6.7.1 部门经理在绩效管理过程中的作用

作为组织承上启下的中间力量，部门经理在执行和贯彻组织战略和落实绩效方面负有重要责任。具体讲，部门经理主要要做好以下几项工作：

领会并准确传达组织战略。无论是从绩效管理的目的还是从绩效管理的原则出发，绩效管理都必须充分体现组织战略的要求。部门作为组织的基本单位，在战略实施的过程中发挥着重要作用。经理要做的工作，首先是要准确领会战略的精髓，保持本部门与组织战略的协调，同时向下属全面详细地告知战略的要求，并结合部门的职责要求，参与员工的工作分析、岗位职责和绩效指标的设计等工作，并在工作中予以贯彻和落实。此外，在战略的实施过程中，部门经理还要监控环境和组织战略的变化，一旦发生因环境变化而导致战略的变化的情况时，就需要对部门的工作进行必要的调整，以保持部门目标与组织战略的一致性，并随时对下属是否按时、按质、按量完成工作目标进行跟踪和监督。

接受评估培训。并不是每个经理都具备正确地行使对下属进行评价的能力，在很多情况下，经理们都会出现各种绩效评价错误，本章第四节对经理们在绩效评估中人员出现的错误做了较为详尽的说明。为了最大限度地避免这些错误，有必要对经理进行评估培训，以掌握正确评价的技能和方法，提高正确评价下属的能力和水平。为了强调此项工作的重要性并引起经理们的重视，组织应将经理的绩效评估能力作为对其进行绩效评估的指标之一，纳入经理的年度考评指标体系中。

帮助员工设定绩效目标。部门经理要做的第三项工作是帮助员工设定岗位的绩效目标。特别是在实行目标管理的组织中，这一点尤其重要。由于在组织中的地位、岗位、职务等方面存在的差异，员工对组织战略的理解并不是十分清晰的，对组织设定的期望也不是十分清楚的。因此，部门经理必须通过帮助员工设定绩效目标，让员工了解并掌握组织战略的要点和组织对自己的期望。在目标设定的过程中应遵循以下原则：一是目标的设定应建立在完备的工作分析的基础之上，使员工了解组织战略是如何通过工作分析和岗位职责描述具体落实到岗位的绩效目标上的。二是目标应设置在员工的岗位职责要求范围之内，要考虑目标的可接受性，目标应在员工个人能力能控制的范围之内，对于超过范围之外的目标，要在与员工进行充分的沟通和交流的基础上最后确定。三是个人岗位目标的设定应保持与组织目标的一致性，以体现战略一致性要求。四是在设置个人目标时，应充分体现目标的明确性，使员工清楚地知道组织的期望和自己努力的方向。五是个人目标的设置要具备一定的挑战性，以避免目标设置过低的缺陷。六是目标设置中应区分定量指标和定性指标，对于定量指标应规定具体的数量和质量标准和要求，对定性指标也应规定明确的程序或步骤。

为员工提供绩效信息反馈。部门经理的第四项工作是在整个绩效实施的过程中不间断地向下属提供其表现的评价。要做好这项工作，就需要经理们在日常的工作中关注下属的工作表现，及时发现存在的问题，并在绩效信息反馈中提出解决的建议。在绩效反馈特别是负面绩效反馈的过程中，经理要有一个正确的态度，充分意识到帮助下属提升绩效水平是自己的重要责任，同时要掌握正确的反馈方法，如一对一的谈话、举行定期或不定期的绩效评议等。通过这些方式，创造一个良好的沟通氛围，减少或消除员工可能存在的抵触情绪。提高绩效反馈效果的另一个方式是通过对那些表现出优良绩效水平的员工的表扬，间接地指明不良绩效员工应该纠正误差和努力工作的方向。

正式的绩效评分。在“基于组织战略的绩效管理系统模型”中，正式的绩效评价是不可缺少的一个部分，进行评价的目的在于区分出优良绩效和不良绩效，以便为年度的人事管理决策提供依据。在这个环节，对于经理而言，最重要的是掌握和使用正确的评价技术和方法，同时尽可能减少评价者误差。在具体的评估中，考虑到员工不同的专业特点和定量、定性指标的复杂性等因素，一般可以采取季度评价、半年评价和年度评价相结合的方法。比如，对管理、研发等专业的员工，季度评价和半年评价主要对定性指标进行评价，年度评价则结合对定量指标的衡量。对从事销售等专业的员工和部门，则强调在日常的工作中对定量和定性指标的综合评价。

为改进员工绩效提供支持。无论是绩效反馈或正式的绩效评价，本身都不是组织绩效管理的最终目的。绩效管理的最终目的在于通过发现员工工作中存在的问题，提出解决问题的办法，帮助员工不断提高自己存在价值的能力和水平，最终在组织成员的共同努力下，达成组织的目标。在这个过程中，部门经理还要为下属改进其绩效水平提供各种资源支持和帮助，如组织制度改进、经理个人工作方法改进、指定具有优良绩效水平的员工帮助绩效水平不高的员工、对员工进行有针对性的培训等。对于那些实践证明的确不能胜任本职工作的下属，要通过转岗或轮岗的方式，使其能够找到发挥自己特长的工作岗位。

制定次年的目标。部门经理的最后一项工作是，在前面一系列不断的绩效信息反馈、评估、培训和开发的基础之上，根据所掌握的信息和组织战略的要求，为制定部门和员工次年的绩效计划奠定基础。

6.7.2 人力资源部门在绩效管理过程中的作用

在组织的绩效管理中，人力资源部的作用非常重要，具体表现在绩效管理系统的设计者、组织者、实施者和评估者等角色，包括设计并开发出组织的绩效管理系统、为部门经理提供培训、汇总各部门的评价结果以供人事决策等工作。

组织者。无论是从职责的角度、专业的角度，还是作为各业务部门的战略合作伙伴，人力资源部在绩效管理中的首要任务就是在组织高层的领导下，充当直接组织者的角色，包括行业情况调查、组织绩效管理系统的建设、绩效评价的实施、绩效系统的调整和维护、设立员工申诉管道、根据绩效制定薪酬决策、组织内部绩效管理系统的宣传、外聘专家等项工作。

（1）设计者

人力资源部的第二项工作是履行设计者的职能，即根据组织战略的要求，设计并开发一套适合组织战略要求和特点的绩效管理系统。这套系统应与组织战略保持一致，表现出正确的导向性，并具备绩效管理的5项原则。要提高绩效管理系统的有效性，需要人力资源部的专业人员具备两种能力：一是宏观能力，即对于组织所处的产业、行业环境、竞争对手的基本情况、组织战略等有深刻的理解，在此基础上才能够提高组织绩效管理系统的针对性。二是微观能力，即人力资源专业人员应具备较高的专业技术技能，如熟悉、掌握以及实施各种绩效管理的方法和技术的能力或技能。这两种能力对于提高组织绩效管理系统的系统性、科学性和合理性具有重要的意义。

（2）实施者

作为实施者的主要任务就是为部门负责人或评估者提供如何进行评估的培训和检查监督评价过程。首先是为部门负责人提供培训，培训的内容包括：有关评价方法的介绍、评价方法的使用、绩效评分的标准、绩效评分与薪酬决策的关系、如何减少评价误差等。其次是履行监督和评价评估系统的效果，即在实施的过程中检查监督各部门的绩效评价过程，并根据组织战略的要求和部门的实际情况，与部门负责人共同提出存在问题的修改和调整建议，供组织领导进行决策。对于较大规模的组织如集团公司，集团总部还需要设立由总经理担任组长的绩效管理领导小组，成员由人力资源部、财务部、计划战略部、审计部、市场部等有关的业务部门共同组成，负责对整个集团绩效管理的检查和监督，并随时向集团总部报告实施过程中存在的问题，提出解决的办法。

（3）结果汇总

人力资源部的最后一项工作是汇总各业务部门的评价结果，以供最终的人事决策，如根据薪酬计划提出分配方案，提出优秀绩效和不良绩效人员的表彰和惩处建议、根据各部门绩效评价的结果，制定有关的人员调配、培训和开发建议等。

注释：

[1] 彼得·德鲁克. 企业亟需信息经理［M］//彼得·德鲁克. 公司绩效测评. 李焰，江娅，译. 北京：中国人民大学出版社，哈佛商学院出版社，1999：19.

[2] 伊查克·爱迪思. 企业生命周期［M］. 赵睿，译. 北京：中国社会科学出版社，1997：31.

[3] 詹姆斯 W 沃克. 人力资源战略［M］. 吴雯芳，译. 北京：中国人民大学出版社，2001：234.

[4] 雷蒙德·诺依，等. 人力资源管理：赢得竞争优势［M］. 3 版. 吴昕，译. 北京：中国人民大学出版社，2001：348－350.

[5] CHARLES LEE. Smoothing Out Appraisal Systems［J］. HRManazine 35（March 1990）：72、76.

[6] CLIVE FLETCHER. Appraisal：An Idea Whose Time Has Gone?［J］. Personel Management 25（September 1993）：34.

[7] BERNARDIN H J，KLATT L A. Managerial Appraisal Systems：Has Practice Cayght up to the State of the Art?［J］. Personel Administrator，30，1985：79－86.

[8] 劳伦斯 S 克雷曼. 人力资源管理：获取竞争优势的工具［M］. 吴培冠，译. 北京：机械工业出版社，1999：71.

[9] 吉姆·科林斯. 从优秀到卓越［M］. 俞利军，译. 北京：中信出版社，2002：58.

[10] BUREAU OF LABOR STATISTICS. Employment and Earning［M］. Washington，DC：U.S. Department of Labor，1997.

[11] 杰克·韦尔奇，约翰·拜恩. 杰克·韦尔奇自传［M］. 曹彦博，译. 北京：中信出版社，2001：176.

[12] 马库斯·白金汗，柯特·科夫曼. 首先，打破一切常规［M］. 鲍世修，等，译. 北京：中国青年出版社，2002：10、11、45、47.

本章案例：得宠的“中等选手”

2006 年，美国《CIO》杂志对全美 500 家企业的 CIO 进行的“CIO 现状调查”显示：选择招聘“中等选手”的首席信息官（CIO）有 60%，选择“新手”的 CIO

比选择“技术高手”的居然高出10%。这一数据与2002年的调查大相径庭。那时，在美国CIO眼中“技术高手”炙手可热，众多企业为此甚至上演了“技术高手争夺战”。当时，许多美国CIO认为，“发现这类人才并留住他们”是其面临的重大挑战。如今，数据显示CIO们的人才注意力已经转移到招纳具有技术背景的管理人才身上，有54%的被调查者希望新聘的员工最应具备的技能是项目管理能力，而不再是具有单纯的技术背景。

大洋彼岸CIO们对“中等选手”的垂青得到了国内一些CIO的认同，他们表示在其IT部门中，高、中、低技术水平的员工比例大致为2∶6∶2或3∶6∶1，而且这个比例结构近几年一直相对稳定。不过，与美国企业不同的是，多数国内企业并没有经历过美国企业前几年的“信息技术（IT）高手争夺战”，这是因为国内企业信息化普遍起步较晚，由于没有雄厚的技术人才积淀，又由于成本和发展空间限制，国内大部分企业很难招纳、留住技术高手，于是，CIO只能在技术上更多地依赖IT专业厂商。

中外CIO在技术员工上的选择侧重点难道说明“技术高手”不再受到垂青了吗？当然不是，IT永远都需要技术和创新人才，但越来越多的CIO发现，技术不能成为他们选拔员工的唯一标准。如今，随着企业IT部门的职能由单纯的技术部门转型为战略执行、流程设计，乃至创新部门，CIO更希望选拔到既懂技术又懂管理、业务的复合型人才。

今年，王以斌刚刚调任恒源祥制衣公司副总经理。此前，他是恒源祥集团信息部经理。从IT部门横跨到业务岗位，他感触颇深：“在企业，不懂业务就做不好IT。IT部门绝不是一个纯粹的技术部门，IT人员首先要非常了解企业的业务流程和运作方式，这样才能为企业提供行之有效的管理系统。”王以斌喜欢用“T”字型阐释他对IT员工技能的看法——“竖线代表他的技术能力，这是必要的基础和支撑；横线则代表他应具备的知识面，即对整个业务要有全面的了解。”

许多CIO都非常赞同王以斌的这一观点。如今，他们都在考虑如何招募、培养既具备项目管理和流程管理能力，又具备一定应用开发能力的下属。企业对IT员工的素质要求正在悄悄发生着变化。2005年，Gartner的“IT调查”报告显示，到2010年，将有3/5的IT员工会转型为具有业务、IT等多元能力的人。UT斯达康IT总监汪拥君认为，企业IT部门人员的结构应呈“金字塔型”分布——“塔尖”负责的是技术和管理等综合能力比较强的工作，“塔基”主要从事软件开发、编程等技术性工作。随着社会分工日益专业化，CIO完全可以把“流程比较清晰”及“重复度比较高”的“塔基”工作外包给专业IT服务商。这样能留给“塔尖”人员更广阔的空间，他们会有更多的机会接触各种新技术和管理思想，成长为CIO希望的复合型人才。

培养复合型的IT员工，通常人们首先想到的可能是员工的基础技术能力。实际上，CIO在选人时，业务能力和技术能力孰轻孰重并无定论。国外一些调查发现，在招聘中，MBA学位和信息工程学位相比，有些CIO甚至更偏爱前者，这的确出乎一些人预料，但所谓“不拘一格用人才”，懂业务、懂管理的人在综合素质的发展方面往往比单纯技术背景的人更胜一筹。

对CIO而言，招募到合适的人、将他们培养成“称手”人才需要智慧，想留住他们也需要智慧。技术背景的IT员工天性喜欢追求最新的技术，他们不愿拘泥于重复性工作，再加之如今外界充斥着各种诱惑，他们人心思去在所难免。一位国内大型制造企业的CIO曾抱怨道：“企业花钱培养的人没两年就被挖走，而不培养，员工素质又得不到提升。”这种状况在企业IT部门并不罕见。高薪不一定能够留住人。对任何管理者而言，留住人才的最佳途径就是给他们提供一个空间足够的发展平台。如果他们看不到向上发展的空间，自然会选择离开。

不过，CIO也应该“小心”综合素质的发展会让IT员工走到个人职业的另一端——他可能会认为自己应该走出企业，从事管理咨询方面的工作。现在的IT人员往往年纪比较轻，受到的诱惑又比较多，有时很难清醒地看待自己的能力、寻找到适合自己的职业道路。但技术管理不同于别的工作，做了咨询顾问以后，很难再有时间琢磨技术，慢慢地会造成技术基础薄弱，这对个人的发展并不一定有利。这可能是留住人才的一种策略。

资料来源：周慧洁. 得宠的“中等选手”[J]. IT经理世界，2006（7）. 个别文字有删节和调整。

案例讨论：

1. 你认为大洋彼岸的CIO们开始青睐“中等选手”说明了什么问题？
2. 你认为IT行业出现的这种情况在其他行业是否也可能发生？
3. 技术性员工应当如何设计自己的职业发展规划？
4. 企业应当如何认识员工综合素质、培训及流失之间的关系？

第7章 绩效评价及管理方法选择

在图6－1“基于组织战略的绩效管理系统模型”中，绩效评价的作用在于通过对员工实际绩效与组织期望绩效的比较，发现存在的问题并提出解决问题的办法，最终为组织的人事管理决策提供依据。在这个过程中，绩效评价方法的选择是非常重要的。如前所述，科学与最优之间并不能画等号，科学的并不等于就是最优的，当组织在进行工作、绩效、薪酬等体系设计时，一定要考虑企业的实际情况，如管理者和员工的理解能力和接受能力。由于企业之间的特殊性，不存在一个适合所有企业的方法或系统。一些科学、前沿和流行的方法、技术，并不一定有普遍的适应性。企业在采用这些方法、技术前一定要考虑自身的实际情况，要注意科学性与适配性的结合，理论与实践的结合。因此，本文介绍的这些方法，尽管大多都是比较成熟的和经过实践检验的，但在具体运用上，还是要结合组织的实际情况灵活地加以运用。

迄今为止，实践中产生了很多绩效评价的方法和技术，这些方法和技术大致可以分为两类，一类是技术性的评价方法，一类是建立在战略需求基础上的管理工具，如平衡计分卡。本章将主要讨论这两类方法在组织中的应用。

学习本章需要掌握的问题：

1．组织选择绩效评价方法的依据。

2．各种评价方法的运用。

3．关键业绩指标的使用原则和方法。

4．平衡计分卡的使用原则和彼此间的因果关系。

专栏7－1：360度考核走在质疑与实践之间

正方：为什么要采用360度考核？

2005年10月，媒体大篇幅报道了神州数码下属的金融公司在全力推行360度岗位考核体系。这个绩效管理变革是由空降过来的原花旗副总裁董其奇发动的。据报道：神码金融公司成立了以项目总监、事业部总经理为核心的“考核委员会”，专门负责360度考核的相关事项。考核委员会最终确定了以金融公司价值观和核心理念为基础的9项考核内容：领导力、人才培养、关系、客户意识、交付、创造力、开放性、团队贡献、岗位技能。为让考核能够更加具体、可衡量，考核委员会又将每项内容细化分解为3小项。这样，360度岗位考核的9项27条标准正式形成。

制度刚刚建立的时候，董其奇不准员工有任何的讨论空间。在第一次考核中，上级的权重定为70%，同级和下级权重共占20%，其他合作方权重占10%。第二次考核对一些参数作了调整：上级权重从70%降至60%，考评细项从27个降至18个。考核是残酷的。即使你再优秀，如果无法取得团队中同事的信任，无法融入这个团队，你就会被淘汰，而神码金融公司也不需要那种讲求个性却不能融入团队的员工。在经历过两次考核后，神码金融公司自主软件和服务的营业额翻了一番。

但360度考核的反对者认为："这是短期的兴奋，结果到底怎么样，还要等待。"《中外管理》杂志走访了5家企业。这5家企业里有3家是有上万员工的大型企业，也有两家是有200多位员工的新锐高科技企业。这5家不同规模、不同领域的企业都或多或少地在应用360度考核。比如，中关村科技发展公司在绩效考核时，通常会从两个维度评价一个员工，即任务绩效和周边绩效。任务绩效可以一目了然，上级根据年初岗位目标所定的任务进行检查就可以了。而周边绩效通常评估的是他对组织事业的发展做出的额外贡献、对内部外部客户的团结协作等。而这个周边绩效就必须有一个全方位的反馈。公司有关人士认为，360度考核的确能避免上级主管在考核时的主观性。它可以提供多种评判角度。

反方：谁对360度考核的结果负责？

中国人民大学公共管理学院组织与人力资源研究所教授吴春波认为："360度考核是美丽的陷阱，是真实的谎言。"在360度考核中，上下左右都有评价考核他人的权力，而不承担对考核结果的责任，考核首先是一种人力资源管理的责任，而权力是基于责任的。当这种责任失落以后，剩下的只有权力时，共同拥有的而不承担责任的权力，是非常可怕的。360度考核的结果，使得没有人对考核结果承担最终责任，必然滋生不负责任的考核评价，进而会演变成以攻击他人来保护自己，这是其致命的问题所在。360度考核实际上使各级管理者逃避人力资源的管理责任，正确地考核评价下属是各级管理者义不容辞的责任、权利和义务。下属干得如何，直接主管最清楚，如果主管都不能对下属的绩效作出准确的评价，是主管的失职。把对自己下属的评价交给他人来做，是一种偷懒行为。员工的绩效目标来自于上级，员工的绩效过程和绩效行为是在上级的直接指导和监控下进行的，因而员工的绩效结果也应该由上级进行考核与评价。这是天经地义的。

360度考核能否比直线考核更客观公正？吴春波分析：考核主体的多元化，在一定程度上能够提供更多的考核事实，有助于考核结果的客观公正。但同时也可能造成负面影响，如：出于部门利益和个人利益的考虑，而利用考核泄私愤、图报复，并保护自己。当企业没有优秀的文化牵引下，这种情况是很难避免的。当企业实行末位淘汰或强制的考核比例分布时，360度考核更会强化这一趋势。实际上在许多企业，360度也确实成为了制造矛盾的有效工具。为保证考核结果的公正，360度考核未必是唯一的选择，通过绩效目标沟通、员工绩效投诉、上级绩效考核监督、绩效指标的量化与细化、绩效考核结果的内部公开等措施，同样可以保证绩效考核结果的客观与公正。

在人力资源实践中，有一个基本的定理：绩效可以考核，人是无法考核的，但人是可以评价的。吴春波认为：考核不等于评价，考与评应该适当分开。360 度并不适合绩效考核，但是可以用作对干部的任职资格评价，进而作为干部的升降依据；而绩效考核必须自上而下。

正方：谁说“360 度”无原则？

1. 公司的文化必须信任、坦诚、开放

像任何需要同事间评估的措施一样，360 度反馈工具实施久了就会走样。员工会互相说好话，最终大家皆大欢喜，所有人的评分结果都会很好。要不，就走向另外一个极端，有些人为泄私愤，会借机对同事的职业声誉进行恶意中伤。因此，无论作为受评人还是评估者，许多经理都对参与 360 度反馈深感忧虑。但这种忧虑似乎在本土最大的信息网络安全公司联想网御并不存在，公司总经理任增强认为，能不能进行公正的评价，取决于公司的文化，如果公司的文化是坦诚的、开放的。那么，就可以用 360 度考核。

2. 360 度考核实践只在小范围进行

一家参与调查的国企的做法是：360 度考核的对象不是全体员工，而只是针对公司的储备干部或是准备提拔的员工；也没有将 360 度考核结果与薪酬、奖惩等直接挂钩，考核结果主要是对员工的晋升产生影响。公司在提拔新的干部之前，人力资源部都会组织与其上级、部门同事、下级、业务部门同事进行谈话。由其上级、部门同事、下级、业务部门同事等分别对其进行全方位的综合评议，以便深入了解其专业技能、为人品质、工作能力及态度等综合素质。除通过谈话进行评估外，还会根据“强迫选择法”设定一些问卷交考核人填写，以检验并明确其对被考核对象的评价。在中关村科技发展公司，360 度考核也主要用于员工及管理人员的晋升。在这种方法的运用中，除了公正、开放、坦诚的考核文化外，操作的技术也很重要。比如，360 度考核的指标应该区别于上级对下级的考评。因为有些同级同事所掌握的信息也不全面，对于一些关键性指标没有上一级主管更熟悉。做些不痛不痒的评价，就达不到真正的评估效果。

并不是所有的同级同事或所有的上级、下级都要参与到被考核人的考评中去。联想网御的 360 度考核办法更类似于福特汽车的欧洲公司，接受 360 度考核的员工可以自己提名评估人。为了防止“作弊”，他的上级必须审核并批准所有的提名人选。福特还要求为每个接受考核的员工安排来自不同层面的评估人：一到两位上级、三到六位同级及三到八位下属人员。最后，评估人还可以自己决定是否在问卷上署名。

3. 定性评价比打分更重要

联想网御的年终考核分为两大部分：一部分为业绩考核，这涉及员工的薪金和晋升。一部分为述职与述能。这部分采用的是360度考核，不采取打分形式，而是被考核人可以邀请自己的上级、下级及相关同事，在现场以座谈的方式当面进行评价，指出第二年被考核人的发展和改正方向。也许定性的描述比打分制对员工的评价反而更精准、更切实际一些。有的跨国公司曾经在360度考核时，实行打分制。但结果4分制的评分表中，平均分达到了3.6分，意味着经理们的业绩已经是接近完美了。但是从经营业绩来看，各个事业部门的实际情况却并非如此。显然，绩效反馈与实际绩效间存在脱节。

结语：争论，不如继续实践

事实上，该不该应用360度考核方法，这种讨论从360度考核方法一诞生开始就从来没有停止过。一个方法或者一个工具不存在好与坏，关键是怎么使用，在什么条件下使用。任何管理方法和管理工具，都永远处于诞生和实践修正中。

资料来源：邓波. 360度考核走在质疑与实践之间［J］. 中外管理（电子版），2006（1）. 个别文字有删节和调整。

7.1 绩效评价的一般技术方法

绩效评价的一般基本技术是指那些不具备绩效管理性质、且带有较强主观色彩的定性评价手段，如比较法、行为法等。[1,2]

7.1.1 比较法

比较法是目前运用比较广泛的一种绩效评价方法，它是指一个员工的绩效水平主要是通过与其他员工的绩效水平相比较来进行评价的，并通过评价的结果对在同一工作群体中工作的所有人排出一个顺序，其特点在于主要是通过比较排序而不是评分排序。比较法主要包括三种形式，即简单排序法，配对比较法和强制分布法。

（1）简单排序法

简单排序法是指管理人员根据员工绩效水平的高低，排出绩效最好者到最差者的顺序。其使用方法是：第一，确定评价要素，这些要素应能够比较准确地反映对任职者的主要要求。第二，列出被评价者的姓名。将得分最高的列在第1的位置上，得分最低的列在第10的位置上，得分第二名列在第2的位置上，得分倒数第二的派在第9的位置上，依次类推，最后得到总的排名。在选择评价要素时要注意，这些要素既可以用一个要素作为综合性的评价标准，也可以每一张表对某一个要素进行评价，然后将若干张表汇总，得到综合评价结果。在具体使用上，取决于专业、岗位重要性程度和组织的要求等，比如，对于后勤等专业性不强的非重要性岗位，一个综合性要素可能就能够反映岗位的基本要求。而对于专业性较强、岗位重要性较高的岗位，可能就需要对若干要素进行评价。表 7 - 1 是一个使用简单排序法的例子。

表 7 - 1　　简单排序法的使用

评价要素：

1. ______	6. ______
2. ______	7. ______
3. ______	8. ______
4. ______	9. ______
5. ______	10. ______

（2）配对比较法

配对比较法是指评价者将所属部门每一位员工的绩效进行相互比较，如 A 与 B 相比，A 的绩效优于 B，则 A 将得 1 分，依此类推，最后进行配对比较的总得分汇总，得到员工的绩效评价得分。表 7 - 2 是一个配对比较法的使用案例。根据比较的结构，在工作态度的得分上，员工 A 得分最高，依次的顺序为：员工 D、员工 C 和员工 E 得分相同，员工 B 得分最低。

表 7 - 2　　配对比较法的使用

评价要素：工作态度

	被 评 价 员 工				
比较对象	员工 A	员工 B	员工 C	员工 D	员工 E
员工 A		-1	-1	1	-1
员工 B	1		1	-1	-1
员工 C	1	-1		1	1
员工 D	1	1	-1		1
员工 E	1	-1	1	1	

（3）强制分布法

强制分布法是一种应用比较广泛的评价方法，在使用强制分布法时，评价者需要在高等绩效、中等绩效、低等绩效（等级的划分可以根据组织的特点进行设计）三个评价档次都分配一定的比例，一般来讲，一个组织中的高绩效员工和低绩效员工都是少数，根据这一规律，在采用强制分布法时，这两类员工档次分配的名额应较少，而在中等档次的名额较少。比如，可以在应用强制分布法时作出如下规定：

“部门对员工个人的考评应分出等级，每一等级各占一定比例，其中，一等20%，二等70%，三等10%。凡人数少（不足3人）的部门，一等可以空缺。”

强制分布法还可以结合部门绩效一起使用，如规定绩效较差部门的员工只能有较少的人进入优秀或良好的档次，而绩效较好的部门则可以有较多的人进入优秀或良好的档次。在提倡团队工作的组织中，这种方法可以起到很好的激励作用。

以上三种方法既有优点，也有不足。其优点主要表现在以下方面：首先，除了配对比较麻烦外，其他两种方法总的讲都比较简单，容易为人们理解和掌握，因此使用的成本比较低，花费的时间和精力少，容易设计和使用，只要对评价稍加培训，就可以掌握。其次，适用性较强，特别是有较为具体的量化指标时，可以提高比较的质量以及公平性，从而有效地减少或消除某些评价者误差。最后，可以找出绩效最好和绩效最差的人，强制分布法的这个优点能够通过区分高绩效员工和低绩效员工的业绩，强制性破除管理人员碍于情面的思想，使高绩效员工得到激励，低绩效员工得到鞭策。因此，当绩效管理系统的主要目的是要区分员工绩效的话，那么比较法就是一种有效的方法，特别是在需要做出加薪、晋升等重要的人事决策时，比较法能够提供决策的依据。

比较法存在的问题主要有三个方面：一是当缺乏具体的量化指标时，在比较时容易出现评价者误差。因此当企业采用这种方法时，一定要考虑绩效指标体系是否具备进行客观比较的条件。二是管理者在使用这类方法时最容易犯的一个错误是在一组被评价者中进行比较，而不是对被评价者的业绩进行比较。这时最容易出现评价的主观性，从而产生不公平现象。尽管有观点认为这类方法无法体现绩效管理的战略一致性要求，但事实上，这不是方法的问题，而是组织绩效管理系统的整体设计问题，如果绩效管理系统本身能够将员工的绩效与组织的目标联系起来，就能够在一定程度上解决战略一致性较差的问题。三是比较法中的交替法比较花时间，特别是当被评价者较多时，要求评价者付出更多的时间和精力。但如果能够运用计算机技术，就可以解决这一问题。

7.1.2 图评价尺度法

图评价尺度法是一种比较常用的定性评价方法。人力资源管理专家们认为，图评价尺度法是最简单、运用最普遍的工作绩效评价方法之一。[2]其使用方法是，首先根据岗位描述中的核心能力和技能要求，提出能够准确反映这些能力和技能的评价要素，这些要素必须是达到较高工作绩效所必须具备的特征，如岗位胜任能力、绩效的数量和质量、领导能力、团队合作精神、竞争力、工作适应性、主动性等；其次，为每种要素制定出具体的评价等级、详细的评价等级描述和得分标准；最后，根据以上要素要求，对被评价人的绩效表现打分，每一个都给予相应的得分。表7－3是图评价尺度法的使用举例。

表 7－3　　图评价尺度法的使用

下列绩效要素对大多数职位来说都是非常重要的，请你使用这些要素对你管理的员工进行评价，每一分数都有相应的词句或短语加以界定。然后将相应的分数加总，得到评价总分。

被评价者姓名：　　　　　　所属部门：

岗位名称：　　　　　　　　评价时间：

评价要素	优秀	良好	中等	合格	不合格工作胜任度
（本职工作需要的知识和技能）					
工作数量标准					
（圆满或超额完成）					
工作质量标准					
（优秀或高于规定标准）					
人际关系能力					
（沟通协调能力）					
工作态度					
（遵守规章制度情况）					
独立工作					
（发现和解决问题水平）					

优秀＝5 分：高质量完成各项工作指标，你所了解的最好的员工。

良好＝4 分：满足所有工作标准，并超过一些标准。

中等＝3 分：满足工作标准。通常界定为“平均”、“达标”等中间水平。

合格＝2 分：需要改进，某些方面需要加强。

不合格＝1 分：不能接受。

7.1.3　行为法

所谓行为法，是指对员工有效地完成工作所必须具备的行为进行界定的一种绩效管理方法。包括关键事件法、行为观察评价法和组织行为修正法等。

（1）关键事件法

顾名思义，关键事件法就是指通过对员工完成工作所必须具备的关键行为的观察，评价其工作数量和工作质量的方法。其使用程序是，首先收集能够优质高效完成工作的有关信息，然后对这些信息进行整理，并根据需要测定的行为加以界定，然后要求管理者评价员工在工作中是否显示出了这种行为。关键事件法的优点在于通过强调那些最能够支持公司战略目标的关键事件而使员工的行为与公司的战略密切联系起来。这种方法能够明确告诉员工公司对他们的期望、完成工作的基本程序以及应当怎样做才能达到有效的绩效目标。比如有顾客签字的维修结果报告就能够显示维修人员的技能水平、服务态度和工作效率，而这些都应当是以服务为主的公司的战略中最重要的组成部分。案例7－1是一个使用关键事件法的例子。在这个例子中，维修人员只要具备了应当具备的技能要求，按照相关程序进行工作，就能够得到一个较为满意的结果。

案例7－1：某维修公司利用关键事件法对维修人员进行绩效考评

1. 接到顾客要求维修的电话后，迅速了解和准确掌握顾客要求维修的内容，并通过确定是否属于保修的时间和质量范围，告诉顾客维修的费用和自己抵达的大致时间。

2. 出发前根据自己的知识和经验对顾客提出的问题做出大致的诊断（维修人员本身的技能要求），估计维修所需的时间及需要更换的零部件。

3. 出发前检查着装和工具箱，是否带齐了所需工具和配件。

4. 如果需要配件，迅速到库房领取。

5. 到顾客家里后，应作一个简要的自我介绍，如：“您好，我是×××，是××公司的维修人员，我来给您做维修服务。”如果检查后认定必须将机器运回公司维修，应给顾客一个满意的解释，并立即通知公司维修中心做好相关方面的准备。

6. 在顾客家里维修期间不得违反公司的有关规定。

7. 向公司提交有顾客签字认可的维修结果报告。

（2）行为观察评价法

与其他一些评价方法不同，行为观察评价法的特点在于，首先，它并不剔除那些不能代表有效绩效和无效绩效的大量非关键行为，而是采用了这些事件中的许多行为来更为具体的界定构成有效绩效和无效绩效的所有必要的行为。其次，它并不是要评价哪一种行为最好的反映了员工的绩效，而是要求管理者对员工在评价期内表现出来的每一种行为的频率进行评价，最后再将所得的评价结果进行平均之后得出总体的绩效评价等级。表7－4是运用行为观察评价对管理者“克服变革阻力”的评价。研究发现，行为观察评价法具有以下优点：能够将高绩效者和低绩效者区分开来；能够维持客观性；便于提供反馈；便于确定培训需求；容易在管理者和下属中使用。

表7－4 **行为观察评价法的使用**

通过指出管理者表现出的“克服改革阻力”行为来评价绩效，用下列评定量表在指定区间给出你的评分：

评分标准：5＝总是 4＝经常 3＝有时 2＝偶尔 1＝几乎从来不

（ ）向下属描述变革的细节

（ ）解释为什么要进行这种变革

（ ）与员工讨论可能会给员工带来的影响

（ ）听取员工的意见和建议

（ ）在使变革成功的过程中请求员工的帮助

（ ）如有必要，会就员工关心的问题确定一个具体的日期进行变革之后的跟踪会谈

资料来源：雷蒙德·诺依，等．人力资源管理：赢得竞争优势［M］．3版．刘昕，译．北京：中国人民大学出版社，2001：359.

（3）组织行为修正法

组织行为修正法是指通过一套正式的行为反馈和强化系统来管理员工行为的方法。这种方法的基本思路是，员工的未来行为是建立在过去行为基础上的，而这种过去的行为是经过正面强化和培训得到的。因此，可以通过总结和归纳，提炼出一套符合工作流程要求标准的关键行为，然后要求员工按照一定的顺序依次地表现出这些行为。该方法的使用包括四个要素：第一，找出并界定一套对于标准的工作绩效来说是必需的关键行为；第二，设计一套行为系统来指导和评价员工是否正确地表现出了这些行为；第三，管理者将这些行为以及相应的绩效标准告诉员工，并为其制定具体的目标；第四是向员工提供反馈和培训强化，以便能够熟练掌握相关技能。从这些内容中可以看出，组织行为修正法有点类似于关键事件法，二者都强调完成工作绩效所必需的关键行为，而这些行为与组织的战略是密切相关的。表7－5是一个运用组织行为修正法对酒店房间清洁工的工作行为进行描述和绩效认定的例子。

表7－5 **组织行为修正法的使用**

1．由专家、管理者和清洁人员共同列出对提高房间清洁效率的一系列有效行为，包括：

（1）床上用品更换及摆放；

（2）地面清洁打扫；

（3）家具设备清洁打扫；

（4）卫生间清洁打扫；

（5）床上和卫生间用品更换数量；

（6）个人结账时清点房内家具是否有遗失等六大类约60～70个行为。

2．根据确定的有效行为制定一份项目清单量表，将这些行为按照一定的顺序进行排列，并在每一个行为前面留出一个做标记的位置。

3．房间清洁员按照顺序进行清洁工作，每完成一项，就在该行为前面的标记位置做上标记。

4．通过管理者的检查和房间客人的投诉情况对清洁员的绩效进行评价。

以上介绍的三种方法，其共同特点都是建立在行为导向基础上的，由于有一套比较固定的程序，因此指导性非常明确，特别适用于比较简单的非管理岗位和程序化的工作。表7－5对酒店房间清洁工的工作程序和行为的描述就是一个典型的例子。此外，由于这些行为都是建立在严格的工作分析的基础之上，并且在行为和结果之间存在清晰的因果关系，也就是说正确地履行这些行为就可以提高组织的绩效，因此表现出较强的战略一致性。第三，由于有比较清晰的程序化工作要求，因此明确性也较强，能够向员工提供组织对他们绩效期望的特定指导和绩效反馈。

7.1.4 360度绩效评估方法

360度绩效评估方法是一种全方位信息收集和信息反馈系统，包括上级、同事、下级、顾客对被评价人行为和能力进行评价全过程，有点类似于我们平常所讲的民主测评方式。360度评价方法的评价对象既包括一般员工，也包括各级管理人员，在有的情况下，它甚至更多的专用于对管理人员的评价，也就是说强调需要收集下级对上级的意见，否则就不是完全意义上的全方位评价。总的来讲，它既是一种员工开发的有效工具和手段，同时也广泛用于绩效评估。开发意义上的360度绩效评估是指通过向员工反馈有关其个人绩效评估信息，帮助其找到存在的问题以及有关改进绩效方法的信息，包括员工目前绩效与预期绩效之间的差距、差异的原因和制定改善计划等。它的重点是帮助和指导员工如何提高绩效水平。而作为一种绩效评价方法，360度则侧重于衡量员工的实际工作成效，为最终的管理决策提供依据。

为了提高360度绩效评价方法的有效性，在采用这种方法时应注意以下几个问题：一是标准要统一，即正式的评价标准要具备战略一致性要求，能够反映组织对其成员的要求。二是评价的有效性，即评价内容应主要集中在与被评价人岗位职责或工作有关的事件上，如领导和管理能力、工作的数量和质量等，尽可能避免和减少评价误差。三是要注意不同管理层级评价人的权重分配，因为不同的人，所掌握的信息是不完全的，而人们都是基于自己所看到和听到的信息进行判断，这就不可避免会产生准确性问题。因此，有直接工作联系（包括垂直联系和横向联系）的人的权重应高于那些没有这些联系的人。四是评价结果的保密性，特别是下级对上级的评价意见应绝对保密，最好采用匿名方式。五是评价结果的信息反馈，即要将各方面的意见向被评价者交流和沟通，允许其提出自己的意见。

对于360度绩效评价方法的使用效果，目前存在不同意见，专栏7－1中的情况，集中地反映了当前实施360度考核的争议。总的来看，360度绩效评价方法有其合理性，否则它就不会存在并为很多企业采用，但确也存在不足。这些争议涉及企业管理的权限、评价的对象和由谁来评价等一系列问题。企业的管理权限是保证人们为实现组织目标而在一起高效率工作并履行各自职责的正规体制，这种权限大多都是以责任和目标的层级负责制来体现的。比如，在规范的企业中，部门正职往往都是通过竞聘，由总经理任命的。因此，部门正职通常也都是对总经理负责，其工作成果也应主要由总经理和与之有密切工作关系的部门和人员做出评价。同样，部门主管对下属也承担主要的考评责任。在不同的管理层级之间，领导与被领导、管理与被管理的关系是非常清楚的，这是企业正常运行的根本保障。在日常工作中，为了保证部门目标能够及时圆满完成，部门主管可能会采取一些比较“激烈”的措施或方法，这样就有可能与下属发生摩擦；由于观点和出发点的不同，也可能与有关部门产生争议。在360度考评方法下，这些摩擦和争议很难得到所有人的正确理解和评价。如果评价标准有误，或权重分配不当，就有可能适得其反。

对360度考评方法的使用建议。无论是对于管理者还是员工，基于开发目的的360度绩效考评方法能够充分利用其积极的成分，因而具有很好的效果。这种方法还可以用作对干部的任职资格评价，进而作为干部的升降依据。专栏7－1中的一些企业就是这样做的。比如，这些企业在采用360度评价方法时，规定考核的对象只是针对公司的储备干部或是准备提拔的员工，也没有将360度考核结果与薪酬、奖惩等直接挂钩，考核结果主要是对员工的晋升产生影响。在提拔新的干部之前，人力资源部都会组织与其上级、部门同事、下级、业务部门同事进行谈话。由其上级、部门同事、下级、业务部门同事等分别对其进行全方位的综合评议，以便深入了解其专业技能、为人品质、工作能力及态度等综合素质。为提高其有效性，除了通过谈话进行评估外，还会根据“强迫选择法”设定一些问卷交考核人填写，以检验并明确其对被考核对象的评价。如果用360度方法进行绩效考评，要注意权重的分配，上级主管的权重应占较大比重，起码应超过50%，以体现企业管理者的责任和权利。

7.2 综合绩效管理方法

7.2.1 目标管理

目标管理是一种非常有效的绩效指导和绩效管理方法，也有的把它归入结果法。目标管理的概念很早就已经出现，并成为很多学者研究的问题，如道格拉斯·麦克雷戈在上个世纪50年代就将其发展成为一种管理哲学。[3]彼得·德鲁克是将目标管理运用到组织管理实践的杰出代表。2002年6月30日，美国总统乔治·布什授予彼得·德鲁克“总统自由勋章”，并对德鲁克做了如下的评价：彼得·德鲁克是世界管理理论的开拓者，并率先提出私有化、目标管理和分权化的概念。[4]推荐序二德鲁克本人在其奠基之作《管理的实践》一书中也做了同样的表述。他在1985年为该书的自序中这样写道：“本书是第一本真正的‘管理’著作，也是率先探讨‘目标'、定义'关键成果领域'、说明如何设定目标，并运用目标来引导企业方向及评估绩效的第一本著作。"[4]自序本书主要按照彼得·德鲁克在20世纪50年代出版的《管理的实践》一书所创立的目标管理体系，并结合企业的管理实践，讨论目标管理作为一种绩效管理方法的运用。

目标管理的核心要素包括以下几个方面：

（1）目标规划的制定

目标管理首先应该是一种战略管理手段，而不是一种技术评价方法，这决定了目标管理的基础是组织的整体目标。因此，采用目标管理的组织，首先必须要有一个符合组织发展的明确的经营目标，这也是进行目标层级分解的基本条件。

当明确了组织的总体目标后，组织的每一位管理者都必须自行根据组织目标设定自己的目标，并且要清楚地列出自己所在单位的绩效目标。德鲁克指出，这些目标不仅包括长期目标和短期目标，还包括有形的经营目标和无形的经营目标。前者如研发、生产、销售、财务指标，后者如管理者的培养、员工绩效改进、工作态度和社会责任等。

（2）设定绩效标准

管理者在列出自己及部门目标的同时，还要明确自己所在单位的具体的绩效数量和绩效质量标准，通过这些标准的确立，详细说明自己及其单位对于其他业务单位的贡献以及对组织整体经营目标的贡献。同时在完成绩效的过程中注意信息的反馈，并随时提出解决的办法。

（3）绩效评价

目标设立后，还需要对自己及单位的绩效进行评价和衡量。德鲁克认为，管理者不仅要了解和掌握自己的目标，还必须有能力针对目标，衡量自己的绩效和成果。为了达到这一目的，组织绩效评估方式不一定都是严谨的量化指标，但必须具备以下特点：清楚，简单合理，与目标相关，这些目标能够将员工的注意力和努力引导到正确的方向上，绩效能够很好衡量。在人力资源管理实践中，绩效评价一方面应体现绩效管理的战略性一致性要求，另一方面要采用合适的评价方法，尽量减少和避免管理者的评价误差，保证使评价主要集中在员工的绩效水平上。

（4）组织的资源支持和保障

首先，由于组织的整体目标是目标管理的基础，而各业务部门由于专业、职能的不同，在具体的目标上表现出不同的特点。在这种情况下，为了保证各单位的目标符合组织的整体目标要求，在目标管理中就需要强调团队合作和团队成果。因此，目标管理的有效性取决于各经营单位之间的相互协作和支持。管理者要提出实现工作目标有什么障碍，组织和上级需要做哪些工作才能对自己提供需要的帮助等。此外，德鲁克强调，为了达成组织的整体绩效，各级目标责任人必须在所投入的努力和产出的成果之间保持平衡。而要达到这个目的，就必须在让每个职能和专业领域发挥自己优势的同时，还要防止不同的经营单位过于强调自己的重要性而损害组织的整体利益。

其次，在目标设定的过程中，各级管理者的沟通尤为重要。其中特别是向上沟通具有重要的作用。德鲁克指出，共同的理解从来不可能通过“向下沟通”而获得，只能产生于“向上沟通”。因为向上沟通能够有效地解决管理者未经思考的轻率发言混淆和误导下属的情况。要保证这种沟通的有效性，既取决于上级真诚地听取下级的意见，也取决于是否有制度保障能够使下级的意见能够得到反映。

最后，目标管理还需要组织文化的支持。德鲁克指出，目标管理告诉了管理者应该做什么，通过工作的合理安排，管理者能顺利完成工作。但是组织精神却决定了管理者是否有意愿完成工作。因此，有利于个人能力的发展空间、肯定和奖励卓越的表现、基于良好的工作绩效的满足感和和谐的人际关系等，构成目标管理顺利实现的重要保障。

（5）评价

目标管理的贡献在于，它不仅是一种战略管理的方法，更重要的是它通过将企业的整体目标转换为企业内各单位和个人目标，使每个管理者和员工都能够在积极主动参与的情况下为完成组织使命而努力工作的条件和氛围。其优点有以下方面：首先，由于目标管理是在企业整体目标指导下制定和实施的，因此体现了作为一种绩效管理方法的战略一致性原则。其次，由于企业员工参与了目标的设定和控制过程，而且强调向上沟通，因此有效性、可信度、明确性和可接受性都较高。正因如此，目标管理得到了广泛的应用，并产生了良好的效果。以美国为例，在对目标管理进行的70多项研究中，有68项已经都证明它能够带来生产率方面的收益。研究证明，当公司的高层管理者对目标管理具有强烈的责任感的时候，它能够带来的生产率增长是最大的：当高层的信任感比较强的时候，生产率的平均增长幅度在56%，当高层的信任程度一般时，生产率的平均增长幅度为33%，而当高层的信任程度比较低时，生产率的增长幅度只有6%。[5]

虽然目标管理是一种非常有用的组织绩效的管理方法，但要保证其能够充分发挥作用，还需要注意克服一些消极因素的影响。第一，如果过分强调部门利益和专业分工，就可能导致员工的意愿和努力偏离企业的整体目标。特别是在企业整体素质不高和目标体系不健全的情况下，员工会将自己的注意力集中在自己的绩效会被评价的方面，而忽略不会被评价的方面。第二，如果企业的目标不明确，或企业缺乏积极的进取精神，目标的设顶就可能不是建立在高绩效和高标准上，而是建立在讨价还价的基础上。第三，对可见目标的过度关注，可能会使员工的注意力集中在目标本身，而忽略应具备的实现目标的行为，如完成规定的市场目标，但却忽视对顾客的服务等。

7.2.2 关键业绩指标（KPI）

企业关键业绩指标（Key Process Indicator，KPI）是比较常用的一种绩效管理和考评方法。它的基本含义是：首先通过提取企业战略目标中的关键要素，然后将其分解到各业务单位和个人，并在此基础上提升和评价组织绩效的一种系统的绩效管理指标体系。

（1）KPI 的地位和作用

KPI 首先是一种系统的绩效管理方法，因为一个完备的 KPI 指标体系包括三个层面的内容，即公司 KPI、各业务单位 KPI 和个人 KPI。公司层面的 KPI 是核心，各业务单位和个人的 KPI 指标都是在这一基础上提炼出来的。如果公司没有一个明确的经营战略，或者经营战略不明确，也就不可能提炼出部门和个人的关键业绩指标。正如本书一贯强调的一个基本观点一样，组织的战略是建立在与竞争对手相比较的基础上的，战略制定完毕后，必须通过分解，使各业务单位和岗位有明确的工作方向和工作目标。当个人、业务经营单位完成目标，组织也就达成了目标，这同时也就意味着获得了与竞争对手相比较的竞争优势。从而体现了绩效管理对组织战略和竞争能力的支持。KPI 方法也必须体现这一思想。其次，KPI 也是一种绩效评价技术和工具，也就是说，它是衡量和评价个人和各业务经营单位绩效完成情况并据此进行管理决策的依据。这就要求指标本身要科学、合理和可操作。关于这一点在 KPI 指标体系的设计原则中做进一步的讨论。

（2）KPI 指标体系的设计原则

组织的 KPI 指标体系设计应具备以下原则：

支持组织的战略目标。战略性人力资源管理要求人力资源战略应支持组织的经营目标。因此，作为一种绩效管理的方法，KPI 必须体现绩效管理的战略一致性原则，组织不同层级的 KPI 指标必须依据企业的总体目标来制定。如果 KPI 指标与组织战略要求相分离，就会形成组织工作指导和各业务经营单位和个人工作努力方向上的偏差和分歧。KPI 指标体系必须与组织经营环境和组织战略保持互动，当组织因环境变化而做出战略调整时，KPI 指标也应及时修正，以适应环境和战略的要求。

KPI 的层级指标。KPI 的层级指标是指该指标体系的构成，包括公司级 KPI、部门级 KPI 和员工级 KPI 三个部分。这三个部分指标的获取顺序是：首先，从公司战略目标中分离出最重要的核心指标，这些指标一定要体现战略一致性的特点。其次，根据专业分工，将这些指标分解到与之相关的各业务经营单位和职能部门。最后，各部门再将这些指标分解到每个岗位。在分解的过程中，同时制定出部门和个人的年度绩效的数量和质量标准。这样，作为公司关键性经营活动绩效的反映，KPI 指标就能够帮助各部门和员工集中精力处理对公司战略有最大驱动力的方面，并确保不同层级的管理人员努力方向的一致性。

清晰准确的工作数量和工作质量标准。KPI 是关键业绩指标，不是所有指标。因此，在指标的设计上要注意三个问题：一是指标体系的完整性；二是指标体系的导向性；三是系统性和导向性的协调。指标的完整性是保证组织总体目标实现的保障，它体现的是组织各功能或职能系统的完整性。导向性即关键指标则是突出对实现组织目标最核心要素的关注，它关注的是“牵一发而动全身”的效果。正如“木桶理论”指出的，首先，一只沿口不齐的木桶盛水的多少，并不取决于最长的那块木板，而是取决于最短的那块木板。因此，要提高水桶的整体容量，不是去加长最长的那块木板，而是要依次补齐最短的木板。其次，一只木桶能够装多少水，不仅取决于每一块木板的长度，还取决于木板间的结合是否紧密。如果木板之间有缝隙，甚至缝隙很大，装满水也会漏光。如果把组织比喻为一个木桶，那么那个决定盛水量的短板和木板结合的紧密度，就是两个关键的指标。在系统性和导向性的协调方面，在突出关键业绩指标的同时，要注意保持与其他指标的协调，而协调的关键是通过设置不同的权重来体现。

可行性和可衡量性。可衡量性是反映 KPI 指标体系有效性的重要标志，要避免绩效评价中容易产生的误差，KPI 应主要以可量化的指标为主，以便为绩效管理提供较为客观和可衡量的基础。但并不是员工的所有的指标都是可以量化并衡量的，员工的工作既有量化指标，也有非量化指标，如员工的工作态度，完成工作目标的时间进度等就很难量化。而这些态度和行为，对员工高质量的完成本职工作具有重要影响。因此，在制定员工级 KPI 指标时，定性指标的设立也是很重要的。关于定性指标的设立，可以根据 KPI 的思路，引申出关键行为指标（Key Performance Index，KBI）的指标体系，即对于那些实现重要目标的行为进行指导和规范。

KBI 的设计应考虑以下几个方面的因素：一是工作标准，即对需要进行评价的行为内涵进行界定；二是数量或时间标准，即员工某种行为发生的频率或次数；三是质量或等级标准，即某种行为与组织绩效标准要求的差距。以“顾客投诉次数”为例，首先需要提出工作标准，即对“投诉”这一关键行为的内涵进行严格界定“每月不超过两次”是该指标的数量或时间标准；“本月只发生一次投诉”或“本月有三次投诉”是质量或等级标准。这一指标及其标准可以用于评价员工的行为是否达标等。为了区分员工不同行为的差异和对工作的影响，KBI 的每项指标也应列出等级标准。例如，当需要对某员工是否“按时、按量、按质”完成工作目标进行评价时，“按量、按质”的问题可以通过具体的量化指标解决，而是否“按时”就只能够通过 KBI 进行评价。这时，最重要的任务就是对“按时”进行界定，比如，可以将“按时”分为五个等级，其标准分别为：

等级一：“完成本职工作所需的时间远低于规定时间，而且工作质量与组织预期的要求完全一致。”

等级二：“完全能够能在规定的时间里完成本职工作，工作质量与预期结果一致。”

等级三：“基本能在规定的时间里完成本职工作，工作质量尚可。”

等级四：“经常需要主管的督促才能按时完成工作，工作质量能够接受。”

等级五：“一贯拖延工作期限，即便在上级的催促下也不能按时完成工作，且工作质量不能接受。”

由于“按时”的要求往往会影响“按量”和“按质”，因此，在KBI指标中，必须对“按时”提出具体的标准要求。在具体实施上，应在员工的绩效管理目标中列出每项工作的时间、数量和质量标准，并告知员工。管理者在绩效实施的过程中应实行动态管理，即随时对员工是否按时、按量、按质完成工作目标进行跟踪和检查，一旦发现与绩效目标不符的情况，就应立即进行纠正。

除此之外，KBI可以广泛用于各种行为的评价，如为提倡部门协作，可以规定部门之间的不良冲突次数指标，为鼓励员工之间合作，可设置员工不良冲突次数指标。其他如工作态度、沟通能力等也都可以提出要求和标准。

（3）KPI指标体系的建立流程

为了加深对建立流程各环节的认识，我们以电网公司的调度工程师为例，简要说明建立KPI指标体系所包括的步骤。

明确公司战略，提取核心要素。如前所述，KPI包括公司级、部门级和员工级三个层面的指标，公司级KPI是整个KPI系统的基础。因此，建立KPI指标体系的第一步是从公司战略中提取出最核心的要素。然后根据这些要素，收集相关信息，进行工作分析，得到岗位的职务说明书。以电网公司为例，假定“安全运行”是保证电网公司经济效益和社会效益的重要指标，因此，要保证电网公司的安全运行，“无责任事故”将成为落实公司战略最关键的要素之一。

根据岗位说明书设立关键绩效指标。根据电网公司总体目标的要求，对调度工程师岗位进行工作分析，得到其岗位说明书，并列出关键的业绩指标，如“无责任事故”、“三公调度”、“电网频率合格率”、“电网电压合格率”等。

对各指标进行详细描述和定义。为了保证KPI指标的可衡量性，一定要对提炼出的指标作出准确的界定。比如，如果“无责任事故”、“三公调度”、“电网频率合格率”、“电网电压合格率”等指标是电网公司的调度工程师的KPI指标，那么就需要对这些指标进行界定。如“电网频率合格率”是指电网频率维持合格的比例，考察这个指标的目的是评价电能的质量，此外，还需要对计算方法、数据的核实以及统计方法作出说明，以便能够对这一指标进行准确评价。

根据行业要求和特点确定指标权重。在KPI指标体系中，各指标的重要性程度是不同的。因此，在定义各指标的基础上，需要通过对指标权重的设计体现各指标的相对重要性。比如，对电网公司的调度工程师来讲，“无责任事故”和“科学合理的调度”的权重就应大于其他指标。

绩效衡量标准的设定。主要指各关键绩效指标应达到组织所期望的水平。设立KPI指标的绩效标准是体现可行性和接受性的重要条件，比如，对“无责任事故”之一指标来讲，其评价标准就应是根据电网稳定安全运行的要求和电网公司的相关规定，对其是否有中断电网安全运行的情况，包括次数、人员和设备等具体损失进行评价。同样，对“电网频率合格率”、“电网电压合格率”等关键指标也应提出具体的合格标准，比如：“频率合格率应在××%以上，频率事故为零”，“电压合格率在××%以上，电压事故为零”等。

采用KPI方法的绩效管理系统设计。在完成以上步骤后，下一步工作就是将这些要素整合为具体的、可操作的绩效管理系统，主要包括“基于组织战略的绩效管理系统模型”中的绩效计划、绩效实施、绩效评价和绩效信息反馈四个环节。

在绩效计划环节，主要工作包括工作指标的制定、完成指标的数量、质量等相关标准、各项指标的完成期限、各项指标的绩效标准、评估者和割线指标的权重等。制定绩效计划的要点包括三个方面：一是要符合有效的绩效管理系统的5个基本要求；二是取得高效率和高品质绩效结果后面的业务流程分析和工作规范要求；三是建立在严格岗位职责基础上的人、岗匹配制度，包括利用招聘、选拔、培训等相关职能帮助达到这一目标。

在绩效实施环节，首先应根据组织环境、战略的变化检查KPI和KBI指标的合理性和是否滞后，并根据实际情况对公司/部门的绩效系统进行调整。其次，领导者和管理者应持续对员工的绩效效果进行了解和沟通。一旦发现问题，就应立即提出改进措施。最后是在这一过程始终要做好相应的员工的培训和开发计划。

在绩效评价环节，一是选择绩效衡量方法，特别是要注意科学性与适配性的结合；二是要准确评价员工实际绩效与组织目标绩效之间的差距及原因，以便为管理决策提供依据。

在绩效反馈环节，一是应综合分析员工的知识、能力、技能与绩效效果之间的关系，并向员工进行正确的绩效信息反馈；二是在交流的基础上，提出整改措施，为第二年的绩效计划奠定基础。

（4）对目标管理和KPI的评价

目标管理法和KPI方法有很多相似之处，其中特别是对于影响组织绩效的关键要素的问题上，二者之间的思路基本上是相同的。比如，彼得·德鲁克提出，任何企业都有8个关键领域，即市场地位、创新、生产力、实物和财力资源、获利能力、管理者绩效和培养管理者、员工绩效和工作态度、社会责任。[4]53

7.3 平衡计分卡（The Balanced Score Card，BSC）

平衡计分卡是由哈佛商学院的罗伯特·S. 卡普兰（Robert Kaplan）教授和诺兰诺顿研究所（Nolan Norton Institute）的 CEO 戴维·P. 诺顿和他们领导的课题研究小组，在 1990 年对在绩效测评方面处于领先地位的 12 家公司的研究后得出的一种全新的组织绩效管理方法。1990 年 12 月，他们将课题研究中的平衡衡量系统的可行性和实施效益整理成为研究报告，并于 1992 年以《平衡计分卡——驱动业绩的指标》为题发表于 1992 年 1 ~2 月号的《哈佛商业评论》。接着在 1993 年、1996 年又先后在《哈佛商业评论》上发表了《平衡计分卡的实践》和《平衡计分卡在战略管理系统中的作用》两篇论文。1996 年，《平衡计分卡——化战略为行动》一书问世，标志着平衡计分卡理论的基本成熟。之后，《战略中心型组织》、《战略地图：化无形资产为有形成果》、《组织协同：运用平衡计分卡创造企业合力》、《平衡计分卡的战略实践》等四本书先后出版。至此，平衡计分卡理论体系在全面性、系统性等方面都达到了空前未有的高度。

平衡计分卡不仅是一个绩效管理系统，同时也是一种战略管理系统和管理工具。正如作者自己指出的："平衡计分卡是一个整合的源于战略指标的新框架。它在保留以往财务指标的同时，引进了未来财务业绩的驱动因素，这些因素包括客户、内部业务流程、学习与成长等层面，它们以明确和严谨的手法解释战略组织，而形成特定的目标和指标"[6]13 平衡记分法的意义在于，它打破了传统的只注重财务指标的业绩管理方法，因为传统的财务会计模式只能衡量过去发生的事情。因此，要全面反映企业的进步，在继续关注财务指标的同时，必须同时关注企业无形资产等非财务指标对企业价值的贡献，将财务指标与公司战略、市场、客户、发展等要素结合起来考虑。正如美国证券交易委员会前专员史蒂夫·沃尔曼所讲的：随着形式的发展，财务报表对一家公司的真正价值的测评日趋片面。于是，我们开始降低对它的重视度，转而寻求其他方法，来测评无形指标，如研究与开发、顾客满意度、员工满意度等。[7]

7.3.1 战略中心型组织

正如本书第 1 章指出的那样，组织战略是在环境分析基础上制定的，当战略制定后，需要按照战略的要求考虑采用不同的组织形式，以便将战略进行分解并落实到相关的责任主体，为绩效考评和完成绩效目标提供依据。管理者要对企业发展不同阶段、企业产品的特点以及客户需求的不同随时调整自身的组织形态，审视现有组织结构是否能够支持和保证组织战略的实现。

平衡计分卡作为一种战略管理手段，也必须依赖特定的组织形态才能充分发挥其作用，这就是所谓的战略中心型组织。卡普兰和诺顿在《战略中心型组织》中，提出了保证战略中心性组织的概念，并将其视为执行战略的重要保障。他们通过对那些成功运用平衡计分卡公司的研究，发现并总结了一个实现战略聚焦和协同的通用模式，即战略中心型组织的五项原则，这五项基本原则就是：①把战略转化成可操作性的行动，②高层领导带动变革，③使组织围绕战略协同化，④让战略成为可持续的循环系统，⑤把战略落实到员工的日常工作中。[8]7 其中最重要的内容就是将战略转化为可操作的行动。

（1）将战略转变为可操作的行动

将战略转变为可操作的行动主要包括两个方面的内容，一是确立战略主题，二是绘制战略地图。

确立战略主题。卡普兰和诺顿指出，平衡计分卡设计流程是以战略假设作为前提的。战略暗示了一个组织从其现在位置向一个期望但是不确定的未来位置转变的过程。由于组织从未达到过这个未来位置，所以它准备走的路径包含了一系列相互关联的假设。计分卡将这些战略性假设描述为一系列清晰的可检验的因果关系。这些假设还要求组织能够甄别达成预期成果（滞后指标）所需的驱动性运营活动（领先指标）。[8]60 由于战略通常都是比较宏观的描述，为了便于理解和“聚焦”，战略通常又会按照市场、客户关系、相关群体利益、内部运营管理、成本等被划分为若干个比较具体或比较明显的主题和方向，以反映那些要达成组织战略目标而必须要做到的工作。这样，就可以帮助组织处理长期与短期以及增长与利润之间的优先顺序。因此，战略主题与企业内部流程关系密切，一般不反映财务成果。

绘制战略地图。为了便于平衡计分卡的实施，他们根据所指导的公司的经验，开发出了一个描述和实施战略的通用框架，他们把它称之为“战略地图”。卡普兰和诺顿指出，战略地图为平衡计分卡的开发提供了坚实的基础，而平衡计分卡则是新的“战略管理系统”的基石。[8]8

平衡计分卡共包含财务、客户、流程和成长四个层面的战略地图。财务层面的战略地图要平衡的是“增长战略和生产力战略”，即新业务和老业务之间的关系。用我们中国人的话来讲，就是要解决和平衡“开源”和“节流”之间的关系。比如，对银行业来讲，就是要平衡传统的借贷业务和理财以及其他中间业务等新增业务之间的关系；对汽车“4S”店来讲，就是要平衡销量等传统指标与汽车美容、装饰、加装、改装、按揭以及汽车金融服务等新增业务之间的关系；对大学来讲，就是要平衡教学和科研之间的关系，等等。卡普兰和诺顿指出，不管公司采用的是什么财务指标，一般都会采用两个基本点战略来驱动财务绩效：增长战略和生产力战略。增长战略主要指开发新的收入和利润来源，它包括：开发新产品和市场（长期战略），增加客户价值（中期战略）。生产力战略则主要强调为支持现有客户而提高经营活动的效率，主要聚集于降低成本和提高资产利用率。[8]67

客户层面的战略地图主要解决组织的价值定位。所谓价值定位，就是确定公司的目标客户，也就是确定公司的利润来源，它“描述了供应商提供给客户的产品、价格、服务、关系和形象的独特组合”。[8]69价值定位概念的提出，进一步厘清了什么才是企业利润中心的误区。长期以来，不少企业把其研发、销售、服务等部门视为自身的利润中心，这显然是有问题的。他们没有认识到这样一个显而易见的道理：企业无论是购买土地、修建厂房、购买设备所花费的固定资产的投资，还是招聘员工，进行培训，支付薪酬等人力资本的投资，在财务报表上都是支出，是负数。只有生产出来的产品或服务能够为消费者所接受并购买，这种投资才能够转变为收入。因此，组织的价值定位首先应该明确自身的战略重点，根据自身产品和服务的特点和特定群体的消费者，在产品领先、客户至上和优异运营这三种基本形式中进行选择，以满足特定用户群的需求。由于组织的优势受到资源等条件的限制，因此，在以上三种形式中，通常只能够集中精力在某一个方面取得优势地位，在其他两个方面只需达到平均水平即可，不可能面面俱到。因为“成功的公司都是在某一个方面做得特别突出，在另外两个方面达到平均水平”。[8]69

流程层面的战略地图是要在财务和价值定位的基础上，具体地描绘出如何实现目标的路径。卡普兰和诺顿把组织价值链分为四个流程，即创新流程、客户管理流程、供应链流程、制度和环境流程。不同的战略和不同的流程相对应。比如，创新流程一般和产品领先战略相对应，通过建立高绩效工作系统，在第一时间对市场和消费者需求做出反应，设计、开发并向市场推出功能最先进的新产品。客户管理流程一般和客户至上战略相对应，该流程的重点是客户关系管理和解决方案开发等。运营流程则和优异运营战略相对应，强调成本、质量、运营周期、优秀的供应商关系、供应和配送的速度和效率等。以上流程尽管都很重要，但组织还是应当有针对性，即集中精力在对客户价值定位影响最大的流程上做得最好。

学习与成长是所有战略的基础，它定义了组织需要什么样的无形资产，以使组织的活动和客户关系保持较高的水平，包括员工为支撑战略所必需的技能和知识等战略性的能力；为支持战略实施所必须具备的信息系统、数据库、工具和网络等战略性的技术以及工作氛围；为激励、授权和协同员工所需要的文化转变等。组织可以根据业务流程和客户差异化需求，设定人力资源、信息技术和企业氛围等目标。

把以上四个方面的战略地图汇总，勾画出其内在的逻辑关系，便得到总的战略地图。

（2）使组织围绕战略协同化

当战略确定后，组织必须要审视其组织结构是否能够保障战略的有效实施。传统的职能制组织架构，强调得更多的是分工而不是协作。虽然分工带来了专业化和部门工作的效率，但同时由于利益的冲突，不可避免地会产生部门之间的矛盾。因此，如何在保持现有组织结构条件下，落实并实施组织战略，就成为组织要解决的首要问题。使组织围绕战略协同的根本目的就是要突破传统职能制组织结构在沟通和协调上的困境。在战略中心型组织的概念下，管理层可以在不改变原来的组织结构的前提下，通过改变原来正式报告等官僚制组织结构的特点，根据战略主题和优先秩序在组织的各个分散的单元之间传达一致的信息。业务单元和共享服务部门通过共同的战略主题和目标，与公司战略紧密关联起来。[8]8协同化最直接和最具体的表现就是让组织内部各业务单元共享通用的某个业务流程，通过整合分散的行动和独立的业务单元而创造协同优势，以提高效率和竞争力。如将原来分散在各业务单元的采购的职能在组织层面上进行整合，这样可以建立与供应商的特殊关系并享受采购的成本优势；还可以将技术、知识以及其各个业务单元均存在的某些业务作为共享平台。

这种协同化的另外一种表现形式就是我们通常所说的“交钥匙”工程。比如在家装行业，一些规模较大的公司通过建立自己的展厅，陈列着各装饰材料商的各类产品。材料供应商给家装公司的价格低于零售价格。顾客可以在展厅挑选自己中意的装饰材料，但顾客的价格基本上都是零售价格。这之间的差价就是家装公司将各业务单元的采购集中到组织层面，通过集中采购的共享获得的。家装公司的项目经理也承担着组织协同化的重要责任。而且他（她）协同的不仅包括组织内部各业务单元业务的先后顺序，还包括组织外部的各个供应商，如门窗、地板的安装和质量控制等。对大型组织来讲，这种共享一方面可以带来成本优势和建立与供应商的特殊关系；另一方面也会造成一定程度的业务单元的效率损失。但总体讲，这种效率损失可以通过规模优势得到弥补，而且可以通过管理流程的集中，减少或避免各种伤害组织利益的行为发生。

（3）让战略成为每一个人的日常工作

该项原则的核心内容就是人力资源管理职能的匹配和支持。组织的战略通常是一个比较笼统、宏观、定性的表述，要让全体组织成员贯彻执行，必须依赖人力资源管理职能的配合和支持。战略中心型组织可以通过沟通和教育、开发个人和团队目标、激励机制 3 个流程把员工和战略协同起来。首先，需要对员工进行宣传、沟通和培训，在此基础上建立起平衡计分卡实施的人力资源基础。因为员工只有了解并理解战略，才能有效地贯彻和执行战略。沟通的内容包括对战略的理解，建立对组织战略的一致认同和支持，引导组织成员善于运用平衡计分卡的衡量和管理系统来实施战略，以及通过平衡计分卡来提供战略的反馈等。其次，需要将战略逐步细分并量化到每一个岗位，即把笼统、宏观、定性的战略描述转变为具体、微观和定量的可以操作的标准。要实现这种转变，就需要建立完善绩效管理系统，包括事前的岗位职责的制定、职责的量化和细分，事中的绩效监控和纠偏，事后的绩效评价和信息反馈等，以保证战略的顺利实施。最后，建立和完善激励机制，通过正确的绩效导向，引导组织成员认真完成平衡计分卡所展示的团队目标和个人工作计划。

（4）使战略成为持续的流程

该项原则的核心是为平衡计分卡的实施提供财务支持和其他后勤保障。组织任何一项战略目标的实施都是需要资金支持的，平衡计分卡作为战略实施的方法和手段，同样需要财务资源的支持。卡普兰和诺顿指出，企业要成为战略中心型组织，非常重要的一项工作就是把平衡计分卡与规划预算流程结合起来。战略中心型组织强调管理战略而不是管理经营。通过建立战略中心型管理体系，采用整合预算管理和经营管理并与战略管理结合的双循环流程，在资源保障和学习的基础上，通过平衡计分卡对战略的实施进行监控和纠正。[8]221-223在这一环节，还必须建立诸如战略回顾会议制度之类的监控和报告系统，其目的在于发现、收集、处理在战略实施过程中所遇到的各种问题。

（5）高层领导推动变革

高层领导的推动是平衡计分卡能否成功实施的关键。不论是资源的配置支持，还是部门之间的协同，以及制定愿景、战略，重塑管理流程等，都不是对原有组织系统的修修补补，而是在原来基础上建立全新的战略管理系统。特别是要在组织结构没有大的变动的情况下，要达成这一目标，没有领导层的认可和强力推动，是不可能取得理想效果的。平衡计分卡绝不是一个绩效考核项目或绩效考核的技术评价手段，而是一个牵涉到组织上下一致整体行动的变革项目。正如卡普兰和诺顿指出的，平衡计分卡不是一个“指标”项目，而是变革项目。[8]221-223既然是变革，就需要有效的领导。很多中国企业实施平衡计分卡的效果不理想，有诸多原因，其中高层领导重视不够，推动不力，是一个重要的因素。

7.3.2 平衡计分卡的内容

平衡计分卡强调将公司的战略与绩效管理结合起来，其目标通常按4个角度来设定：财务、客户、内部业务流程和学习与成长。每个战略目标都有一个或多个量化的指标。这些目标逐级向下分解，一直落实到每个员工。管理人员和员工可以对目标进行定期回顾，然后根据不断变化的商业环境对战略、目标、目标值或行动方案加以调整。[6]39-104

（1）财务指标

尽管财务指标是一个滞后指标，但同时也是最重要的一个指标。因为对于企业来讲，它是衡量其投入产出关系的客观和科学的评价标准。正因如此，卡普兰和诺顿把财务目标视为平衡计分卡其他层面的目标和指标的核心。这些财务目标可以根据企业生命周期的不同阶段，划分为收入增长、生产率提高、成本下降、资产利用、风险管理等。平衡计分卡其余层面的所有目标和指标都应与财务层面的一个或多个目标相联系，这样就能够明确显示企业的长远目标是为股东创造财富。当财务指标能够代表企业的战略方向，并以此引申出一系列有因果关系的指标体系，平衡计分卡就能够帮助企业达成最终目标。

（2）客户指标

要实现企业的财务指标，首先必须让渡自己产品和服务的价值，即通过市场买卖行为实现价值的转移。卡普兰和诺顿发现，企业一般有两套客户层面的指标，一套是所有企业都希望使用的“核心衡量指标”，包括市场份额、客户留住率、客户获得率、顾客满意度、顾客获利水平等；另一套是客户价值主张，即怎样才能够获得企业希望的“核心衡量指标”，它代表了客户成果的业绩驱动因素。

在图7-1中，五个核心指标之间存在因果关系，其中，客户满意度是最基础的指标。客户满意度一方面可以带来客户保持率，另一方面也可以带来客户获得率。前者指老客户的维护，后者指新客户的开拓。但客户满意度、客户保持率、客户获得率等指标并不能反映企业的盈利能力，还必须要能够从与客户的业务中获取利润，即客户获利率指标。

卡普兰和诺顿认为，在客户满意度指标上，有三个驱动因素是非常重要的，即时间、质量、价格。以时间为基础的客户指标反映了为满足目标客户的需要而达到和持续缩短交付周期的重要性。时间指标又可细分为交付周期的可靠性和送货时间的可靠性。此外，按时向客户提供新的产品和服务也是导致客户满意度的一个重要因素。质量指标主要包括次品率、退货率、索赔保障、现场和后续服务等。特别是在服务业中，服务保证是改进服务和留住客户进而提高服务品质的重要指标。在价格指标上，卡普兰和诺顿指出，价格最低可能并不是客户最好的选择，采购和使用产品或服务成本最低才是最好的选择。因为价格最低的供货商可能是成本最高的，而这些成本最终是会转嫁给客户的。而低成本的供应商不仅能够提供零缺点的产品，而且能够保证交货周期和交货时间。因此在考虑价格问题时，必须综合各种因素，而不能单单考虑价格。

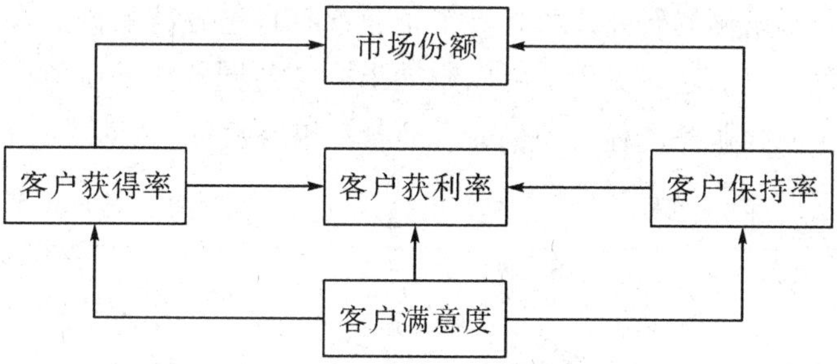

图7-1　客户层面的核心指标

表 7－6　　　　客户层面的核心指标解释

市场份额	反映一个业务单位在既有市场中所占的业务比率（客户数、消费金额或销售量）
客户获得率	衡量一个业务单位吸引或赢得新客户或新业务的比率，可以是绝对数或相对数
客户保持率	记录一个业务单位与既有客户保持或维系关系的比率，可以是绝对数或相对数
客户满意度	根据价值主张中的特定业绩准则，评估客户的满意程度
客户获利率	衡量一个客户或一个细分市场扣除支持客户所需的特殊费用后的净利润

资料来源：罗伯特 S 卡普兰，戴维 P 诺顿．平衡计分卡——化战略为行动［M］．刘俊勇，孙薇，译．广州：广东省出版集团，广东经济出版社，2004：55.

第二套指标是客户价值主张，它代表企业通过产品和服务提供的特征，目的在于创造目标细分市场的客户忠诚度和满意度。

客户价值主要包括产品和服务特性、客户关系、形象和声誉三个部分。产品和服务特征主要指产品的功能、价格和质量。不同类型的客户对产品的功能、价格和质量有不同的要求。比如，有的客户希望得到质优价廉的产品，有的则希望付出较高的价格得到具有差异化的产品或服务。它表明了企业针对不同细分市场采取的不同策略。客户关系包括产品或服务的交货、反应时间、交付周期、客户购买产品时的感觉、长期服务承诺等。良好的客户关系不仅取决于物的因素，如具体的产品或服务，而且还取决于人的因素，即企业的员工能够认识到客户的需求并有能力满足这些需求的能力。形象和声誉是企业的无形资产，卡普兰和诺顿认为，形象和声誉不仅是企业吸引客户的重要的无形因素，而且它还有助于企业在客户心目中建立先入为主的印象，从而达到与客户建立长期关系的目的。

（3）内部流程指标

卡普兰和诺顿指出，内部流程的目标和指标源自满足股东和目标客户期望的明晰的战略。也就是说，内部流程指标是建立在财务指标和客户指标的基础上的，它反映了平衡计分卡各个组成部分之间的因果关系。

根据卡普兰和诺顿的研究，尽管每个企业都有自己独特的创造客户价值和产生财务结果的流程，但从这些流程中可以归纳出一个共同的内部价值链模式，这个模式包含了三个主要的业务流程，即创新、经营和售后服务。（见图 7－2）

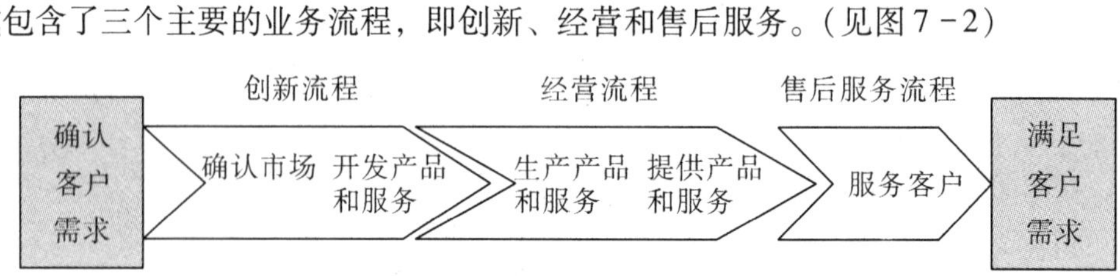

图 7－2　内部业务流程——通用价值链模式

资料来源：罗伯特 S 卡普兰，戴维 P 诺顿．平衡计分卡——化战略为行动［M］．刘俊勇，孙薇，译．广州：广东省出版集团，广东经济出版社，2004：76.

在图7－2中，企业通用价值链模式的两端分别是确认客户需求和满足客户需求，价值链的起点和终点都是从客户出发，它不仅代表了企业作为经济组织对获取经济利益的关注，同时也表达了企业作为社会组织对与其有密切联系的相关利益群体利益的关注。在创新流程，最重要的工作是获得关于市场规模和客户偏好的信息，只有准确的辨认出客户的真正需求，才有可能开发出客户需要的产品和服务。由于企业在这一流程中的投资越来越大，因此有必要找出能够对其进行评估的指标，如新产品开发的周期、开发成本（经营利润与开发成本的比率）、新产品在销售额中所占的比例、首次设计合格率等。在经营流程，其指标的确定相对于创新流程来讲比较容易，其中最重要的衡量指标有时间（如交货时间和交货周期等）、质量（如合格率、次品率、返工率、退货率等）和成本（采用作业成本系统进行衡量）三项。在售后服务流程，主要任务是为售出的产品和服务提供付款、维修、退货、更换等。在这一环节，可以通过对时间、质量和成本的监督来衡量售后服务是否达成了目标。如通过对客户提出要求到解决问题的时间可以衡量企业对客户投诉的反应速度，产品的返修次数可以衡量售后服务的质量，而通过对使用资源的成本的考察可以衡量售后服务的效率。

（4）学习成长指标

卡普兰和诺顿指出，平衡计分卡强调对未来投资的重要性，因此，企业不仅要重视对设备、研发等物质资本的投资，还要重视对员工能力的人力资本投资。根据卡普兰和诺顿在各种不同的服务企业和制造企业建立平衡计分卡的经验，学习与成长层面大致包括三个方面的内容，即员工能力、信息系统能力、激励、授权和协作。

达成学习与成长指标的第一个促成因子是员工能力。对于员工来讲，最重要的是具备能够将客户的需求与企业的产品或服务结合起来的能力。卡普兰和诺顿指出，员工角色的转变是过去15年来企业管理思想最剧烈的变革之一。这种转变要求员工必须适应由于环境变化而带来的企业流程的转变以及自我角色及完成工作方式的转变。要达成这一目标，一方面员工必须了解企业产品和服务的特点，并具备主动出击的职业精神和服务意识；另一方面，企业必须对员工进行培训，以使他们能够掌握正确服务客户的能力和要求，并具备客户和内部业务流程目标要求应具备的能力。卡普兰和诺顿提出，可以从两个方面掌控员工技术再造的需求，一是需要技术再造的程度，二是需要技术再造的员工比例。当技术再造的程度较低时，正常的培训和教育就可以维持员工的胜任能力。如果内部业务流程需要升级，那么员工的技术也必须进行大规模的再造。衡量这种能力可以采用战略工作胜任率指标，即通过对符合企业特定战略工作要求条件的员工人数与企业希望的人数之间的比例的比较，来观察员工能力与企业战略之间的匹配度。

卡普兰和诺顿认为，有三组衡量员工能力的核心指标，即员工满意度、员工保持率、员工生产率。其中，员工满意度是最重要的。衡量员工满意度可以通过满意度调查来获得，调查内容通常包括员工参与决策的程度、是否有对优良工作业绩的认定、是否能够获得胜任工作所必需的信息、上级主管的支持等。员工保持率通常采用关键员工流失率来衡量。而员工生产率则通常采用人均收入和人均增加值等指标来衡量。

在信息系统能力方面，员工尤其是一线员工了解和掌握企业内部流程以及客户与企业关系等有关信息，及时提出满足客户需求的方法，对实现企业目标具有极其重要的作用，而要达成这一目标，必须有一个良好的信息系统的支撑才能实现。企业应尽可能地让其员工了解和掌握这些信息，并通过对目前可用信息和企业预期需求之间的比例来衡量信息系统的支持作用。

达成学习与成长指标的第三个促成因子是激励、授权和协作的程度。通过激励员工的工作积极性和主动性，能够达到员工能力提升和信息充分利用的目的。首先，通过衡量员工提出建议和被采纳次数，可以衡量员工的参与程度和被重视程度。其次，通过采纳员工建议不仅可以降低成本，还可以达成对质量、时间和业绩的改进。最后，通过平衡计分卡，将企业的战略层层分解，可以使企业的目标落实到员工的工作职责上，最终达成个人工作目标和企业目标的一致性。

7.3.3 平衡计分卡诸因素之间的因果关系

平衡计分卡诸因素之间存在着密切的因果关系。卡普兰和诺顿指出，这种因果关系链涵盖平衡计分卡的四个层面[6]23（见图 7－3）。比如，如果资本报酬率是平衡计分卡的财务指标，那么客户的重复购买和销售量的增加可能就是提高资本报酬率的重要因素。要实现客户的重复购买和销售量的增加，就必须获得客户的高度忠诚。而客户忠诚则在很大程度上取决于按时交货率。因此，只要能够按时交货，就会带来客户忠诚度，进而提高财务业绩。这样，按时交货和客户忠诚度就成为平衡计分卡客户层面的重要指标。而要做到按时甚至提前交货，就要求企业能够缩短生产经营周期并提高内部流程质量。因此，这两个因素成为平衡计分卡的内部流程指标。但企业又如何能够做到在缩短生产经营周期的同时又要保证和提高内部流程质量呢？为了达到这个目标，就需要对员工进行培训并提高他们的技术水平，因此员工技术成为学习与成长层面的指标。

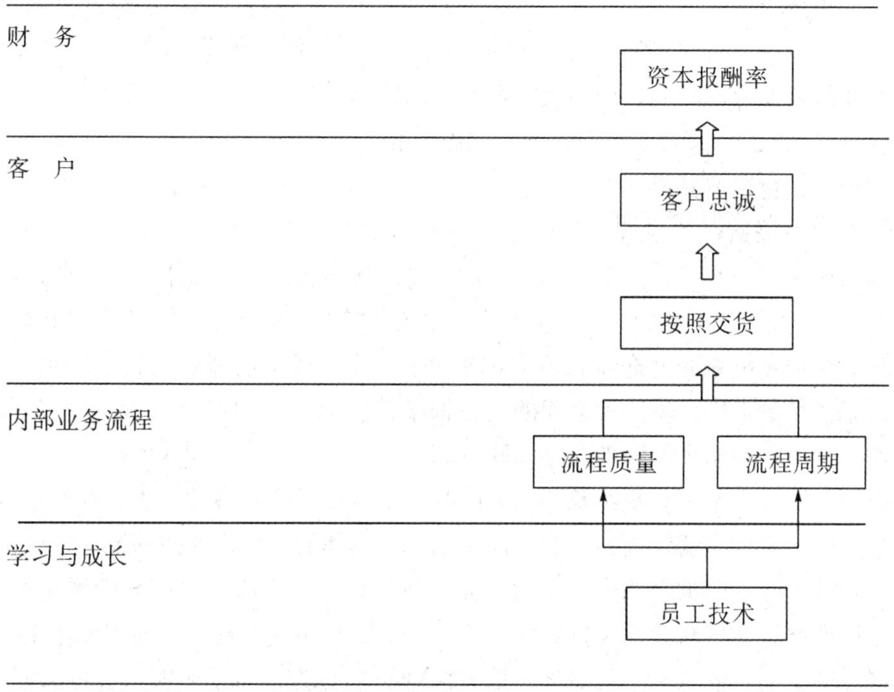

图7-3 平衡计分卡的因果关系

资料来源：罗伯特 S 卡普兰，戴维 P 诺顿. 平衡计分卡——化战略为行动［M］. 刘俊勇，孙薇，译. 广州：广东省出版集团，广东经济出版社，2004：24.

7.3.4 平衡计分卡的使用和评价

在美国，BSC无论是在企业还是政府都得到了较为广泛的使用。据统计，到1997年，美国财富500强企业已有60%左右实施了绩效管理，而在银行、保险公司等所谓财务服务行业，这一比例则更高。在政府方面，1993年美国政府就通过了《政府绩效与结果法案》（The Government Performance and Result Act）。目前美国联邦政府的几乎所有部门、各兵种及大部分州政府都已建立和实施了绩效管理，并已转入在城市及县一级的政府推行绩效管理。[9]

平衡计分卡虽然带给很多企业新的活力，但并不是所有的公司都适合采用这种方法。在1993年发表的《平衡记分法的实际运用》一文中，卡普兰和诺顿就指出，平衡计分卡不是一块适用于所有企业或整个行业的模板。不同的市场地位，产品战略和竞争环境，要求有不同的平衡记分法。每个公司都应根据自己的特点来设计一套能够与自己公司的使命、战略和文化相匹配的平衡记分法。[10]按照卡普兰和诺顿的观点，实施平衡计分卡最理想的单位，其经营活动应该涉及整个价值链，包括创新、经营、营销、分销、服务等。这些单位拥有自己的产品和客户、营销渠道、生产设施。更重要的是，它拥有一个完整的战略。对于那些多元化经营的公司，平衡计分卡更应该根据各自的特点分别建立。这也就是卡普兰和诺顿讲的："平衡计分卡主要是战略实施的机制，而不是战略制定的机制。"[6]29

在专栏7-2中，中外运—敦豪国际航空快件有限公司（DHL）对综合平衡计分卡的使用，也主要是基于这一目的，即通过BSC保证战略的落实。在DHL的平衡计分卡中，包括财务指标、作业指标（成本和效率）和客户指标三个相关的指标，各指标还可以细分，如客户指标一项中又具体包含"客户保有率"、"新客户的开发"、"客户满意度"等内容。这些指标和环节都是战略实施的重要保障和测量框架。正如公司董事总经理谢耀侬所讲的那样："作业成本法能够报告活动和产品的成本，平衡计分卡则提供一种全面的测量框架，它把组织的能力与为客户创造的价值挂钩，并最终与未来的财务业绩相联系。"

纵观平衡计分卡，它带给我们更多的其实是一种系统思考的方法、框架和体系，它所反映的是一种系统管理的思想，而不是一个具体的、样样照搬的绩效评价技术。因此，企业千万不要被这四个方面的指标束缚住自己的手脚，而应该把平衡计分卡的四个层面看作是样板而不是枷锁。平衡计分卡这种系统管理思想的重要作用在于，它不仅能够帮助企业克服单纯财务评估方法的短期行为，而且能够通过将战略转化为各级的绩效目标，保持企业与股东、客户和员工之间的互动，进而帮助实现组织的长远发展目标。

专栏7-2：平衡计分卡重塑敦豪

2002年，中外运—敦豪国际航空快件有限公司（DHL）的许多客户得到了更好的服务。不仅全年的服务价格大大降低，而且DHL还给它们配备了专用电脑。通过互联网，客户可以实时监测所递货品的当前位置。良好的服务让DHL拿下了2002年中国国际快递市场37%的份额。

这些转变与DHL公司采用平衡计分卡有很大的关系。

1986年由中国对外贸易运输集团总公司和敦豪环球速递公司各注资一半成立的中外运—敦豪公司，在全国拥有39家分公司、2800名员工，网络覆盖全国318个城市。为了解决公司所面临的成本及定价问题，DHL在全球200多个国家的分公司中采用哈佛商学院罗伯特·卡普兰教授的"作业成本法"和"平衡计分卡"，并将其推广到中国。1998年，DHL在北京、上海和广州的三家分公司开始执行作业成本法（Activity-Based Costing，简称ABC），具体操作就是以作业为中心，根据资源耗费情况将成本分配到作业环节中，然后根据产品和服务所耗用的作业量，最终将成本分配到产品与服务中。如今全国已有10家分公司在实行这个方案。

1998年，DHL开始在中国调查它的成本结构，希望建立一个全新的成本体系。

敦豪环球速递公司拥有一个巨大的数据库，世界各地分公司的成本构成资料都在里面。鉴于中国各地的成本差距很大，公司在深入了解各地成本结构的基础上，将从客户打进电话要求服务一直到快递货品到达目的地的整个作业流程，分解成50个成本动作，然后再压缩成5~6个成本动因，包括取件成本、空中运输成本、转移中心分检成本、清关成本和目的地派送成本，同时在业务的流程中涵盖了客户服务的成本（按一个电话为一个成本单位）、财务成本（每个客户的月账单、大客户不同价格的核算）、管理成本。这样一来，与传统的按照生产工时、定额工时、机器工时、直接人工费等比例分配间接成本的方法相比，“作业成本法”无疑能够提供更为精确的成本信息。

“建立成本模式之后，一票文件从北京到伦敦，按ABC来计算，马上就能知道成本，制定合理的价格变得轻而易举。”谢耀侬高度评价作业成本法，“作业成本法的精彩之处在于，能够准确地将一般管理费用分配到单个产品、服务和客户，将成本分配给活动和流程，而不是部门。”

作业成本法的推广还为客户分析和管理提供了实际的参考。在作业成本的调查过程中，DHL发现，每一票快件从客户处到公司的快件中心，客户需要填写资料信息，而公司的作业人员同时还要将这些信息录入到计算机系统中。通过给大客户提供电脑或软件，由对方填写单子并上传到系统中，减少了此环节70%的成本投入。一票快件不管到哪儿，最起码要扫描15次条码信息，每一次信息都会传输到DHL全球数据库，客户可以通过网络实时跟踪货品的最新位置和到达信息。

在销售结构中，DHL还将客户分为全球客户和本地客户。全球客户是从跨国公司中筛选出来的200~300家能带来最高回报和最具潜力的企业，他们由一个独立的销售小组来负责，回应其各种要求并提供服务。在此基础上，DHL根据不同客户的背景和要求，提供不同服务和结算方式，譬如根据中国企业用人民币结算的特点推出的进口快递业务，跟大客户之间签订协商一致的全年价格、而不是烦琐地按单结算等。

服务关系到企业的未来发展。但是如果不跟个人、部门和分公司的利益挂钩，推行起来往往会流于形式。DHL打破原来分公司业绩衡量单纯的财务指标，推出平衡计分卡，将分公司、部门、员工衡量的内容拓展：不但有财务指标，同时还有客户服务、作业成本。2001年年底，在准备推出平衡计分卡的动员会上，谢耀侬指出：“作业成本法能够报告活动和产品的成本，平衡计分卡则提供一种全面的测量框架，它把组织的能力与为客户创造的价值挂钩，并最终与未来的财务业绩相联系。”

DHL的平衡计分卡具体涵盖了三个环环相扣的内容：财务指标、作业指标（成本和效率）、客户指标。假设总分为100分，则三者分别为40、30、30分。各指标仍可细分，比如客户指标一项中又具体包含“客户保有率”、“新客户的开发”、“客户满意度”3方面内容。

在推行平衡计分卡之初，公司董事总经理谢耀侬亲自挂帅，华北、华东、华南区域负责人和部分优秀地区经理组成一个特别行动小组。一年多时间过去了，回忆起当时的情形，谢耀侬认为推行这个计划的关键在于高层的沟通和对指标体系的共识。要分布于不同城市的39个分公司服从一个指标体系，本身就不是一件容易的事。财务、客户、作业相互比例是多少，如何看待客户保有率，快件必须从快递中心到达客户的手中的要求是不是适用于所有分公司，这些问题必须要经常沟通协调。在这个过程中，差不多每两三个月就有一个大会，邀请不同的区域负责人、总部职能部门的有关人员、某些分公司的负责人一起，在一个房间里边做“困兽斗”，把不同的指标定下来。前期的沟通花了六七个月，指标体系出来了。不过最重要的是在沟通的过程中，大家对企业的目标是什么更清楚了，也更明白如何达到这个目标。

在运行的过程中，许多目标都经过了微调。以客户满意度调查为例，开始的方案是请一家第三方调研公司对不同的分公司进行跟踪，但是很少有调查公司有遍布39个城市的网络，同时每月一次的调查频度会带来大量的费用。后来让区域管理办公室审查辖区的分公司，按照公司表格内的问题来了解员工的服务态度、解决问题的能力等。但是此法影响到调查结果的客观性，公司则决定改为跨区域公司互访，北方区打电话到南方区，尽量把不公平的元素抛开。

2003年2月，一年一度的DHL中国经理年会在杭州拉开帷幕。整整一天，大家忙着讨论2003年公司应该拟订哪些平衡计分卡指标，每一个指标对应的目标又是什么。相对于半年前的沟通，这次会议显然轻松多了。大家已经达成了一种无声的默契和共识，因为与DHL关键战略因素相对应的平衡计分卡，不仅提高了客户服务能力，甚至在某种程度上改变了DHL的管理基因，重新塑造了它的竞争力。

资料来源：杨慧萍. 平衡计分卡重塑敦豪［J］. IT经理世界，2003（8）.

在对平衡计分卡的一片赞美声中，也有对平衡计分卡的质疑，一些实施了该方法的企业，不仅未能解决绩效考核的问题，反而使考核更加无序。究其失败的原因，有各种不同的说法。2003年3月，平衡计分卡的创始人之一的卡普兰教授专程到中国北京，与中国的企业家们就平衡计分卡的得失进行了研讨，并对平衡计分卡失败的原因进行了分析。[11]卡普兰教授认为，没有任何一种绩效管理工具是完美的，平衡计分卡也不例外。在美国采用平衡计分卡的企业，也有50%没有完全发挥这个方法应有的潜力。其原因在于大多数的企业将平衡计分卡看做是一个“点名册”或给员工发补偿金的参考依据，而不能发挥其执行战略和调整战略的价值。卡普兰认为，出现这些问题，原因并不是平衡计分卡本身，而在于实施和执行。他们通过调查，发现平衡计分卡的失败主要有以下三种情况：企业重组后的管理层对BSC没有兴趣；BSC 的指标体系太简单，难以反映要达到的目标和促进目标实现工具之间的关系；企业内部业务流程不科学等。在此基础上，卡普兰教授总结出了实施平衡计分卡失败的原因：一是缺乏高管人员的认可。作为一种战略管理工具，中层管理人员已经意识到了其重要性，但高管人员的关注却不够。二是仅在公司高层推行，中下层成员参与度不够，恰恰与第一种情况相反。三是流程开发时间太长，将其视为一次性的测评项目，设计人员过于追求数据和指标的完善。四是将 BSC 视为一个系统工具而不是管理工具，咨询公司的设计提供了大量数据和报告，但企业在管理上并未得到改进。五是对 BSC 的解释仅限于补偿作用等。

在对平衡计分卡的质疑中，还有来自系统论学者们的批评。英国赫尔大学管理系统专业教授迈克尔·杰克逊就指出，该方法主张在组织表现上包容不同的观点，而实际上却要求使用者将机械的组织观点移植到更为广泛的活动中去。这个方法虽然考量不同的事情，却是用相同的方式进行的。这种做法会抑制组织的创造性。[12]看来，平衡计分卡要建立自己的市场信誉，还有很长的一段路要走。

根据麦肯锡公司对包括中国在内的 9 个亚洲国家的 27 家企业的 813 位高层主管就绩效管理现状的调查，发现亚洲国家的公司对企业的使命和组织结构方面有较强的正确观念，但更热衷于利用运营控制和财务控制这两个杠杆来控制和协调绩效，以及更依赖价值诉求来激励员工。亚洲国家的企业往往高度依赖企业价值观的宣扬（如“对企业忠诚”等），形式上的表现是用悬挂领导人的照片及标语口号，唱公司歌曲等方式创造气氛来激励员工，而很少用亚洲以外地区企业常用的、基于战略的绩效管理体系。麦肯锡公司的评价是，亚洲国家的企业缺乏透明而有效的绩效跟踪与评估程序。原因可能在于亚洲国家特有的社会和文化因素，以及亚洲企业缺乏有经验的员工来建立和执行实现最佳绩效所需的管理系统。[9]

7.4 不同绩效管理方法的选择

选择原则。以上介绍的各种绩效管理方法，都有各自科学合理的成分，并没有最好或最差之分。随着社会经济的发展，人类知识和认知能力的不断丰富和完善，各种绩效管理的方法也在不断地推陈出新，因此也不能够按照时间的先后顺序来评价其优劣。对于组织来讲，最重要的是根据组织的需要和管理技术的发展，吸收借鉴这些方法的科学和合理的部分，在此基础上确定能够适应组织自身要求的方法。其次，各种绩效管理和评价方法都有其优点和缺点，在选择这些方法的时候，应尽可能地发挥其优点，避免其不足。第三，根据组织的要求，可以考虑选择多种方法予以综合，以反映组织各部门、专业的特点。第四，根据能够获取的信息选择绩效管理和评价的技术和方法。

选择标准。组织在绩效方法的选择标准上，大致应考虑以下五个方面的内容：

（1）适配性标准

所谓适配性，是指绩效管理的方法和技术对于组织的适应性。适配性主要表现在两个方面：一是简单适用，因为最科学的方法不一定是最适合的，必须要考虑所采用的方法和技术是否适应组织的要求，还要考虑组织成员的接受能力，特别是部门负责人或评价人都能够理解和掌握的。比如，对于像综合平衡计分卡这类综合性的绩效管理方法，就不是所有的组织都适用的，因为它对组织的整体综合素质要求很高，大多数的组织成员都必须具有对组织战略的领悟能力和执行能力，否则就难以贯彻和实施。二是标准明确，所采用的方法或技术要能够对实现组织绩效有关键作用的指标和行为进行清晰和准确的评价。

（2）成本标准

任何一种绩效评价方法或技术都是需要付出成本的，这些成本主要包括两个方面：一是开发成本，即建立一套绩效管理或评价系统方法需要的成本。对于像 BSC 这类方法，往往需要借助专家和咨询公司的力量，其成本是很高的，因此在采用这类方法时，必须考虑成本与效益之间的关系。二是使用成本，如为了使用这些方法对评价者和员工进行培训的成本，以使其了解和掌握使用方法，包括组织编写关于绩效方法介绍、评价程序开发的成本。

（3）专业和工作性质

根据专业和工作性质选择评价技术是一种简单有效的方式。管理者可以根据不同的情况采取行为控制方法和结果控制方法。比如，当员工的行为与结果之间存在比较清晰的关系，并有机会观察和掌握这些行为时，管理者通过对这种行为的控制，就可以取得较好的效果；当这种联系不清楚时，管理者就倾向于依赖于对结果的管理。对维修人员、接待人员、接线员、餐厅服务人员来讲，采用行为法和特性法就是一个较好的选择；对销售人员等可以直接通过结果判断工作绩效的工作来讲，采用结果法为基础的方法是一种较好的选择；对商店售货员，行为法和结果法可以结合使用。

（4）创新性和主动性

所谓创新性，是指被评价者在完成规定任务之外对组织所做的贡献，这种情况在任何组织中都会存在。所谓主动性，是指被评价者在完成自己的目标的同时主动帮助其他同事。这两种行为不仅反映了员工的创新精神和主动意识，而且客观上有助于提升组织的团队合作和工作效率，因此理应通过绩效评价得到组织的重视和奖励。这就要求组织在方法的选择和指标的设计上，能够反映出这种有利于组织整体实力的要求。比如，可以将评价得分分为两部分：一部分是应完成工作得分，这一部分的比例较大，大致可以占到总得分的 80% 左右；另一部分是特殊贡献分，根据员工在创新性和主动性或其他组织所强调和重视的行为方面的表现给予相应的得分。

（5）动态性和适应性

绩效评价方法的选择还需要反映对员工绩效可能发生作用的环境制约力量，如组织战略、工作环境、工作氛围等因素的影响。如果发生了这类影响，就应对评价结果进行修正。同时还要考虑组织内部对员工的评价与组织外部顾客的评价之间的关系，一般来讲，内外的评价结果不应有较大偏差，总体上应是一个正相关的关系。

注释：

[1] 雷蒙德·诺依，等．人力资源管理：赢得竞争优势［M］．3版．刘昕，译．北京：中国人民大学出版社，2001.

[2] 加里·德斯勒．人力资源管理［M］．6版．刘昕，吴雯芳，等，译．北京：中国人民大学出版社，1999：335.

[3] MCGREGOR D. An Uneasy Look at Performance Appraisal [J]. Harvard Business Review 35, no. 3, 1957：240－248.

[4] 彼得·德鲁克．管理的实践［M］．齐若兰，译．北京：机械工业出版社，2006.

[5] RODGERS R, HUNTER J. Impact of Management by Objectives on Organizational Productive-ity [J]. Journal of Applied Psychology 76, 1991：322－326.

[6] 罗伯特S卡普兰，戴维P诺顿．平衡计分卡——化战略为行动［M］．刘俊勇，孙薇，译．广州：广东省出版集团，广东经济出版社，2004.

[7] 马库斯·白金汗，柯特·科夫曼．首先，打破一切常规［M］．鲍世修，等，译．北京：中国青年出版社，2002：36.

[8] 罗伯特S卡普兰，戴维P诺顿．战略中心型组织［M］．上海博意门咨询有限公司，译．北京：中国人民大学出版社，2008.

[9] 张明辉．战略性绩效管理优秀与平庸分水岭［N］．中国企业家，2003－04－22.

[10] 罗伯特S卡普兰，戴维P诺顿．平衡计分卡的实际运用［M］//彼得·德鲁克，等．公司绩效测评．李焰，江娅，译．北京：中国人民大学出版社，2004：104.

[11] 罗伯特S卡普兰．失败的不是平衡计分卡［J］．人力资源开发与管理，2003（8）.

[12] 迈克尔C杰克逊．系统思考——适于管理者的创造［M］．高飞，等，译．北京：中国人民大学出版社，2005：序言第5页.

本章案例：平衡计分卡：计什么？

“今天，我和大卫·诺顿回头看看1992年在《哈佛商业评论》上发表的第一篇关于平衡计分卡（Balanced Scorecard，简称BSC）的文章，虽然无意收回，但是我们的想法却发生了改变。当时对战略的问题考虑不足。”2003年3月18日，平衡计分卡的创始人之一罗伯特·卡普兰在北京的讲座上这样评价自己的理论。他认为“平衡计分卡”还可以有更好的名字，只是现在的名字已经太深入人心了，改之晚矣。

事实的确如此，在那篇题为《平衡计分卡：业绩衡量与驱动的新方法》的开山之作中，“战略”一词仅出现过8次，而在1996年的理论成熟标志性著作《平衡计分卡：化战略为行动》和最近的专著《战略中心型组织：实施平衡计分卡的组织如何在新的竞争环境中立于不败》中，“战略”成了重要主题。

“高层管理者们请注意了！你们公司的战略是什么？先别忙着去找那本昂贵的战略咨询报告，也不用把你日思夜想的成果告诉我，我相信你们公司是有战略的，不管它是写在纸上还是放在心里。第二个问题：你们公司里有多少人对战略的了解和你一样？不必回答，看到你只用一只手在数，我已经猜到了答案。”卡普兰在演讲中反复强调战略的重要性。

“战略”曾经是个很大的词，但是现在却被用滥了。虽然如此，我们还是应当把一些原则性的问题弄清楚。战略对不同层次的管理者，其含义是不同的。集团公司的管理者关心的是做什么和不做什么，以及在所从事的业务中如何建立合力（synergy）；事业部的管理者关心的是如何为客户创造价值，如何做得与竞争对手不同，如何抢得更大的市场份额；职能模块的管理者如人力资源总监、财务总监关心的是如何为事业部和集团的战略提供支持。

罗伯特·卡普兰说得好：好的战略加上差的执行，几无胜算；差的战略加上好的执行，或可成功。战略获得执行的前提是清晰表述和成功沟通。因此，如何将企业的战略用清晰的方式表述出来，并在企业内部广泛沟通，获得共识，成了企业管理理论和实践领域的一个重要议题。而使用平衡计分卡框架绘制企业的“战略地图”，成了罗伯特·卡普兰的最新武器。

战略地图的出发点是企业的战略选择。麦克尔·波特的竞争战略框架包括差异化（differentiation）、成本领先（cost leadership）和目标集聚（focus）。在波特的理论基础之上，特雷西和魏斯玛1995年提出了“客户价值诉求”（Customer Value Proposition）理论，认为一家企业可以选择以下三种战略之一作为公司为客户提供价值的主要方式。

卡普兰显然更喜欢特雷西和魏斯玛的理论，因为它简单明了。不同的战略选择前提下，企业在向客户提供产品和服务时目标也不同。假如一家公司确定了“运营成本最低”的战略，该公司在客户方面的主要目标是：成本低、质量可靠、购买方便。那么为了实现这样的目标，公司在内部管理方面就可以考虑制定以下目标：

· 采购：低成本、中上质量、适时供货。
· 财务：为了维持公司的高成长，可能需要较多的负债。
· 研发：侧重于提高生产效率和现有产品的改进，而不是创造行业领先的产品。
· 运营：追求批量，减少种类，大规模生产。
· 信息：标准化、简单化、帮助降低成本。
· 营销：低成本地向目标客户群体传达公司的“客户价值诉求”。

公司最终是通过员工去完善管理体系和流程，向客户提供产品和服务的，而公司的文化和制度又对员工的行为有着深远的影响，企业应当在这些方面制定相应的目标，即“学习与发展”目标：

· 员工：强调团队的作用而不是推崇个人英雄，结构化的薪酬体系。
· 文化：注重持续改进。
· 制度：在各方面都有严格的制度。

每家公司在财务方面的目标都是类似的，长期来看，都应当为股东创造价值。创造价值的途径不外乎两种：增加收入和降低成本。在增加收入方面，公司一方面可以提高现有产品和服务的收入，另一方面可以开发新的产品和服务，寻找新的增长点；在降低成本方面，可以在降低单位成本的同时提高资产的利用率。

卡普兰教授中国之行的讲座以及《战略中心型组织》一书的主题，可以用两个词来概括：战略（strategy）和协同一致（alignment）。企业有了明确的战略，才能使所有的活动与这一中心协调一致，最终获得突破性的经营业绩。至于“计分卡”，它应当成为战略执行过程中提醒企业不要偏离既定方向和速度的“仪表盘”，而不是最终目的。

资料来源：苗祥波. 不必忙着计分，先来谈谈战略［J］. IT经理世界，2003（8）. 标题为本文作者所加，个别文字有改动。

案例讨论：

1. 为什么说平衡计分卡是一个战略管理系统？
2. 组织战略是如何通过平衡计分卡四个要素之间的因果关系得到落实的？
3. 制度在平衡计分卡的实施中具有什么作用？
4. 为什么说平衡计分卡主要是战略实施的机制，而不是战略制定的机制？

第 8 章　薪酬体系设计的原理

薪酬是组织激励机制的重要职能，与其他人力资源管理职能一样，它也必须支持组织的战略目标。在战略性人力资源管理系统中，这种支持是通过建立与组织战略匹配的薪酬系统，明确组织的激励导向，鼓励员工努力达成组织期望的目标来实现的。企业的管理实践证明，薪酬福利仍然是最重要的激励因素和手段，员工对薪酬满意度不高虽然并不一定会导致员工离职，但对工作绩效肯定有负面影响。企业如果需要招聘稀缺的人力资源，如果没有具有竞争力的薪酬，也是难以达到目的的。随着商业竞争的日益加剧，越来越多的企业把有效的薪酬系统与其竞争优势有机地结合起来。因为作为最重要的激励要素，员工的薪酬满意度一直是一个非常重要的指标。当员工把薪酬视为公司对自己工作付出的回报和对自己所做贡献的尊重，并据此作为自己职业选择的重要依据时，没有哪个企业会不关注员工对薪酬的评价。但是，员工的薪酬满意度并不意味着就一定是高薪，有效的激励系统是一个包括经济的和非经济的等各种激励要素的结合体。

在本章中，我们首先要对薪酬的概念进行区分，现代意义上的薪酬与传统的工资有着本质的差别。传统的工资只是一个直接的现金收入概念，而现代薪酬不仅包括现金收入，更重要的是强调全面的激励，包括具有挑战性的工作、良好的工作氛围、培训、职业发展等非现金收入的概念。在此基础上，阐述薪酬的形式、成本、影响薪酬的主要因素。通过具体的案例分析，阐明组织的薪酬系统应该如何支持组织的战略。本章还要讨论薪酬设计的原则和策略，特别是内部公平和外部公平原则在企业发展不同阶段的使用。最后本章将阐述薪酬体系与组织竞争力之间的关系。

学习本章主要应了解和掌握的内容：

1. 薪酬的概念和内容。
2. 薪酬系统应该如何体现并支持组织的经营目标。
3. 企业不同发展阶段内部公平和外部公平原则的使用。
4. 国家的法律、法规对企业薪酬设计有什么影响。

专栏 8－1：国企、外企的人工成本比较

根据中国人事科学研究院人事诊断中心甄源泰 1992 年做的一项全国范围的调查显示，外资企业所以给人高薪的印象，关键在于薪酬管理比较科学。这次接受调查的企业涉及2000家，共5万名员工。当时外企的工资水平对国有企业的冲击非常大。但调查表明，外企花在员工身上的人事总费用，人均仅320元（含外来务工青年的工资），而国有企业花在员工身上的人事总费用，人均高达550元。从总体看，国有企业的投入高得多，但这些投入大部分都表现为医疗保险、住房分配、退休保障、福利待遇等，此外还有各种各样的体制性浪费。最后真正作为现金发放到员工手上的就只有100多元。而外企的320元基本是都是现金。外企给人高薪的印象，关键在于其科学的管理，了解员工的心理需求。当时条件下，国营企业员工的工资一般都只有几十元，突然给你高于原来近10倍的工资，你不想走都不可能。因为在那个年代，人们还主要考虑的是满足基本的生理方面的需求。

资料来源：罗旭辉，杨得志. 人力资本登上历史舞台［J］. 人力资源开发与管理，2003（4）.

8.1 薪酬的概念和成本

8.1.1 薪酬的概念

什么是薪酬？薪酬包括哪些内容？对于这个问题，并不是每个企业、每个人都知道或了解的。特别是对于企业来讲，如果领导人和管理者对薪酬是由什么组成的没有清醒认识的话，可能产生很大的负面影响。因此本章首先要对薪酬的定义和组成做一个较为详尽的介绍。

薪酬是指雇员作为雇佣关系中的一方从雇主那里取得的各种货币收入，以及各种福利和服务之和，或指雇员因雇佣而获得的各种形式的支付。具体讲，在一个组织中至少存在13类报酬，表8-1详细作了说明。这些报酬主要包括两部分：以工资、薪水、奖金、佣金和红利等形式支付的直接货币报酬；以各种间接货币形式支付的福利，如保险、休假等。[1]410有的将薪酬措施分为有形（包括基薪、奖金等）和无形（包括工作—生活保障、个人激励等）两种。[2]19以上这些表述大同小异，它们所体现出的一个共同特点是，在强调直接的货币报酬形式外，还强调各种形式的非货币报酬形式。

表8-1　总体薪酬体系的构成

1. 薪酬	工资、佣金、奖金
2. 福利	假期、健康保险
3. 社会交往	友好的工作场所
4. 保障	稳定、有保障的职位和回报

表8－1(续)

5. 地位/认可	尊重、卓越的工作成就
6. 工作多样性	有计划从事各种工作
7. 工作任务	适量的工作
8. 工作重要性	社会认为工作的重要性
9. 权利/控制/自主	影响他人的能力，控制个人的命运
10. 晋升	晋升的机会
11. 反馈	得到信息以改进工作
12. 工作条件	无灾害
13. 发展机会	正式或非正式的培训以掌握新的知识/技能/能力

资料来源：乔治 T 米尔科维奇，等. 薪酬管理［M］. 6 版. 董克用，等，译. 北京：中国人民大学出版社，2002：257.

了解薪酬构成的这些特点在于：首先，科学合理的薪酬体系有助于提升组织的竞争力。在表 8－1 中列举的 13 类报酬要素中，除了薪酬、福利等传统的工资概念以外，还包括了社会交往、工作多样性和重要性、工作条件以及发展机会等现代的报酬要素，对这些要素的考虑和重视不仅能够增加员工的满意度，而且有助于提升组织的竞争力。在盖洛普公司的“Q12”中，也充分证明了这一点。其次，它能够使企业了解对员工的总体投入水平，即有一个明确的人工总成本的概念，同时让员工清楚自己在企业得到的所有报酬，这项工作的成效在很大程度上会影响员工的离职行为或企业留人的成功与否。专栏 8－1 是 20 世纪 90 年代初中国人事科学研究院所做的有关外资企业和国有企业人事费用的一项调查，该调查显示，当时外企的人工费用远低于国有企业。之所以在当时有大量国有企业的人跳槽到外资企业，主要的原因在于，一方面，企业和员工都不了解薪酬的总体概念和所包含的内容。跳槽的人到了外资企业，虽然拿到手的现金很多，但很多原来在国有企业不花钱就可以得到的，现在都得自己花钱购买。另一方面，企业在员工身上投入很大，员工却不认账。虽然此次调查的目的是想说明外资企业的薪酬的针对性和科学性，但换一个角度看，那些医疗保险、住房分配、退休保障、福利待遇正是今天现代企业吸引和留住核心员工的重要内容。这个案例告诉我们，企业应当非常清楚的了解和掌握对员工的总体投入水平，并把员工在企业获得的所有回报都明确地传达给每个组织成员。这样员工在做出留职或离职决定时，就会比较谨慎地做出决策。

综上所述，一个完整的薪酬体系应该包括两个主要部分或特点：一是经济性，体现在直接的现金收益和间接的现金收益，前者如工资、奖金和各种长短期激励等，后者如福利与服务，如劳保、带薪休假及各种补贴等。二是非经济性，包括良好的办公设施和工作条件、地位与表彰、学习培训的机会、挑战性的工作等。此外，由于组织为员工提供的轮岗等人力资源开发方式大大提高和增强了员工胜任不同工作和岗位的能力，即使员工今后不在原来的公司，也能够较容易地找到新的工作，因而也被员工视为组织对自身的投资，由此成为整体薪酬的组成部分。因此，组织的薪酬决策要抓好两个环节，一是传统的薪酬构成的重要性，二是及时获取能够激励员工的各种新的薪酬组合要素。

8.1.2 薪酬的形式

这里的薪酬形式主要指的是表 8-1 中的第一和第二项的内容，包括以下几个部分：

基本工资。基本工资（基薪）是一个比较复杂的概念，主要是指企业为已完成工作的员工而支付的基本现金报酬，它反映的是岗位任职者的工作或技能的价值。基薪是薪酬中最基本的组成部分，可以将其理解或定义为薪酬的基础框架结构中的"底座"。在我国的企业组织中，基薪还不能够完全准确的反映工作或技能的价值，有的企业对基本工资或基薪的定义是指对员工的基本生活保障部分，员工收入的较大部分是通过岗位工资、奖金、福利等获得的。企业采用这种方式的目的在于，当需要对表现不佳的员工进行转岗、换岗、培训或其他处理时，可以降低人工成本的支出，同时体现薪酬的约束作用。

岗位工资（岗薪）。岗位工资可以理解为另一种形式的基本工资，它是与岗位相联系的基本薪酬，又称为岗薪。岗薪的支付主要依据两个因素：一是工作岗位的性质和重要性程度，这主要是通过工作分析来获得的。因此，在不同的专业岗位上，基本工资也是不同的。二是任职者的技能水平，即使在相同类别的工作岗位上，由于员工的能力、技能水平、学历、资历等方面的差异，基本工资也应该体现出个体差异。比如 A 和 B 都是从事财务分析工作的财务管理人员，但由于在能力和技能方面存在差异，A 的工资级别可能就高于 B。在工资表上，可以通过设置不同的等级，再结合员工的具体情况挂靠相应的等级。

不同的专业人员在基薪的设计和支付上有不同的特点。对于管理人员和研发人员来讲，由于其工作的绩效具有较长的时效性要求，因此基薪的比例或数量一般要大一些，而销售人员和生产线工人（如计件工作制工人）的时效性要求较短，其绩效在短期内就可以从数量上准确把握，基薪的比例较低，其贡献主要根据产品的数量、质量（计件）和销售的数量计算工资和提成。

绩效工资。绩效工资形式由来已久，计件工资及其各种变种形式就是一种典型的绩效工资。绩效工资是在基薪、岗薪之外的另一种重要的激励手段。绩效工资是一个很广泛的概念，包括的内容很多，侧重点也不尽相同。乔治·T. 米尔科维奇等认为，绩效工资计划的推广是一个信号，它表明工资是一种权利的观念要改变，工资必须随某种标准衡量的个人或组织的绩效变动而变动。在其《薪酬管理》一书中，他将短期绩效工资（包括业绩工资、一次性奖金、个人现场奖励等）、个人激励计划（计件工资、佣金等）、团队激励计划（团队报酬、收益分享、利润分享、风险收益等）、长期激励计划（员工持股计划、绩效计划、股票分享计划等）纳入了绩效工资体系。[3]273-274加里·德斯勒则把绩效工资定义为依据员工个人绩效而增发的奖励性工资，即基薪加浮动工资，或根据个人或班组质量或数量目标的达成程度确定工资水平。他认为，绩效工资计划和奖金的复兴在于这一薪酬形式强调对改善雇员地位和参与管理方案的重视，他把绩效工资计划划分为5种类型，即生产工人激励计划、中高层管理人员激励计划、销售人员激励计划、业绩工资激励计划和组织的整体计划，并对其包括的具体内容做了详细的说明。尽管绩效工资可用于指所有雇员的奖励性报酬，但这个术语更多的用于白领雇员和特殊的专业人员、行政人员及文秘人员。[1]460-470雷蒙德·A. 诺依则强调绩效工资与年工资增长之间的关系，他指出，在各种绩效工资方案中，年工资的增长通常都是与绩效评价等级联系在一起的。他总结了绩效工资方案所具有的5个基本特征：一是注重对个人绩效差异的评定，因为这种差异反映了个人在能力和工作动机方面的差异，而这种差异是难以通过制度约束得到提升的；二是个人绩效的大多数信息都是由直接监督人员收集并做出结论；三是工资增长与绩效评价结果相联系；四是反馈频率可能不高；五是大多数的反馈是单向的。[4]541-542总的来讲，绩效工资是一种动态工资，它与员工个人或组织的绩效密切相关。而基本工资和岗位工资与绩效的关系不大。本章将专门对这些内容做详细的介绍。

福利和津贴。福利和津贴是薪酬的重要组成部分，特别是各种社会保障和商业保险，已成为企业吸引人才和留住人才的重要手段和方法。在福利计划中，主要有社会保障计划、带薪休假和各种法定节假日、各种以现金形式发放的津贴、住房公积金、灵活的工作时间等。其中最重要的一项内容是社会保障。在我国，社会保障大致可以分为两大类：一是国家规定的5种强制性保险，包括基本养老、基本医疗、工伤、失业和生育险；二是商业保险公司推出的各种保险，包括商业医疗保险、商业养老保险等。在福利计划中，津贴、公积金等也占有重要地位。在我国，企、事业单位的津贴一般包括交通补贴、通信补贴、伙食补贴等。住房公积金的作用也很重要，由于交费是个人和所在单位按同等比例交纳，而且是在职工退休时一次性返还，因此在国家规定的范围内，交费比例越高，就意味着福利的待遇越好。

技能工资。技能工资，顾名思义，就是基于就职者所掌握的技能而不是按照职位支付工资。这一工资形式所蕴涵的内容非常丰富，越来越多的组织开始采用这种形式。传统的技能工资主要针对的是蓝领工人，在技能工资的基础上，又发展出按能力支付工资的薪酬形式，二者共同构成以任职者为基础的工资结构。技能工资既有优点，又有不足。其优势主要表现在增强工人的灵活性方面所能够起到的作用，而工人的灵活性反过来又为把决策分散到那些最有知识的雇员身上提供了方便。它还为雇员层级的精简提供了机会。因为因雇员流动或缺勤而留下的工作可以由那些掌握了多种技能的现有雇员来填补。这种工资形式还有利于在企业中创造一种学习的气氛，提高雇员的适应能力，并且为雇员提供了一个从更广阔的角度认识企业功能的机会。[4]511缺陷表现在两个方面：一是成本的增加，因为当员工具备多种技能时，企业就必须支付这些技能的工资，但可能员工在工资中只用到了自己掌握的多种技能中的一种技能，因为企业并没有发生较大规模其他员工缺勤和流动的情况。这样那些掌握多种技能的员工的技能就会无用武之地，技能也就会逐渐荒废。二是难以对技能做出准确的评价和制定相应的薪酬标准。

8.1.3 薪酬的成本

在设计组织的薪酬体系时，还要考虑成本的问题。与薪酬有关的成本主要有可见成本和隐含成本，下面对其内容做一介绍。

（1）可见成本

企业所生产的产品或提供的服务大致包括两个方面的成本，一是原材料等物质成本，二是人工成本。人力资源管理着重研究的是有关劳动力的成本。一般来讲，除了科技含量非常高的企业，人工成本在产品或服务的价格中都占了很大比例。在美国，平均而言，薪酬成本构成了美国经济总成本的65%～70%。[5]1根据统计，在制造业、服务业等劳动密集型企业中，人工成本占销售收入的40%～80%，这意味着在1美元的收入中，有40～80美分是作为雇员的薪酬。[6]另外一项统计表明，企业全部的薪酬报酬平均要占企业年收益的23%。[4]487人工成本又称为劳动力成本，它是指企业对所有员工因工作或劳动而支出的报酬。它包括两个组成部分，一是平均人工成本，二是员工人数。平均人工成本包括了前述整体薪酬的两个方面的内容，表示所有工作的平均工资。两者的乘积就是企业的总人工成本。

（2）隐含成本

隐含成本概念主要包括组织难以预测的可见成本以及不可见成本。在这里它主要是针对人工成本而言。人工成本中的隐含成本主要是指组织所倡导的文化、价值导向、激励措施等方面所导致的员工对组织的忠诚度、责任感等方面的认知和影响程度。一种比较公平的、正面的、有积极作用和得到员工拥护和赞同的文化、价值导向和激励措施能够导致员工更加积极努力地工作，勇于承担风险和创新，并创造一种员工个人目标与组织目标相同的工作氛围。这时的隐含成本为零或者具有正面的意义。反之，当不能达到这一目标时，员工的积极性就会受到挫伤和打击。隐含成本的消极作用主要与企业的绩效考评和薪酬分配有关。例如，当企业的分配制度实行大锅饭时，高绩效员工的积极性就会受到影响，他们会认为在自己的努力与绩效、奖励之间没有必然的联系。如果他们不能改变这种体制或不能够适应这种体制，便会选择离职或消极工作的方式表达对这一体制的抗议。这时的隐含成本具有反面的作用。

（3）影响劳动力成本的主要因素

劳动力成本主要受到两个因素的制约和影响：一是产品或服务项目的市场竞争，二是人力资源的市场竞争。首先，产品或服务项目的市场竞争限制了人工成本的上限，当人工成本在总成本中比例较大或产品需求弹性较大（产品需求受价格变化的影响大）时，产品和服务市场就会对人工成本发挥限制作用。其次，劳动力的市场竞争规定了劳动力成本的下限。产品的市场竞争是指生产同类产品的组织由于劳动力成本的差异所导致的产品价格的差异，以及由此导致的对销售数量的影响。在产品的价格中，劳动力成本是重要的构成要素。企业对劳动力成本的投入最终会通过产品或服务的售价得到补偿。一般来讲，在品牌、技术、质量、服务水平等大致相同的情况下，劳动力成本过高会导致企业竞争力的下降。因为企业不得不对品质相近的产品开出更高的平均价格，这是因为在某一特定行业中的组织面对着技术、原材料、产品需求和定价方面的类似约束。这种做法很可能使企业损失收入，也可能导致歇业停产，特别是在那些劳动力成本在总运营成本中占相当高比重的组织中尤其如此。最后，当劳动力成本在产品或服务的总成本中比例较大或产品需求弹性较大（产品需求受价格变化的影响大或有替代产品）时，产品市场就会对劳动力成本发挥限制作用，从而限制劳动力成本的增加。因此企业不能盲目地提高薪酬和福利水平，必须考虑一个合理的劳动力成本规模。劳动力的市场竞争指的是企业与雇佣同一类型或相同专业的员工进行竞争而付出的代价。这种竞争不仅包括相同产业或行业的公司，也包括不同产业或行业但雇佣相同员工的公司。劳动力市场竞争的实质决定了组织为与其他雇佣相似员工的竞争而必须支付的工资数量，而不论竞争者属于哪个行业。[5]14 例如，即使一家家具制造商为一位人力资源总监提供的薪酬高于另外一家家具制造商，但如果通信设备制造商或其他行业的厂商提供的薪酬高于家具制造商，那么这家家具制造商仍然不能招聘到这位人力资源总监。因此，企业在招聘员工时，必须考虑薪酬的外部竞争性对招聘效果的影响。总之，如果一个企业对其招聘的员工所能支付的薪酬水平低于市场标准，就不可能招聘到自己需要的员工，企业的竞争力也就会受到影响。因此，企业的薪酬水平应保持在既可以吸引和留住人才的目的，又不能超越企业薪酬的支付能力。

8.2 影响薪酬的主要外部因素

除了上述影响劳动力成本的因素之外，还有其他一些外部因素对薪酬的构成产生影响，这些因素主要有以下几个方面：

（1）国家的法律、法规

任何组织薪酬的制定都必须考虑并符合国家相关法律、法规及政策的要求。在我国的法律、法规和政策中，涉及企业薪酬及劳动保护的法律主要包括《中华人民共和国劳动法》及相关法律和解释，各省、市、自治区人大出台的各种具有法律效力的条例，国务院、劳动部等部委关于职工工资、劳动保护、社会保障的规定等。在这三个大类中，《中华人民共和国劳动合同法》是最重要的法律条文之一，具有决定性和指导意义，是其他相关法律、法规和政策文件的基础。各省、市自治区的相关政策和文件都是建立在此基础之上的。此外，国家有关部委的政策文件也是重要的组成部分。在工资方面，如《关于印发进一步深化企业内部分配制度改革的指导意见的通知》、《关于工资总额组成的规定》、《工资支付暂行规定》等；在劳动保护和社会保障方面，有《工伤保险条例》、《女职工劳动保护规定》、《最低工资规定》、国家经贸委、劳动保障部、人事部《关于深化国有企业内部人事、劳动分配制度改革的意见》、《工资集体协商办法》等。

（2）劳动力市场的供求状况

如前所述，劳动力的市场竞争规定了劳动力成本的下限，劳动力市场竞争的实质上决定了组织为与其他雇佣相似员工的竞争而必须支付的工资数量，而不论竞争者属于哪个行业。特别是对于专业劳动力来讲尤其如此。随着商业竞争的日益加剧，专业劳动力资源的供给不足和稀缺程度也日益彰显出来。组织为招募到自己需要的人员，需要做好两个方面的工作：一是要充分考虑到薪酬的外部公平性；二是在薪酬福利待遇上有别于竞争对手。要做到这点，就需要处理好招聘的专业人员与组织员工在薪酬上存在的差异，即外部公平和内部公平的问题。比如，如果一个企业急需某个领域的研究设计的专业人员，由于这类人员属于稀缺资源，因此市场薪酬水平较高。而该企业在薪酬制度上主要又是以内部公平为主，即主要按照职务和工作支付工资。这时就会出现招聘的技术人员与原来的技术人员在薪酬上的差异，从而出现不公平的问题。要解决这类问题的确有较大的难度，对这类人员可以考虑采用两种方法：一是按照与其他技术相同的岗位或职务工资支付其薪酬，然后根据其研发成果进行提成；二是根据该技术人员的特长与企业急需的项目开发情况，采用给予项目入股或项目分红的办法，以保证其收入水平达到甚至超过市场薪酬水平。这样，所有的技术人员作为团队在一起工作，但根据各自的贡献得到报酬，在一定程度上能够解决或缓和内部公平和外部公平的矛盾。

（3）行业的差异和组织的规模

首先，不同的行业和不同的组织规模也会影响和导致薪酬水平的差异，也就是说，即使是相同的职业，但处于不同的行业或企业，薪酬水平也不相同。比如，劳动力密集型企业员工的薪酬比技术密集型企业员工的薪酬就低。根据研究，在20世纪四五十年代的美国，不同行业中的同类工作之间存在工资差异，而且这些差异随着时间推移保持了相当的稳定性。其次，不同的组织规模也会对工资率产生影响，员工人数在500人及以上的组织与员工人数少于100人的组织相比，前者的人均劳动力成本比后者高57%。[5]16-17 在我国，行业差异对薪酬也有一定的影响。根据《经理人》杂志《2002年度职业经理人薪酬调查数据报告》的统计，不同行业的相同职位的薪酬也表现一定的差异，以人力资源经理和行政经理为例，在计算机/互联网、电子、电信/通信、日用消费、金融/投资、商业/百货/贸易/物流、工业制造、房地产/建筑、广告/咨询/培训机构及商业服务、医药/生物制药/医疗设备等十个行业中，该职位的年度薪酬收入分别为11.4万元、8.8万元、12.1万元、9.4万元、12.3万元、10.8万元、9.9万元、10.2万元、8.2万元和10.1万元。最高的是金融和投资行业，为12.3万元，最低的是广告/咨询/培训机构及商业服务业，为8.2万元。[7] 以上所列举的行业大多都处于竞争性的市场，除此之外，在我国还有一些行业如能源等基础设施仍然处于垄断性质，其薪酬福利待遇出现不合理的高水平，并引起了全社会的广泛质疑。

(4) 企业产品的市场竞争能力

如果企业的产品或服务具备较好的市场需求和较强的竞争能力，那么也就意味着企业可能也会有与之相对应的良好的销售业绩和效益，有了钱，才能为企业招聘人才提供基本的条件。因此，企业最重要的工作就是使自己的产品或服务能够为市场和消费者接受。

(5) 行业和竞争对手的薪酬水平

行业和竞争对手的薪酬水平实际上反映的就是市场的薪酬水平，它涉及组织薪酬政策的外部公平问题。正如前面谈到的，劳动力的市场竞争规定了人工成本的下限，换一个角度讲，当组织总体的薪酬水平低于竞争对手时，就可能招聘不到需要的员工，或者是留不住企业需要留住的人。因此，组织的薪酬系统和相关政策的制定，必须考虑与市场薪酬水平的关系。

(6) 股东的回报压力

作为组织的投资者，股东必然会对投资回报、利润增长等财务指标予以高度的关注。而对财务指标的关注如果超过一定的限度，就可能会影响组织对人力资本的投资，一旦对人力资本的投资减弱或与物质资本的投资比例失调，就可能对组织的生存和发展产生不利影响。当然，并不是所有的股东都不关心人力资本的投资，他们中的大多数都非常了解组织对人力资本的投资与其经济利益之间的关系，但在一些组织中，客观上的确存在重视物质资本投资而忽略人力资本投资的倾向，如果任由这种倾向发展下去，人力资本的投资会减少，最终会影响到组织薪酬政策的激励效果。

8.3 薪酬设计的指导思想和策略原则

组织在进行薪酬设计时，需要考虑两个层面的问题，第一个层面是战略性的，第二个层面是战术性的。战略性层面的思考对组织的薪酬系统发挥指导性的作用，包括提出组织薪酬系统设计的基本原则、薪酬支付的方式（如是以工作为基础的薪酬结构还是以任职者为基础的薪酬结构）以及决定薪酬的结构和框架等。战术性层面主要是指薪酬设计的具体技术和方法。本章主要研究战略性层面的内容，战术性层面的内容在下一章做详细的讨论。

8.3.1 指导思想

组织薪酬系统的指导思想主要包括四个方面：

（1）有价值的员工是组织竞争优势的源泉

在传统的人事管理中，员工只是一种成本，而在现代人力资源管理中，员工不再只是一种成本，而是经过科学合理的投资，可以为组织创造价值的源泉。在现代社会，人力资本的价值已经超越物质资本的价值而在企业的经营过程中具有极其重要的地位，组织的眼光也不能只停留在为录用一名员工所花费的成本，更应该看到高质量的员工队伍能够为组织创造高水平的工作绩效。因此，当组织面临激烈的市场竞争而需要削减成本时，一定要在物质资本的投资和和人力资本的投资之间做出明智和正确的选择。有的企业应对竞争的方式就是削减成本，而且削减的主要是人工成本，包括裁减人员，降低工资。还有的企业把低成本战略与低工资水平联系起来。另外一些企业却恰恰相反，首先考虑的是保证薪资福利和分红政策，以便留住能够为企业创造价值的员工，美国西南航空公司就是这样的一家公司。20 世纪 90 年代中期，美国西南航空公司遇到了激烈的竞争，一批竞争者采用模仿战略，纷纷以低票价进入每个西海岸和东海岸航空市场。1994 年 2 ~ 12 月，西南航空公司的股票价格下降了 54%。但即使是在这样的不论情况下，西南航空公司也没有在员工薪酬福利上打算盘。正如公司 CEO 赫伯・凯莱赫讲的：“除了在员工薪资福利以及我们的分红奖励方面所需要的支出以外，我们要降低一切成本。这就是我们‘西南’式的竞争方式，它与那些降低薪金削减福利的企业截然不同。”在“9・11”恐怖袭击事件发生后，公司也拒绝裁员。就像公司员工所说的：“那是我们文化的一部分。我们总是倡导要尽一切努力来关怀我们的员工，而这些就是我们所尽的努力。”[8] 正是这些举措，才使得这家地方性的航空公司能够成长为一个全世界的同行和管理者们都竞相效仿的榜样。

（2）薪酬支付方式的确定

心理学的激励理论强调应针对不同的个体的需要，制定有针对性的激励政策。

强调个性化固然很重要，但也需要考虑组织的需要、薪酬系统的可操作性以及太过于个性化所带来的成本增加等因素。因此，组织需要解决以员工的知识、能力和技能表现出来的个性化特征与组织通过建立类似情况员工待遇标准化的薪酬决策和管理，解决可操作性、可接受性和公平性之间的矛盾。从技术环节来讲，薪酬支付有两种方式，一种是以工作为基础的薪酬结构，另一种是以任职者为基础的薪酬结构。尽管前者被认为是传统的薪酬制度，而把按照人的能力和技能视为新型薪酬制度，[2]44尽管如此，以工作为基础的薪酬仍然很流行。根据美国薪酬协会 1996 年对 200 多个组织的调查，发现 80% 的组织仍然使用传统的工作分析和工作评价方案。[9]另一资料显示，60% ~70% 的美国企业仍然采用要素记点法和要素比较法之类的量化职位评价方法。[1]428这两种方法都是以工作为基础的薪酬结构在进行职位评价时所采用的方法。也就是说，以工作为基础的薪酬结构仍然得到大多数组织的采纳。其原因在于，随着组织规模的扩大和员工人数的增加，人力资源管理决策的数量也在不断增加。在这种情况下，要完全实现薪酬的个性化，可能是一件费力不讨好甚至劳民伤财的事情。而以工作岗位为依据的薪酬结构由于强调的是薪酬与工作或岗位之间的关系，这样就可以把工作内容相似的员工的待遇标准化，从而减少在薪酬管理和决策方面的工作量和难度。正因如此，尽管现在以任职者为基础的支付方式也得到了相当程度的发展，但就总的情况看，以工作为基础的薪酬结构仍然居于主导地位。

（3）确定支付对象

薪酬设计要考虑的第三点是确定支付的对象。重要的并不是具体的支付形式，而是确定支付的重点对象。由于任何组织的资源（包括支付员工的薪酬）都是有限的，根据“二八”原理，支付的对象和数量也应该有所区别，组织的员工都为组织做出了贡献，都应该得到组织的报偿。但贡献的大小是不相同的，那些掌握组织关键核心技术和具备特定管理、决策能力的人员对实现组织战略的贡献显然更为重要，他们属于组织专用的人力资本，对提升组织竞争力具有重要意义。因此，组织在确立薪酬政策的策略和原则时，指导思想一定要明确，即薪酬政策应当向这些具有技术和管理创新能力、有助于提升组织的财务表现、有助于实现组织战略的高绩效员工倾斜。

（4）支付方法的差异

薪酬设计的第四个原则是关于支付方法的问题。有的时候，支付的数量并不是最重要的，各种薪酬的搭配才是最重要的。也就是说，同等数量的薪酬可以采用不同的组合方式来支付，这主要是强调薪酬的灵活性和针对性的问题。首先，应当建立一个全新的总体薪酬体系的概念，不仅强调直接的现金形式，而且还应有其他非现金的形式。其次，对不同的人也有不同的支付方式，比如，从专业来讲，研发人员的薪酬大体上是一种固定工资高而活动工资（或绩效工资）低的组合方式，而销售人员则相反，绩效工资比例很高，固定工资比例很低。同样，从年龄结构上也可以有不同的组合，年龄大的员工更关注退休后的保障，年纪轻的员工则更看重现金收入的比例。因此，前者的薪酬组合中现金相对较少，退休后的福利较多，而后者则相反。

8.3.2 策略原则

薪酬设计策略是指企业在设计薪酬系统时必须考虑的基本原则和方法。总的讲，企业的薪酬决策的策略和原则包括以下几个方面：

（1）内部公平原则

内部公平原则又称为内部一致性或内部均衡原则，它是指在企业内部不同职位之间、不同技能水平之间对薪酬的比较，这种比较是建立在不同的工作对组织战略的贡献大小基础之上的。也就是说，内部公平是以工作为基础的薪酬结构必须遵循的重要原则。如前所述，当今大多数的组织都采用以工作为基础的薪酬结构，因此，了解和掌握内部公平原则以及如何实现内部公平的途径，就显得非常重要。

获得内部公平的主要途径和方法。组织内部公平原则主要是通过工作分析和职位评价获得的。关于工作分析，请参见本书第3章的内容。这里要强调的是，工作分析的目的只是区分出工作的相似性和差异性，至于这种差异性的量化评价，即决定它的岗位价值，则是通过职位评价来获得的。

职位评价是组织为制定内部工资结构而对各个职位的相对价值进行系统评价的过程。这一评价主要是根据报酬要素来确定的，报酬要素包括岗位技能、岗位责任、岗位价值、努力程度和工作条件等。本丛书第一部《战略性人力资源管理：系统思考及观念创新》的第一章第一节谈到传统人事管理与现代人力资源管理时，曾以企业的财务分析人员和财务出纳人员为例，详细的阐明了这两个工作岗位的区别，通过对这种区别的解释，发现财务分析岗相对于财务出纳岗而言，其对组织战略的贡献要大。其中所做的分析就包括了工作分析、职位评价和报酬要素等关键技术。关于职位评价、报酬要素的详细内容，将在第15章做详细的介绍。

（2）外部公平原则

外部公平原则又称为外部一致性、市场竞争性或外部均衡性原则，它是指组织的薪酬决策应在与市场、产业、行业以及竞争对手的薪酬标准比较的基础上来制定。之所以要考虑外部竞争的因素，是因为在企业发展的特定阶段，它会对企业吸引人才并留住核心员工产生重要影响。首先，特定的人才资源是稀缺的，要想获得这种资源，唯一有效的办法可能就是支付与市场水平相等甚至超过市场水平的薪酬，即所谓的“市场薪酬领袖战略”。因为人才第一需要的是“钱”。不是中国的人才要钱，全世界的人才都要钱；钱不是人才唯一要的东西，但是钱是人才要的第一条件。[10]如果连这个条件都不能够满足，吸引和留住人才就是一句空话。其次，人才的培养是一个长期的过程，任何一个企业都不可能培养自己需要的所有人才，因此，“挖角”就成为一种比较简单和有效的“邀请”人才加盟的方式。而要做到这点，具有竞争力的薪酬可能是最为有效的一个吸引人才的要素。最后，通过外部公平平衡组织劳动力成本，提高产品或服务的竞争力。

实现外部一致性的途径。要获得外部竞争性，唯一有效的方法就是进行市场薪酬调查。在发达国家，市场薪酬调查已经比较成熟，有大量的专业公司从事该项工作，我国这一类的调查才刚刚开始。专栏 8－2 所列举的是我国一些专业咨询管理公司和杂志所做的薪酬调查数据。组织既可以根据自己的需要决定购买这些公司的数据，也可以决定自己进行调查，但要考虑自身的能力及成本等方面因素的制约和影响。

薪酬调查的目的和作用。主要表现在以下几方面：一是企业通过调查了解行业或竞争对手的薪酬水平，并以此作为企业调整薪酬的依据，保证组织薪酬系统对组织成员的激励作用。二是企业通过对产业、行业或市场竞争对手薪酬的调查，判断组织薪酬系统的竞争力，为组织的薪酬决策提供依据。即使是那些实行内部公平的组织，市场薪酬调查也非常重要，它可以为组织的职位薪酬是过大或过低提供评价，以便组织随时进行休整。三是调查为组织的员工与其他公司同类员工的薪酬相比较创造条件，如果员工通过比较感觉到受到了公平的待遇时，就意味着组织的薪酬达到了外部一致性的要求。

通过薪酬的外部调查，不仅可以了解产业、行业和竞争对手的薪酬竞争力，而且还可以为建立和完善企业的薪酬制度奠定基础。比如，当企业采用的是市场导向的薪酬水平时，其薪酬标准就可以根据市场同类型组织的薪酬水平设定，这样既可以增强企业薪酬的竞争力，吸引到企业需要的员工，也可以减少薪酬体系设计的成本。

专栏 8－2（1）：2003—2004 年中国经理人薪酬调查与展望

一、调查范围：

地区分布：北京、上海、广州、深圳

行业分布：15 个行业

职位分布：14 个通用职位

职务分布：公司部门以上经理

二、薪酬组成特点

1. 经理人年度现金收入总额占年度总薪酬的 80% 以上。北京最高，依次是上海、深圳、广州。

2. 基本工资占薪酬的80%以上。北京、广州基本工资占年度现金总收入比例最高，上海、深圳最低。

3. 补贴普遍不高，平均为年度总薪酬的5%。

4. 变动收入不高，平均在年度总收入10%以内。

5. 福利总额平均占年度总薪酬的20%。其中广州最高，北京最低。

三、三大薪酬增长最快行业和三大增长最慢行业

三大薪酬增长最快行业：手机制造/电信/汽车

2003年手机制造行业薪酬增长11%；汽车为9%。

三大增长最慢行业：互联网/物业/家电

四、十大令人兴奋的岗位

1. 物流总监：固定收入15.5万元，加上变动薪酬为20万元

2. 生产总监：固定收入16.7万元，加上变动薪酬为20.6万元

3. 研发总监：固定收入14.5万元，加上变动薪酬为21万元

4. 财务总监：固定收入15万元，平均总薪酬可达23万元

5. 人力资源总监：固定收入17.8万元，年度总薪酬为24万元

6. 信息技术总监：固定收入19.2万元，加上变动薪酬为24万元

7. 销售总监：固定收入18万元，加上变动薪酬为27万元

8. 业务发展总监：固定收入22万元，加上变动薪酬为28万元

9. 营销总监：固定收入21万元，加上变动薪酬为29万元

10. 事业部总经理：固定收入17.2万元，加上变动薪酬为30万元

资料来源：杨俊杰，张逊. 2004中国经理人薪酬大势［J］. 人力资源开发与管理，2004（5）.

专栏8－2（2）：2005年中国社会、企业薪酬调查与展望

一、翰威特公司的调查

根据翰威特公司《亚太地区薪酬增长调查2005年度报告》显示，2005年我国整体评价薪酬水平增长6.6%到8.9%，其中经理层的薪酬增幅最大，达到8.9%。

2005年中国公司中各个层级的职业人员的整体薪酬平均增长幅度低于2004年预计的水平。

参与调查的351家公司中国公司中，有33%的公司提供长期激励，最典型的是职工优先股。76%的公司实行浮动工资，个人绩效奖和业务奖励依然盛行。其中管理层的全部现金收入中浮动工资占的比重最高，达到20.3%。

二、大学毕业生就业薪酬情况

1. 起薪点持续下降

2005年全国高校应届毕业生超过300万，就业率为72.6%，有大约100万应届毕业生找不到工作，导致其薪酬水平下降。与2004年相比，2005年高校毕业生起

薪点整体下降了27%。北京的大学毕业生期望薪酬平均为2800元，而企业愿支付的薪酬为2100元，二者相差近1/4。

2. 有1年工作经验的毕业生的薪酬增长

专业	收入	增加幅度
网络学历	2500～3000元	19%～42%
电讯技术工程师	2924元	39%
银行/保险/证券	2740元	30%
IT工程师	2424元	15%
客户服务	2306元	9%
秘书/办公室管理	2298元	9%
教育人员	2155元	2%
销售	2300元	9%
市场推广	2500元	19%

三、技术工人薪酬增加

2005年杭州劳动保障局公布的工作指导价：

镗工：58 114元（2004年为42 252元，增加15 862元）；电子专用设备调试工：55 500元（2004年为32 035元，增加23 465元）

2005年大庆市公布的劳动力市场部分工种的指导价涉及16个行业，职位305个。其中，本科生年平均工资为17 741元，而141类技术工种公布的工资价位中，有39类超过本科生。冲压、转床、矿物开采等工种的高级工、技师、高空技师的平均工资已超过2.5万元，相当于硕士研究生首次就业的高位数工资水平。

四、不同所有制企业的薪酬差距

（一）中国企业的CFO、财务副总或总会计师收入排行榜（万元）

外资	55.3	平均
合资	40.9	平均
民营	25.4	平均
国有	23.7	平均

（二）不同性质企业（事业）单位月薪比例（元）

性质	2004年	2005年	增幅
三资企业	3277	3637	10%
民营企业	2818	3030	7%
国有企业	2791	2907	4%
国家机关	2486	2562	3%

资料来源：中国劳动保障报，2006－01－07，转引自人力资源开发与管理，2006（3）：12.

专栏8－2（3）：2005年度中国经理人薪酬大调查

该调查由《经理人》杂志策划运作，由太和顾问提供独家调查数据，双方合作共同推出。

（一）调查说明

此次调查的区域包括北京、上海、广州、深圳4个大城市和杭州、重庆、武汉、大连、厦门、苏州、长沙、青岛等8个二级城市。调查是职位有：CEO/总经理、副总裁/副总经理、集团事业部总经理/分公司总经理/工厂厂长、研发、销售、财务监、市场和行政人事总监等。调查的行业包括：软件/系统集成、电信、互联网、网络游戏、网络产品与制造、无线增值、品牌电脑、手机制造、家电连锁、家电制造、电子元器件、汽车销售、汽车制造、银行、保险、房地产开发、百货、超市、啤酒制造、保健品等20多个行业。调查企业的性质有外商独资、合资、民营、国有等。

调查采样：百余各企业的调查，与1143家企业进行了合作，获取了12万条薪酬信息。

薪酬构成：年度现金回报，包括固定工资、绩效工资、奖金等，不包括福利、股票分红及其他非现金收入。

（二）总体特点：盘整

1. 从薪酬水平上看，2005年市场薪酬上涨幅度低与年初预计水平，平均增幅为7.8%。

2. 在薪酬构成方面有所调整，变动收入在各级别员工中均有上升。

3. 行业薪酬差距进一步拉大。新兴行业大步增长，传统行业活力不足，房地产、汽车行业的薪酬增长远远低于预期。

4. 区域差距进一步拉大。金融、高科技、制造等行业成为上海为中心的长三角经济带的核心行业，华东地区的薪酬因此成为各个区域中的佼佼者。二线城市的薪酬由于大公司的进入也呈现逐渐上升的趋势。

（三）八大城市CEO和副总赚多少钱？

大连：高科技企业有20%的CEO年薪在75万以上，20%的副总裁/副总经理年薪在62万以上。

杭州：软件/集成行业CEO年薪64万（80分位值）。

苏州：电子元器件行业CEO年薪61万（行业前10名平均水平）。

重庆、武汉、大连、厦门、苏州、长沙、青岛等7个城市的最热门的行业副总裁/副总经理年薪在51万～57万之间，厦门品牌电脑行业和家电业的副总裁/副总经理年薪都在57万。

（四）沿海5个城市总监薪酬情况

大连：2005年IT高科技行业薪酬比2004年高9.7%。IT高科技行业的集团事业部总经理/分公司总经理年薪为48万；总监一级薪酬见表1。

青岛：家电业薪酬比2004年高7.8%，总监一级薪酬下表1。

杭州：软件/集成行业薪酬比2004年高8.3%。见下表1。

厦门：品牌电脑行业薪酬比2004年增长7.9%。见下表1。

苏州：2005年比2004年增长8%。500强有90多家在苏州投资建厂。人才竞争加剧。见下表1。

表1　　　　单位：万元

城市/职务	集团事业部总经理/分公司总经理	研发总监	销售总监	财务总监	市场总监	行政人事总监
大连	48	37	36	33	34	25
青岛			37		23	
杭州		33				22
厦门		32	36	30	29	26
苏州		32		30	29	26

资料来源：人力资源开发与管理，2006（5）.

（3）员工贡献原则

员工贡献原则主要是指组织的分配以什么为基础的问题，它与薪酬设计的指导思想的第三点关于支付对象的确定是一致的。其共同的思想基础是，由于组织的资源是有限的，因此应重点激励核心员工，也就是说，应按照员工的实际业绩对其进行奖励。基本的原则应该是重点激励高绩效员工，带动中等绩效员工，淘汰低绩效员工。要做到这一点，要求组织的管理具备较高的水平，包括高、中、低三种不同绩效水平的划分标准，管理者的领导能力和对员工的识别能力，与这些能力和绩效水平相对应的薪酬水平等。

（4）薪酬管理原则

薪酬管理原则主要包括三个内容：一是规范，二是调整，三是组合。规范是指对组织已经形成的薪酬体系进行有效的管理，其中最重要的是激励约束系统的制度化和规范化，这样既可以让员工了解组织在加薪、晋升、降薪等方面的政策规定，同时也使组织的人事决策有依据可循。调整一方面是指加强与员工的沟通，及时发现薪酬管理中存在的问题，随时进行调整。另一方面是指随时保持对市场薪酬水平的监控，以便在需要的时候根据环境变化和企业战略需要，对组织的薪酬系统进行修正或调整，提高薪酬激励的针对性和竞争力。组合则是根据组织成员的不同特点，通过薪酬的不同组合，满足员工的不同需要，调动其积极性，以帮助企业赢得并保持竞争优势。

8.3.3 理想的薪酬结构和内、外公平的协调

（1）理想的薪酬结构的含义

这里所讲的薪酬结构不是指在同一组织内部不同职位或不同技能薪酬水平的排列形式，而主要是研究总的薪酬数量在不同的层次上的分配和分布问题。它感兴趣的问题是：对于组织来讲，是否存在一个比较理想的薪酬结构？什么才是比较理想的薪酬结构？本节将对此问题做一简要的讨论。

从社会学的角度来看，在一个社会中大致有两种收入模式或结构：一种是哑铃型的结构，一种是纺锤型的结构。这两种结构在观念上呈现出极大的反差。在哑铃型结构中，两头大，中间小，即高收入者（人数虽少但占据了大多数的社会财富）和低收入者（人数很多但占有的社会财富很少）的比例相对较大，而中等收入者的比例小。而在纺锤型的薪酬结构中，低收入者和高收入者都是少数，中等收入者的比例较大。对一个社会来讲，在其经济发展初期，哑铃型的结构会在相当长一段时间内占据主导地位，一部分能力优异和资源控制者迅速完成原始积累，由此成为社会的高收入人群。但同时，由于过分强调了效率优先，忽略了社会公平，最先富裕起来的人利用其不断积累起来的资金资源、自然资源、社会资源以及政治资源等优势，越来越富，而那些不占据资源的人则越来越贫穷，最终不可避免会出现日益加剧的贫富差别的矛盾，并由此埋下社会安全稳定的隐患。因此，当社会发展到一定阶段，在继续强调效率优先的同时，兼顾公平的压力会促成社会对低收入者人群的关注。这时，一个重要的途径就是增加中等收入人群的数量，从而减少低收入人群的数量。当社会相当一部分人的生理需求基本满足以后，社会的稳定也就有了坚实的基础。因此，从社会稳定和共同富裕的角度出发，追求收入水平和分配上的纺锤型结构成为现代社会的一种发展趋势。从某种意义上讲，我们国家的发展历程，也经历了这样的一个发展阶段。改革开放之初，国家鼓励一部分人先富起来，社会迅速形成了一批富裕阶层。但由此也产生了不同地区、不同人群的贫富差距的矛盾。现在我们国家也开始注重解决贫富差距的问题，并通过各种方式和手段解决这一问题。

把从社会的角度观察的结果用于企业的薪酬结构的思考是一件很有意思的事情。这并不是说这种结构就一定适合于企业，而是说这种考虑问题的思路可以为企业的薪酬决策提供一些借鉴。在企业的薪酬结构中，也有类似哑铃型的结构，与这种结构相对应的分别是一般员工、中层管理者以及高层管理者。具体表现为：企业中的低收入者（如一般员工）和高收入者（如高管人员）的收入差距很大，而处于中间层次的管理人员和核心员工的收入不高，但贡献很大。这样一种结构显然不利于骨干员工积极性的调动和企业的可持续发展。因此，借鉴社会学的研究思路，所谓企

业理想的薪酬结构是不是也可以按照纺锤型结构来设计呢？按照这种思路，企业的薪酬结构也应当加大对其最薄弱的环节的投资，即增加和提高包括中层管理者和核心员工这部分人的收入水平。这样，一方面能够调动这部分人的积极性，另一方面也有助于减少骨干员工的流动和达成兼顾公平的目标。当然，在做这样的考虑时，还需要综合考虑组织战略、薪酬成本、员工层次等各方面的具体情况，以使决策更具有针对性。

（2）如何解决内部一致性和外部一致性的矛盾

企业是实行内部公平还是外部公平，在很大程度上取决于行业性质、企业战略、企业发展阶段以及职能要求等因素的影响。首先，组织战略在一定程度上决定了这种选择。比如，在一个实行差异化战略和以技术领先的企业中，薪酬的外部公平可能是首要的考虑因素，因为要保持差异化和技术领先水平，必须保证有一支了解当今技术发展趋势和掌握最新技术技能的技术人才队伍。而要获取和保持这个队伍，就必须主要按照市场薪酬水平而不是主要按照内部公平原则决定其薪酬待遇。而在实行以低成本战略的组织中，可能更多的岗位薪酬要按照内部公平的原则来确定，因为低成本战略本身就限制了组织的招聘成本等人力资源管理方面的投资。

其次，是实行内部公平还是实行外部公平，还取决于特定环境条件下制约组织发展的主要因素。如前所述，内部公平是建立在工作分析和职位评价基础上的，而外部公平则反映了市场薪酬水平对人才的吸引和对企业薪酬系统的制约。由于缺乏进行选择的依据，企业常常为在内部公平还是外部公平之间进行选择而举棋不定，伤透脑筋。那么应如何解决这一问题呢？下面就以工作评价的结果如何与工资结构相联系为题，对如何解决内部公平和外部公平的矛盾做一说明。

A 企业是一个主要从事家具制造的专业性公司，在产品的研发、生产和销售三个环节上，由于生产环节实现了一定程度的机械化和自动化作业，产品的质量能够得到保障，因此研发和销售是最重要的两个环节。目前市场上的情况是：优秀的研发总监人才很少，待遇要求也很高。而销售人才相对较多，薪酬水平也相对较低。A 公司存在两个主要问题：在研发方面，缺乏高素质的研发团队，研发创新还有待加强，但总的讲能够应付目前局面；在销售方面，虽然每年都有增长，但距公司的要求和战略目标仍有较大差距，大量的库存占压了公司的资金，公司领导一直为此伤透脑筋，希望通过薪酬制度改革，调动其积极性，为实行公司的战略目标奠定基础。现 A 公司正在进行劳动人事制度改革，其中需要对营销总监和研发总监两个职位进行职位评价，以期获得较为公正的薪酬水平，解决当前公司面临的最紧迫的问题。但问题在于采用什么标准进行评价。如果按照内部一致性原则，两个人的薪酬水平都应该相同，应向两人支付相同的工资；如果按照外部竞争性要求，目前的行情是研发类人才比市场营销类人才紧俏，前者的市场薪酬水平要高于后者，应向研发部经理支付市场水平的薪酬。这时内部公平和外部公平的矛盾表现在，按照内部一致性原则确定的薪酬水平可能导致研发总监的价值没有得到应有的承认，按照外部公平原则确定的薪酬水平则可能使销售总监感到不公平。结果是，无论采用哪种方法，都会产生激励不到位的问题。

解决这一问题的关键在于什么是制约企业的“瓶颈”，而不是单纯地在内部公平和外部公平中做出选择。从以上可以看出，A企业面临的“瓶颈”是销售而不是研发，因此，解决问题的思路也应从销售环节入手。根据战略性人力资源管理的要求，人力资源战略应当支持组织的经营目标，因此在二者薪酬的投入上应向销售总监倾斜。尽管市场销售总监的市场薪酬水平低于研发总监，但也应向其支付高于市场平均水平的工资，同时根据公司对研发环节的期望，向研发总监支付与市场平均水平相等的工资。这样，就能够解决内部公平和外部公平的矛盾。

最后，采用内部公平还是外部公平还与组织的发展阶段密切相关。内部公平和外部公平的运用并不是绝对的，在企业发展的不同阶段，这两种原则的运用始终是随着企业的需要而不断变化。一般来讲，在创业和成长阶段，企业往往需要大批管理和技术人才的加盟，因此，薪酬的外部公平就成为企业薪酬政策的主要手段。在进入成熟期后，企业的各方面都进入了比较稳定的时期，企业的知名度、品牌和商誉等无形资产已经形成，特别是企业的人力资源管理水平有了很大提高，培训、开发、有效的职业发展空间、良好的工作氛围等都成为吸引人才加盟和留住人才的重要手段，这时内部公平开始逐渐取代外部公平，成为制定企业薪酬政策的主要依据。在专栏8-3中，可口可乐中国公司在薪酬方面的变化，大体也体现了这样的规律。

专栏8-3：企业不同发展阶段的薪酬战略：可口可乐的薪酬战略变化

可口可乐公司进入中国大陆后，为了有效地发挥薪酬的激励功能，其薪酬制度随着外界环境和公司战略的变化而不断变化。进入中国大陆之初，公司采用的是强调外部竞争性的高薪政策。

在20世纪80年代初，中国刚刚开始改革开放，人们生活水平较低。可口可乐中国公司针对当时物质不丰富、员工收入水平低的状况，采用高薪政策以吸引和激励人才。当时可口可乐公司的薪酬结构由基本工资、奖金、津贴和福利构成。公司提供给员工的基本工资比例很高，是当时国内饮料行业的两至三倍。薪酬政策同时强调内部公平，管理人员和工人的工资差距较小，薪酬具有很强的平均色彩。奖金是公司根据员工绩效，经考核后，在月底向员工发放。

由于采取极具竞争力的高薪政策，可口可乐公司在当时吸引了中国大批人才加盟其中，并且员工的离职率很低，有力地促进了公司战略目标的实现。

当公司进入快速成长期后，为了增强对人力资源竞争优势，公司于1995年根据劳动力市场薪酬调查报告，做出每年给员工多发三个半月基本工资的决定，以提高工资总量，保持公司总体薪酬水平美商在华企业平均薪酬的四分之三以上。在福利方面，除了按照政府规定为员工支付基本养老金、住房公积金、失业保证金，并根据公司情况增加补充养老保证金，以及向员工提供普通团体意外险和住房贷款计划等。另外在强化佣金、奖金等短期激励措施的同时，开始注重采用股票期权等长期激励手段。这样通过改变后的薪酬制度对外更具竞争力，对内更具激励性和导向性。

从1999年开始，在中国投资扩张的速度开始放缓，大规模办厂也告一段落，公司开始进入了稳定发展阶段。当时与可口可乐竞争的企业不仅有百事可乐，还有国内的健力宝、汇源、娃哈哈、露露、统一、康师傅等企业。产品的市场竞争以及由此带来的人才的市场竞争，加上内部不尽完善的薪酬制度，导致了可口可乐的公司人员辞职率上升、员工绩效下降的现象。为了扭转这种局面，2000年，可口可乐中国公司首先进行了重大的组织结构改革，然后对所有的职位进行全面的职位分析和职位评价。并在此基础上对薪酬制度做了重大调整，开始推行全面薪酬制度，将经济性和非经济性的薪酬真正融为一体，把薪酬范畴扩展到包括基本工资、绩效奖金、福利、股权、培训计划、职业生涯开发、员工沟通与参与、员工满意度提高等各个方面。同时还为本地员工向国际化人才发展并进行国际间人才交流创造了条件。

资料来源：方振邦，陈建辉. 不同发展阶段的企业薪酬战略［J］. 人力资源开发与管理，2004（5）.

8.4 薪酬系统与组织竞争力

8.4.1 薪酬体系的目标

薪酬不只是对员工贡献的承认或回报，它还是一套把公司的战略目标和价值观转化为具体行动方案，以及支持员工实施这些行动的管理流程。薪酬体系并不是存在于真空，它是公司战略和文化的一个组成部分。[11]薪酬系统要帮助组织提升竞争力，一个最重要的方面就是要支持组织的经营目标。一个有竞争力的薪酬系统的内容主要包括四个方面：一是支持组织的经营战略目标，这也是战略性人力资源管理的重要特点。二是薪酬战略与组织战略的匹配，不同的经营战略，其所包含的人力资源职能也表现出不同的特点。三是效率目标，它体现组织薪酬战略对提升员工积极性和组织效益的推动作用。四是公平目标，指组织的薪酬系统反映不同专业、职位工作的特点。五是合法目标，指组织的薪酬要符合有关的法律、法规的要求，如最低工资、劳动社会保障等。其中，支持组织战略和薪酬与组织战略的匹配是最重要的两项内容，它体现战略性人力资源管理的要义，即人力资源战略要支持组织的目标。本节将重点讨论这两个问题。

（1）支持组织经营战略

关于人力资源管理实践支持组织经营战略的观点在本书中随处可见，这并不是一种简单的重复，而是它体现了战略性人力资源管理的要求，即人力资源战略要支持组织的经营目标。薪酬体系作为战略性人力资源管理最重要的职能之一，极其强调薪酬战略与组织经营战略相匹配和适应的问题。因此，不同的经营战略就会具体化为不同的薪酬方案。在这方面可以列举很多例子说明。比如，由普费弗（Pfeffer）和戴维斯·布莱克（Davis - Blake）最早的一篇基于资源依赖性观点研究薪酬与经营战略之间关系的文章中就表明了这种关系。[12]研究者运用一项资源依赖模型来考察在私立和公立大学中学术辅助性员工的相对工资。研究者认为，由于私立大学和公立大学以不同的方式（战略）展开资源竞争，从而使得帮助实现这一战略的某些关键工作职位完全不同。例如，公立大学的财务支持很大一部分来自于州预算程序，而私立大学往往更依赖于私人赠款和捐助。与此相类似，公立大学可能发现其体育队的成功对于来自公民及州政府中的公民代表所提供的支持有所贡献，而某些私立学院保留不那么成功的体育项目只是作为某种荣誉标志。不论在两种性质的大学中什么职位是最关键的，它们都将获得相对其他职位更高的工资。因此，私立大学和公立大学将存在一组有别于市场平均水平的工资率，即使它们通常是在同一产品市场中展开竞争的。例如，私立大学更多地依赖于私人馈赠，因此首席开发官对于私立大学更为重要，而体育负责人和社区服务负责人对于公立大学的战略可能更具核心地位。研究者们的这些假设得到了实践的印证，私立大学首席开发官的相对工资要高 0. 18 个百分点，而公立大学的体育负责人和社区服务负责人的相对工资分别要高出 0. 04 和 0. 17 个百分点。因此，研究结论总体上支持拥有不同经营战略的组织也具有不同的工资结构的观点。不仅如此，最新的研究显示，这种资源依赖性的观点同样适用于对私有经济中公司高管人员的薪酬研究。研究者们运用自 1981 年至 1985 年的现金薪酬数据，发现了以下规律：在资本密集型厂商和高度多元化的厂商中，财务职能更为关键；在营销和广告方面花费巨大的公司中，营销职能更为关键；在关注于产品创新的厂商中，研究开发领域的高层管理者更为关键。这些研究也得到了实践的印证，例如在 R&D 支出处于最高的 75% 分位的厂商中，研究开发类高管人员所得的工资比 R&D 支出仅达到中位值的厂商要高出 12%。[13]另外一些研究也表明，薪酬与企业战略之间存在密切关系。比如，在行业内的同类职业中，工资和技能要求存在的巨大差异是由市场和客户类型决定的，而市场和客户类型正是经营战略关注的中心。更关注差异化战略的厂商可能比成本领先战略的厂商可能需要更能干、激励意愿更强的员工，并可能运用高工资作为构建这类员工队伍的一项手段。[14]

通过薪酬制度改革，保障组织的战略调整或业务转型的一个经典案例就是 IBM 公司。[15]在大型主机电脑在市场占据主导地位并能够为公司带来高额利润时，IBM 公司原有的薪酬制度能够很好地支持这种战略。然而从 20 世纪 80 年代末开始电脑市场的发展变化速度大大加快，突出的表现就是个人电脑的普及和流行，而IBM公司却没有能够对这种趋势作出正确的预测和估计，从而导致公司的业务和盈利能力大大下降，同时由于与客户以及市场之间的关系日益疏远，成本太高等原因，客户也越来越少，IBM公司逐渐陷入了困境。为了扭转这种局面，IBM公司进行了大刀阔斧地改革，1993年郭士纳接任IBM公司的董事长和CEO时，公司累计亏损160亿美元，被媒体形容为“一只脚已经跨进了坟墓”。郭士纳在对公司的业务进行调整和改革的同时，也对旧的薪酬制度进行了改革。在郭士纳任职的9年时间里，IBM公司股价上涨了10倍，成为世界上最赚钱的公司之一。郭士纳的成功主要表现在两个方面：一是保持了IBM这头巨象的完整；二是成功地使IBM公司从生产计算机硬件转为提供服务，成为世界上最大的一个不制造计算机的计算机公司。而在这其中，IBM公司的薪酬制度改革也做出了特殊的贡献。

IBM公司原有薪酬系统的五个特点：一是强调平等和共享的家族式管理。二是公司各级别的工资待遇主要由薪水构成，有少量奖金、股票期权或部门绩效工资。三是工资待遇差别小。原则上所有评价合格的员工每年增加工资；高级别和低级别员工每年工资涨幅不大；工资增长与公司当年收入不挂钩；所有技术性员工的工资级别都是统一的，不管其工作是否需要更高的技能要求；市场营销经理和生产经理的工资水平也定在同一档次上。四是过于强调福利和津贴，包括终身雇佣制度，薪酬系统严重官僚化。五是管理人员在给手下雇员增加工资方面的分配自主权非常小。

郭士纳认为，这种家族式的管理模式在原来的体制下是有效的，它形成了员工对公司高度的归属感。但这种旧体制最终因为财务危机而瘫痪了，因为它不仅严重脱离市场现实，而且无法满足强调家长式管理的传统的IBM公司文化的要求。为了维持IBM的完整性，使公司起死回生，必须要进行改革。IBM公司的薪酬改革的理念就是，通过浮动工资计划、认购公司股票以及建立在绩效基础上的加薪计划，减少家长式福利，为每一个员工提供更大的机会参与到公司成功的奖金回报计划中去。郭士纳指出，如果奖励制度与战略不相吻合，就无法使组织发生转型。因此他促成了IBM薪酬制度的改革，改革主要从八个方面入手，即平均分配、固定奖金、内部标杆、津贴、有差别、活动奖金、外部标杆和绩效转变，见表8-2。

表8-2　IBM公司旧的薪酬制度与新的薪酬制度的比较

旧的制度	新的制度
平均分配	有差别
固定奖金	活动奖金
内部标杆	外部标杆
津　贴	绩　效

郭士纳改革的思路和采取的具体措施包括：

第一，建立一种与忠诚度和资历无关的绩效工资制度，削减奖励性工资的增长，把员工的工资水平与市场变化、个人工作绩效和贡献挂钩，并与企业绩效目标联系起来。奖金也建立在绩效和个人贡献的基础上。20 世纪 90 年代中期，全面实行“浮动工资”制，6 年中，共向全球的 IBM 员工发放了 97 亿美元的奖金。

第二，授予股权。郭士纳认为，对于营造一个一劳永逸的团队环境来说，没有什么能够比为大多数的 IBM 人提供一个统一的激励性工资待遇机会更为重要了。因此，郭士纳在 IBM 公司的“股票期权项目”中做了 3 个重大改革：一是首次向数万名员工授予股票期权，1992 年，有 1294 名 IBM 员工（几乎都是高层经理）获得了公司的股票期权。9 年后，有 72 494 名员工获得股票期权，而且授予非高层经理的股票期权数量是高层经理所获得股票期权的 2 倍。二是授予对象也包括高级经理，而且建立在股票基础上的工资待遇制度，构成了高级经理薪水中最大的一块，将每年的现金工资待遇与公司的股票预期价值之间挂起钩来。其目的是要让高级经理们知道，除非使公司的长期股东获利，否则他们就无法获利。三是 IBM 的高级经理将不会被直接授予股票期权，除非他们直接将自己的钱投到公司的股票中。公司专门制定了高级经理股权指南，明确表明，高级经理有望拥有的 IBM 的股票价值取决于他们的职位以及他们的年薪和年终奖综合增长倍数。

表 8-3　　IBM 高级经理股权指南

职位	最小增长倍数
首席执行官	4
高级副总裁	3
其他全球管理委员会成员	2
其他高级领导集团成员	1

第三，把高级经理的收入与公司绩效挂钩。包括：最高层的高级经理和事业部的高级经理年终奖中有一部分与公司整体绩效挂钩。第二等级高级经理的奖金的 60% 取决于公司整体赢利状况，40% 取决于所属事业部的赢利状况。

第四，注重外部竞争性，即薪酬改革向市场标准靠拢。通过归类法和宽带薪酬设计，新的薪酬制度与原来相比，保持了较少的职位和为数不多但变动范围更大的薪资等级，从而达到了减少官僚主义、减少等级层次以及把决策权力向较低管理层次下放的要求。

第五，废除家长式福利制度。

在 IBM 公司的薪酬制度改革中，郭士纳尤其重视股票期权的改革。他指出：“如果我们打算成功地完成公司整合的任务，那么工程师、营销人员、设计师以及其他遍及全球的 IBM 员工都必须采取统一的行动。为此，我必须让所有人都心往一处想，那么，将公司的股票期权授予这些人，无疑会有助于让大家的关注点都放在同一个目标上，放在一个共同的绩效记分板上。我需要让员工们相信，他们最好是在为一个统一的公司工作——该公司只有一个团队，没有独立的地域分割各自为政。如果我不能做到这一点，那么我的整个使 IBM 起死回生扭转乾坤的战略就会失败。”事实证明这是一个非常重要和成功的计划，它不仅帮助郭士纳留住了本打算加盟到竞争对手公司去的重要员工，而且向员工传递了一个重要的信息，这就是：将公司和员工的业绩与股票价格联系在一起，将大家的利益与股东的利益直接挂钩，IBM 的工资待遇将以绩效为基础，而不是之以工作年限为基础。这些都充分说明了薪酬制度对 IBM 公司战略转型的支持。

薪酬战略支持组织的经营目标，并不一定要体现在关键岗位的价值的重要性和较高的收入水平上，在很多情况下也可以通过平等的工资结构来达到这个目标。比如，在一些着眼于创造和谐、分享共同愿景和员工合作的组织中，其支付的薪酬低于其他的组织。这方面的一个例子是美国的 SAS 研究所。作为一家软件公司，该公司的经营战略并不是出售软件，而是出租软件。为了支持这一战略，公司的薪酬战略并不强调在业内广泛采用的货币性报酬、股票期权以及通过晋升实现，而是关注每个人享有的、具有均等化效应的平等主义的工资结构和广泛福利。公司的出发点是，为了实现公司的战略目标，必须与顾客保持长期关系，以便能够从顾客那里获得他们所期望的软件改变和改善的详尽信息。能否保持与顾客的长期关系，在很大程度上取决于与员工保持关系的长短。同时因为在竞争日益加剧的软件行业中必须保持持续的创新，保持与员工的长期关系不仅有利于保持与顾客的长期关系，而且能够支持公司战略的实现。为了促进这些长期关系的形成，公司为全体员工提供了一套具有相同的大福利包的政策。这一方面形成了对工资的收缩压力，同时也缩小了不同等级和个人之间的工资差异。公司还实施了其他避免差异化的行为，如公司只有四个层次，因此晋升作为报酬战略的作用并不重要。尽管存在大量的内部员工流动，其中大多数是横向流动，涉及不同项目的工作或在不同业务领域中的工作。公司认为当人们将新观点视为个人荣誉的意愿较低，而且乐于与他人合作分享和开发这些新观点时，创新会更加成功。实践证明，在这种薪酬制度下公司取得了极大的财务成功，不仅被列于“100 家最佳工作环境的公司”名单中，而且在高流动率的软件行业保持了 4% 的低流动率。[16] 专栏 8－3 中，可口可乐公司在进入中国初期时采用的薪酬战略，也非常强调内部均衡，管理人员和工人的工资差距较小，具有很强的平均色彩。这种平等的思想和具有市场竞争力的薪酬，有力地支持了公司经营目标的实现。

（2）企业薪酬战略与经营战略的匹配

薪酬战略支持组织经营目标，还表现在不同的组织战略与薪酬战略的匹配。目前企业实践中最典型的战略主要有差异化或创新型、成本领先型和集中型三种。一般来讲，不同的战略对员工的知识、能力和技能也有不同的要求，因此，薪酬作为支持组织战略的职能层次的战略，应当在这些知识、能力和技能的鉴别、区分和激励等方面体现出导向作用。下面就以这三种战略为例，结合波特的战略管理理论，[17]简要说明与之相对应的人力资源的职能配合和薪酬战略的特点。

①差异性或创新性战略

战略特点。所谓差异性和创新性，就是企业的产品和服务与竞争对手相比有不同的特点，这种差异性是建立在满足顾客需求和引导市场消费基础之上的。因此，这种战略尤其强调创造或提高产品某方面的差异性或独特表现，并通过利用客户对企业品牌的忠诚以及由此产生对价格的敏感性下降使公司得以避开竞争，或与竞争对手的产品或服务相区别。同时，由于技术的进步日新月异，为了保持企业的竞争优势，需要在依靠内部技术开发的同时，不断吸引具有创新精神和掌握新技术的人才加盟，以加快产品研发，缩短产品生命周期，抢在竞争对手前使自身的产品服务占领市场。

人力资源的职能配合。差异性战略决定了与之相适应的人力资源的职能要求，包括：在工作分析环节，由于倡导员工的创新和合作精神，因此一般只做宽泛的而不是严格的工作描述，也就是说，不严格限制员工的工作范围，对于研发团队尤其如此。一些跨国公司均采用了这种方法，如3M公司为了鼓励知识创新，提出了“15%规则”，允许技术人员在工作时间内可以用15%的时间按照自己的意愿进行自我创造和自我发明，而不管这些工作是否直接对公司有所帮助。如果对这些知识型和技术性员工的工作范围进行严格的限制，其创新精神就会受到大打折扣，效果也会适得其反。在招聘环节，主要应从外部市场入手，招聘并挑选具有冒险精神、创新意识、实践能力、敢于提出新观点、敢于承担责任、善于沟通和合作和讲究关系性协调的员工。在培训环节，由于主要对外招聘的是有经验的员工，因此不太注重功能性培训，而比较强调通过强化招聘环节的工作，着重加强对员工创新精神和团队合作的训练。在绩效环节，重要的不是数量，而是创新的成果及其在实践中的应用。如3M公司就明确规定，每个子公司25%的利润必须来自近5年内开发的产品。这样，既通过强制性的规定强化了创新精神在组织内部的力量，同时也为组织的可持续发展奠定了坚实的基础。

薪酬战略。差异化战略不仅界定了以上与之相适应的相关的人力资源职能的内涵，同时也明确了薪酬战略的指向。也就是说，在实行差异化战略的组织中，以薪酬为主要内容的激励机制应有明确地对创新的激励导向，如奖励对产品和服务的创新、奖励对生产、工艺、管理流程的改进和重组、奖励对市场开拓的创新以及奖励那些敢于提出不同意见的员工，特别是在这些意见和建议能够有效地改善组织的经营和管理的情况下，奖励是非常重要的和具有导向意义的举措。在内、外公平的原则上，主要以外部公平为主，即主要按照市场水平决定薪酬，不太看重内部等级制的差异化薪酬政策。同时在薪酬的组成上，尽可能丰富其内容，以建立有针对性和灵活性的薪酬体系。此外，由于差异化战略对组织成员的能力要求很高，对于那些奉行差异化战略的高科技公司，必须建立一套独特的薪酬战略以提高组织绩效。根据迪亚兹和戈麦斯·梅西亚（Diaz & Gomez - Mejia，1997）的研究，企业的技术含量越高，越可能采取以能力作为薪酬等级的依据，强调风险共享的薪酬，主要以外部薪酬公平为主，重视员工参与的薪酬管理方式，并不断开发新的长期薪酬措施。[18]

②成本领先战略

战略特点。成本领先战略的最大特点就是对效率的高度关注，以及尽可能地降低生产、管理、销售等成本。正如迈克尔·波特指出的：成本领先要求建立起达到有效规模的生产设施，在经验基础上全力以赴地降低成本，抓紧成本与管理费用的控制，以及最大限度地减少研究开发、服务、推销、广告等方面的成本费用。贯穿于整个战略中的主题是使成本低于竞争对手。

人力资源的职能配合。成本领先战略的性质决定了与之相适应的人力资源的管理实践，包括：在工作分析环节，由于强调员工独立完成工作的能力，因此通常要进行严格的工作描述和职位评价，工作（岗位）的界定一般比较狭窄，对岗位和任职者有明确的技能和专业化程度要求，并且尽可能地少用人，多办事。在招聘选拔环节，严格按照岗位要求和任职资格进行人员选拔。在培训环节，由于强调“经验基础”，因此主要通过传、帮、带和在岗工作经验积累达到员工现有技能的维持，对管理人员主要采取包括沟通、协调、处理冲突等基本管理技能方面的培训和开发，以提高管理人员在新形势下的工作效率和管理水平。在绩效考评环节，由于强调“规模”，因此高度关注产品、服务的数量和质量，并依赖以行为和结果为基础的绩效考评系统。

薪酬战略。在实行成本领先的组织中，一般比较注重内部一致性，由于强调专业化，因此工作都尽可能进行分解，尤其是在制造业和劳动密集型等生产型企业中，大多分解为由较低的工资和不需太高技能的员工来完成的细微和简单的工作要素，而且报酬的大部分与绩效挂钩，基本工资较少，可变工资较多，强调对数量和质量的奖励。由于注重规模效益，有较高素质的管理人员就非常重要，因此管理人员与工人之间的工资差距比较大。但在如技术、销售等专业岗位上，则强调专业化、效率、绩效、报酬之间的正相关关系。

③顾客导向战略（集聚战略）

战略特点。与成本战略和差异化战略所追求的实现整个产业的目标不同，目标集聚战略追求的是服务于一个特定的顾客群、某个产品系列或某个细分市场。这一战略的前提是：公司能够以更高的效率、更好的效果为某一狭窄的战略对象服务，从而超过在更广阔范围内的竞争对手。结果是，公司要么通过较好地满足特定对象的需要实现了差异化，要么是在为这一对象服务时实现了低成本，或者二者兼得。

人力资源的职能配合。由于该战略兼具了低成本竞争和差异化两种战略的特点，因此从总的讲，与前两种战略匹配的人力资源管理实践大致也适用于该战略。由于集聚战略主要是向特定的市场或客户提供产品和服务，因此其人力资源管理的实践也具备一些特点，如强调以服务为导向，满足顾客期望，加强员工沟通能力的培训，依赖以行为为中心的绩效考评系统等。在薪酬战略上，重点考虑建立以顾客满意度为基础的激励工资体系。

（3）效率目标

效率目标主要是指薪酬体系在吸引和留住高绩效员工、降低成本、提高顾客和员工满意度等方面使薪酬系统具备创造价值的能力。比如，并不是高薪就一定能够吸引和留住高绩效员工的，通过各种薪酬、福利要素的科学合理的搭配组合，能够提高员工的工作满意度，充分发挥薪酬的激励效用。同样，注重整体薪酬的概念也有助于组织竞争力的提升，也就是说，除了薪酬、福利等传统的工资概念以外，通过对社会交往、工作多样性和重要性、工作条件以及发展机会等现代报酬要素的重视，能够增加员工的满意度，并在此基础上达成顾客满意度，进而提升组织的效率。

（4）公平目标

公平是薪酬制度的基础，它反映组织成员对薪酬系统的认可和接受的程度。大家经常讲的“按劳分配”就是一个反映公平的目标。要达到公平的目标，首先是要求指组织的薪酬系统要准确反映不同专业、职位工作的特点，在此基础上制定相应的薪酬决策。其次，在薪酬结构上要尽可能全面反映各种劳动要素指标。比如，除了技能、责任、工作条件和努力程度等要素外，还应有工龄工资、学历工资等内容。因为工龄工资反映员工在组织中工作的时间，一般来讲，工作时间的长短在一定程度上反映了员工的工作态度和敬业精神，而学历工资则是对建立在知识基础上的能力和技能的认可，特别是对于那些以知识、技术为主要竞争武器的高科技公司来讲，设立学历工资往往能够对技术人员起到较好的激励作用。因此，这些要素都应当在薪酬体系中反映出来。当然，它们在整个工资中的比重要合适，不能回到过去那种完全以工龄和学历作为工资决策主要依据的做法。现在的一些做法又走向了另一个极端，在薪酬结构中取消了工龄工资和学历工资，这也是欠妥的。最后，公平目标还反映了组织成员对组织薪酬政策的理解程度，尽管对是否应该公布薪酬有不同的看法，但对于薪酬结构、等级、薪酬的导向、奖励类别等基本政策方面的信息，还是应向组织成员公开，同时部门主管、人力资源部门也应加强与员工在薪酬福利政策方面的沟通，并对员工就薪酬福利待遇方面提出的问题做出恰当的回答，这些都有助于员工对薪酬政策的理解。

（5）合法目标

合法目标指组织的薪酬政策要符合国家有关的法律、法规和政策的要求，如最低工资标准、工作时间、劳动社会保障等。

8.4.2 薪酬体系提高企业的竞争力

在关于“组织应该如何利用人力资源来赢得21世纪的竞争优势”的一项调查中，12个国家1200多名专家共同认为，薪酬是帮助组织赢得竞争优势的关键要素。[3]美国专家提出的6项措施中有4项是与薪酬有关的：有87%的美国专家认为“奖励有为顾客服务意识的员工”是企业赢得竞争优势的头等大事，其次分别是“交流经营方向、问题和计划”（85%）；“奖励具有经营意识和生产效率高的员工”（84%）；“奖励具有创新和发明的员工”（83%）；“完善薪酬制度，鼓励利润分享”（79%）；“早日发现具有潜力的员工”（76%）。德国专家提出的11项措施中有4项与薪酬有关，96%的德国专家认为“早日发现具有潜力的员工”最值得优先考虑；其次分别是：“交流经营方向、问题和计划”（93%）；“奖励具有创新和发明的员工”（90%）；“奖励有为顾客服务意识和幅高质量的员工”（89%）；“员工的灵活性”（84%）；“重视管理技能开发和技术培训”（82%）；“重视名校招聘”（82%）；“奖励具有经营意识和生产效率高的员工”（81%）；“灵活的矩阵式管理”（81%）；“强调激励和个人绩效观念”（78%）；“全员参与”（77%）。日本专家提出并达成共识的3项措施中有1项与薪酬有关，即“交流经营方向、问题和计划”（83%）；“早日发现具有潜力的员工”（78%）；“重视激励和个人绩效”（75%）。此外，在对23个国家的2000多个公司最高决策者的调查中，有78%的人认为“绩效工资是完成战略的最关键因素”，只有大约30%的人认为公司目前的薪酬制度能够支持公司的战略。这表面在全球范围内的企业领导人都对有效的薪酬战略帮助企业赢得并保持竞争优势有共识。

薪酬体系可以通过以下方面帮助提高企业的竞争力：

（1）通过科学合理的设计和提高成本效率提高竞争力

由于劳动力成本在企业的总成本中占据很大的比例，而这一比例又是决定产品或服务价格的重要组成部分，更重要的是与原材料等成本不同，原材料成本是企业无法控制的，但劳动力成本是企业可以控制的成本。当A企业的产品或服务的价格低于生产同类产品的B企业时，意味着A企业的成本低于B企业，A企业就具有了与B企业竞争的优势。因此，通过设计一个有效率的和公平的薪酬系统来加强对劳动力成本的控制，便成为企业提高竞争能力的重要手段和工具。

（2）通过增强企业招聘能力和留住高绩效员工增强竞争力

一个有竞争力的薪酬系统是企业能否招聘到高绩效员工的重要条件。在现阶段，金钱毕竟还是衡量一个人能力水平的重要尺度。知识、能力和技能水平较高的员工理应得到较高的报酬。因此，一个有竞争力的薪酬系统能够在劳动力市场具备竞争优势，它不仅能够招聘到企业需要的高绩效员工，而且由于能够“按劳付酬”，因而增强了高绩效员工的归属感，减少了他们的流动率。此外，通过对社会交往、发展机会、信息反馈等非经济性薪酬要素的重视，也能够帮助增强员工的凝聚力和工作的热情，最终达到提升组织竞争力的目的。

（3）通过影响员工的态度和行为增强企业的凝聚力

一个有效的薪酬战略是推动企业实现经营目标的重要工具，除了可以有效地降低成本而提高竞争力外，它还可以通过影响员工的态度和行为从而影响企业的绩效水平。一个有竞争力的薪酬系统影响员工态度和行为主要表现在该系统的公平性方面，比如，有关隐含成本的概念主要就是针对公平性而言。员工往往将自己的收入水平与其他员工的收入水平进行比较，当高绩效员工发现自己的薪酬水平与低绩效员工的水平相当时，就会出现负面的隐含成本，并给组织的目标实现带来困难。因此，组织薪酬系统一定要有明确的绩效导向和能力导向，要能够奖励那些能力、业绩出众并享有较好人际关系的员工。通过这种导向，能够影响甚至左右一大批人的行为，以鼓励他们围绕组织的目标而共同努力地工作。

（4）通过多种薪酬形式组合增加差异性

薪酬形式是多种多样的，不论是经济的或直接的，还是非经济的或间接的，这些不同形式的薪酬的有效组合不仅可以增强企业的凝聚力，吸引并留住高绩效的员工，而且还能够以丰富的形式增强企业薪酬的差异性，从而使其他企业难以模仿，在此基础上提高企业的竞争能力。

8.4.3 管理实践——如何了解企业的薪酬系统是否具有竞争力

既然组织的薪酬系统对于提升组织竞争力具有举足轻重的作用，那么，随时了解和掌握组织的薪酬水平就显得非常重要。可以通过以下方法了解企业的薪酬系统是否具有竞争力：

（1）外部市场调查

薪酬市场调查是实现外部公平的重要途径和方法，通过对产业、行业及竞争对手薪酬系统的调查和了解，可以找出与竞争对手在薪酬体系方面存在的差距，在此基础上对本企业的薪酬系统进行全面的诊断和改进。

（2）内部员工薪酬满意度调查

员工薪酬满意度调查是一种广泛采用的了解薪酬水平的方法。通过调查，可以收集企业内部员工对薪酬制度的评价。如果满意度高，则反映薪酬制度的激励目标基本达到，从而会起到激励的作用。反之则会产生负面效应。

（3）招聘结果调查

通过是否随时都能够招聘到企业需要的高绩效员工来判定企业薪酬制度的竞争

力水平。它反映的是外部劳动力市场对组织薪酬的评价。求职者在应聘环节一般都会问及薪酬待遇方面的内容，而这些内容在决定其是否加盟某个组织的考虑中往往具有决定性的作用。总的讲，具有竞争力的薪酬都能够招聘到组织需要的大多数人员。

（4）骨干员工流失率调查

有竞争力的薪酬系统的目标可以作为薪酬制度是否具有竞争力或是否成功的标准。这一标准可以通过企业中高绩效或骨干员工的流失率来衡量。如果企业这批员工流失率较高，就证明它的目标没有达到。如果这批员工流向竞争对手，就增强了竞争对手的竞争力。

8.4.4 员工流失的深层次原因分析

员工流失的原因是比较复杂的，不单单只是薪酬过低等经济上的原因，也包括工作环境方面的因素。因此，当组织面临较大范围的员工离职或流失时，首先要搞清的是真正的原因是什么，然后再决定要采取的解决办法。美世人力资源咨询公司（Mercer Human Resource Consulting，以下简称“美世”）的一项研究发现，要解决员工的离职问题，效果更好而且成本更低的解决办法是增强员工在公司内部获得职业发展的机会。[19]

美世在对美国弗利特波士顿金融公司的调查中发现，在理解员工离职原因方面，与我们通常以为的事实相反的是，那些离职或辞职的员工所讲述的离职原因和实际造成他们离职的原因之间可能并没有多少实质上的联系。企业频繁的并购，缺乏系统的有助于员工知识、能力和技能提高的培训，岗位的横向流动少、管理层的不稳定、管理和核心岗位过于依靠市场招聘、没有选择的招聘等原因才是导致员工流失的重要因素。尽管员工跳槽后的新工作可能会使其收入增加，但追求更高的报酬可能并不是主要原因。员工之所以这样讲，是因为要提出一个使大家都能够接受的理由。

美世发现，获得过职务晋升甚至只是平级调动的员工在公司里待的时间更长。因为员工们认为，岗位调动意味着能够获得更丰富的工作阅历，从而增强其市场竞争力。这样即使在他们将来被解雇时也不至于脆弱不堪。另外，员工聘用政策和公司管理层的稳定在控制员工离职率方面也起了非常重要的作用。

职业发展和轮岗。美世的研究发现，在其他因素都相同的情况下，上一年获得晋升的员工离职的可能性比没有获得晋升的员工的离职率低11个百分点。上一年工作岗位有变动的员工，其离职率也大大减少，尽管其并没有获得高于平均水平的加薪。他们发现，员工的工作更换越频繁，离职的可能性就越小。因此他们得出结论，增加员工的阅历和提高其市场竞争能力会减少员工的离职率。特别是年轻的员工，他们将自身的经验和技能看得比薪酬更为重要。因为多种工作的经验和技能可以使员工在竞争激烈的环境下更具有适应性和不可替代性，从而具有安全感。因此，岗位流动和胜任不同岗位工作的能力可能是一种有效的报酬形式。

薪酬模式和奖励计划。在薪酬方面，基于员工进步提高薪酬还是基于市场水平提高薪酬对员工离职率的影响是不同的。美世的研究发现，在其他情况一致的情况下，如果将员工的薪酬提高到比市场水平高 10%，对员工离职率的影响很小。而如果将员工的加薪幅度提高 10%，就能将离职率降低到原来的 1/3。这表明，基于员工进步而向其提高稳定的加薪，并强调晋升的经济利益和其他方面表现出来的价值的做法，远超过单纯的根据市场薪酬水平加薪。此外，为优秀员工提供各种奖励计划，也能够大大降低其离职率。因为这种奖励计划对表现优秀的员工来讲本身就是一种组织作出的承诺，优秀员工则通过长期努力的工作来作为对组织的回报。

管理层的稳定。经理或主管的流动率会影响员工的流动率。特别是一名受到下属和上司良好评价的管理者或主管离开时，可能会在员工中引起连锁反应。这也引证了盖洛普公司的调查，即对员工来讲，组织中对他们最重要的人是其直接上司或主管。这表明了优秀的经理或主管在组织中的重要地位和影响力，他们首先是组织重点考虑的激励和吸引对象。美世的研究发现，在对他们激励时，根据业绩发放的现金奖励比股权的吸引力要大得多。

招聘标准。要降低员工的离职率，一个关键的问题是在招聘时就严格把关，包括对求职者以前工作的稳定性、员工推荐还是市场招聘等都是影响离职率的重要因素。因此，让新员工尽快熟悉公司和岗位的情况、加强培训、加强反馈等，都可能降低员工的离职率。

美世的调查和研究说明了这样一个问题，组织的薪酬系统是否具有竞争力，不单单只是一个薪酬的数量问题，还包括其他的因素，特别是人力资源管理的创新和实践，如通过职业发展和轮岗等方式，增加员工的阅历和胜任不同岗位的技能，提高其在市场上的竞争能力。正如美世的研究证明的，在所有已经确定的重要因素中，那些跟职业进步和发展、如职务晋升、岗位流动和薪酬增长有关的因素对能否留住员工的影响最大。而员工特别是火爆就业市场上的年轻员工，他们把自身的经营和技能看得甚至比薪酬还重要，因为经验和技能可以让他们在这个并购频繁的环境下更有安全感。

8.5 管理与实践——经理及人力资源部门的作用

8.5.1 部门经理在薪酬管理过程中的作用

鉴于薪酬的重要作用以及设计的复杂性，部门经理应当在人力资源部门的配合下做好以下几个方面的工作：

（1）根据公司战略确定对关键岗位的识别

作为人力资源管理的一项重要职能，薪酬系统也必须能够支持公司的经营目标。为了做到这一点，部门经理首先应当具备战略性能力，即根据战略的要求，确定部门各岗位在落实和完成战略目标过程中的不同地位和作用，其中特别是要对于那些关键性的岗位进行识别和挑选，以便为激励导向和资源分配奠定基础。其次，部门经理还应具备战术性能力，即了解和掌握有关薪酬设计的原则、方法等基本知识，以便能够根据不同岗位和员工的能力提出部门薪酬设计的要点或重点倾斜对象。

（2）参与岗位评价

与人力资源部门相比，部门经理的最大优势就是熟悉了解部门岗位职责要及对任职者能力和技能的要求。但对职位评价技术则相对了解较少。因此，在职位评价过程中，首先，部门经理应当接受相关培训，在人力资源部专业人员的帮助下，了解和掌握有关技术和方法的基本内容。其次，部门经理应当成为工作分析和职位评价小组的成员，参与对本部门的岗位分析和价值判断，在此基础上提出具体的评价标准。最后，部门经理要提出任职者与岗位评价要求之间是否匹配的意见和建议，以便评价小组和人力资源部决定该任职者相对应的薪酬等级或级别。比如，某个岗位因其重要性程度处于较高的薪酬等级，但目前的任职者尚为完全达到岗位的要求，因此该任职者的薪酬就应当居于该职位的中等水平而不是最高水平。

（3）提出加薪建议和决定奖金分配

企业一般都会在年末绩效考评结束后对表现优异或绩效良好的员工进行奖励，其中会有部分员工得到加薪。加薪的人选一般都由部门经理提出建议，报人力资源部备案，最后在公司有关会议如总经理办公会上讨论决定。为了尽可能地做到公平，首先，部门经理必须按照公司的标准陈述拟提加薪人选的工作和业绩表现。其次，对于绝大多数企业特别是中国企业来讲，部门经理在员工的岗位薪酬标准上只有建议权，而无决定权。但部门经理有权决定部门奖金的分配。在奖金的分配上，部门经理的重要工作是了解和掌握公司制定的基于绩效的分配标准，避免出现因标准不明而导致的分配不公的现象。

（4）根据环境变化对岗位评价标准提出修改意见

如前所述，企业是一个开放的社会技术系统，企业所面临的经营环境的变化，会导致企业在战略、组织结构、管理者和员工的角色、工作的完成方式等变化，这些变化必然引起员工的工作内容、岗位职责、责任、的变化。因此，部门经理应当对这些变化及时作出反应，并告知人力资源部等部门，以便对员工的工作内容、绩效标准、薪酬等做出新的评价和选择。

8.5.2 人力资源部门的作用

在薪酬管理工作中，人力资源部的作用主要表现在薪酬系统的组织、设计和实施等方面。

（1）组织者

鉴于薪酬的复杂性、专业性和保密性要求，人力资源部在薪酬体系的中居于主导地位，并发挥重要作用。第一，人力资源部要根据组织战略的要求，认真履行相关职责，这些工作包括：根据公司高层指示组建薪酬改革领导小组、提出薪酬设计的指导思想、原则等。比如，人力资源部需要根据公司的发展阶段、竞争优势、人员组成等具体情况提出薪酬的外部公平原则或内部公平原则。又比如，在薪酬设计中还需要考虑组织的文化影响。如果组织倡导的是一种“家文化”，那么薪酬设计时的指导思想就应该更多基于平等的薪酬结构而不是有差别的薪酬结构；反之，如果组织倡导的就是要尽可能地体现差别，那么薪酬的级差就应该拉大。第二，组织进行薪酬情况调查，包括不同职位、不同专业以及竞争对手的薪酬情况，以便确定组织的薪酬规模或水平。第三，组织薪酬系统的设计或外包。如果企业不具备设计条件，可以由人力资源部根据公司要求组织外包。在外包的过程中，要严格对外包商的选择，同时人力资源部也要参与设计。第四，人力资源部要当好业务部门的合作伙伴，要了解和掌握各业务部门的工作特点及在落实组织战略过程中的地位和作用，了解和掌握各部门的关键或核心岗位，以明确资源配置的重点和方向。

（2）设计者

在由企业自主设计薪酬的情况下，人力资源部应根据组织战略的要求，设计并开发一套能够有效支持组织战略经营目标的薪酬激励体系。与绩效系统的导向作用一样，薪酬设计也应当体现组织战略的要求。要做到这一点，人力资源部的人员必须具备较强的战略理解能力和专业技术能力。战略理解能力主要包括三方面的内容：一是了解并熟悉组织所在产业、行业的基本情况，比如，在了解和掌握竞争对手产品或服务的人工成本后，就能够对企业自身的竞争优势做出判断。如果企业的单位产品的人工成本低于竞争对手，可能就意味着企业的效率比竞争对手高。同时企业还可以根据这种差异决定增加薪酬中的人工成本，即通过增加工资激励员工和招聘优秀员工。二是要具备战略性人力资源管理的眼光，能够根据组织战略的要求正确确定资源配置的重点和方向，即做到“重要的并不是具体的支付形式，而是确定支付的重点对象”。三是了解和熟悉国家有关劳动用工、福利保障等方面的法律、法规和政策，以保证薪酬系统的合法和合理。专业技术能力是指对薪酬设计流程、方法、薪酬结构、市场薪酬调查等知识的了解和掌握程度，此外，人力资源管理专业人员还应懂得“重要的不在于支付多少，而在于如何支付”的道理，能够根据组织及其成员的具体情况上不同的薪酬福利组合，以满足不同层次和类型的员工需求。这两种能力对于提高组织薪酬系统的系统性、科学性和合理性具有重要的意义。

（3）实施和检查

在薪酬体系的实施过程中，人力资源部的一项主要任务就是加强与业务部门经理和员工的沟通和交流，以便掌握薪酬系统的作用。其次是履行监督和检查的职责，如果发现有分配不公或违背公司薪酬政策的情况出现，应立即查明事实并向公司领导报告。再次，在公司业务变化的情况下，根据公司的要求和业务部门经理的建议，制定相应的薪酬调整方案并组织实施。最后，根据公司的经营状况，在汇总各业务部门的绩效结果的基础上，提出相应的人事决策建议，如根据薪酬计划提出分配方案、提出优秀绩效和不良绩效人员的表彰和惩处建议、根据各部门绩效评价的结果制定有关的人员调配、培训和开发建议等。

注释：

[1] 加里·德斯勒. 人力资源管理 [M]. 6版. 刘昕，吴雯芳，等，译. 北京：中国人民大学出版社，1999.

[2] 陈清泰，吴敬琏. 公司薪酬制度概论 [M]. 北京：中国财政经济出版社，2001.

[3] 乔治 T 米尔科维奇，等. 薪酬管理 [M]. 6版. 董克用，等，译. 北京：中国人民大学出版社，2002.

[4] 雷蒙德·诺依，等. 人力资源管理：赢得竞争优势 [M]. 3版. 刘昕，译. 北京：中国人民大学出版社，2001.

[5] 巴里·格哈特，萨拉 L 瑞纳什. 薪酬管理——理论、证据与战略意义 [M]. 朱舟，译. 上海：上海财经大学出版社，2005.

[6] 劳伦斯 S 克雷曼. 人力资源管理：获取竞争优势的工具 [M]. 吴培冠，译. 北京：机械工业出版社，1999：217.

[7] 经理人，2003（2－3），转引自人力资源开发与管理，2003（5）.

[8] 乔蒂·赫福·吉特尔. 西南航空案例——利用关系的力量实现优异业绩 [M]. 熊念恩，译. 北京：中国财政经济出版社，2004：6－13.

[9] Raising the Bar：Using Competencies to Enhance Employee Performance，Scotts－dale，AZ：American Compensation Association，1996.

[10] 董卉. 人才年，为何留不住人才？[J]. 21世纪商业评论，2006（3）.

[11] 托马斯 B 威尔逊. 薪酬框架 [M]. 陈红斌，刘震，尹宏，译. 北京：华夏出版社，2001：3.

[12] PFEFFER J，DAVIS－BLAKE A. Understanding Organization Wage Stuctures ：Aresource Dependence Approach [J]. Acedemy of Management Journal，30，1987：437－455.

[13] CARPENTER M A，WADE J B. Micro－level Opportunity Structures as Determinanats of Non－CEO Executive Pay [J]. Academy of Management Journal，45，2002：1085－1103.

[14] BAT R. Explaining Wage Inequality in Telecommunications Services：Customer Segmentztion，Human Resource Practices，and Union Decline [J]. Industrial and Labor Relations Review，54，2001：425－449.

[15] 郭士纳. 谁说大象不能跳舞 [M]. 北京：中信出版社，2003：95-104.

[16] PFEFFER J. Case HR-6. SAS Institute. Cambridge, MA：Harvard Business School，1998c.

[17] 迈克尔·波特. 竞争战略 [M]. 陈小悦，译. 北京：华夏出版社，1997：34-37.

[18] 孟繁强. 企业薪酬战略的构建 [M]. 经济管理·新管理，2004 (5).

[19] 黑格纳尔班蒂尼，安尼绍斯塔克. 用量化法解决员工流失问题 [J]. 商业评论，2004 (7).

本章案例：GE的薪酬制度如何支持公司的业务调整

导致GE薪酬制度改革的直接原因有两个方面：一是公司业务和利润的下降，2003年第三季度利润下降11%，股票从接近60美元跌至28.32美元，市值缩水一半；二是前任CEO杰克·韦尔奇的高额退休福利所引发的社会公众特别是股东对GE的质疑。在这样的背景下，2003年9月，GE宣布改革管理层的薪酬，首当其冲的就是CEO伊梅尔特。

（1）调整伊梅尔特的期权奖金标准，将完全根据公司业绩表现来确定其股权奖金数额。2003年伊梅尔特得到25万股绩效股票，按公司目前的股价计算，约合750万美元。2002年伊梅尔特获得的现值840万美元的100万股股票期权中，根据新的薪酬制度，60%以上的股权奖金都将与其业绩表现挂钩。考核的标准是：5年内平均每年的营运活动增长率都达到10%或10%以上时，伊梅尔特的绩效股票中有一半才能转换成通用电气的普通股票。而只有在整体股东回报率达到或超过同时期标普500指数的回报率时，剩余的一半绩效股票才能转换成通用电气的股票。如果公司未能实现预期增长目标，绩效股票将自动作废。但在这5年中，伊梅尔特每季度将获得与这些绩效股票数量相等的通用电器股票所带来的分红，不过分红仍然取决于公司利润的增长情况。

（2）高管人员的薪酬改革。在高管人员方面，以“60%股票期权加40%的限制性股票”的组合方式取代过去100%的股票期权奖励模式。管理人员只有在限制期结束时方能实现限制性股票的全部价值。限制期长短根据职位确定，以便将薪酬奖励与他们的业绩紧密结合起来。

（3）一般员工的薪酬改革。在期权奖励方面，GE每年都会将近10万名职工和管理者分为5个组，其中，表现最好的10%的员工可以获得可观的股票期权；而表现最差的10%则会被淘汰。

GE此次进行薪酬调整，一方面是其一贯倡导的薪酬准则的价值回归，即：薪酬的大部分比例与工作表现直接挂钩，按绩效结果付酬。不要把报酬和权力绑在一起，将管理人员的薪酬奖励与其业绩紧密结合起来。让员工们更清楚地理解薪酬制度，更多地实行绩效挂钩付酬制度。另一方面，也是GE所面临的公众、股东和业务增长的压力，迫使其对薪酬制度进行改革。

资料来源：于保平. 伊梅尔特遭遇韦尔奇高薪后遗症：绩效股票被锁定5年［J］. 人力资源开发与管理，2003（12）.

案例讨论：

1. GE对薪酬制度调整的动机是什么？
2. GE对高管人员实行“60%股票期权加40%的限制性股票”的目的是什么？
3. GE公司是怎样通过薪酬制度改革达到其奖励优秀、淘汰落后目的的？
4. GE公司的薪酬调整是如何支持公司经营目标的？

第 9 章 薪酬结构及薪酬体系的建立

本章的主要内容是讨论职位评价方法和两种薪酬体系的设计。职位评价是建立在工作分析基础之上的，本书第 2 章在论述工作分析时曾指出，工作分析是对组织中各个工作职务或岗位的目的、任务、职责、权利、隶属关系、工作条件和完成某项工作所必须具备的知识、技能、能力以及其他特征进行描述的过程。其目的在于找出各项工作的相似性和差异性，为人力资源管理的其他职能奠定基础。职位评价则是在这一基础上，为岗位制定具体的工资标准。本丛书第一部《战略性人力资源管理：系统思考及观念创新》第 1 章在分析传统人事管理与现代人力资源管理的异同时，以财务部门的财务分析岗位和财务出纳岗位为例做了详细的分析，由于面临的工作环境、技能要求、努力程度和责任大小等方面的差异，财务分析岗位对企业的重要性和价值贡献大于财务出纳岗位的重要性和价值贡献。这种区分就是通过职位评价来获得的，而上述工作环境、技能要求、努力程度和责任大小等，被称之为报酬要素，是进行职位评价的重要依据。鉴于职位评价在薪酬设计中的重要作用，本章将对职位评价做详细的介绍，包括几种常见的薪酬的设计方法，包括排序法、归类法、薪点法等。

目前流行和使用频率较高的薪酬设计主要有两种，即以职位为基础的薪酬设计、以任职者能力或技能为基础的薪酬设计和以绩效为基础的薪酬设计。以职位为基础的薪酬结构又称为以工作为基础的薪酬，它是建立在工作分析和职位评价基础上的，通过对工作的重要性和相对价值贡献，建立内部平等的薪酬体系。以任职者为基础的薪酬体系则不与职位评价直接联系，而是将薪酬与员工个人的能力和技能联系起来，包括以技能为基础的薪酬结构和以能力为基础的薪酬结构两个方面。这种薪酬结构的出现主要是组织适应环境变化和灵活性要求的产物。以绩效为基础的薪酬设计则强调组织的薪酬与组织业绩之间的关系。本章将对这三种体系做详细的阐述。

学习本章主要应了解和掌握的内容：

1. 职位评价与工作分析的关系。
2. 职位评价有哪些主要方法。
3. 报酬要素的定义和作用。
4. 三种不同的薪酬结构设计各具有什么特点。
5. 以职位为基础的薪酬结构的设计思路和流程。
6. 以人为基础的薪酬结构。

专栏9-1：我国职位评估的现状

商业竞争的加剧使企业越来越注重建立战略人力资本管理体系，以提高企业绩效。区别于传统的人事管理，战略人力资本管理就是要建立与企业绩效紧密联系的激励、保留机制、能力管理、继任计划等体系，而量化岗位价值将为中国企业建立这些体系提供最直接的支持。

对大多数中国企业而言，职位评估还是一个新理念、新工具，他们在职位评估工具的选择、实施与应用方面存在着诸多困惑，这为之后的如薪酬、招聘考核等人力资源工作带来更多的阻碍。怎样令职位评估系统更有效地发挥作用？为了求解这一难题，全球最大的人力资源咨询机构美世咨询于2004年秋季与部分著名人力资源服务机构合作，对来自制造业、房地产、高科技/电信、批发/零售业、服务业、金融、保险等行业的263家企业（其中民营企业55%、外资及合资企业33%、国有企业15%）的职位评估情况进行调查。参加调查的人员为人力资源部经理、薪酬经理。这份题为《如何令职位评估更有效》的调查报告主要设置了三个方面22个问题：职位评估在企业的应用状况及影响；企业实施职位评估系统的状况；企业对职位评估工具的评价及期望等。

1. 应用现状

调查结果表明，目前56%的调查对象使用了职位评估系统，其余44%的公司中未实行职位评估的原因包含：业务变化过快、职位评估系统管理过于繁琐、部分公司着重关注外部竞争性，还有部分公司认为职位评估系统只能在短期内适用。其他原因包括：认为系统过于昂贵；人力资源工作不受重视；高层缺乏这方面意识；公司成立时间短等。

调查显示，54%的企业使用自行开发的职位评估工具，46%的企业选择国际知名的职位评估系统。这些职位评估方法主要分为定性、定量两大类，其中定性包含岗位分类法和岗位排序法、定量包含因素计分和因素比较法。其中因素计分法的优势在于：评估集中于岗位而不是个人；评估结果较易转化为薪资级别；新的岗位容易放入组织架构；评估结果更为客观一致，因此目前已成为国际上的职位评估的主流手段。

2. 实施模式

调查显示，大部分企业借助职位评估系统的目的是进行外部市场职位定价工作，但在自行开发职位评估系统的公司中，职位评估系统更多地被用作协助组织机构设计和调整岗位。如：明确分出岗位的级别；作为一个公平的工资等级的基础；宏观了解岗位间的相互关系；作为任职者—岗位匹配程度分析的出发点；作为岗位发展和继任计划数据库；作为解决岗位头衔问题的参考；作为一个国际职位价值比较方法。

48%的企业是通过职位说明书来收集职位信息，其他的方法如：简短的职责陈述、角色介绍、问卷调查等。统计结果反映，职位说明书因其系统、规范、明确的优势，仍是目前收集职位信息时最普遍采用的方法。71%的企业的职位评估是由人力资源部和职工代表共同进行的；26%的企业的职位评估由职工代表委员会来进行的；3%的企业的职位评估是由人力资源部单独完成的。这表明目前大部分企业在进行职位评估时更重视普通员工的参与度，以便使评估结果更加合理、更易被员工接受。但为了保证评估过程的客观性、平衡性和评估结果的权威性，企业的职位过程需要引入更多的公司高层管理人员，否则将来在推行评估结果的时候会因为缺乏高层的认可和支持，而增加推行的风险。

评估的时间成本。52%的公司在职位评估上每月所花费大于一天的时间，另一方面仅有9%的公司在网上使用职位评估系统，大多数公司目前都无法做到这一点。调查结果表明，目前在华企业在线进行职位评估比率还不高，但从国际市场来看在线评估以其高效准确的优势已经成为主要的评估方式。

职位评估系统的调整频率。只有35%的公司在最近5年中对自己的职位评估系统进行过重大调整。调整的原因主要是为了保持与市场的连接和薪酬的公平性，还有方便管理的要求。其他一些原因包括：全球化带来的价值和观念的改变，非正式员工大量增加等。大部分公司（57%）选择在新职位产生和岗位变化时引入职位评估系统，表明越来越多的公司注意到了职位评估对组织机构设计和人员招聘时的重要性。半数以上的公司（51%）赋予员工要求重新评估的权力，表明公司更加重视员工对评估结果的认同。

3. 评价及期望

企业对目前使用职位评估系统最不满意的指标有两项，分别是“系统的软件支持性”和“系统对薪酬调查数据库的支持性”，说明这两个方面仍不完善。此外，对系统的“易于沟通性”和“较少引起员工争议性”的评价也较低。而对系统的“易于管理性”和“反映公司价值观”方面则比较满意。

在对各系统的比较中，专业的职位评估系统在“反映公司价值观”、“员工认可系统的客观性”、“系统结论的公正性”、“反映市场相应职位的价值”、“软件及网络支持性”方面要优于自行开发的系统，但也有企业认为自行开发的系统在“易于管理”和“沟通方便”方面较好。

对未来职位评估系统的要求，大部分客户最关注的有三方面：“易于沟通性”、“有效性”及“薪酬调查数据库”的支持能力，这同时也预测了未来职位评估系统改善和提高的方向。

本次调查看到：在中国市场上，由于企业的人力资源管理体系还在逐步完善，企业对于职位评估的对人力资源管理的作用还有待更为全面的认识。由于职位评估系统在中国仍处于起步阶段，大部分企业使用职位评估系统的期限较短，较多的企业仍没有职位评估计划。这表明理解职位评估的系统，掌握职位评估的方法，仍是目前中国人力资源专业管理人员的必修课。而在职位评估系统的未来发展方面，如何提高系统的易于沟通性，加强与外部市场的连接性，提高系统的软件及网络支持性，仍是众多职位评估系统设计者需要重视的问题。

资料来源：经济观察报，2004－10－18. 有删节，个别文字有改动。

9.1 职位评价的定义及其方法

9.1.1 工作（职位）评价综述

如前所述，以职位为基础的薪酬结构是建立在工作分析和工作（职位）评价基础上的。工作分析的目的只是分辨出不同工作之间的相似性和差异性，相同的工作（岗位）可能会获得相同的报酬，不同的工作（岗位）则可能会在报酬上体现出差异，这种差异就是通过职位评价来获取的。

职位评价的定义。所谓职位评价，是指在制定组织内部工作或职位结构的基础上，根据组织战略的要求，科学客观地评价各个职位的重要性和相对价值的过程。对职位评价的定义存在不同的观点，有的认为职位评价应建立在职位内容的基础之上，涉及的是职位责任、职能以及所需技能等因素的分析；有的认为职位评价应建立在职位价值的基础之上，通过考察职位在公司中的地位以及在外部市场上的价值，来决定对职位的评价。[1]67我们认为，从战略性人力资源管理的角度出发，职位评价作为人力资源管理的一个职能，最重要的是应服从组织的目标，同时结合组织内部需要对职位内容的评价，也就是说，职位评价既要考虑外部市场因素，也要照顾内部因素。评价的内容主要包括工作的难易程度、应承担的责任大小、工作所需的知识和能力、岗位贡献大小等方面的内容。所评价的这些内容也就是通常所说的报酬要素。

职位评价的作用和目的。如果工作分析只是分辨出相同的和不同的工作，那么职位评价则要为这些相同和不同的工作制定工资标准。也就是说，职位评价要确定每项工作后岗位对实现组织目标的重要性和相对价值，为确定它们的价格即工资标准提供依据，并在此基础上建立内部平等的工作结构，即实现内部一致性要求。内部公平是影响薪酬水平的决定性因素，内部公平不仅要做到合理拉开不同岗位、不同技能水平员工之间的薪酬差距，而且还必须使员工能够接受这一差距，尽可能减少隐含成本的负面影响。与此同时，为了提高组织薪酬系统对外部环境的适应能力和竞争性，职位评价又会在一定程度上参照市场标准，以体现外部一致性的要求。职位评价的目的在于，强调薪酬结构要支持工作流程，对所有员工公平，有利于使员工行为与组织目标相符。

职位评价的组织与实施。职位评价作为人力资源管理的重要职能，不仅涉及岗位的价值评价，而且还涉及岗位的人员需求和薪酬安排等重要事项，因此必须认真对待。为保证职位评价的顺利进行，组织应当提供包括组织、人员、资金等在内的资源支持和保障。在组织保障方面，应成立由主要领导担任负责人、包括人力资源部和各有关业务部门参加的职位评价领导小组，并由人力资源部负责职位评价的组织和实施，并赋予该小组在权限内调动和配置资源的权利。人员支持包括有关专家的聘请、小组工作人员的组成、员工代表的选择等。资金支持包括外聘专家的费用以及在评价过程中可能发生的所有费用的安排等。此外，在职位评价工作完成后，还应当对开展此项工作的质量情况做出评价，以确定是否达到了预期的目的。

9.1.2 职位评价方法

要进行职位评价，就需要使用一定的方法。职位评价的方法很多，在美国，这种思想最早产生于1838年；1909—1910年，格里芬哈根创立了等级分类法；1909—1926年，美国一共出现了四种职位方法，分别是等级分类法、基点法、排列法和要素比较法。[1]69-70本节将简要介绍三种方法，即排序（评分）法、归类（分类、套级）法和薪点法。

（1）排序法

排序法又称评分法，这种方法最早由美国的阿瑟·杨和乔治·凯尔蒂于20世纪20年代率先使用。现在使用的简单排序和交替排序，就是据此发展而来。它主要是按照专业和部门的各项工作对组织贡献的相对价值大小为基础所得出的职位或岗位的顺序。在使用这种方法时，评价小组成员对于哪项职位相对价值最高、哪项职位相对价值最低达成一致意见，然后再确定下一个相对价值最高和相对价值最低的职位。以此类推，直到将所有的职位都排列完。该方法的特点首先是重视职位的总体价值和个别重要的报酬要素，而不需要对所有的报酬要素进行分析和评价。其次，这种方法主要适用于难以定量化的管理工作（职位），如在同一专业、同一部门或同一职族内部进行比较和排序，而不适合在不同的专业和部门（如生产线工人和管理部门，或研发部门和销售部门）之间进行排序。最后，这种方法相对比较简单，容易为组织成员理解和掌握，成本也较低。

排序法的使用步骤是：

第一，根据组织目标、部门目标以及建立在此基础上的部门工作职责和岗位职责，获取那些对于实现组织目标最重要的岗位信息，以供岗位排序时使用。

第二，确定排序的对象，即在同一部门、专业或职族内部进行排序，以保证排序的公平性和合理性。

第三，确定报酬要素。虽然排序法是对职位的总体情况进行排序，并不要求对所有的报酬要素进行评分，但为了保证公平，减少排序中的主观性和随意性，确定少数的报酬要素还是必须的。比如，在管理类的部门中，“脑力劳动强度”、“工作责任”就是比较重要的报酬要素。评价小组的成员可以根据这些要素，对若干职位进行比较和排序。

第四，对职位进行排序。评价小组成员可以共同或分组对于哪项职位相对价值最高、哪项职位相对价值最低达成一致意见，然后再确定下一个价值最高和价值最低的职位。以此类推，直到将所有的职位都排列完。比如，按照“脑力劳动强度”和“工作责任”两项要素，对某人力资源部的六个职位进行排序，就得到表9－1排序的结果。表的左面是现有的职位，右面是排序后的结果。

第五，将排序的结果与相应的薪酬等级挂钩。在这个环节，一项重要的内容是薪酬等级的组成和排列。不同的组织有不同的组成和排列形式，包括最高和最低收入的标准、管理人员和非管理人员的薪酬差距、各薪酬级别的级差等，如何确定这些内容，取决于组织的发展阶段、（如创业和成长阶段以外部公平为主，成熟阶段以内部公平为主）组织文化、（倾向于平等的工资水平还是倾向于有差别的工资水平）薪酬总额等因素的影响。

表9－1　某公司人力资源部职位的排序序列

职位	排序
人事档案管理岗	薪酬设计管理岗（相对最有价值岗位）
薪酬设计管理岗	绩效管理岗
培训开发岗	培训开发岗
绩效管理岗	人事档案管理岗
一般办事员	退休人员管理岗
退休人员管理岗	一般办事员（相对价值最小岗位）

排序法在实践中的应用及评价。尽管对于排序法的优点和缺点有各种不同的评价，但由于其简单适用，因此在实践中得到广泛的采纳。一般认为排序法的缺陷在于对职位定级的标准定义不明，[2]106或只适用于规模较小的组织，或没有详细具体的评价标准，主观成分很大等。[3]以上这些问题的确在现实中存在，但排序法在应用中产生的弊端更多的是源于如何使用它而不是方法本身。[4]如果能够在实践中正确使用，就能减少这些弊端。例如，改进在习惯上不使用或很少使用报酬要素的做法，通过增加若干关键报酬要素的评价，就可以在一定程度上解决标准不明和导致主观判断的弊端。如在对薪酬设计管理岗和人事档案管理岗进行比较时，如果排序是建立在所需技能、所负责任、努力程度等要素的基础之上，排序的结果就会是比较合理和科学的。至于这两个岗位之间的薪酬差距应该有多大，更大程度上取决于组织

文化而不是具体的方法和技术。排序法并不只是适用于小规模的组织，即使是大型组织，这种方法也同样适用。除了那些能够用量化的方法进行评价的职位外，排序法可以对很多职位进行评价。而且可以通过对多个报酬要素的选择，减少评价误差。此外，在使用排序法时，要认真选择评价小组的成员，并通过培训使其充分了解和掌握这种方法的特点。

（2）归类法

归类法又称分类法、套级法，与排序法一样，也是一种比较简单且容易操作的职位评价方法。与排序法和其他的职位评价方法不同的是，在使用归类法时，并不分析评价每一个职位的具体情况，而是将所有具有相同特征的职位（如责任、权利、管理经验、技能等）按不同的等级归类的一种方法。如把职务分类为：管理型、技术型、生产型、销售型、服务型等。每一类再在专业细分的基础上，根据需要划分为若干不同的等级。因此，归类法不仅要制定类别说明书，而且还要制定等级说明书。比如，管理类职位可能就包括了财务、人力资源、行政、计划等，如要对该类职位进行评价，不用对这些不同的职位进行评价，只需有一个管理类的总体工作说明书，说明其工作性质、工作内容和任职资格等，然后再根据需要制定等级说明书。

归类法的使用步骤是：

第一，根据组织经营目标、范围及其他方面的要求，制定详细的类别工作说明书。类别说明书主要说明本类别（专业）的工作内容和任职资格，与一般的工作说明书大致相同。

第二，确定等级。在类别说明书的基础上，需要确定等级数，如美国联邦政府采用职位归类法确定的通用职位等级数为18级，每一级的要求是不一样的，不同的类别可以在同一个级别内。我国2005年4月27日颁布的《中华人民共和国公务员法》也分为18级。表9－2是某公司业务员等级划分的一个实例。根据这一等级划分的要求，财务部从事财务投资分析的人员和人力资源部从事绩效和薪酬设计的人员可能都会处在三级以上的序列，而财务部的会计人员和人力资源部的人事档案管理人员可能都处在四级序列。

表9－2　　　　某组织业务员等级实例

一级业务员：专家级业务员，有强烈的事业心和责任感，忠诚于公司的利益，具备经济学、管理学、统计学、财务管理、专业技术等知识，能够准确识别并正确处理商业、财务、业务等各类数据或报表中存在的问题；具有极强的写作和语言表达、综合分析研究和解决问题的能力，能够在非常规状态下工作并善于处理突发事件；能够对公司的发展战略、经营管理、投资决策等重大事项提出具有专家级或高水平的意见和建议，并能够成为公司决策的重要依据；在专业岗位业务方面具备专家级水平；能够独立完成公司有关项目的策划、研究和操作；具有创新性的工作成果；能够成为部门工作的多面手，完全独立并高水平的完成本部门相关岗位工作职责的要求；在公司有5年以上工作经历；具有研究生或同等学力，高级技术职称。（含注

表9－2(续)

册会计师、注册审计师、执业律师等资格） 二级业务员：公司基本业务骨干，有强烈的事业心和责任感，忠诚于公司的利益，专业技术优秀；具有很强的写作和语言表达能力，对各类数据和业务报表具有很强的敏感性，能够进行独立研究，但大多都遵循既定的指导和原则；在带领和指导下能够从事非程序化工作并处理突发事件；能够对公司、本部门和本岗位的工作提出具有专业水平或建设性的意见和建议，并提出解决问题的方案；能够独立承担专题调查研究和胜任部门多个岗位的工作，能够与他人合作完成公司或本部门交与的其他工作；具有大学本科以上学历或同等水平，中级以上技术职称和相关职业资格。刚毕业进入公司的博士研究生原则上定为二级业务员。 三级业务员：部门业务骨干，有较强的事业心和责任感，忠诚于公司的利益，具有较强的文字写作和语言表达能力，对各类数据和业务报表具有较强的敏感性；能够独立完成本岗位职责所规定的工作，在主管或专业人士指导下能够独立承担部门的专题调查研究；通常在既定的范围和框架内开展常规性的工作，有时需要对非常规事件做出判断，要求具有本科以上学历，中级技术以上职称或相应任职资格。 四级业务员：有较强的事业心和责任感，忠诚于公司的利益；有一定的文字写作和表达能力，在指导下能够处理简单的数据和报表，完全在规定的标准程序下开展工作，基本不需要对非常规事件做出判断。工作初期需与他人合作完成本岗位职责所规定的工作，要求具备大专以上学历，中级技术职称。 五级业务员：有较强的事业心和责任感，忠诚于公司的利益，具备基本的文字和口头表达能力，能够进行最基本的数字运算，在主管及同事的指导下从事简单的常规工作，主要作为助手协助完成任务。刚毕业分配到公司的大学生在规定的实习期满后，定为五级业务员。凡年终绩效考评不合格或下岗后重新上岗人员，原则上也定为五级业务员。

第三，选择报酬要素，根据报酬要素的不同等级制定职位的等级说明书。等级说明书比较细致，它是在类别说明书基础上，按照不同的知识、能力和技能的要求所做出的等级划分，而且要用明确的语言表达出等级之间的区别，有完备的工作细节描述。如在表9－9中，报酬要素是“认知能力”，共有五个级别，各个级别对任职者的要求都不相同。

第四，按照确定的等级与相应的薪酬等级挂钩。不同等级内的职位存在任职资格的差异，获得的薪酬水平也不相同。在每个等级内，由于任职者的条件各不相同，工作能力也会表现出一定的差异，比如，同为一个级别，有的人工作能力和工作业绩可能要好一点，而有的可能要差一点。是否需要在薪酬上体现出这种差异，取决于组织的态度。倾向于平等的工资结构的组织可能会淡化这种差异，而倾向于差别的工资结构的组织则可能会强化这种差异，即通过在同一级别内设置多个档次不同的岗位薪资来激励任职者有更好的表现。表9－3解释了如何解决这种差异。

表 9-3 同一级别内的薪资差异

业务员等级	一档	二档	三档	四档	五档
一级	X	X	X	X	X
二级	X	X	X	X	X
三级	X	X	X	X	X
四级	X	X	X	X	X
五级	X	X	X	X	X

（3）薪点法

该方法最早由美国的迈瑞尔·洛特于1925年采用。相对于前两种方法来讲，薪点法是一种量化的职位评价方法。它的基本原理是，根据各项报酬要素的重要性程度，分别赋予不同的点值，最后将点值加总，得到职位的总点数。通过比较各个职位的点数，决定各职位的薪酬水平。薪点法的特点包括以下几点：首先是有明确的报酬要素；其次，这些报酬要素可以分级、分等，可以量化；第三，通过设定权数反映各个要素的相对价值，最终决定职位的价值。

下面结合某公司人力资源部经理的评价，详细解释薪点法的使用步骤：

第一，组织保障。成立由公司领导、外聘专家、各职能部门负责人、职工代表组成的职位评价领导工作小组，全面负责职位评价工作。公司领导的作用在于提供和配置职位评价过程中所需的资源，明确组织战略对该职位的要求；外聘专家的作用是提供薪点法的使用培训，各部门负责人和职工代表则主要提供与职位有关的信息。

第二，确定评价内容。评价的内容应建立在工作分析的基础上。对人力资源部经理职位的评价主要包括组织战略要求、部门职能要求以及个人能力要求三个方面的内容。对组织战略和部门职能的评价目的在于考察实现组织目标有密切关系的重要因素，如将组织战略所包含的人力资源要素进行分析、整合、配置，在此基础上帮助组织建立起与竞争对手相比较的人力资源的竞争优势的能力，即体现战略性人力资源管理的要求。对个人能力的要求主要是与职位本身有关的知识、能力、技能等任职资格的要求，体现任职者必须掌握的战术水平，即从事该项工作必须具备的条件。

第三，设计人力资源部经理的职位评价表。其他职位需要根据拟评价的职族（专业）分别制定相应的点值评价方案。如研发类、生产类、销售类等。

第四，根据评价内容，挑选并定义报酬要素，以及决定报酬要素的数量。对于人力资源部经理这个职位来讲，可以确定四个报酬要素，即工作技能、认知能力、工作责任和努力程度。每个要素都应给予明确的定义，如表9-9（见9.4）对认知能力的定义是：特定职位要求的表达，运用数字和发现、分析及解决问题等能力的水平。由于工作的要求不同，因此它又分为若干等级。每个要素又根据需要分为若干子要素，如工作技能分为相关知识和工作经验，工作责任包括创造性和决策影响等。

第五，确定每一要素的等级。组织对任职者的要求往往与任职者的实际状况之间是存在一定差别的，因此应考虑组织认可的一个范围，即不同的等级要求。等级之间的界限应当是清楚的和明确的，各等级之间的差距应大致相等。评价小组的任务就是根据该任职者的具体情况和组织的要求，以与相应的等级相对应，并在总体上符合组织的要求。如在表 9 -4 中，四个报酬要素分别分为五个等级。比如，在工作技能这一报酬要素项下，知识的等级定为四级，因为这一职位不仅要求任职者了解和掌握与人力资源管理各职能有关的专业知识和技术，而且还要了解和掌握国家有关的法律、法规的规定，如最低工资保障、劳动社会保障、加班待遇、劳动关系等。经验的等级定为三级，因为经验是可以积累的，只要具备基本的工作经验，组织内部的工作经验只要经过一段时间就可以到达较高的水平。在认知能力项下，解决问题的能力定为四级，强调的是任职者实际的动手能力。在工作责任项下，创造性定为四级，强调的是在组织战略、行业竞争状况和组织自身优、劣势分析基础上制定有竞争力的人力资源管理和实践的能力和水平。在努力程度项下，心理努力定为四级，这是因为该职位常常需要综合运用各方面的知识，进行非程序化的决策，有时甚至需要做出超乎寻常的努力，才能够达成工作的目标。

第六，确定要素权重。在表 9 -4 中，对四个要素都给予了相应的权重，以反映其重要性程度和价值大小。在对人力资源部经理评价的四个要素中，工作技能的权重是最高的，为 40%。认知能力为 35%，工作责任为 20%，努力程度为 5%。需要注意的问题是，权重的安排既要反映出组织内部公平的要求，同时也要考虑市场的价值倾向。

第七，给要素评分。将要素等级乘以权重，即得到每个要素的得分，将各要素的得分相加，最后得到人力资源部经理的总分。在表 9 -4 中，总得分为 785 分。

第八，将得分与工资表结合。在进行职位评价的同时，应制定相应的工资表。表 9 -10 就是一个与表 9 -4 匹配的工资表。在这个工资表中，785 分处于第三等级，其对应的工资是 2000 元（最低）和 3100 元（最高），中位数是 2550 元。

对基准职位的评价，大致都可以参照这一步骤进行。而对于非基准职位的评价，就只有在参照基准职位评价的基础上，结合外部市场信息和组织内部情况，作出最终的评价。

表 9-4　　一个薪点法的案例——某公司人力资源部经理职位评价表

职位：人力资源部经理　　职位性质：管理

报酬要素	程度（等级）1	2	3	4	5	权重	= 合计
1. 工作技能：40%							
相关知识				√		40%	160
工作经验			√			40%	120
2. 认知能力：35%							
语言表达			√			35%	105
运用数字			√			35%	105
解决问题				√		35%	140
3. 工作责任：20%							
创造性				√		20%	80
决策影响		√				20%	40
4. 努力程度：5%							
生理努力			√			5%	15
心理努力				√		5%	20
						合计：785	

资料来源：乔治 T 米尔科维齐，杰里 M 纽曼．薪酬管理［M］．6 版．董克用，等，译．北京：中国人民大学出版社，2002：116．文字有调整。

表 9-5　　与薪点法配套的工资等级结构表　　单位：元

等级	工作评价点数范围		月工资浮动范围		
	最低	最高	最低	中间值	最高
1	500	600	1000	1350	1700
2	600	700	1500	1950	2400
3	700	800	2000	2550	3100
4	800	900	2500	3150	3800
5	900	1000	3000	3750	4500

9.1.3　职位评价要注意的问题

尽管市场薪资水平非常重要，但以职位为基础的薪酬结构主要考虑的还是组织内部的公平问题。由于评价的结果与职位的薪酬是密切相关的，因此，在进行职位评价时，一定要综合考虑组织内部的各项因素，同时保证评价信息的准确性，使评价的结果尽可能的科学合理，最终达到激励的目的。第一，要通过职位评价，突出那些对于组织来讲具有重要意义的岗位的价值。要做到这一点，就需要对报酬要素进行认真的选择。第二，要注意评价的均衡问题，既要避免评价结果差距过大，也要避免差距过小。特别是对于那些难以量化的管理职位，或同一部门从事同样工作的岗位，除非有明确的定量指标，否则差异不能太大。但也要注意，均衡的目的绝对不是平均，不能把两者混为一谈。第三，职位评价只是一种区分不同岗位重要性的策略方法，评价的结果在实践过程中，一定要注意与组织的战略要求相吻合。正如前面在讨论如何解决内部一致性和外部一致性矛盾的问题时所举的A企业的例子一样（参见第十四章第二节），无论是建立在内部公平基础上的职位评价还是建立在市场薪酬水平基础上的外部公平，最终都应符合企业的利益，能够解决企业的实际问题。也就是说，职位评价一定要为组织的利益服务。第四，要注意工作分析和职位评价结果在实践中的应用，即在工作分析和职位评价的基础上，制定明确的岗位职责和薪资标准，同时应该给组织成员一个公开竞聘的机会，只有当组织成员参与了这一过程，才能够真正达到内部公平的目的。第五，在职位评价中要注意评价的标准应尽可能的公正和合理，以保证评价时间的一致性和评价者的一致性。同时应保持评价结果的动态适应性，即根据经营环境的变化对工作评价结果随时进行修正。

9.2 薪酬结构设计思路

9.2.1 定义和内容

薪酬（工资）结构反映组织内部员工不同收入水平的排列形式，不同的专业、岗位和技能可能有不同的薪酬收入水平。薪酬结构要解决四个方面的问题：一是工资总额；二是薪酬等级的数量；三是不同等级之间的级差；四是决定级差的标准。薪酬结构对于组织的管理来讲具有重要的意义，首先，薪酬结构本身与组织的管理权限是紧密结合在一起的，它体现了组织不同管理层次的权利、责任和义务。其次，不同的结构对任职者的要求是不同的，当薪酬结构严格的与岗位任职者的要求以及员工在知识、能力和技能结合起来时，它就因此而具备了相对公平的作用。最后，薪酬结构为组织的人力资源部门处理员工的加薪和减薪要求等相关的人事决策提供了依据。

一个完整的薪酬结构大致包括了以下几个方面的内容：

（1）决定工资总额

组织的薪酬在一个特定的阶段或时期总有一个数量的限制，也总是在一定的幅度和范围内变动。薪酬等级的数量、级差的大小以及级差的标准在一定程度上都受到薪酬总额的影响。因此，制定工资结构的第一个步骤就是要确定工资总额。这里的工资总额主要是指员工获得的直接经济报酬的部分，包括现金和福利，非经济的报酬一般没有包括在内。

什么是一个合适的工资总额，并没有一个固定的模式。但就总的情况来讲，可以通过对企业收入和人工成本进行统计，得到一个大致的比例。研究表明，企业全部的薪资报酬（包括现金和福利）平均占到企业年收益的23%左右。当然，这个比例在同一行业内部以及在不同的行业之间会出现一些变化，比如在卫生保健行业和制造业中，企业规模位于第90个百分位上的企业所达到的上述比率是位于第10个百分位上的企业所达到的同一比率的两倍；而在保险行业中，规模处在第90个百分位上的企业所达到的这一比率则是位于第10个百分位上的企业的同一比率的5倍之多。（见表9－6）比如，在美国，平均而言，薪酬成本构成了美国经济总成本的65%～70%。在制造业、服务业等劳动密集型企业中，人工成本占销售收入的40%～80%。

表9－6　　薪资报酬总额占企业年收益的百分比（%）

行业	百分位数		
	第10个	第50个	第90个
卫生保健行业	35.7	48.7	61.6
通用制造业	13.9	22.2	36.6
保险业	6.8	9.9	27.0
所有行业	8.9	26.6	55.0

资料来源：雷蒙德·诺依，等. 人力资源管理：赢得竞争优势［M］. 3版. 刘昕，译. 北京：中国人民大学出版社，2001：487.

了解工资总额在企业收入中所占的比例，可以为企业进行横向的比较和制定有竞争力的薪酬提供重要的依据。对企业来讲，这是一项非常重要的工作，应大力加强包括薪酬统计在内的人力资源管理的基础工作，以使组织的薪酬具有更强的竞争力。

（2）决定组织内部薪酬水平的等级

薪酬水平等级是指工资的级别数量，它关心的是组织的不同等级的收入水平。不同的公司有不同的薪酬等级，薪酬等级水平不仅与职务和职权有关，而且与职务的数量有关。与职务和职权的关系表明，要保证组织正常的运转，需要在不同的管理层级上配备适当数量的管理者，这些不同层级的管理者有不同的管理权限和管理责任。因此，有必要通过不同的待遇和其他的资源配置激励他们达成工作目标。与职务数量的关系表明，组织必须根据外部市场竞争和内部机构设置的基础上确定不同层级的管理者的数量，也就是说，组织对管理者尤其是基层管理者的需求一定要按照市场和自身业务的要求，并着眼于组织的整体效率和效益，在此基础上进行合理的配置。管理人员的配备不单是一个数量问题，更重要的是一个领导力的问题。很多时候，并不是职务的数量越少，效率就越高。在需要大量协调活动的行业和领域，管理人员的数量往往会决定组织的整体效率。如美国西南航空公司的每位主管要负责管理 10～12 名一线员工，这个比例在航空业是最高的。这是因为西南航空公司认为，领导是一个在组织结构的任何一个层面上都会发生的过程。营运一线的领导对于整个组织的成功发挥着关键性的作用。主管的责任不单是衡量员工的工作表现或惩罚“坏”员工，而应该是“选手们的教练”，他们拥有管理的权利，但也同样要干一线工人们的活。他们还要比其他航空公司的主管花费更多的时间辅导员工。[5]88 专栏 9－2 美国西南航空公司对机场营运协调工作人员的配置也是一个典型的例子。该公司之所以要配备如此多的机场营运协调人员，是因为他们同时还扮演一个关键的社会角色，而这对建立跨部门的工作关系起到了协调作用。这一角色包含了与飞机起飞过程相关的每一方面的面对面的互动配合，而这最终对效率和效益的提升起到了关键性的作用。

确定薪酬的等级水平，关键是要有准确的等级表述，即要用一段准确的文字提出对其所从事的工作应具备的知识、能力和技能的表述。比如，在高校的教师系列中，主要有教授（研究员）、副教授（副研究员）、讲师、助教四个级别，每个级别都有一套完整的资格描述，包括在科研成果（论文、专著、译文等）、教学（数量、效果、教学方法实践等）、外语（等级）、计算机（等级）、指导研究生等方面不同的要求。达到或未达到这些要求，就成为评价和判断其是否合格的重要标准。同样，在企业中，不同的管理层级由于其权利、管理责任和工作内容的不同，也是通过等级描述来区分，并在此基础上为薪酬设计提供依据的。表 9－7 是一个简略的不同岗位和不同专业的等级划分和描述。

表 9－7　　组织等级的划分及描述

等级	等级描述
总经理	负责公司的战略实施、业务拓展、内部管理和组织建设等
副总经理	协助总经理的工作，具体负责某一方面的业务工作并承担责任
部门经理	根据公司的战略和部署落实部门的工作并达成相应的目标
技术人员	从事某方面的技术研发和应用论证，并提供市场推广支持
销售人员	负责产品的市场销售、回款和售后服务，并向公司提供市场信息反馈
行政人员	为各业务部门提供后勤支持

（3）不同等级水平之间级差的大小

薪酬结构的第三个问题是确定不同等级之间的级差的大小，即组织内部不同等级之间的薪酬数量的差异。这个级差既包括不同管理层级和不同专业人员在薪酬收入上的差别，也包括在相同部门或专业中由于知识、能力和技能的不同而形成的员工收入的差别。级差的问题涉及组织所奉行的分配文化和原则。正如本章第四节在讨论薪酬战略支持组织的经营目标时所看到的，这种支持既可以表现为差别的工资结构来达到，也可以通过平等的工资结构来达到。不同的组织文化，就决定了不同的分配原则和方法。在有的组织中，高层和基层员工的收入差别非常大，而在那些倡导和谐、分享共同愿景和员工合作的组织中，却开始仿效一种相对平等的分配文化，高层和基层员工的收入差别不大，其目的在于提升员工对公司的忠诚和认同感。需要注意的是，在实行差别的工资结构的组织中，在设计级差时，一定要考虑级差的均衡问题。也就是说，考虑到内部的公平问题，级与级之间的差异不要太大，应保持在一个合理的、可以为多数人接受的范围内。

（4）决定等级和级差的标准

组织都有不同的层级，与之相适应，薪酬也有若干个等级，不同的等级之间也存在数量上的差别。那么，这个差别到底多大才是比较合理的？1∶2 还是 1∶4？决定这一差别的标准应该是什么？这是在薪酬结构设计中要考虑和解决的一个重要问题。

总的来讲，确定等级和级差的标准有两个。第一个标准取决于组织的文化和价值观，所谓差别的工资结构和平等的工资结构，就是不同的组织文化在分配制度上的体现。奉行差别的工资结构的组织强调的是按照与职位相匹配的能力付酬，能力越强，薪酬水平越高。反之，奉行平等的工资结构理念的组织则相信这有利于创造和谐、分享共同愿景和员工合作的工作氛围，提升公司忠诚和认同感，最终提高组织的竞争力。这两种完全不同的结构无所谓对与错，它取决于组织的文化要求，以及对组织战略与组织成员自我价值实现关系的平衡。

第二个标准是按照岗位或职务支付工资和根据人的能力和技能支付工资。这是确定薪酬结构等级和级差的两个基本标准和两种不同的支付方式。按照岗位或职务支付工资是建立在工作分析基础上的，它主要强调的是组织的目标体系与任职者资格之间的关系，反映工作分析和职位评价的结果、不同职务和职位的权利和责任、关键岗位对组织的重要性程度和贡献大小、员工胜任能力等因素对组织绩效的影响。特别是在有差别的工资结构中，这些因素的重要性的大小在很大程度上就是工资级差大小的反映。即使是在平等的工资结构中，不同的管理层级和专业岗位客观上也存在细微的差别，区分并承认这种差别，通过薪酬的激励效应影响其工作的热情和效率，对于组织来讲仍然具有重要的意义。

根据人的能力和技能支付工资的制度主要强调员工的知识、能力和技能对于组织现在和未来成功的重要性，它是建立在组织面临的不确定环境、组织灵活性的要求、员工终身学习的愿望、留住核心员工以及以人为本等基础上的。当今商业环境的剧变已使得任何组织都难以再像过去一样准确地预测未来，新的商业盈利模式、新的组织结构以及新的管理方法和技术的不断涌现，这一切都对组织的生存和发展提出了严峻的挑战。在这种环境下，组织必须保持足够的灵活性，才能适应不同环境对组织的挑战。而要保持这种灵活性，最重要的就是必须要储备一批具有各种知识、能力和技能以及能够不断学习的员工。因此，组织必须在其内部营造一种不断学习的氛围，保证员工的整体素质能够适应环境变化和人员的灵活配置的要求。同时，由于能够保持不断学习的状态，员工的能力和技能也在不断提高，随之而来的就是薪酬和福利的提高，最终为培养员工的凝聚力、忠诚度以及留住核心员工奠定了坚实的基础。

专栏9－2：美国西南航空公司对机场营运协调人员的配置

在航空业，营运协调工作人员的工作对于协调飞机起飞起着特别核心的作用，他们的工作范围包括负责飞机卸载、清理、重新装载然后起飞上路的职能部门之间的沟通交流，其具体职责包括收集一架飞机上乘客、行李、货物运输、邮件、燃料的有关信息，计算上述每个项目能够装载的数量，应在哪里进行装载，并且要确保与天气情况和路线情况不发生冲突。当飞机到达以前，在飞机停在登记口期间，以及在飞机起飞以后，营运协调人员都需要收集并处理来自每个职能部门的信息，对这些信息做出必要的调整，并将这些调整反馈给各个部门。在这个过程中，营运协调人员要把来自各个部门对乘客需求、货运和邮政服务的承诺，以及飞行安全要求的看法汇集到一起，有时当这些看法互相矛盾时，他们还得在中间进行协调。可以看出，营运协调工作人员充当了一个“边界桥梁”的作用，他们处理的是跨部门边界流动的信息。但这种“边界桥梁”的成本很高，因为他们需要一个以协调为主要任务的工作团队来充当。要降低成本就只有减少人员配备，并增加分派给他们去协调的项目数量或飞机起飞次数。

20世纪80年代以来，美国很多航空公司越来越依靠计算机系统来汇总发送一次航班所需的信息，从而使营运协调人员提高工作效率。这些系统客观上使工作效率的提高成为可能。比如，营运协调人员可以同时协调高达15班次的飞机起飞过程。他们只需阅读一个由各职能部门输入了相关信息的计算机文件，当信息中有不一致的现象，或是需要更多的进一步的信息时，协调员才找相关人员联系。但在这一过程中，沟通的质量却不是很高，沟通的细节也不完善。

营运协调工作人员传统上充当的是一个航站中跨部门的社会凝聚源，他们在每次起飞的初步计划或实施阶段要与每个职能部门有面对面的接触，他们所在的“现场营运协调中心”也曾经是为数不多的几个不同部门人员能够舒心相聚的地方，这些人员包括飞行员、燃料服务人员、行李处理人员、机械维修人员、客户服务人员等。

由于各航空公司减少了营运协调人员，也就意味着失去了建立紧密牢固的跨部门界限工作关系的个人交流与互动的机会。但美国西南航空公司却没有这样做。他们充分意识到了营运协调人员工作这一独特的重要性，把营运协调人员的数量增配到甚至超过传统上其他航空公司所配备的数量。公司为每一次航班都配备了专职的营运协调人员，这位协调员和每一个职能部门在飞机转场前、转场中和转场后进行面对面的接触和交流，这一切完成后，再全心全意关注下一架飞机。

机场营运协调人员地位和作用的重要性在公司得到了广泛的重视，管理层认为他们是负责飞机起飞的灵魂和组织者；飞行员认为他们是整个团队的领导；客服人员把他们比喻为航空公司的脉搏。这种核心地位也得到了公司晋升政策的支持，员工们通常要在机坪部门以及客户服务部门服务一段时间后才能够到这个岗位上，这样就把前两个岗位的经验带到了协调岗位，从而获得了一种更为广泛的跨越部门的视觉。同时，营运协调人员的工作还被认为是员工成为机坪或客户服务经理前必经的一步。

研究表明，将“边界桥梁”式的人员负责的航班减少与高水平的关系性协调能力是相互关联的。专用的“边界桥梁”式人员还对提高飞机起飞表现，尤其是加快转场速度、提高人员生产效率、减少客户投诉数量和提高准点率都起到了积极的推动作用。

资料来源：乔蒂·赫福·吉特尔. 西南航空案例——利用关系的力量实现优异业绩［M］. 熊念恩，译. 北京：中国财政经济出版社，2004：148 - 153.

9.2.2 组织内部影响薪酬结构的因素

本书前面曾讨论了影响组织薪酬的主要外部因素，包括市场竞争压力、政府管制、行业的差异和组织的规模、竞争对手的薪酬水平、股东的压力等。除此之外，组织的内部因素也会对组织的薪酬产生影响，如组织的战略、组织文化、人力资源管理政策和组织成员的接受程度等。下面对这些因素做一个简要的分析。

（1）组织战略是影响薪酬结构的首要因素

战略性人力资源管理不仅强调人力资源各职能间的有机整合，同时更看重人力资源战略对组织战略的支持。薪酬作为人力资源管理的重要职能，在帮助组织实现经营目标的过程中发挥着重要的作用。不同的经营目标需要不同的薪酬政策的支持，如果薪酬的激励导向与战略的要求背道而驰，经营目标在实施的过程中就会遇到障碍。虽然战略往往被视为一种宏观概念，但战略的成功取决于组织成员在微观层面上做的各项决策和执行能力。因此，要保证战略的成功，薪酬战略必须通过科学合理的导向，以引导组织成员的行为朝着有利于战略目标的方向努力。

（2）组织文化的影响

一个崇尚创新及冒险的组织和一个推崇平等的组织，在薪酬结构上会表现出不同的特点，前者可能更倾向于强调建立在创新基础上的薪酬水平的等级差异，通过对创新的激励，为组织的人才招聘和留住符合组织文化要求的人员提供标准；而一个推崇平等理念的组织则可能更强调薪酬的无差异化，以便获得组织成员之间的合作和亲密无间的关系，以及建立在这种关系基础上的团队和奉献精神。美国西南航空公司就是这样的一家公司。[6,7]西南航空公司成功的关键在于它的文化及其特征，这一文化的核心在于强调“合作对于实现成功至关重要”，在这一指导思想下，公司文化倡导平等主义哲学，员工们具有相当多的自由度和责任心，参与决策和改革建议的程度相当高；公司通过雇佣认同公司文化的员工以保持文化的实现；支持和重视培训，灵活地使用员工，以及不裁员政策等。塑造这一文化的目的在于鼓舞士气，避免骄傲和防止等级制度或官僚作风阻碍创新和改革，并支持公司长期成长和员工间公平待遇的使命和目标。为了支持这一目标，公司十分重视薪酬的作用，把工资、浮动报酬和贡献承认计划看成是公司管理流程的一个组成部分。首先，这种文化在薪酬结构上的表现就是一种平等的工资结构，西南航空公司的飞行员等级的工资结构差异水平要明显小于联合航空、美国航空和德尔塔航空3家公司。（见表9-8）其次，在薪酬的组合方面，公司强调短期的较低报酬和长期的较高收入的结合，即把基薪控制在低于市场，而强调长期的激励。具体做法是：在基薪方面，公司看重员工长期服务和对公司的长期承诺，起薪水平低于市场水平。高级管理人员和员工一样遵守相同的薪酬“规则”。首席执行官的报酬水平低于市场同等规模公司执行官的中位数水平，其目的在于使激励首席执行官努力工作，以分享为股东创造的价值。其他高级经理们的收入水平虽稍高于市场水平，但是他们持有的公司股票就少了很多。再次，公司还实行浮动工资计划和利润分享计划，鼓励员工尽可能控制成本，根据个人收入水平和公司的盈利状况，每个员工都有同样的分享机会。为了保证员工们在退休后得到更多的保障，员工的全部奖金都延期支付；员工们还可以用工资条的折减额通过员工股票购买计划以一定折扣购买公司股票。公司的股票有10%为员工所拥有。最后，公司还基于员工在工作期间的旅行数量支付工资，为保持飞机准时运行提供奖励。在退休计划中也有各种不同的投资组合供员工选择。在公平方面，首席执行官的股票期权没有折扣，他们购买公司股票的计划和员工一样。不论是利润分享计划还是股票期权计划，其目的都是鼓励员工共同承担降低成本的任务和为公司及客户谋利益。而最终带来的是公司股价的上涨，每个员工也就能够从中获得自己的收益。西南航空公司在总部和各个基地还有各种各样的特殊贡献承认计划。除此之外，为了让新员工看到自己的成长机会，公司一方面加强对新员工的筛选，另一方面也大力强调长期服务对个人带来的好处。正如公司的一位经理所讲的：我们想让员工看到和我们在一起的一种长远的职业机会，初来乍到的员工基本上干的都是最坏的班次，并且工资也是最低的。问题在于缺乏长远的视觉。人们不想从最底层干起，他们看中的不是长期的回报。在“西南”，我们这儿有干了20多年的老工人，他们有非常丰厚的退休金，能够得到很高的回报。[5]284 此外，不裁员的政策所提供的安全稳定的工作，也构成强有力的激励保障。正是这些努力，最终支持和保证了西南航空在竞争激烈的航空业能够始终鹤立鸡群。

表9－8　　美国西南航空公司与另外3家大型航空公司的飞行员薪酬

	副机长，1年	副机长，中型飞机，5年	机长，最小型号飞机，10年	机长，最大型号飞机，最高值
西南航空公司	$ 36 132	$ 82 068	$ 140 412	$ 143 508
美国航空公司（A）	$ 25 524	$ 67 092	$ 132 276	$ 185 004
德尔塔航空公司（B）	$ 33 396	$ 95 040	$ 112 308	$ 209 338
联合航空公司（U）	$ 29 808	$ 95 100	$ 128 124	$ 200 796
平均值（A. D. U.）	$ 29 576	$ 85 744	$ 124 236	$ 198 396

资料来源：巴里·格哈特，萨拉·瑞纳什. 薪酬管理：理论、证据与战略意义［M］. 朱舟，译. 上海：上海财经大学出版社，2005：80.

（3）组织的性质

组织性质是指按照组织所从事的事业和劳动、技术的密集程度等因素来观察对薪酬结构的影响。一般来讲，在劳动密集型的组织中，由于劳动成本高，薪酬的等级也相对较多，严格的等级结构设计的目的之一在于控制人工成本；而在技术密集型的组织中，劳动成本相对较低，结构的等级可能也较少。这可能是因为技术密集性组织更加注重知识的创造和传播，而过多的管理或薪酬层级显然与这一目的是不太相符的。

（4）组织的人力资源管理政策和员工的接受程度

从政策的角度讲，它受到组织文化和战略的限定，包括晋升政策、内部一致性政策、公平政策等是否能够反映文化和战略的要求；从员工接受程度的角度讲，它反映组织薪酬结构的公平性程度，包括程序、过程和结果公平，如果接受的程度较高，则表明达到了内部一致性的目标。

9.3　薪酬结构的战略性选择及组合设计

薪酬体系不仅要明确“重要的并不是具体的支付形式，而是向谁支付”，而且还要认识“重要的不是支付多少，而是如何支付”。如何支付所涉及的就是薪酬组合的设计问题。薪酬组合设计主要研究的是，在既定的薪酬总量下薪酬体系的各组成部分的形式及其所占的权重。薪酬组合设计涉及行业竞争分析、行业赢利能力等外部因素，也涉及组织发展阶段、组织特征、组织文化和战略、人力资源管理政策、员工的期望等内部因素。一个符合内外环境要素，得到员工高度认同的薪酬体系，无疑会帮助组织获得成功。

（1）企业发展不同阶段薪酬结构的选择

如同人一样，企业也是一个有机体，也会经历从小到大的生长和发展。一般里讲，企业的产生和发展要经过四个阶段，即创业阶段、成长阶段、成熟阶段和老化阶段。在每一个阶段上，企业面临的任务、目标以及完成和实现这些任务和目标的手段都是不同的。在薪酬系统的设计和实施上也同样如此。根据专家对处于不同阶段公司薪酬设计行为的研究成果，企业在不同阶段上的薪酬设计具有不同的特点。特别是在创业阶段，由于企业面临现金流出大于流入以及生存的压力，因此行动导向和机会驱动的压力成为企业一切工作的指导方针。这种指导方针也表现在人力资源管理的实践方面，比如，由于没有时间对员工进行培训，因此大量的熟练人员主要从外部招聘；由于要招聘到最需要的人员，提供的薪酬往往是市场水平甚至超过市场水平；绩效指标以结果导向为主；在薪酬的构成上，处于创业期和成长期的企业，其薪酬的设计特点大多都是基本工资和福利比例较小，奖励性工资所占的比例非常大。这时薪酬系统的目标主要是吸引人才的加盟。专家的研究也支持这一结论。根据艾力格（Ellig）等人的研究，在创业期和成长期，厂商需要将现金转化为对产品开发和营销的投资。因此对成长型厂商来讲，保持基本工资和福利等固定成本低于市场水平，但同时提供诸如股票期权等可以导致总薪酬水平远高于市场水平的长期报酬计划对自身发展更为有限。[8]而处于成熟期的企业，基本工资和福利比例较大，奖励性工资所占的比例较小。这时薪酬系统的目标发生了变化，不再是吸引人，而是留住人。在美国一项关于报酬实践是如何与战略结合在一起的研究中，研究者对33家高科技企业和72家传统企业进行了考察。他们根据这些企业是处在成长阶段（年销售额在经过通货膨胀调整以后仍然能够达到20%以上）还是已经处于成熟阶段对它们进行了分类。研究发现，处在成长阶段的高科技企业所采用的薪酬系统是：奖励性工资所占的比例非常大，而薪金和福利在总报酬中所占的比例却很小。另一方面，处于成熟期的企业（包括高科技和传统企业）所采用的薪酬系统往往只是将总报酬中一个很小的百分比分配给奖励性工资，而福利部分所占的比例很高。[9]对处于老化阶段的企业来讲，薪酬总量会低于市场水平，绩效工资、福利和劳保等也会低于市场水平。在专栏10－3中，可口可乐公司薪酬战略的目标与公司发展阶段的要求也是匹配的。在该公司刚进入中国时，凭借其强大的实力，在创业阶段就提供了较高的基本工资，基本工资是当时国内饮料行业的两至三倍，由于这种极具竞争力的薪酬，吸引了大批的人才加盟，有力地促进了公司目标的实现。也就是说，这种高薪模式的目的就是吸引人才。在成长阶段，公司的薪酬目标仍然着眼于提高工资总量和福利水平，以保持薪酬对员工的激励作用和影响。而到了成熟阶段，伴随着公司在中国市场地位的增加以及着眼于继续提高公司在行业的影响，薪酬目标逐步由注重外部公平转向注重内部公平，在职位分析和职位评价的基础上，对薪酬体系进行了重大调整，规范管理制度的同时，薪酬的构成也开始注重非经济性要素，而代之以全面薪酬的激励。这种趋势也符合本章第三节在讨论如何解决内部一致性和外部一致性的矛盾时所阐述的规律和趋势。

（2）行业竞争状况及组织特征

薪酬的构成除了受到不同发展阶段的一般规律的影响之外，还会因行业的性质、企业的地位和实力等方面的因素而表现出不同的特点。如前所述，薪酬组合设计是根据组织战略等要求，在既定的薪酬总量中对各种薪酬要素按照一定比例进行组合和搭配，其方法也多种多样。比如，从组织特征看，对于具有创新型、冒险型特点的企业，可以考虑在薪酬总量不变的情况下，基本工资低于市场水平，但绩效工资高于市场水平，福利和劳保与竞争对手看齐。又比如，薪酬总量可以超过竞争对手或高于市场水平，但考虑到行业的赢利能力，基本工资的设计可以低于竞争对手或市场水平，但绩效工资或长期激励高于竞争对手或市场水平。在本章案例中，通过人力资源和薪酬体系的设计，亚马逊书店塑造了绩效卓越的企业文化竞争力，这其中，薪酬的不同组合形式也是帮助该公司成功的一个重要的因素。[10]

（3）多元化经营状况

企业经营的多元化状况在很大程度上也会影响薪酬的构成和组合。从一般意义上讲，高度多元化经营的企业，其薪酬大多与各经营单位（事业部或子公司）的绩效存在更密切的关系；但对那些多元化程度较低或各经营单位之间的合作程度要求较高时，则薪酬与公司整体效益的关联程度更高。但这种情况也不是绝对的，不论是否是高度多元化经营的企业，出于整体战略和组织内部公平的考虑，很多时候都会强调各经营单位（事业部或子公司）的利益与整个组织利益之间的协调。以 GE 为例，这是一家全世界少有的多元化经营且非常成功的公司，杰克·韦尔奇在任其 CEO 时，为了达到其“整合多元化”的目标，就明确地阐述了自己的观点。他认为，GE 绝不是几十家无关联的企业的组合。因此，应当通过“无边界”行动，通过整合各下属企业的理念，使 GE 的价值超过其各部分的简单加总，以创造整个 GE 的竞争优势。杰克·韦尔奇讲：“我不能容忍这样一种想法，即整个公司的大船在下沉而船上的某些企业却只顾自己靠岸。”[11] 为了达到整合的目标，杰克·韦尔奇对 GE 的薪酬制度进行了改革，通过股票分享等措施，让 GE 的优秀员工从整个公司经营业绩中获得的收益远远超过他们从各自企业中得到的任何收入，从而更加坚定地支持公司的战略目标。本章“薪酬系统与组织竞争力”中所列举的郭士纳对 IBM

薪酬制度的改革也是一个例子。为了保证高级经理对整个高尚经营活动的关心，他们的收入必须与公司绩效挂钩，包括最高层的高级经理和事业部的高级经理年终奖中有一部分与公司整体绩效挂钩，第二等级高级经理的奖金的60%取决于公司整体赢利状况，40%取决于所属事业部的赢利状况。

薪酬结构的战略性选择及组合设计是薪酬战略的重要内容，其重要性表现在两个方面：第一，薪酬结构选择和组合设计是否恰当，事关企业战略的成败。第二，高层管理人员在除了自己专业领域之外，还必须对人力资源管理问题给予高度关注，要了解和掌握有效的激励手段和方法与实现组织目标之间的关系，这也就是本书第一章第三节“战略性人力资源管理”在讨论人力资源管理的发展趋势时所指出的，人力资源管理不仅是人力资源部的工作，首先是组织高层管理人员的责任，道理也就在此。

9.4　以职位为基础的薪酬结构

9.4.1　以职位为基础的薪酬结构的流程

以职位为基础的薪酬结构是实现内部公平的重要途径，它是建立在详尽的工作分析和工作（职位）评价基础之上的。工作分析的内容在第3章已讨论过了，它的作用主要在于确定不同工作内容之间的相似性和差异性，工作（职位）评价（job evaluation）是在工作分析的基础上确定每项工作对实现组织目标的重要性和相对价值，以建立内部平等的工作结构，即实现内部一致性要求。同时，组织为提高竞争性，职位评价又会在一定程度上参照市场标准，以体现外部一致性的要求。例如在医院，医生的职位相对来讲就比护士的职位重要，同样，护士的职位又比清洁工的职位重要。在工厂，总工程师的职位比一般工程师的职位重要，一般工程师的职位又比工人重要。他们各自对医院和工厂的贡献是不一样的。

建立以职位为基础的薪酬结构，其基本流程包括以下几个步骤：

（1）进行工作分析，找出工作的相似性或差异性，为职位评价创造条件；

（2）在工作分析的基础上，对工作（职位）进行评价；

（3）进行市场薪资调查，提高职位评价的公平性和竞争性；

（4）确定报酬要素及其数量，并根据实际情况对报酬要素进行等级界定；

（5）选择评价方法，根据各个报酬要素的重要性确定其权重，并给各要素评分；

（6）确定工资水平，在此基础上建立起以职位为基础的薪酬结构。

下面将按照这一流程的要求，对建立以职位为基础的薪酬结构做一详细的介绍。

步骤一：工作分析

关于工作分析，请参见第三章的内容。

步骤二：进行市场薪资调查

市场薪资调查是实现外部公平的主要方法，在建立以职位为基础的薪酬结构时，也需要参考职位的市场薪酬水平，以达到吸引和留住人才的目的。这里要强调的是，并不是所有的职位都可以通过市场调查得到数据，只有基准职位或在多数企业中都存在的职位，才能够通过市场调查获取数据。比如，办公室主任、人力资源部经理、销售总监、财务总监等职位，在多数企业都存在，就属于基准职位。那些对企业比较重要，但并不是多数企业都有、难以从市场调查获取资料和数据的职位，如知识主管，就只有在对该职位进行仔细分析的基础上，通过该职位对企业的重要性或贡献程度进行职位评价，在此基础上参照其他职位的薪酬水平确定其薪酬水平。

在我国，使用市场薪酬调查数据时要慎重。尽管现在每年都有越来越多的公司和杂志公布自己的调查数据，但真正具有专业水平、调查数据能够反映职位薪酬真实情况的并不多。究其原因，主要是因为我国开展正规的市场薪酬调查的时间并不长，而且由于“人怕出名猪怕壮”、“不露富”等固有传统思想观念的影响，而且薪酬本身属于企业的商业机密，因此很少有企业愿意公开自己的薪酬情况，加上有的公司获取的数据不全面或真实性不高，这就难以保证调查数据的真实性和准确性。因此，企业一旦要进行薪酬的市场调查或选用这方面的数据，一定要聘请专业的公司或选用这些公司的调查数据。

步骤三：确定报酬要素

报酬要素的定义。报酬要素是工作评价的基础。在进行职位评价时，必然会涉及职位报酬要素的确定。所谓报酬要素（compensable factors），是指组织依据若干个自行制定或业界共同遵循的标准，以确定岗位或职位对实现组织目标的价值大小和重要性程度，并根据对报酬要素的评价，为制定最终的职位薪酬提供依据。报酬要素的确定需要解决五个方面的内容，即：确定报酬要素的数量、定义报酬要素、确定各种要素的权重分配方案、确定要素等级、采用适当的评价方法给要素评分。

确定报酬要素的数量。在进行职位评价时，首先需要确定报酬要素的数量。多少个报酬要素才是合适的，并没有一个统一的标准，关键是要能够准确反映工作的重要性程度和价值大小。一般来讲，报酬要素包括四个方面：一是工作条件。如工作环境（如为保证工作的质量需要获取信息的渠道是否稳定）、工作的复杂性程度、工作的难易程度、工作条件的好坏（在办公室工作还是在外勤或野外工作）等。二是该工作或职位所需的努力程度，包括心理努力和生理努力。比如，脑力劳动主要与心理努力程度有关，而体力劳动则主要与生理努力程度有关，而脑力劳动和体力劳动的强度本身也还有差别。三是工作或岗位所需的知识、能力和技能，这是报酬要素中最重要的一项内容。在这项要素中，需要对职位的劳动强度（脑力/体力劳动）、知识结构和层次（学历/学位、研究成果等方面的要求）、决策的程序（程序化决策还是非程序化决策）等因素进行评价。四是工作的责任。选择这四个方面的要素是为了保证在进行职位评价时尽可能做到公正、合理、准确。但报酬要素并不是越多越好。研究表明，一个含有 21 个要素的方案和一个只有 7 个要素的方案所制定出的职位结构是完全一致的。因此，要素的重要性并不在于数量的多少，而在于所选择的要素是否能够准确反映工作的重要性。比如，只就技能这一项要素而言，就能够解释 90% 以上的职位评价结构的差异；三个要素通常就能够说明 98% ~99% 的差异。一个方案中许多要素的目的通常纯粹是为了保证员工能够接受。[2]114 - 115

定义报酬要素。当报酬要素选择好后，需要对其进行定义，即对每一选定的要素给出一个明确的描述，比如，在表 9 - 9 中，对“认知能力”的定义主要集中在三个方面，即表达能力、运用数字能力和发现、分析及解决问题能力等方面的能力。这样，就能够使评价者在职位评价中能够准确地把握报酬要素的内容，并作出正确合理的评价。

确定各种要素的权重分配方案。在以上所列举的四个方面的要素中，各要素的重要性程度是不一样的，不同的工作对要素的要求也是不一样的。因此，应根据要素的重要性程度、价值大小，或根据每一要素的劳动力市场价值水平来确定其价值。各要素的加总值为 1，即将 100% 的权重在各要素之间进行分配。如前所述，工作技能对于任何工作来讲都是最重要的一个要素，因此，在进行评价时就应赋予一个较高的权重，如 50%，以体现出应有的价值。然后按照其他要素的重要性程度，依次赋予其应有的权重。

确定报酬要素的等级。在以上若干要素中，并不是每个要素的重要性程度都相同，因此，还需要对要素分出等级。比如，同样是对知识和技能的要求，对从事股票或证券投资的分析师和企业的财务出纳员，所要求的具体内容肯定是不一样的。为了区别，在进行职位评价时，就需要对选定的要素进行分等。表 9 - 9 是对不同级别业务员认知能力标准的表述。

表 9 - 9　　关于业务员认知能力等级的描述

认知能力：主要衡量职位要求的表达、运用数字和发现、分析及解决问题等能力的水平。

等级	认知能力要求
等级一	具有极强的写作和语言表达能力，能够准确识别并正确处理商业、财务、业务等各类数据或报表中存在的问题，具有很强的综合分析研究和解决问题的能力，能够在非常规状态下工作并善于处理突发事件，所提建议能够成为组织重大事项的决策依据，在专业岗位业务方面具备专家级水平。

表9-9(续)

等级	认知能力要求
等级二	具有很强的写作和语言表达能力，对各类数据和业务报表具有很强的敏感性，能够进行独立研究，但大多都遵循既定的指导和原则，并提出解决问题的方案，主要从事程序化工作，具备了较高的专业技术水平，相当于研究生以上学历或研究水平。
等级三	具有较强的文字写作和语言表达能力，对各类数据和业务报表具有较强的敏感性，在主管或专业人士指导下能够独立承担部门的专题调查研究和独立完成本职工作，通常在既定的范围和框架内开展常规性的工作。有时需要对非常规事件作出判断。
等级四	有一定的文字写作和表达能力，在指导下能够处理简单的数据和报表，完全在规定的标准程序下开展工作，基本不需要从事非常规性的工作，也不需要对非常规事件做出判断。
等级五	具备基本的文字和口头表达能力，能够进行加、减、乘、除等最基本的数字运算，在主管及同事的指导下从事简单的常规工作，主要作为助手协助完成任务。

报酬要素评分。最后一项内容就是采用适当的方法给报酬要素评分，包括各报酬要素子要素的得分以及各项要素的总得分，将此得分与相应的工资结构套级，便得到职位的工资水平。

步骤四：进行工作（职位）评价

关于职位评估请参见本章第一节的内容。

步骤五：建立工资结构

所谓工资结构，是指组织中不同职位的薪酬等级的组成和排列形式。正如在介绍排序法时所指出的，不同的组织有不同的薪酬等级的组成和排列形式，其内容包括工资水平跨度（最高和最低收入的差距）、管理人员和非管理人员的薪酬差距、各薪酬级别的级差等，如何确定这些内容，取决于组织的发展阶段、组织文化、薪酬总额等因素的影响。总的来讲，工资结构的建立不外乎有两种方式：第一种是直接将根据市场薪酬调查获得的数据作为被评价岗位的薪资标准，如果一个人力资源部经理的市场工资水平是10万元，那么就应按照这个标准向其支付薪酬，这也就是所谓的外部公平。第二种是按照内部一致性原则，根据组织的需要，将各种职位划分为一定的工作类别或等级，每一等级上的每一种工作都处在相同的工资浮动范围之内。只需将职位或个人的得分按等级分组，具有相同或相似分数值的工作被分配到同一等级中。[12]这种方法的优点在于能够避免将多种不同工作分别确定不同的工资水平所产生的负担，有利于员工在同一工资幅度范围内进行轮换和调派，而不用再对其进行评价和对工资水平进行调整。

对任何一个组织来讲，实际上都难以完全按照市场工资水平或内部公平原则确定各职位的工资结构，而必须同时兼顾两方面的需求。比较理想的做法是，将职位的市场工资水平作为一个中值点，然后结合工作分析和职位评价的结果，给予一个上下浮动的范围，再结合任职者的知识、能力和技能的水平，最后就可以确定一个较为合适的工作水平。

9.4.2 职位薪酬结构所面临的挑战和解决办法

（1）存在的主要问题

虽然以职位为主的薪酬结构在各类组织中得到了广泛的应用，并已经非常成熟，但这种方法也存在一些明显的不足。首先，虽然工作分析为员工的绩效评价和组织的绩效控制创造了便利条件，但由于组织所处经营环境的变化和信息的不对称，事先做好的工作分析和职位描述不可能百分之百地反映这种变化，也不能够适应组织根据环境变化作出的战略调整的要求。在这种情况下，可能出现两种情况：一是在滞后的工作描述下，员工们的工作结果不能够达成组织的目标；二是员工们可能以原来的工作描述为依据，拒绝接受和完成新分配的工作。这两种结果显然都不是组织所希望看到的。其次，在严格的工作描述和工作说明书要求下，员工的知识、能力和技能被限制在比较狭窄的专业领域内，如果相应的培训再跟不上，就可能会造成员工的技能衰退和动力不足，并影响员工在组织中工作的信心。最后，以工作为基础的薪酬结构在一定程度上会导致歧视性的薪酬政策，因为在这种制度下，员工即使非常优秀，业绩非常突出，但在等级的薪酬制度下，他们获得的报酬仍然会低于他们的主管和其他的管理人员，这无疑会在一定程度上挫伤员工的工作态度和积极性。而且在传统的做法上，等级制的薪酬结构会强化自上而下的决策和信息传递机制，同时可能导致员工将注意力更多地放在如何获得晋升而不是如何改进自己的能力、技能以及学习和掌握新的知识上。

（2）解决思路和办法

要解决以职位为基础的薪酬结构存在的问题，可以通过建立宽带薪酬、建立以任职者为基础的薪酬结构等方法来实现。关于以任职者为基础的薪酬结构，将在下一节做专门介绍，本节将介绍宽带薪酬的内容。

宽带薪酬的定义。宽带薪酬是建立在工作宽带基础上的。工作宽带是适应组织灵活性和培养员工多岗位胜任能力的要求而出现的一种宽泛的工作形式。在这种形式中，原来组织金字塔式的等级大幅度减少，员工在工作中流动的机会大大增加。宽带薪酬就是与之相适应的一种薪酬形式。所谓宽带薪酬，是指将传统的多等级、低跨度薪酬结构重新划分为较少的等级、较大的跨度的薪酬结构。其基本思路是，将原来报酬各不相同的多个职位进行归类，通过减少工作等级数量，加大等级浮动幅度，以使企业在工作安排和绩效加薪方面获得更大灵活性。因此，从本质上讲，等级制的结构仍然是宽带薪酬的基础。图 9－1 是宽带薪酬结构的示例。

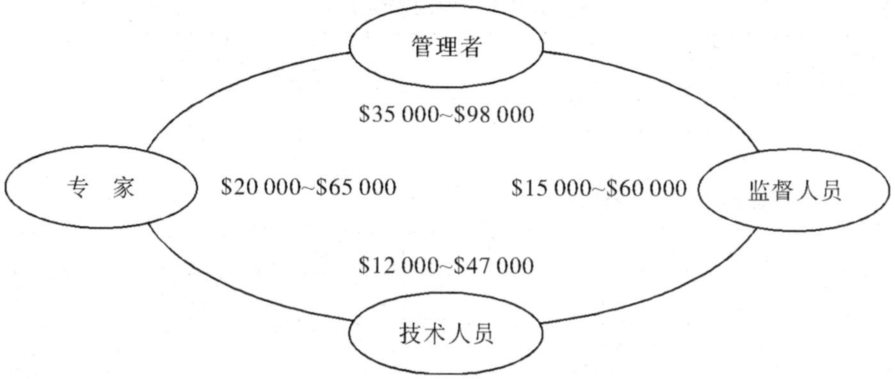

图 9－1　宽带薪酬结构示例

资料来源：陈清泰，吴敬琏. 公司薪酬制度概论［M］. 北京：中国财政经济出版社，2001：89.

宽带薪酬的设计步骤。宽带薪酬的设计主要包括以下几个步骤：首先是要确定工资等级（带）的数目。工资带数目的确定由组织的实际情况决定，包括对管理层级、专业和职族等因素的考虑。一般不超过 10 个，在 4 ~8 个之间最为理想。每个工资带之间有一个分界点，分界点既可以表示不同的管理层级之间的差别，也可以表示虽然为相同的管理层级，但由于重要性及价值的不同而在薪酬上的差别。表 9－10 是某家具制造企业的宽带薪酬职务工资表，在表中，上述两种差别都有体现。比如，同为总监级别，销售总监处于工资带二，而研发总监、生产总监等则处于工资带三。这是因为对于我国的家具企业来讲，在研发、生产和销售三个环节，生产环节的问题已得到基本解决，研发正处于起步阶段，对大多数家具企业来讲，自我研发的产品在总的销售中所占的比例不大。因此，销售是最重要的环节，销售总监的地位和作用对企业就至关重要。把销售总监放在工资带二，把研发总监放在工资带三，既体现了突出核心竞争力的要求，也体现了薪酬战略支持组织战略的设计思路。其次是在同一工资带中，也应根据关键工关键职位确定其工资水平。比如，在木工、模具、干砂、灰工、贴纸、油漆等车间主任或班组长一级，木工、油漆等工种的重要性程度可能相对较大，因此他们的工资水平可能是最高级（XXXX），而其他工种则可能在最低级（XX）或处于中间水平（XXX）。

工资带数目确定后，接着就要确定不同工资带的价位。确定的原则主要是在工资总额范围内，参考市场工资水平，确定每一工资带中不同专业、不同职位的工资水平。

表 9－10　　某家具制造企业的宽带工资表

工资带	工资带范围		带宽职位分布
工资带一	最高	XXXXX	总经理、副总经理
	最低	XXX	
工资带二	最高	XXXXX	事业部总经理、销售总监、财务总监、总经理助理
	最低	XXX	
工资带三	最高	XXXXX	研发总监、生产总监、行政人事总监、技术总监
	最低	XXX	
工资带四	最高	XXXX	品牌部经理、品管部经理、采购部经理、行政人事经理、市场客户部经理、财务部经理等
	最低	XX	
工资带五	最高	XXXX	车间主任（木工、模具、干砂、灰工、贴纸、油漆等）、班组长等
	最低	XX	

宽带薪酬的优点。宽带薪酬的优点主要包括以下方面：首先，任何一种薪酬制度的最终目的都在于适应环境变化和激励员工，在当今商业竞争日益加剧的现实情况下，组织必须具备灵活性，这种灵活性同样适用于组织成员，宽带薪酬的出现，就有利于员工灵活性的培养。比如，它鼓励员工在同一跨度的等级中进行岗位轮换，在不影响员工收入的前提下，员工可以通过从事多种不同的工作以掌握更多的工作技能，以随时应对环境的挑战。其次，它能够适应组织扁平化的需要，体现人力资源战略支持组织目标这一战略性人力资源管理的基本要求。因为工作等级的减少意味着职位评价工作范围的缩小，这有利于提高职位评价的灵活性和管理工作的效率，倡导和培育那些组织需要的跨职能、跨专业的技能，而宽带薪酬能够为组织的这种转变提供强有力的支撑。再次，这种薪酬制度具有明显的导向作用，即把管理者和员工的注意力集中在通过横向的职位轮换提高综合技能，而不是集中在如何突出自身职位的价值和对管理者职位的追逐上。最后，由于宽带薪酬的等级差别很大，而且不同专业之间的薪酬交叉，使那些具有重要价值的岗位的一般员工的工资可以与管理人员处于同一水平甚至超过某些管理职位的工资，在一定程度上降低了人们的等级意识以及通过晋升提高待遇的重要性，达到增强团队精神的目的。

宽带薪酬的不足。主要表现在三个方面：一是结构的宽泛程度难以把握，在没有严格规范的职位评价的情况下，工资水平的界定比较困难；二是如果没有科学合理的测算，它可能导致薪酬成本的大幅度上升，增加组织的财务负担；三是晋升机会大量减少，对于那些立志成为管理者的职业人士可能会产生消极影响等。

9.5 以任职者为基础的薪酬结构

与以工作为基础的支付方式相对应的是以人（任职者）为基础的薪酬结构。这种薪酬结构的出现是适应组织灵活性的要求。伴随着市场竞争的加剧和以职位为基础的薪酬结构所面临的问题，完全依靠严格的工作说明来规范和限制员工的工作范围已经不能完全适应由于环境变化的需要。一方面，员工所做的一些工作已经超出了工作说明的规定，但并未从组织的薪酬制度中得到相应的补偿；另一方面，员工不仅需要具备现在工作所要求的知识和技能，而且还必须具备适应新形势和环境所要求的知识、能力和技能，这样才能够帮助实现组织的目标。在这种情况下，企业必须思考在如何调动员工积极性和增强以薪酬为主要内容的激励机制的作用方面寻找更加有效的途径。而以任职者为基础的薪酬结构，在一定程度上会解决这个问题。

将薪酬与员工个人的能力和技能联系起来，并以此为基础建立企业的薪酬结构，这就是以任职者为基础的薪酬结构，包括以技能为基础的薪酬结构和以能力（知识）为基础的薪酬结构两个方面。

9.5.1 以技能为基础的薪酬结构

（1）基本概念

以技能为基础的薪酬结构主要适用于处于生产一线的技术工人，即所谓的蓝领工人。它的含义是指把员工的薪酬与其所掌握的与工作有关的知识、能力和技能联系起来，并作为支付薪酬依据的一种方法。这种方法的特点是，企业主要根据员工已经拥有并经过鉴定的技能，或能够在工作中应用知识的广度、深度和类型，而不是按照他们从事的工作支付工资。[13]也就是说，只要员工具备了这种（些）技能，不管他从事的工作是否需要这些技能，他都应该得到这份工资。比如，如果一个制衣厂的工人不仅会裁剪，而且还掌握了缝纫、锁扣、熨烫三种技能，尽管他的本职工作是裁剪，但在他的薪酬构成中，仍然包括了除了本职工作（裁剪）以外所具备的其他三种技能的工资。

以技能为基础的薪酬结构的依据主要源于三个方面：第一，它能够为组织的灵活性创造条件；第二，能够在一定程度上节约劳动成本；第三，有利于组织成员职业生涯的全面发展；第四，鼓励员工学习和掌握新的技能。仍以制衣厂的裁剪工为例，如果一位裁剪工人不仅胜任本职工作，而且还掌握了缝纫、锁扣、熨烫其他三种技能，就可能具备以下优势：第一，它为组织灵活用工创造了条件。在裁剪工作任务压力不大，而缝纫、锁扣、熨烫等工序任务压力大时，这位裁剪工可以加入到这些工序中的任何一个工序，以缓和这些工序用工的紧张状况。当任务完成或原有人员能够完成任务后，再回到裁剪岗位。或者，当缝纫、锁扣、熨烫三个工序的人员因病、离职等其他原因不在岗位时，这位裁剪工可以迅速地接替他（她）们的工作，以保证整个生产流程正常稳定的进行。第二，由于在前述情况下，组织并没有招聘新的员工，而是安排那些具备缝纫、锁扣、熨烫技能的工人替代，因而节约了劳动成本，增加了组织的竞争优势。第三，由于这位裁剪工掌握了制衣的多种工序，客观上提升了自身的竞争力，并为自身的职业发展打下了一个良好的基础。第四，由于薪酬与技能挂钩，因此该员工能够获得更高的薪酬水平。

技能工资虽然主要是以蓝领工人为对象，但在有的情况下也适合一些办公室的管理人员以及大量服务行业的从业人员。比如，国家劳动人事部每年都要颁布一些新的职业标准，如人力资源管理师、薪酬设计师、房地产策划师、商务策划师、企业文化师、礼仪主持人、调查分析师等，对这些职业也都制定了相应的技术标准、任职资格和考核标准。这也表明了技能工资制的适用范围在不断扩大。

（2）形式

以技能为基础的薪酬结构主要有两种形式：一是技能的深度，指一个人知识和技能的深度，能够在某个专业、或某个流程的关键环节成为专家；二是技能的宽度，指对整个流程的理解和对技能的掌握都达到了一定的水平，能够掌握不同工种和专业的技术，成为多面手。比如，一个制衣厂的工人既可以在裁剪方面精益求精，并成为裁剪技术方面的专家；也可以在裁剪技术达到一定水平后，学习和掌握缝纫、锁扣、熨烫等方面的技能，即掌握整个制衣环节的基本技能。有的企业要求生产一线工人不仅能操作机器，还要能够维修和保养，甚至还能够完成质量控制工作。这也是一种技能宽泛化的要求。

（3）技能工资方案的制定

技能工资方案的制定包括以下步骤：

步骤一：根据组织产品和服务的质量要求，明确完成目标任务需要具备什么技能，收集与这些技能有关的各种信息，并对各项技能进行准确定义。

步骤二：技能鉴定。技能鉴定是实行技能工资制度的必备条件，在确定了组织需要的技能后，应建立各项技能的标准体系，包括技能的种类（如基础技能、核心技能、技术技能、管理技能）、技能的等级标准（包括时间、数量和质量的要求）、掌握一项技能需要的培训计划等。最终的鉴定结果应以证书的形式发放给员工。证书既可以是政府有关部门或市场组织通过建立职位体系确定的技能标准证书，也可以是企业根据自身的实际情况建立的技能标准体系。建立技能标准体系的目的在于通过测试和评价能够较为准确地确定任职者是否完整掌握了该项技能。

步骤三：确定技能的等级。按照等级工资制的思路，技能也可以分出等级，以反映不同技能水平对组织的贡献。在图 9－2 中，技能深度就分为初级（A1）、中级（A2）和高级（A3）。技能宽度表示掌握技能的数量，如裁剪、缝纫、锁扣、熨烫四种技能，每一种技能又分为初级、中级和高级。一名员工既可以从裁剪的初级向中级和高级这样一个纵向的结构发展，如从 A1 到 A3，也可以在取得裁剪的初级或中级资格后，向缝纫、锁扣以及熨烫的初级和中级这样一个横向的结构发展。

步骤四：根据确定的各项技能对组织目标的重要性程度和价值制定工资标准，并明确不同的技能水平与薪酬之间的关系。

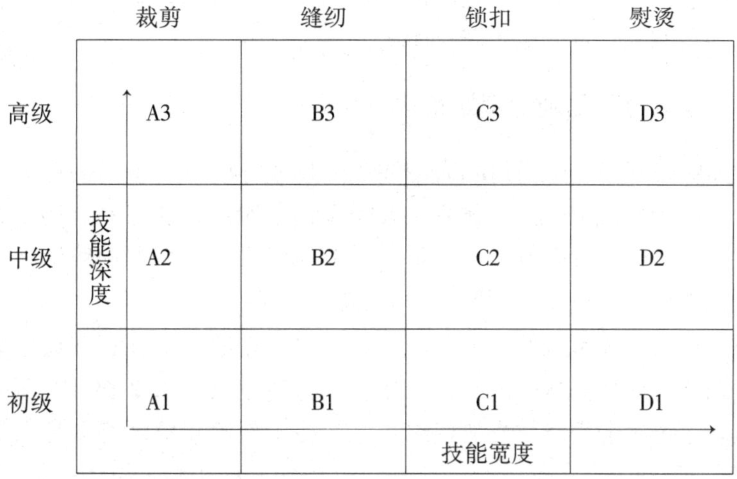

图 9－2　技能工资制

（4）对技能工资制的评价

如前所述，虽然技能工资制的优点是非常明显的，但其缺陷同样也很突出。第一，这种工资制度可能导致企业的人工成本难以控制，因为如果企业的大多数人都掌握了多种技能的情况下，企业就必须为这些技能的拥有者买单，从而导致劳动成本增加。第二，容易出现技能的老化。比如，当组织的流失率较低、各工序人员较为稳定时，那些掌握多种技能的员工就没有机会去使用这些技能，这必然会出现技能的老化和过时，同时也增加了劳动力成本。第三，为各项技能制定价格的标准难以把握。第四，如果大多数人都掌握了多种技能，就可能会出现“技能封顶”和“工资封顶”的情况，这会影响人们继续进取的动力，工作的积极性就会受到影响。第五，技能的描述、鉴定、培训等资格体系的建立既花时间又费精力。特别是在现代社会，科学技术的发展日新月异，技术更新的速度越来越快，在这种情况必然会产生的一个问题就是员工技能的培训、鉴定都可能跟不上，并此造成大量的浪费。

由于技能工资制存在的这些问题，决定了它是适用范围是有限的，并不适用于所有的组织。特别是受到组织战略、组织结构、组织文化及其所决定的薪酬结构、员工的工作形式等因素的影响。第一，在实行低成本竞争战略的组织中，这种工资制度可能不支持组织的战略，特别是在劳动密集型的组织中，技能工资制度可能会增加人工成本并导致较大的财务风险。第二，这种工资制度也可能不支持那些具有严格的等级制的组织结构，而可能比较支持和符合那些具有松散型的组织结构。在这种组织中，人们的工作并没有做严格的分工，彼此间的协作和沟通比较频繁。从而使人们学习和掌握多种技能的要求得到认可和奖励。第三，这种制度可能不支持实行平等的工资结构的组织，而可能会受到那些实行差别的工资结构的组织的欢迎。第四，它可能比较适合以个人工作为主的工作形式，而不太适应团队工作的形式，因为团队工作形式可能更看重的是团队成员间相对平等的工资结构，员工的技能及与此相适应的薪酬水平首先应当服从团队工作的需要。

9.5.2 以能力为基础的薪酬结构

所谓能力，是指组织成员所拥有的知识、技能等能够为组织创造优异业绩的个人特征。从一般的意义讲，能力体系主要用于白领阶层，即那些主要以办公室、试验室等为工作场所的工程师等技术性员工。对他们来讲，薪酬的激励应该更多地体现在发明、创造以及解决实际问题的能力等方面。

其特点与以技能为基础的薪酬制度一样，也是按照员工拥有并经过鉴定的能力支付工资，而不考虑他们从事的具体工作。因为建立以能力基础上的薪酬制度也同样认为，具备了这些能力能够支持组织目标，使工作流程更加容易与人员的配备水平相匹配。

按照员工的能力支付薪酬，一种常见的方法是个人发展阶段法，[1]151即把人的能力发展分为四个阶段。第一是学习阶段，这个阶段的主要任务是学习掌握工作的基础知识，在此基础上向高一层次的知识积累发展。第二是应用阶段，即将工作中积累的经验和获得的知识应用于实践。第三是指导阶段，即将自身的工作经验向员工传授。第四是领导阶段，以领导者和管理者的身份进行战略和策略的决策，以能力和经验促进组织的发展。调查表明，在一家公司中，大约有75%的员工处于前两个发展阶段，25%处于后两个阶段。而且各个阶段要求的能力具有明显的区别，比如，第一和第二阶段注重技术和操作能力，第三阶段注重经营和人际关系能力，而第四阶段则要求有很高的理论和决策能力。建立在这种方法基础上的薪酬决策的步骤主要是：首先，根据组织战略的要求，提出所需要的能力体系；其次，对所需要的能力进行划分和鉴定，比如可以将这些能力按照重要性程度划分为基础能力、核心能力和决策能力；最后，在此基础上，按照能力的重要性程度赋予不同的权重，将已确定的薪酬总额在这些经过鉴定的能力范围中进行分配。

总的来讲，以能力为基础的工资制度与以技能为基础的工资制度大致相同，如都要先根据组织需要对能力进行定义和评价，也要划分能力的等级，但这两种方法存在两个较大的差异：一是标准的可测量性；二是能力需求的判断难度。这两种差异都使能力的鉴定和建立在以能力基础上支付薪酬的制度在实施上非常困难。首先，技能本身是比较具体的和可以测量的，而能力则比较抽象和难以测量。一般来讲，个人的能力主要存在于五个领域，即所谓的“冰山模式”：技能（专业知识的反映）、知识（信息的积累）、自我意识（态度、价值观、自我形象）、性格（处理问题的方法）、动机（驱动行为的想法）。在这五个领域中，只有技能和知识是可以观察到和进行鉴定的，而自我意识、性格和动机则很难识别和进行准确的判断。由于难以判断和把握，也就难以鉴定这些能力并根据这种能力支付薪酬。其次，就能力需求的判断难度看，在大多数情况下，我们都很难准确判断某项工作究竟需要何种能力。特别是对于那些技术性很强的职位来说，对能力的判断往往不准确。比如，对一个监理公司的工程师来讲，具备一定的有关建筑、公路或桥梁的专业能力是很重要的，但认真分析一下会发现，监理工程师们的主要工作除了依据合同对产品的质量、工期等进行监督外，有大量的时间是在与投资方和承包商就产品的质量、工期甚至付款等事项进行协调，也就是说，他们还充当投资方和承包商之间沟通的角色。因此，一个优秀的监理工程师，还需要具备很强的人际沟通能力，有很好的人缘。这些能力和人缘对于监理公司的绩效无疑具有重要意义。如果缺乏对这些能力的鉴别，工程师们的绩效导向就会出现误差，从而最终影响组织的绩效。同样，如果一家计算机软件公司一味强调计算机软件人员的逻辑、数学以及编程方面的技能，而忽略以市场和顾客需求为导向、以自身的技术优势帮助客户提高价值的能力，显然它所提供的软件产品和服务也一定是有问题的。此外，与能力有关的薪酬还不能够代替传统的薪酬方法，因为按能力支付工资，仍然需要进行职位评价。这些也都说明了以能力为基础的薪酬制度的不成熟性。

注释：

[1] 陈清泰，吴敬琏．公司薪酬制度概论［M］．北京：中国财政经济出版社，2001.

[2] 乔治 T 米尔科维奇，杰里 M 纽曼．薪酬管理［M］．6 版．董克用，等，译．北京：中国人民大学出版社，2002.

[3] 陈维正，余凯成，程文文．人力资源管理与开发高级教程［M］．北京：高等教育出版社，2004：355.

[4] 加里·德斯勒．人力资源管理［M］．6 版．刘昕，吴雯芳，等，译．北京：中国人民大学出版社，1999：421.

[5] 乔蒂·赫福·吉特尔．西南航空案例——利用关系的力量实现优异业绩［M］．熊念恩，译．北京：中国财政经济出版社，2004.

[6] 托马斯 B 威尔逊．薪酬框架［M］．陈红斌，刘震，尹宏，译．北京：华夏出版社，2001：31－35.

[7] 巴里·格哈特，萨拉·瑞纳什．薪酬管理：理论、证据与战略意义［M］．朱舟，译．上海：上海财经大学出版社，2005：80－81.

[8] ELLIG B R. Compensation Elements：Market Phase Determines the Mix［J］. Compensation

Review, (Third Quarter), 1981: 30 - 38.

[9] BALKIN D, GOMEZ - MEJIA L. Toward a Contingency Theory of Compensation Strategy [J]. Strategic Management Journal 8, 1987: 169 - 182.

[10] 托马斯 B 威尔逊. 薪酬框架 [M]. 陈红斌, 刘震, 尹宏, 译. 北京: 华夏出版社, 2001: 11 - 15.

[11] 杰克·韦尔奇, 约翰·拜恩. 杰克·韦尔奇自传 [M]. 曹彦博, 等, 译. 北京: 中信出版社, 2001: 178.

[12] 雷蒙德·诺依, 等. 人力资源管理: 赢得竞争优势 [M]. 3 版. 刘昕, 译. 北京: 中国人民大学出版社, 2001: 499.

[13] GERALD LEDFORD JR. Three Case Studies on Skill - Based Pay: An Overview [J]. Copensation and Benefits Review (March - April) 1991: 11 - 13.

本章案例：亚马逊书店的薪酬激励

亚马逊书店是世界上最大的网上书店，公司成立于 1994 年，其业务包括销售书籍、出售 CD、在线音乐商店、兼卖录音带和录像带等。公司的销售额从 1995 年的 51 万美元，1996 年和 1997 年分别达到 1600 万美元和近 1.5 亿美元，1998 年第一季度的销售收入达到了 8740 万美元，比 1997 年同期增长 446%。公司的客户也从 1997 年的 340 000 人剧增到 1998 年的 220 万人。

由于书籍发行行业的竞争激烈程度和非常薄的毛利空间，以及公司面临高速增长需要大量的现金的支持，亚马逊的创立者和首席执行官吉夫·贝索斯从公司成立的第一天起就努力要建立一种强有力的企业文化，以及建立在这种文化基础上的战略目标，即较薄的毛利空间和激烈的竞争迫使公司不断扩大市场份额，从而确保最佳的竞争地位。首先是提倡节俭，如很长一段时间公司所有的办公桌都是用再生木板做成的，塑料牛奶箱被用作文件箱，目的在于保证使公司能够在成长中把钱更多地投向经营规模的继续高速扩张中。其次是对长短期目标的平衡。一方面满足华尔街和投资者的要求，另一方面为公司的持续发展奠定基础。

在促成文化和战略实施的过程中，亚马逊的薪酬体系发挥了重要作用，并始终与经营战略、员工结构、企业文化及发展定位保持了一致。比如，亚马逊给员工支付的基本工资比市场平均水平略低，而且最基层的员工的基本工资还具有一定的竞争力。越往高走，工资就比市场竞争水平低的越多。公司也没有短期激励计划，因此以现金形式支付的总报酬比市场水平略低。这种做法和公司的竞争环境、它所处的成长阶段及其着眼于长期目标的企业文化是一致的。但在长期激励方面却非常具有竞争力，上至执行官、下到在仓库工作的成百上千的工人都能得到相当具有市场竞争力的新员工股票期权。许多员工从期权得到的收入相当可观。甚至一些年收入只有18 000美元的仓库工人的账面收入也有5万美元。这种期权战略帮助亚马逊书店吸引和留住了它所需要的人才，使现金用于公司发展，并且让所有员工从公司的长期发展中得到自己的关键利益。在医疗福利方面也有明显的成本共享措施，这又一次体现了保留现金用于扩展的经营策略。

亚马逊的薪酬体系和员工的需要和期望紧密地联系在一起，因为公司想雇用那些有进取心、聪明、善于思索，真正与众不同并且愿意技入到亚马逊的长期成功中去的员工。因此公司需要通过薪酬体系的设计找到并留住这种人。事实上亚马逊做到了这一点，亚马逊的员工大多来自普林斯顿、达特茅斯、哈佛、斯坦福、伯克利这样的顶尖学校的顶尖毕业生，平均年龄28岁，充满热情。对他们来讲，相对较低的基本工资、没有短期激励措施、但慷慨的股票期权计划更适合这些渴望成功、愿意用可能更大的长期收获来交换短期经济收入，以及为了成功不怕近乎疯狂的辛苦工作方式的人。

伴随着公司的成长，亚马逊书店并没有停滞不前，而是已经开始展望未来的薪酬体系的组合模式。比如，在员工人数爆炸性增长的前提下，股票期权稀释问题必须考虑；由于公司要吸引一支多样化的员工队伍，因此，公司的福利政策也必须予以重视；另外，由于劳动力市场固有的竞争压力，要求增加现金在薪酬中所占比重的压力无疑将上升。所有这些都意味着公司在充分利用薪酬系统帮助实现战略目标方面达到了较完美的境界。

资料来源：托马斯 B 威尔逊. 薪酬框架［M］. 陈红斌，刘震，尹宏，译. 北京：华夏出版社，2001：11－15.

案例讨论：

1. 亚马逊书店的薪酬是如何支持其文化和战略的实施的？

2. 亚马逊书店是如何通过期权战略帮助其吸引和留住并激励所需要的人才的？

3. 运用强化理论的观点，解释亚马逊书店是如何做到“不同的对象，采用不同的强化类型的”。

4. 亚马逊书店应该如何通过制定科学合理的薪酬战略以应对环境的挑战？

第10章 职工福利计划

福利是企业总体薪酬的一个重要组成部分，随着有关的法律法规的不断完善，员工的福利保障也得到越来越多的保障。比如国家要求的强制性的社会保障、带薪休假、病假、产假、法定节假日、退休金、住房公积金以及劳动安全卫生保障等。在发达国家，一方面，福利在薪酬成本和产品成本中占有较大比重。如在美国，1995—1975年的20年中，员工福利几乎是以员工工资或消费指数4倍的速度增长。[1] 1993—1995年，福利成本稳定在每个全日制员工14 500美元左右。[2] 另一方面，员工福利也受到政府的严格监管。在我国，企业员工的福利制度基本上是在改革开放后才逐步建立起来的，但企业之间的水平参差不平。目前我国企业在福利方面存在的问题主要有四个方面：一是有的企业的员工社会劳动保障体系还没有完全建立起来，在劳动用工的合法性上存在较大风险；二是部分企业员工对福利项目的价值和重要性认识不足，不主动去关心和了解自己享受了哪些福利待遇；三是部分企业员工对福利的错误认识，如把福利视为天经地义的权利，还没有认识到企业对自身的福利投资也是自己所获薪酬的一个部分；四是企业对举办幼儿园、学校、医院、修建职工宿舍、职工食堂等社会性福利项目的误解。对这些问题的正确认识和选择，能够对企业竞争力的形成发挥重要影响，因此值得我国企业认真思考和总结。

通过本章的学习需要了解和掌握以下要点：

1. 福利的性质和作用。
2. 我国企业员工的福利项目和范围。
3. 建立完善企业员工社会保障体系对于企业合法经营和员工激励的作用和意义。
4. 应该如何认识和理解“企业办社会”？
5. 为什么要关注企业员工的福利？

专栏10－1：“企业办社会”回潮

在一定程度上“办社会”，是保证企业自身稳定和发展的必要措施。而在社会环境还相对不成熟的中国，企业更要重视到这一点。

每天清晨7点半到8点之间，中芯国际的员工大批离开生活区到厂区上班。在上班的人流中，总能看到许多家长带着小孩，其中不乏金头发、蓝眼睛的“洋娃娃”。父母们把孩子送到离厂区只有几条街远的中芯国际学校之后再去中芯国际上班。

在半导体制造行业，许多人都知道张汝京是建厂的高手。他在美国德州仪器以及创建台湾世大期间，先后建立了10余座半导体制造工厂；而现在中芯国际旗下也已经成功运营着5家芯片工厂。2000年张汝京在上海开始规划他的芯片帝国的蓝图时，上海浦东张江高科技园还是一片荒芜。而芯片制造这个需要高科技人员密集投入的行业，哪怕是初期项目启动都需要四五千名工程师，但内地当时没有这方面的人才储备，这意味着中芯国际在成立之初，就需要从境外引进大批高科技人员。

但最让张汝京焦虑的并不是资金与人才，而是如何留住人才。特别是半导体制造行业对高科技人才需求量大，流动性也非常大。要想真正留住这些海外归来的高科技人员，必须要解决他们的生活以及子女就学等现实问题。凭借张汝京的“个人招牌”，中芯国际项目在启动阶段就从国际上吸引到11亿美元。但张汝京投资学校和房地产的计划还是引起一些投资者的质疑。高盛的代表认为：我们投资的是芯片制造，为什么还要建设学校和开发房地产？这不是以前中国国有企业的做法吗？“企业办社会”已经证明是不成功的，中芯国际这样做能有什么好处？高盛投资人的疑问代表了当时很多投资人的想法。

张汝京向股东们算了一笔账，中芯国际需要大批外籍员工，这些员工在外租住公寓的费用是非常昂贵的，买的房子肯定比自己盖的贵，这是明摆的事实，解决了住宿问题，就不需要再向员工支付高额的住房补助。而另一笔账就更加简单，当时中芯国际为外籍员工子弟联系的双语教学的“美国学校”，1个孩子一年的学费需要2万美元，500个孩子一年就需要高达1000万美元，而占地达26公顷的中芯花园与中芯国际学校，第一期的建设才1000万美元。换句话说，硬件的建设经费，恰恰等于500位小朋友念一年美国学校的钱。因此，学校既可以帮助公司安定员工，还可以为公司省钱。2001年11月，中芯国际正式量产时，中芯国际学校已经开学三个月了。而中芯国际生活区的一期工程4座楼也很快竣工。

随着员工的增多，中芯国际的生活区也越来越大；由于教学质量比较高，中芯国际学校吸引了许多非中芯员工的子弟，中芯国际学校的规模也越来越大。“从幼儿园到中学已经有1100多名学生，其中外来的学生已经占到中芯国际学校的70%。”中芯国际学校校长丰忠汉说。

与此同时，中芯国际上海生活区的绝大部分住房，都分期分批以成本价出售给了员工。“价格比市场上低很多，而中芯国际在房地产方面的所有投入都已经完全收回来了。”刘越说。随着中芯国际在北京工厂的建立，北京中芯国际生活区已经完工入住，幼儿园、小学也已经完工；而成都的新厂区也已经将相关生活区、学校的用地预留出来。

事实上，许多员工最初来到中芯只是找一份工作。外籍员工可能没有打算会在中国安家立业，而内地员工可能还没考虑安家在张江。但大家住进来以后，发现这里的环境虽然没有酒店公寓那么豪华，但这里是家，邻里之间互相照应，有一种大院文化，许多人正是因此而留在中芯。显然，张汝京安定大后方的战略，不仅让中芯国际在与国际强手的人才争夺战中取得优势，更重要的是让中芯员工的企业文化与向心力更加紧密凝聚，而这笔宝贵的财富显然是张汝京最初投资学校与生活区时没有意料到的。

资料来源：李亮．“企业办社会”回潮［J］．IT 经理世界（电子版），2005（20）．文字有调整。

10.1 福利的概念和作用

本文所指的福利，主要是指职工福利，而不是广义的社会福利。职工福利是指由国家机关、社会团体、企业、事业单位通过建立各种补贴制度和举办集体福利事业，解决职工个人难以解决的生活困难，方便和改善职工生活，保证职工身体健康和正常工作的一种社会福利事业。[3] 具体地讲，组织成员从组织中获得的某些经济性和非经济性收入的总和，如养老、医疗等社会保障、带薪休假和各种法定节假日、各种以现金形式发放的津贴以及住房公积金等。正如前面讨论薪酬构成时所强调的，福利是薪酬的重要组成部分。随着经济的发展，竞争的加剧，以及人们生活水平提高的要求，福利在工资中的比重不断增加，作为一项强有力的竞争武器的作用日益凸现出来。以美国为例，1929 年，福利开支占工资总额的平均比重只有 3%。到 1995 年，这一数字已上升到 17%。在比例最高的情况下，与工资总额相对应的福利开支达到了 41%。[4]

当今社会各类组织对福利问题予以高度重视的原因其实很简单，首先是因为有法律的规范，如我国相关的法律、法规都对此有明确的规定。其次，福利已成为一种吸引和留住人才的有效方式，特别是企业年金和商业医疗保险、住房公积金补贴以及较高比例的年工资等，都成为人们在选择企业或是否留在企业时必须考虑的一项重要内容。再次，科学有效的福利项目设计有助于克服传统工资政策的刚性弊端，增加组织薪酬制度的灵活性，提高激励效果。最后，有的福利项目还能够在发挥激励作用的同时降低财务成本。可见，福利的作用的确是非常重要的。

（1）人力资本投资的重要内容

对于福利的重要性，应提高到人力资本投资的高度来认识。也就是说，组织给予员工的福利，很大程度上是其人力资本投资的一种行为。本丛书第一部《战略性人力资源管理：系统思考及观念创新》第三章第三节在阐述舒尔茨的人力资本理论时，曾提到有关健康资本和健康投资的内容。健康资本包括先天的和后天的，后者是通过提高教育投资等方式获得的。健康资本所提供的服务主要由“健康时间”和可以用来进行工作、消费以及闲暇活动的“无病时间”所组成。随着年龄的增长，人们的健康状况发生变化，原来健康的身体，到了一定的年龄段就会出现问题。也就是说，健康资本的储备要逐渐贬值，而且越到生命的后期，贬值的速度就越快。为了保证劳动者能够有一个健康的身体进行工作、学习和维持健康的生活，就必须对劳动者提供必要的劳动保障。而这种保障的具体内容就是对健康资本的投资，这是获得和维持人力资本正常工作、学习和生活所必须付出的成本。其中，劳动者的个人保健计划是最重要的内容。其最终目的在于，通过劳动者的健康保障，增加健康时间，减少“无病时间”，为劳动者的在职和退休生活创造良好的条件。此外，当前很流行的企业年金得到快速的发展，一方面是源于养老金制度的调整，同时也得到了企业人力资源管理需要的推动。越来越多的企业将建立企业年金计划作为企业人力资源管理的重要激励措施之一。[5]

（2）吸引和留住人才的武器

研究发现，良好的福利待遇是吸引和留住人才的重要手段。比如，当福利水平越高时，人员流动性就越小。特别是养老保险和医疗保险，能够有效地制约员工的流动。而且只有养老（包括企业年金）和医疗两项保险福利能够制约员工的流动。[6]这两项保险对那些虽然不具有年龄优势、但却具有丰富工作经验的老员工来讲，尤其具有吸引力。他们如果要跳槽，一定会考虑相关的机会成本。有的组织为了留住自己需要的人才，还会向员工支付相当高的工龄工资，并承诺在若干年后将其计入基薪。所有这些都是为了向那些能够为组织带来竞争优势的人员形成一个长期雇佣的关系。专栏 10－1 和“本章案例”中的两家公司，都在员工的社会福利上做了很多工作，不仅赢得了员工的支持，而且还得到了合作伙伴的赞赏，为企业的发展奠定了良好的基础。

谈到雇佣关系，有必要对经济学和管理学的有关问题做一简要介绍。我们所讲的人力资源管理，与经济学研究的组织内部劳动力市场在很多方面都是相似的。其主要区别在于，管理学意义上的人力资源管理主要考虑两个方面的问题：一是组织的人力资源政策与组织目标之间的关联程度；二是人力资源管理各项政策的制定及其落实。经济学所研究的内部劳动力市场则主要关心的是这些政策后面的经济动因，即这些政策的激励或约束的背景。经济学家们认为，雇员的工资随工龄的上升而上升是组织内部劳动力市场的一个重要特征。[7]这一特征具有三个功能：一是雇员在企业的生产率随工龄的增加而提高；二是防止雇员的机会主义行为；三是吸引愿意在企业长期工作的员工。第三个功能在实践中的应用主要就是以按资历增加工资和设置工龄工资来实现的。按资历增加工资和设置工龄工资是两个不同的概念。按资历增加工资是指企业的工资晋升是建立在工作年限基础上，通常的政策表述是：工作时间达到多少年后可以自动晋升一级工资。而工龄工资是指工作一年应得到的收入。如以前大多数的中国国有企业的工龄工资的标准是每工作一年，相应的工龄工资是一元人民币。按工龄支付工资的依据是，由于在工作初期的经验和生产率不高，因此工资水平较低。随着工作年限的增加、经验的丰富和生产率的稳步提高，工资也逐步提高，最初的低工资也就得到了补偿。这种工资制度显然对那些愿意长期在企业中工作的人具有吸引力。当进入企业后，这种制度又成为员工跳槽必须要考虑的成本因素。当然，关键是工龄工资的比重要达到一定的比例，如果还是每工作一年，工龄工资为一元人民币，就很难达到应有的效果。

与之有关的一个问题是：工龄工资是福利吗？我们的答案是肯定的。因为这种工资制度并无法律方面的强制规定，而是企业主动给予员工的一种待遇。这和工资的概念是不同的。当企业能够充分认识到工龄工资在吸引和留住核心员工方面可能带来的好处时，在整个薪酬体系中保留这种工资制度，可能是一个值得考虑的选择。

（3）福利的成本及在总薪酬中的比例

任何一项福利计划都是有成本的，同时在总的薪酬中也占有一定的比例。如在美国，研究发现福利成本平均相当于货币工资总额的41%，在雇员的总报酬中福利成本要占到大约29%。[8]另一项研究发现，美国企业雇员的福利费用约占其工资总收入的1/4左右。[9]这一方面表明了公司为吸引和留住人才所花费的代价，另一方面也表明了福利的形式和成本也是需要控制的。因为福利作为一项重要的人力资源管理实践，也必须支持和服从组织的整体目标。

我国企业在进行福利计划设计时，主要应考虑两个问题：一是成本控制；二是福利在总薪酬中的比例。首先是关于福利成本问题，涉及福利的种类、当前能够接受的福利成本和今后能否接受的成本等问题。福利的种类是指企业福利计划的构成，如国家法定的劳动保障和市场化的保障，前者属于强制性要求，没有什么考虑的余地。后者则主要由企业决定，国家只是提倡和鼓励，这也就是《中华人民共和国劳动法》第九章第七十五条规定的：“国家鼓励用人单位根据本单位实际情况为劳动者建立补充保险。国家提倡劳动者个人进行储蓄性保险。”这一类的保险包括企业年金和各种商业医疗保险。当企业在考虑实施这类市场化的社会保障计划时，就必须考虑成本的因素。对成本因素的考虑不仅是现在能够接受和支付的成本，还要考虑今后是否能够有能力支付。也就是说，福利决策的依据要有一个长期的规划，既要考虑到企业效益好时的支付能力，也要考虑效益差时的支付能力。其次是福利在总薪酬中的比例，关于这个问题并没有一个统一的标准，在美国这一比例大约是1/4。虽然不同的国家的具体情况可能有差别，但如果考虑到养老和医疗费用，这一比例还是比较合理的。当然，在制定具体的福利计划时，还需要考虑不同年龄阶段的人的不同需求，如年轻员工和中老年员工的医疗福利就应有所差别。

（4）法律法规要求

组织关注福利问题还有一个重要的原因，这就是国家相关的法律、法规和有关的条例的规定。如《中华人民共和国劳动法》第四章第四十五条规定："国家实行带薪年休假制度。"劳动者在连续工作一年以上的，便能够享受每年带薪休假的福利待遇。第九章第七十条规定：国家发展社会保险事业，建立社会保险制度，设立社会保险基金，使劳动者在年老、患病、工伤、失业、生育等情况下获得帮助和补偿。这条规定在实践中的具体应用就是国家强制实行的五项法定保险。《中华人民共和国劳动法》第七十六条规定："国家发展社会福利事业，兴建公共福利设施，为劳动者休息、休养和疗养提供条件。用人单位应当创造条件，改善集体福利，提高劳动者的福利待遇。"此外，国家还颁布了大量与之配套的政策文件，如国务院1997年7月颁布的《关于建立统一的企业职工基本养老保险制度的决定》，国家体改委、财政部、劳动部、卫生部等单位于1994年4月14日颁布实施的《关于职工医疗制度改革的试点意见》，国务院2003年4月颁布、2004年1月1日实施的《工伤保险条例》，国务院1999年1月22日颁布实施的《失业保险条例》，劳动部1994年12月14日颁布、1995年1月1日实施的《企业职工生育保险试行办法》等政策性文件。这些政策性文件对组织福利项目的选择无疑具有限制和制约作用，这也就要求组织在审视和决定其总体薪酬计划时，必须考虑福利项目在其中的地位和作用。关于这方面的内容，在下面还要做详细的介绍。

（5）增加组织薪酬政策的灵活性

如前所述，薪酬设计的一个指导思想就是强调灵活性和各组成部分科学合理的搭配，"重要的不在于支付多少，而在于如何支付"。也就是说，同等数量的薪酬可以采用不同的组合方式来支付，这一原则同样适用于福利项目的设计。传统工资制度的一个弊端就是工资的刚性很强，没有考虑或很少考虑组织成员的不同需求，人们基本没有选择的余地。现在虽然大多数的组织都建立了各种各样的福利项目，但仍然看重的是同一性，忽略特殊性。比如，不论年龄高低，都给予同样或等量的商业医疗保险，年纪大的员工固然乐意，但年轻员工却未必高兴。因此，要增加福利项目的灵活性，必须进行科学有效的设计，这样才能提高激励效果，

（6）增加税后收入

根据政策规定，企业缴纳的基本养老保险费在税前列支，个人缴纳的养老保险费不计征个人所得税。这样，无论是对于企业还是个人，都能够增加税后收入，节约所得税，使税后财富增加。此外，对商业保险的研究证明，商业养老保险如企业年金也具有较强的税收优惠激励。从世界范围看，很多国家都对满足一定条件的企业年金计划给予某些税收优惠政策，如在企业年金税收优惠制度（EET）下，国家

对企业年金的缴费及积累基金的投资收益给予免缴所得税的优惠，（享受免税优惠的金额应限制在雇员工资的一定比例内）而在养老金待遇阶段计征所得税，正因如此，企业年金往往被视为一种所得的延期纳税计划。在累进的所得税制下，所得的延期纳税计划能够产生显著的税收储蓄效应。对大多数雇员来讲，由于退休后的收入水平下降，在退休后的所得就适用于一个较低的所得税率。这样，雇员参加雇主举办的企业年金计划，并按照规定缴费，就意味着将在工作期间的一部分收入转移到了退休后再缴纳所得税，等于增加了税后所得。[5]

10.2　福利的构成

不同国家的福利构成既有共同点，也有不同点。总的来看，共同的部分要多一些。在美国，雇员福利大致包括五个方面的内容：一是社会保障，包括老年、遗属、残疾和健康保险、失业补偿保险等；二是养老金、人寿保险、医疗保险等；三是上班时间中非生产时间内的福利；四是带薪休假、带薪病假等；五是其他福利。在我国，这些福利形式大多也都存在。此外，我国还有一些比较特殊的福利形式，如住房公积金、企业社会项目等。下面将对这些项目逐一介绍。

（1）社会保障

社会保障主要包括两个部分：一是国家法律、法规要求的强制性保障，如养老、医疗、失业、工伤和生育保险；二是非强制性的商业性保障，如企业年金、商业医疗保险、商业寿险、住房公积金等。

第一类是强制性保障的种类及相关的政策性规定。为了保证养老、医疗、工伤、失业和生育等强制性保障的落实和劳动者的利益，国家颁布实施了相应的政策性文件，如在基本养老保险方面，就相继颁布实施了《国务院关于企业职工养老保险制度改革的决定》、《关于深化企业职工养老保险制度改革的通知》、《关于建立统一的企业职工基本养老保险制度的决定》、《社会保险费征缴暂行条例》、《国务院关于完善企业职工基本养老保险制度的决定》等一系列政策文件，对职工养老保险中单位和个人的出资比例、个人账户管理、养老金发放、基本养老保险基金的征缴与监管、养老金调整等一系列问题做出了详细的规定。由于形势在不断发展变化，因此这些政策也在相应的进行调整，如《国务院关于完善企业职工基本养老保险制度的决定》就对养老金的计发办法作出了调整，该决定要求改革基本养老金计发办法，为与做实个人账户相衔接，从 2006 年 1 月 1 日起，个人账户的规模统一由本人缴费工资的 11% 调整为 8%，全部由个人缴费形成，单位缴费不再划入个人账户。同时，进一步完善鼓励职工参保缴费的激励约束机制，相应调整基本养老金计发办法。在医疗保险方面，国家先后出台了《关于职工医疗制度改革的试点意见》、《关于建立城镇职工基本医疗保险制度的决定》、《关于加强城镇职工基本医疗保险个人账户管理的通知》、《关于妥善解决医疗保险制度改革有关问题的指导意见》等政策性文件，为我国各单位职工的医疗制度改革奠定了坚实的基础。如《关于建立城镇职工基本医疗保险制度的决定》就从职工医疗保险的改革的任务和原则、覆盖范围和缴费办法、建立基本医疗保险统筹基金和个人账户、健全基本医疗保险基金的管理和监督机制、加强医疗服务管理、加强组织领导等方面作了全面详细的安排和规定。如在医疗保险费用的交纳上，它就作出了明确的规定：基本医疗保险费由用人单位和职工共同缴纳。用人单位缴费率控制在职工工资总额的6%左右，职工缴费率一般为本人工资收入的2%。随着经济发展，用人单位和职工缴费率可作相应调整。而《关于加强城镇职工基本医疗保险个人账户管理的通知》则从统一思想和提高对加强个人账户管理重要性的认识、统一个人账户的基本内容和规范管理形式、加强个人账户基金管理和严格控制资金支出及使用方向、加强各项基础管理和方便参保职工就医购药等方面强调了对城镇职工基本医疗保险个人账户管理。此外，国家还出台了其他的政策性文件，对工伤、失业和生育等保险提出了明确的要求。

住房公积金是指国家机关、国有企业、城镇集体企业、外商投资企业、城镇私营企业及其他城镇企业、事业单位、民办非企业单位、社会团体（以下统称单位）及其在职职工缴存的长期住房储金。住房公积金是一项受到法律、法规和政策规定和保护的重要的福利项目。公务员和各省、市、自治区都颁布有相应的法律、法规和政策性文件，对根据国务院《住房公积金管理条例》（以下简称《条例》）的规定，职工个人缴存的住房公积金和职工所在单位为职工缴存的住房公积金，属于职工个人所有。在缴费的比例上，职工住房公积金的月缴存额为职工本人上一年度月平均工资乘以职工住房公积金缴存比例。单位为职工缴存的住房公积金的月缴存额为职工本人上一年度月平均工资乘以单位住房公积金缴存比例。也就是说，缴费是个人和所在单位按同等比例交纳。举例来讲，如果职工上一年度月平均工资是1300元，缴费比例是10%，那么个人和单位分别缴费130元，共计260元。其中单位缴纳部分就成为职工的福利。而且缴费的比例越高，就意味着福利的待遇越好。《条例》还对职工提取职工住房公积金账户内的存储余额作出了规定，凡是具备以下条件的均可从专用账户中提取：购买、建造、翻建、大修自住住房的；离休、退休的；完全丧失劳动能力，并与单位终止劳动关系的；出境定居的；偿还购房贷款本息的；房租超出家庭工资收入的规定比例的。如果职工有住房，在工作期间没有动用公积金，那么在其退休时就一次性返还。《条例》对住房公积金的缴费比例有较为严格的规定，如第十八条规定：职工和单位住房公积金的缴存比例均不得低于职工上一年度月平均工资的5%；有条件的城市，可以适当提高缴存比例。具体缴存比例由住房公积金管理委员会拟订，经本级人民政府审核后，报省、自治区、直辖市人民政府批准。如四川省省级单位住房制度改革办公室《关于调整住房公积金缴存比例的通知》规定：省级各党政机关、企事业单位、中央驻蓉单位、外地驻蓉单位（简称省级单位，下同）的住房公积金缴存比例上限调整至15%，下限仍按6%执行。企业完全可以按照有关规定和自身的实际情况，使住房公积金发挥应有的激励作用。

第二类似非强制性保障的种类及相关的政策性规定。在这类保障中，主要包括企业年金和商业医疗保险两个大类。下面对这两个部分进行一些介绍。

企业年金。所谓企业年金，是指企业及其职工在依法参加基本养老保险的基础上，自愿建立的具有商业性质的补充养老保险制度。企业年金是我国多层次养老保险体系的重要组成部分。根据劳动与社会保障部的资料，我国的企业年金制度建设起步于20世纪90年代初。党的十六届三中全会通过的《中共中央关于完善社会主义市场经济体制若干问题的决定》鼓励有条件的企业应建立企业年金制度。《国务院关于完善企业职工基本养老保险制度的决定》第九条明确提出，为建立多层次的养老保险体系，增强企业的人才竞争能力，更好地保障企业职工退休后的生活，具备条件的企业可为职工建立企业年金。企业年金基金实行完全积累，采取市场化的方式进行管理和运营。要切实做好企业年金基金监管工作，实现规范运作，切实维护企业和职工的利益。根据中央确定的原则精神，劳动保障部相继颁布了《企业年金试行办法》、《企业年金基金管理试行办法》等部门规章和六个规范性文件，规定了建立企业年金的条件、程序和待遇计发办法，明确了企业年金管理的治理结构和市场化运营规则。根据《国务院对确需保留的行政审批项目设定行政许可的决定》，劳动保障部颁布了《企业年金基金管理机构资格认定暂行办法》，组成了专家评审委员会，经过评审，并商中国银监会、中国证监会、中国保监会同意，认定了第一批37个企业年金基金管理机构。

企业年金主要由企业缴费、职工个人缴费和企业年金基金投资运营收益三部分组成。这种制度的优点在于，它能够弥补基本养老保险的不足，为人们退休后的生活提供更好的条件。但并不是所有的企业都具有建立企业年金的资格和条件，根据《企业年金试行办法》（以下简称《办法》）的规定，符合下列条件的企业，才可以建立企业年金：一是依法参加基本养老保险并履行缴费义务；二是具有相应的经济负担能力；三是已建立了集体协商机制。其中，有经济支付能力尤其重要，它要求企业具有比较雄厚的经济实力。此外，企业年金的管理和企业年金基金投资运营也非常重要，前者要解决的是原值的兑付问题，如《办法》第十二条规定：职工在达到国家规定的退休年龄时，可以从本人企业年金个人账户中一次或定期领取企业年金。第十三条规定：职工变动工作单位时，企业年金个人账户资金可以随同转移。第三十条规定：职工或退休人员死亡后，其企业年金个人账户余额由其指定的受益人或法定继承人一次性领取。而后者要解决的则是年金增值的问题，即年金基金投资收益的分享。在这方面，《办法》也作出了明确的规定。如第十条规定：企业年金基金实行完全积累，采用个人账户方式进行管理。企业年金基金可以按照国家规定投资运营。企业年金基金投资运营收益并入企业年金基金。第十一条规定：企业年金基金投资运营收益，按净收益率计入企业年金个人账户。随着年金基金投资运营收益的提高，员工的收益也会稳步上升。

各类商业医疗保险。各商业保险公司推出的商业性的人身保险业务构成非强制性的医疗保障的主要部分，主要包括人寿保险、健康保险、意外伤害保险等。随着市场经济的发展，我国的商业保险市场也在不断规范，《中华人民共和国保险法》、《健康保险管理办法》等法律、法规对商业医疗保险都作了严格的制度规定，关于人身保险的具体内容，这里不作详细介绍，只是需要强调一点，企业或公司在选择这类商业保险时，要考虑两个问题：一是险种的选择，如重大疾病险、意外险等，这些险种具有很强的防范能力，可以分散组织和个人的风险。二是商业保险的选择应分等级，即根据组织人力资源管理的要求，给予核心员工或关键人才以较高等级的待遇，以真正发挥其激励的效果。

（2）津贴

在福利计划中，津贴也占有重要地位。与保险、公积金等项目相比，津贴相对比较简单，没有法律方面的硬性规定，主要由企业自行决定。在我国，企、事业单位津贴的种类很多，一般包括交通补贴、通信补贴、工作餐补贴、出差补贴、冬季取暖补贴和夏季清凉饮料补贴、职工生活困难补贴等。各类津贴的数额完全取决于企业的效益和总体薪酬的设计。一般来讲，效益好的企业，津贴的数额种类较多，且数额较大。津贴在组织的总体薪酬中具有重要作用，特别是在吸引人才和留住人才方面，在一定程度上会影响求职者的求职意向，因此应引起组织对建立有效的津贴制度的重视。

（3）带薪休假

在现实中，有不少企业和公司的加班加点已成为一种普遍现象，由于得不到应有的休息和娱乐时间，人们的生理和心理压力不断加大，出现自我效能下降，工作热情退化等不良症状，最终影响到组织的效率和效益。因此，有必要采取某种方式缓解人们的工作和精神压力，带薪休假就是其中一种方法。带薪休假主要包括年休假、婚假、探亲假、女职工产假、丧假等。带薪休假不仅是一种福利制度，而且这种制度还受到法律的保护，如《中华人民共和国劳动法》第四十五条规定：国家实行带薪年休假制度。劳动者连续工作一年以上的，享受带薪年休假。一般来讲，年休假大约有两周左右的时间，适合员工的休整或做一较远距离的旅游项目选择。此外，婚假、探亲假、女职工产假、丧假等也有一定的时间安排规定。可以预见的一个发展趋势是，带薪休假制度将成为组织吸引人才和提高竞争力的重要手段。随着整个社会经济的发展和国民收入水平的提高，人们对自身健康生活的关注和重视程度也不断提高。他（她）们在关注工作的同时，也在关注自身的生活质量和生活品质，比如需要时间安排诸如旅游、登山、聚会甚至逛街、购物、阅读以及其他业余生活，他（她）们把这些视为现代生活一个不可缺少的部分。因此组织应当给予和保障他（她）们的这种选择。

（4）企业社会项目

所谓企业社会项目，是指企业或公司为减少员工负担、吸引优秀人才而提供的诸如托儿所、学校、医院等带有较强社会福利色彩的福利项目。在我国的计划经济时代，我国的一些大型国有企业以及那些位于交通不便和较落后地区的企业，为了解决职工子女的教育、职工医疗等问题，大多都举办有自己的学校和医院等项目，但在后来的国企改革中，均以“减免负担”等理由，进行了所谓的“剥落”。即使是那些具有较好社会效益的学校和经济效益的医院也均不能幸免。这里涉及的一个问题就是，“企业办社会”是否合适？

对于企业办社会现象，不能简单的肯定或否定。我国国有企业改革过程中以“减免负担”为由对所谓“辅助”进行的“剥离”，有其特定的历史条件和特殊环境。但这一行为本身并不能够成为否定企业职工福利项目的理由。根据企业自身的需要和实力，建立自身的福利项目体系，不仅能够吸引、激励和留住优秀员工，而且还能够培育一种关爱的文化。与那些“剥离”相对应的是，我们在专栏 10－1 和“本章案例”中看到的却是另外一种景象，无论是中芯国际的中芯国际学校、中芯国际生活区，还是比亚迪建立的亚迪村、深圳中学比亚迪学校、图书馆、技工学校、幼儿园、会所、健身房等项目，无一不是当年国有企业改革中列入被“剥离”清单的项目，但在这两个企业中，学校、医院、为职工修建的房地产项目等，都不单是以企业福利的形式出现，而且超越了企业福利的层面，上升到了“人文关怀”和“社会责任”的更高的境界。这种对员工的关爱，不仅能够让企业在人才争夺战中取得优势，同时还能够建立起高效的企业文化和向心力。正如文中所言：在一定程度上“办社会”，是保证企业自身稳定和发展的必要措施。而在社会环境还相对不成熟的中国，企业更要重视到这一点。

（5）公司贷款计划及各种员工补助计划

在职工福利项目中，公司的各种贷款计划及有关的员工补助计划也是一项重要的内容。这种计划对公司的经济实力有较高的要求，因此大多是大公司才可能向员工提供。贷款计划主要包括向员工购买交通工具、住房等大宗商品提供支持，而补助计划则主要是针对困难员工提供的财务支持。

10.3 福利的功能和福利项目的管理

（1）福利的功能

强制性保险的功能。强制性保险的功能主要表现在以下几个方面：第一，从政府职能层面上将组织的人力资本投资纳入了一个规范化和法制化的轨道，同时体现了政府引导和管理整个社会人力资源的重要职责，并通过这一手段体现了福利项目在维护国家、社会和企业组织稳定性方面的重要作用。第二，它是组织人力资本投资的重要内容。比如，通过向职工提供各种健康投资，尽可能维持和延长其健康资本，无论是对于职工本人还是组织来讲，都是一举两得的事情。第三，保证职工的合法权益，在一定程度上解决了职工的后顾之忧，特别是养老和医疗保险，为人们退休后的生活提供了基本的保障。随着我国社会经济的发展，人民的生活水平不断提高，在职职工的工资水平也在不断增加，人们获得的保障水平也随之提高。第四，有利于人员流动和资源的社会配置。根据《关于深化企业职工养老保险制度改革的通知》的规定，职工在同一地区范围内调动工作，不变换基本养老保险个人账户。职工由于各种原因中断工作，其个人账户予以保留。职工调动或中断工作前后个人账户的储存额可以累积计算，不间断计息。职工在不同地区之间调动工作，基本养老保险个人账户的全部储存额由调出地社会保险经办机构向调入地社会保险经办机构划转，调入地社会保险经办机构为其建立基本养老保险个人账户。这样，人们不再担心因工作变动带来的比必要的麻烦，为整个社会的人员流动和合理配置创造了条件。第五，有利于企业的改制和改革。当一个企业为其员工建立了比较完备的社会保障体系后，在进行人员分流和机构剥离时，就能够大大减少改革的难度，保证改革的顺利进行。同时，由于被分流人员有基本的社会保障，还能够减轻社会的负担。第六，明确了单位和个人的责任。无论是养老保险还是医疗保险，都对缴费比例（单位缴费和个人缴费）、保险基金管理、个人基金账户的管理和使用等作出了明确的规定，降低和减少了管理的难度和成本。

非强制性保障的功能。这类保险的最大功能可能体现在吸引和留住优秀员工方面。在这类保障中，企业年金和商业医疗保险尤其重要。对于那些地理位置较差，学校、医院等社会福利设施不健全地区的有实力的企业，适当举办一些必要的社会项目，也有利于吸引和留住关键员工，这一点在专栏 10 - 1 中得到了证明。

（2）福利项目的管理

福利项目管理涉及两个方面：一是福利项目的决策权归顺；二是福利项目的选择和管理。

决策权主要包括两个方面：一是得到法律、法规和相关政策保护和强制执行的项目，对于这些项目，企业没有讨价还价的余地，只能够适应和执行。它涉及的是企业在一个法制和道德约束的社会中生存的底线。如果越过这一底线，就会遭到社会的谴责和法律的制裁。二是非强制性保障，对这些项目，没有法律、法规和政策的强制规定，虽然国家、政府大力提倡，但决策权在企业。这类项目关系到员工和社会对企业“人文关怀”和“社会责任”的评价，会影响员工的工作热情和职业选择，并最终影响到企业的效率和效益，因此应引起企业的高度重视。专栏 10－1 中的中芯国际和“本章案例”比亚迪公司在这方面的选择，值得其他企业认真的考虑。

福利项目管理的第二个方面是福利项目的选择和管理。第一，福利项目的选择要考虑企业战略的要求，因为福利作为薪酬的重要组成部分，在员工激励和保持企业竞争力方面具有十分重要的作用，同时这也是战略性人力资源管理的基本要求。第二，要考虑企业的盈利能力和财务支持力度。因为福利项目是一笔很大的支出，对企业的支付能力要求很高，尤其是企业年金和商业医疗保险项目的选择要非常慎重。一般来讲，企业在经营状况比较好的年份健全员工的商业性社会保障是比较有利的。第三，要考虑企业的发展阶段。比如在创业阶段，企业福利除了国家强制规定的劳动保障外，其他具有商业性质的保险、津贴等可暂不予考虑。因为这时对企业来讲最重要的是财务资金的供应，可用于福利项目的资金收到很大限制。而当企业进入成长期后，随着获利能力的提高，福利资金就有一定的保障。第四，福利项目的选择要有针对性和灵活性。比如，商业性的保险项目主要针对核心员工，对年龄较大的员工可以购买商业医疗保险，以作为基本医疗保险的补充，对年轻员工则可以发放津贴等现金。这样就可以满足不同类型、不同年龄员工的需要。第五，鉴于社会保障的复杂性和法律法规等要求，企业在建立员工社会保障体系时可以和保险公司、基金公司等相关机构进行合作，这样既可以做到专业化要求，又可以简化有关手续，如保险公司定期到企业进行保险理赔等工作，就可以为员工的报账带来诸多便利。第六，企业要就员工享受的福利项目与员工进行宣传和沟通。宣传的目的是让员工清楚的了解企业对自己的投资和福利标准，沟通的目的是了解和掌握员工的真正需求，以便在必要时调整福利项目，使其能够具有更高的效率。企业最好能够拟订一个有关员工福利的手册，以方便员工获取有关福利项目的信息。

注释：

[1] JOIN HANNA. Can the Challenge of Escalating Benefits Costs Be Met? [J]. Personnel Administration 27, no. 9, 1977: 50－57.

[2] U. S. Chamber of Commerce, Employee Benefits, Washington, D. C.: U. S. Chamber of Commerce, 1988.

[3] 范占江. 劳动法精要与依据指引 [M]. 北京：人民出版社，2005：158.

[4] U. S. Chamber of Commerce, Research Center, Employee Benefits 1990, Employee Benefits 1997 (Washington, D. C.: U. S. Chamber of Commerce, 1991 - 1997).

[5] 胡秋明. 企业年金的人力资源管理效应及其理论解释 [J]. 财经科学，2006 (10).

[6] 乔治T米尔科维奇，等. 薪酬管理 [M]. 6版. 董克用，等，译. 北京：中国人民大学出版社，2002：375.

[7] 张维迎. 产权、激励与公司治理 [M]. 北京：经济科学出版社，2005：295 - 299.

[8] 雷蒙德·诺依，等. 人力资源管理：赢得竞争优势 [M]. 3版. 刘昕，译. 北京：中国人民大学出版社，2001：573.

[9] 段昆. 美国企业雇员福利计划评价 [J]. 经济管理，2003 (1).

本章案例：深圳比亚迪公司“企业办社会”的启示

深圳比亚迪公司所举办的社会福利项目使公司获得了意想不到的收获。2005年9月底，深圳比亚迪公司迎来一批尊贵的客人，这些从诺基亚总部派来的调查人员，由负责采购的副总裁亲自带队，他们是来考察比亚迪是否具备成为诺基亚精密塑胶供应商的条件。让比亚迪执行董事兼副总裁夏佐全意外的是，他们除了考察比亚迪产品品质、研发技术、交货能力等项目，似乎更对比亚迪建立的亚迪村、深圳中学比亚迪学校等项目有兴趣。事后夏佐全才知道，考察指标中有一个专门针对供应商在“社会责任”、“人文关怀”等方面的履行情况，而这些指标对被考察企业能否达标具有“一票否决”的权力，其他做得再好，如果在这些指标上不能符合诺基亚的要求，都不可能成为诺基亚的供应商。

“我们是无心插柳。”夏佐全说，比亚迪投资亚迪村、深圳中学比亚迪学校等是作为企业员工福利的投入，实际上是与企业发展阶段息息相关的。比亚迪因此拿到摩托罗拉、诺基亚等跨国公司的订单，仅仅是“意外的惊喜”。

1999年底，比亚迪从深圳龙岗搬到葵涌时，已经成立4年多了，公司已经初具规模。但在龙岗时，比亚迪面临一个管理上的难题，比亚迪在龙岗的配套设施并不完备，企业员工分散居住在四个地方，当时，公司的员工人数已经增加到四五千人，如此庞大的人员流动，让比亚迪的管理者们非常头疼。也正因此，1999年底比亚迪在深圳葵涌新工业园成立的时候，比亚迪董事长兼总裁王传福就已经开始构想，把葵涌厂区建成一个能够让员工感觉到充满温暖、气氛宽松、利于创新和安身立命的家园。最先解决的问题就是将员工居住地进行集中，在厂区内建立了几座员工宿舍楼。随着员工人数增长，比亚迪员工宿舍也迅速增加。

王传福最崇尚的公司模型是“军队—学校—家庭”三位一体。他认为，一个企业，一定要让职工有家的感觉，只有将他们照顾好，他们才会照顾好你的公司，进而照顾好你的利润。

目前比亚迪的员工多达47 000人，建立的员工宿舍楼也很成规模，在比亚迪总部葵涌工业园，比亚迪员工宿舍楼就多达20多座。而工业园一侧就是葵涌当地最好的学校——深圳中学比亚迪学校。

在深圳，葵涌属于贫困镇。几年前高速公路没有修好之前，从比亚迪葵涌工业园到市区需要走盘山路，而葵涌当地的几所学校，都是深圳市政府的“同富裕工程”建立起来的。为了解决员工子女的入学问题，同时也是为了回报社会，与当地政府、群众建立良好的关系，比亚迪决定投资学校。并为比亚迪学校先后投资了8000多万元，最初的定位就是从高起点出发，学校的硬件设备是一流的。比亚迪学校与全国重点中学深圳中学进行合作，该校派出从校长到年级主任等一大批教员，还引进一些外教，以保证教学质量。现在的深圳中学比亚迪学校的学员，已经不仅仅是比亚迪员工的子弟以及当地孩子，深圳其他各地还有大量学生慕名前来。夏佐全说：“比亚迪学校肯定是可以赚钱的，但我们绝对不会考虑利用学校来赚钱，只要它能够保证教学质量，按照市场运作的规律自己运转起来就行了。”

距离比亚迪总部不远，依山而建的亚迪福利村，已经拥有了500多户“村民”，作为那些在比亚迪工作5年以上的员工福利房，公司给员工购房每平方米补贴1000元。这里远离城市的喧嚣，各种配套设施齐全，从幼儿园到会所、健身房一应俱全，地下车库整齐排放着比亚迪的福莱尔小车。随着比亚迪F3的上市，车库F3的数量也会增多起来。由于远离市区，加上比亚迪开始大举进军汽车市场，所以比亚迪非常鼓励员工购车，不但在购车方面予以优惠，每个月的车补也是一笔不小的数目。“我们的员工大部分都有一辆小汽车，可以方便地出入市区。”夏佐全高兴地说。

除了比亚迪葵涌总部之外，在深圳龙岗工业园区，比亚迪另一座亚迪村也在规划之中，比亚迪在上海的工业基地一侧，建立几座高层住宅或别墅的计划也已放在比亚迪高层人员的桌案上。此外，比亚迪还拨出专款，办起图书馆，竖起了黑板报，办起各类技能学习班，甚至还斥巨资建立了一座标准的体育场。在王传福的鼓励下，员工还成立了文学社、书画社、艺术团、英语协会……所有这一切，比亚迪都希望员工能将公司当作一个家，要让每一个员工在比亚迪找到自己存在的价值感。

在深圳市龙岗区新开发的宝龙工业城，一座现代化的技工学校已经开学一年多了，这是由比亚迪全资建立的深圳比亚迪技工学校，学校办学条件是按国家级技工学校标准配置，占地面积8万平方米，建筑面积4万平方米。除了向社会上输送人才之外，这个学校主要还是为公司提供急需的技术人员，其专业设置和课程结构，与比亚迪技术人员缺口相对应，在全国招生培养“下得去，留得住，用得上”的面向基层、面向生产和管理的中高级技术型、实用型人才。

不论是作为员工福利建立的学校和亚迪村，还是为企业培养人才建立的技工学校，比亚迪最初的出发点都是从企业的需求出发，但现在比亚迪已经开始系统地思考公司应该负担的“社会责任”问题了。夏佐全说认为，比亚迪拥有47 000名员工，每年上缴利税五六亿元，涉及上游厂商上千家，下游客户数百家，如此大的企业规模，不论是对周边环境的保持、还是员工的安全、健康，公司显然都要承担巨大的相关责任。这不是愿意不愿意的事情，而是比亚迪发展到这个阶段，必须要面对的事情。

资料来源：李亮．“企业办社会”回潮［J］．IT经理世界（电子版），2005（20）．文字有调整。

案例讨论：

结合专栏10－1，思考：为什么“一个企业，一定要让职工有家的感觉，只有将他们照顾好，他们才会照顾好你的公司，进而照顾好你的利润”？

后记

HOUJI

2012年是我进入高校工作的第9个年头。进入高校前，先后在两家企业工作10多年，分别担任过驻国外分公司负责人、特大型企业集团的办公室副主任和人力资源部经理等职。也正是因为有这些经历，我才对人力资源管理产生了浓厚的兴趣。在攻读博士学位期间，我对人力资源管理等专业进行了较为系统和深入的研究，本丛书中内容很多都出自亲自操作和实践的经验总结和学习心得。

本系列丛书的写作历时7年，共计约80万字，写作期间得到了各方面的支持和帮助。首先要感谢我的家人。我的父母都是大学教授，他们一生致力于我国的教育事业，并在各自的研究领域都有引以为自豪的研究成果。我的父亲石柱成教授，一生从事经济管理学和传统文化的研究和教学，他参与了我国国民经济管理学科的创建，并在第三产业、技术市场等方面进行了很多创新的研究，被授予"全国优秀教师"称号。退休后他创办四川弘道经理学院，为国家和社会培养了大量的经济管理人才。晚年还建立"弘道"网站，弘扬中国优秀的传统文化，把自己毕生的心血都奉献给了教育事业。我的母亲丁贻庄教授，一生的大部分时间都从事杂交玉米的科学研究，为我国现代农业的发展做出了自己的贡献。她50多岁后又转行从事我国道教学的研究，在道教医学、养生和道教人物等方面取得了很多的研究成果。在我成长的道路上，也得到了父母无微不至的关怀。尤其是在我就读硕士、博士期间，与父、母在经济学、管理学、道教研究等方面的交流和研讨，使我获益匪浅。父亲虽已去世，但他对我们子女的爱永远珍藏在我们的心里。此外，我的妻子和女儿也是支持我完成书稿的重要精神支柱。

我还要感谢我的学生和朋友们。自2003年从企业回到高校后，主要开设和讲授人力资源管理、企业管理等课程和讲座。授课对象除了学校的本科生、研究生、MBA学生外，还包括众多的来自企业界、银行、政府部门及其他各类组织的领导者和管理者。授课过程中，大家都对讲授的一些内容产生了极大的兴趣并提出了很多问题，在这种不断的沟通和交流中，教学相长，使本丛书得到了进一步的完善。我也有不少企业界的朋友，经常参加他们的聚会，探讨有关人力资源管理、人际交往与职业发展等问题，这些都对本丛书的写作提供了重要的帮助。同时不少人纷纷索取讲义和课件，并询问书籍的出版时间，这也促使我加快写作的进度，以不负大家的期望。

在本丛书的写作过程中，引用和参考了大量相关的研究文献和资料，对这些资料的引用，在各章后都尽可能地作了详尽的标注。尽管如此，仍有可能遗漏。在此特向已标明和未能标明参考资料的作者们表示衷心的感谢和诚挚的歉意。在此还要向出版社及其编辑表示感谢。正是因为他们的努力，才最终促成了本书的出版。

由于自己的水平有限，书中的观点和内容难免存在这样或那样的问题，欢迎读者的批评指正。

石　磊

2012 年 6 月于成都雅典社区